武汉市社科联

2023课题成果

二程夫子

◎裴高才◇著

華中師範大學出版社

新出图证（鄂）字10号

图书在版编目（CIP）数据

二程夫子 / 裴高才著. -- 武汉 ：华中师范大学出版社，2024. 12. --ISBN 978-7-5769-0646-2

Ⅰ. B244. 6

中国国家版本馆CIP数据核字第2024AZ9312号

二程夫子

© 裴高才　著

责任编辑：郭志刚　　**责任校对**：王　炜　　**封面设计**：罗明波

编 辑 室：学术出版分社　　**电　　话**：027－67863280

出版发行：华中师范大学出版社有限责任公司

社址：湖北省武汉市洪山区珞喻路152号

电话：027－67863040（发行部）　027－67861321（邮购）

传真：027－67863291

网址：http://press.ccnu.edu.cn　　**电子信箱**：press@mail.ccnu.edu.cn

印刷：湖北新华印务有限公司　　**督印**：刘　敏

字数：357千字

开本：1/16　787mm×1092mm　　**印张**：18. 25

版次：2025年1月第1版　　**印次**：2025年1月第1次印刷

定价：75. 00元

欢迎上网查询、购书

《二程全书》河南程氏家刻版上的程颢(左)、程颐画像(程颐直系二十九世孙程德祥提供)

著名诗人、翻译家绿原为《二程传》
题:穷理识仁(2005)

著名楹联学家涂光雍为《二程传》书:
道通天地,思入风云(2023)

二程之父太中公程珦画像（四箴堂《程氏宗谱》）

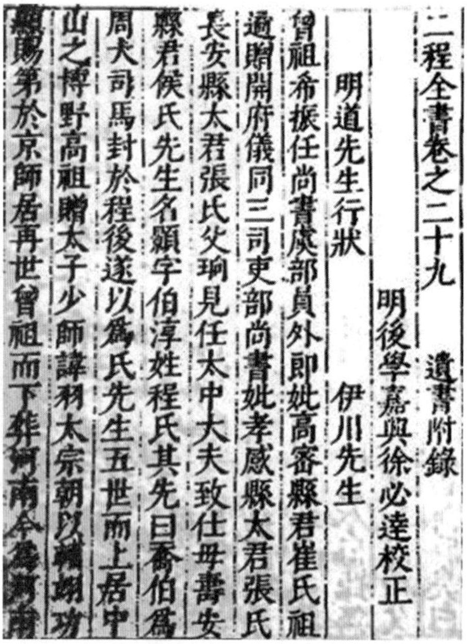
二程全書卷之二十九

遺書附錄

明後學嘉興徐必達校正

明道先生行狀　伊川先生

曾祖希振任尚書虞部員外郎妣高密縣君崔氏祖遹贈開府儀同三司吏部尚書妣孝感縣太君張氏長安縣太君張氏父珦見任太中大夫致仕母壽安縣君侯氏先生名顥字伯淳姓程氏其先曰喬伯爲周大司馬封於程後遂以爲氏先生五世而上居中山之博野高祖贈太子少師諱羽太宗朝以輔翊功顯賜第於京師居再世曾祖而下葬河南今爲河南

《二程全书》载二程祖父程遹、祖母孝感张氏

二程出生地：黄州府黄陂县草庙巷程乡坊故址

（今武汉市黄陂区前川街文教巷）

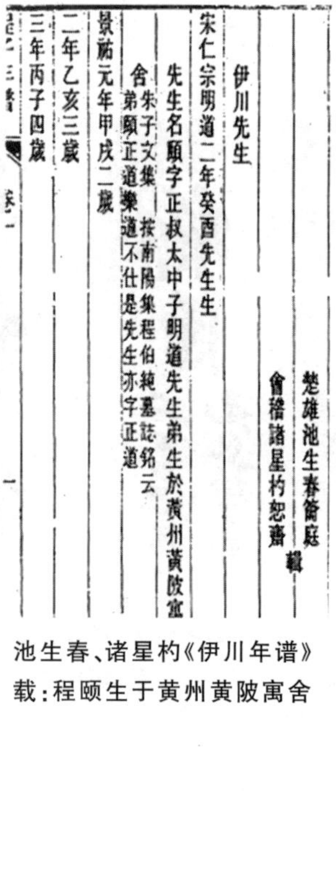
楚雄池生春籥庭

會稽諸星杓恕齋　輯

伊川先生

宋仁宗明道二年癸酉先生生

先生名頤字正叔太中子明道先生弟生於黃州黃陂寓舍　朱子文集　按南陽集程伯純墓誌銘云弟頤正道樂道不仕是先生亦字正道

景祐元年甲戌二歲

二年乙亥三歲

三年丙子四歲

池生春、诸星杓《伊川年谱》

载：程颐生于黄州黄陂寓舍

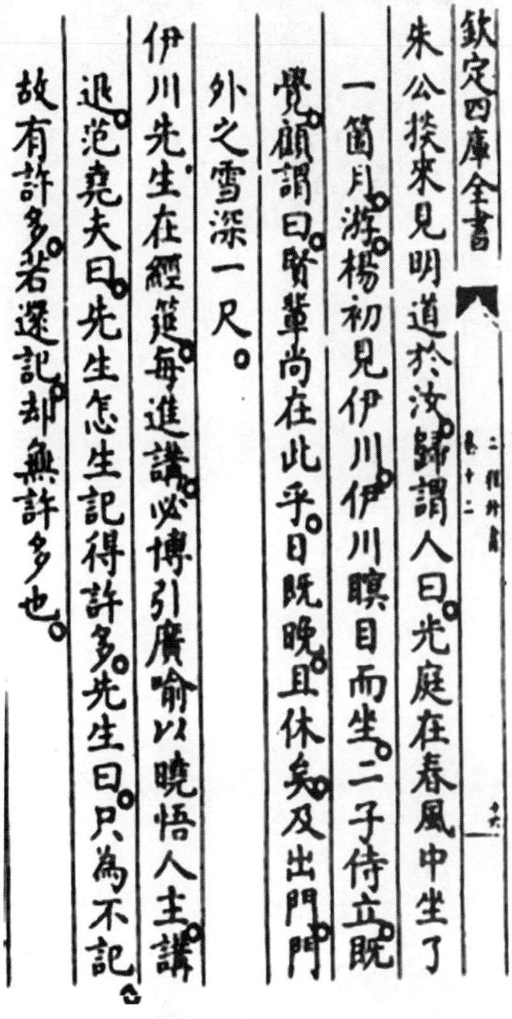

欽定四庫全書　二程外書　卷十二

朱公掞來見明道於汝。歸謂人曰。光庭在春風中坐了一箇月。游楊初見伊川。伊川瞑目而坐。二子侍立。既覺。顧謂曰。賢輩尚在此乎。日既晚。且休矣。及出門。門外之雪深一尺。

伊川先生在經筵。每進講。必博引廣喻以曉悟人主。講退。范堯夫曰。先生怎生記得許多。先生曰。只為不記故有許多。若還記。卻無許多也。

《二程外书》载“如坐春风 ”“程门立雪”

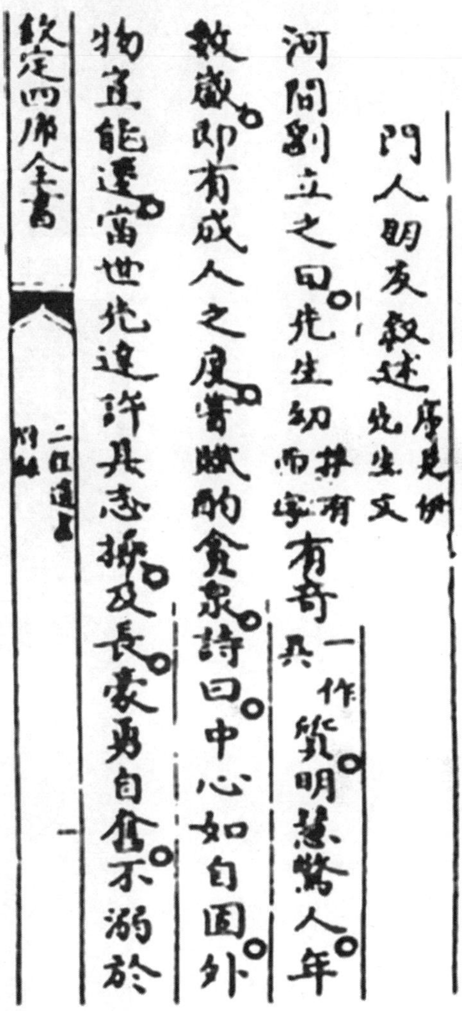

門人朋友叙述 序見伊 先生文

河間劉立之曰。先生幼 并有 而字 有奇 一作 質。明慧驚人。年數歲。即有成人之度。嘗賦酌貪泉詩曰。中心如自固。外物豈能遷。當世先達許其志操。及長豪勇自奮。不溺於

欽定四庫全書　二程遺書 附錄

《二程遗书》载少年程颢诗：
中心如自固，外物岂能迁

《二程遗书》中的程颢(左)程颐画像

金光杰撰、周国城书《重修双凤亭记》碑文（道光二十八年,1848)

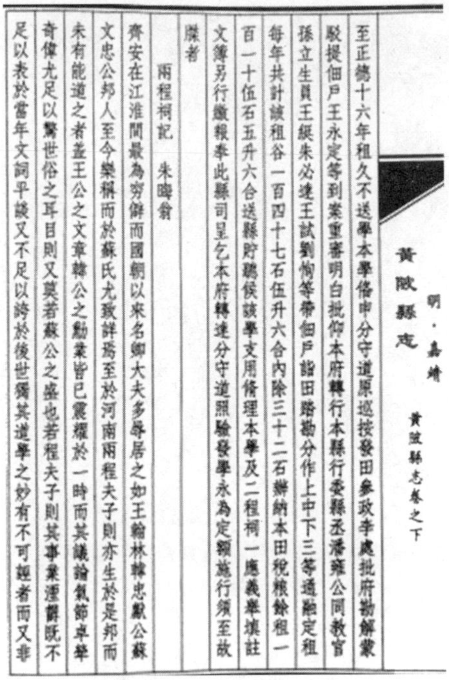

黃陂縣志

明・嘉靖

黃陂縣志卷之下

至正德十六年租久不送學本學備申分守道原巡按簽田參政李處批府勘解蒙
駁提佃戶王永定等到案重審明白批仰本府轉行本縣行委縣丞潘雍公同教官
孫立生員王綎朱必達王試劉恂等帶佃戶詣田踏勘分作上中下三等通融定租
每年共計該租谷一百四十七石伍升六合內除三十二石辦納本田稅粮餘租一
百一十伍石五升六合送縣貯聽候該學支用脩理本學及二程祠一應義舉填註
文簿另行繳報奉此縣司呈乞本府轉達分守道照驗發學永為定額施行須至故
牒者

兩程祠記　朱晦翁

齊安在江淮間最為穷僻而國朝以來名卿大夫多辱居之如王翰林韓忠獻公蘇
文忠公邦人至今樂稱而於蘇氏尤致詳焉至於河南兩程夫子則亦生於是邦而
未有能道之者蓋王公之文章韓公之勳業皆已震耀於一時而其議論氣節卓犖
奇偉尤足以聳世俗之耳目則又莫若蘇公之盛也若程夫子則其事業湮鬱既不
足以表於當年文詞平淡又不足以誇於後世獨其道學之妙有不可誣者而又非

明代《黄陂县志》载朱熹《二程祠记》

（嘉靖三十五年刻本）

唐工部尚书裴迥题碑：

大唐嵩阳观纪圣德感应之颂

裴高才(右)问学著名文化史学家

冯天瑜先生(2003)

开掘稀见史料 钩沉二程行状

——从爬梳《二程集》到书写《二程夫子》

冯天瑜

一

程颢、程颐（世称“二程”）是“天理”学说的创建者，对宋明理学有开山之功，受到了宋、元、明、清四个王朝的尊崇，在中国哲学史与文化史上占据重要地位。如果说《二程集》是宋代以来全面介绍二程语录与文集等权威文史原著的话，那么值此二程夫子990周年华诞之际，裴高才君的新著“二程传”——《二程夫子：程颢程颐》，则是演绎二程修身齐家治国平天下的人生况味。

作者究心于二程行状及其理学真谛有年，此次新作甫梓，让我想起了主持《荆楚文库》之初的一件往事。因历代史家疏于探究人物的少年行状，导致不少国人对二程夫子在古邑黄陂度过少年时光的史实，知之不多。好在高才君此前推出“二程传”初版《程颢程颐传》期间，我近水楼台先睹为快，并给予点评，评语还忝列于图书彩封。而按照《荆楚文库》的方案，二程属于入编对象。于是，我让高才君拟就洋洋万言的《程颢、程颐与黄陂本事考》，介绍二程生长于湖北黄陂、学于斯十四五载，以及二程门人谢显道率先在两湖地区传播理学之功，还有数万二程后裔在湖北的瓜瓞绵绵。该文在《荆楚文库》杂志2016年第五期刊行后，编委会成员形成共识，促成将二程留下的珍贵文化遗产《二程集》收入《荆楚文库》，实现了二程书魂归故里的千年遗愿。

冯天瑜评裴高才《二程夫子》《开掘稀见史料

钩沉二程行状》《武汉文史资料》(2023.1)

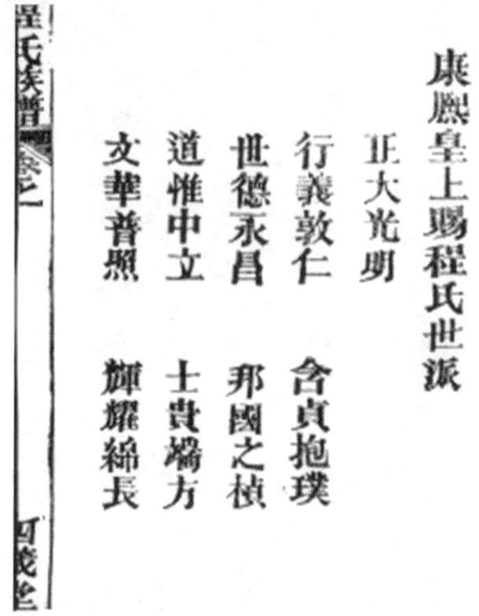

康熙皇上賜程氏世派

正大光明

行義敦仁　含貞抱璞

世德永昌　邦國之楨

道惟中立　士貴端方

文華普照　輝耀綿長

黄陂四箴堂《程氏宗谱》载
康熙皇帝赐程氏字派(光绪九年刻本)

裴高才(右)陪程颐直系裔孙程德祥
谒双凤亭(2004)

裴高才(左)在宋学国际论坛
开讲《程颢程颐传》(2014)

台湾地区新党主席郁慕明(右一)为
裴高才题“人文黄陂”(2008)

二程書院記　陳鳳梧提學廬陵人

即二程祠正德戊辰提學僉事陳鳳梧更今名因為之記云宋興百有餘年文治休明於是河洛之間真儒出焉以續千載不傳之緒二程夫子是已先儒謂明道如顏子伊川如孟子夫顏孟亞聖也生不同時出不同地千載而下景仰之者如景星鳳凰有不可得見之歎况兩夫子出於一門其時同其地同其道德同豈非天地氣化之盛積累而至於是有不偶然者耶

考之明道始生之年為壬申寔仁宗改年號曰明道若相符契者次年癸酉伊川生焉天啟斯文之意蓋昭昭可見矣程氏世家伊洛自太中公少侍其父遹令黄陂及遹卒太中公始冠苦族衆無產遂家焉既而補黄陂尉秩滿不能調閒居安貧二程

黄陂縣志

明・嘉靖

黄陂縣志卷之下

明代《黄陂县志》载湖广陈凤梧作
《二程书院记》

华中师范大学副校长彭南生(中)率专家学者在二程书院首发裴高才《中华大学校长陈时》一书,并签订区校共建协议(2022)

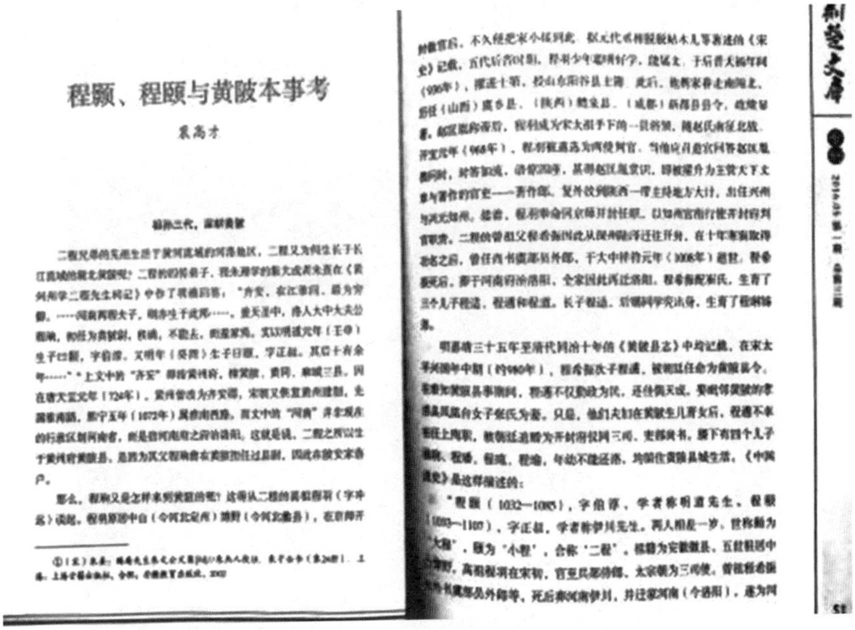

程颢、程颐与黄陂本事考

裴高才

荆楚文库

《荆楚文库》载裴高才《程颢、程颐与黄陂本事考》(总 NO03,2016.5)

裴高才(左)偕新加坡华侨
程一恒博士谒双凤亭(2017)

右起儒将书法家李汉文向裴高才赠《二程传》题签条幅(2024)

目　录

“考信于六艺”，洞悉其心灵[1]

冯天瑜

一

程颢、程颐（世称二程）是“天理”学说的创建者，对宋明理学有开山之功，受到四个王朝的尊崇，在中国哲学史与文化史上占据重要地位。裴高才君的新著《二程夫子》，就是演绎二程夫子修齐治平人生况味的非虚构传记作品。

高才君究心于二程行状及其理学真谛有年。此次新作绣梓，让我想起了主持《荆楚文库》的一件往事。按照《荆楚文库》方案，二程属于入编对象，只是历代史家疏于探究人物的少年行状，导致不少同人对二程在古邑黄陂度过少年时光的史实知之不多。好在高才君此前推出二程传记小说《程颢程颐传》，我近水楼台先睹为快，并给予点评。于是，我让高才君拟就洋洋万言的《程颢、程颐与黄陂本事考》，介绍二程生长于湖北黄陂、学于斯十四五载，二程四大门人中，游定夫知汉阳军、谢显道知应城县期间，在两湖地区有率先传播理学之功，还有数万二程后裔在湖北的瓜瓞绵绵。该文在《荆楚文库》杂志2016年5月刊行后，编委会成员形成共识，将二程留下的珍贵文化遗产《二程集》收入《荆楚文库》，实现了二程书魂归里遗愿。

二

通览是作，作者以《二程全书》《程子宗谱》等原始史料为依据，以《千家诗》卷首之《春日偶成》破题，演绎了传主“鲁台望道”“如坐春风”“程门立雪”等典故，脍炙人口；叙介了程颢创立“天人一理”学说、洛阳论道、参与王安石变法、践行“视民如伤”的“官箴”，文史兼具；述说了程颐创办伊皋书院、涪州治易、穷理识仁的全过程，情理交融；解读了二程修齐治平理念的来龙去脉，深入浅出；描述了他们卷入政治漩涡的前前后后，绘声绘色，让读者与传主跨越时空进行心灵对话，诚为可信、可亲的哲人传记作品。

---

① 见《武汉文史资料》2023年第1期，原标题为《开掘稀见史料，钩沉二程行状》。

开卷所见，高才君开掘史料用力甚勤，订正了二程祖孙三代的行状及相关史实。传主生活的年代离我们遥遥千载，如何走近历史原生态？作者借古人酒杯，浇胸中块垒，以饱满的文化情怀，数十年行走于海内外，广罗多种史料，并运用其考据功夫，秉承“考信于六艺”的原则，忠实于古籍，又不拘泥于孤证。经过反复考订史料，去粗取精，去伪存真，力图还原历史本真。关于二程直系世系，作者以《诗经》《史记》等典籍为据，采证程氏始祖之“程伯符说”；将历代二程直系裔孙编纂的家族档案与各地程氏宗谱史料相印证，罗列出从程伯符到二程的七十八世系图谱。

系统考订传主的少年行状，是该书的独到之处。是作援引明代湖广提学陈凤梧的《二程书院记》原文，并与明清《黄陂县志》与《程氏宗谱》印证：二程生于黄陂县城西街草庙巷①；又以二程的直系四传弟子朱熹所作《黄州州学二程先生祠记》，以及国史、方志等多重史料佐证，说明二程缘何生长于黄陂，并在此生活了十四五年的情况。朱子写道：

天圣中，洛人太中大夫程珦，初仕为黄陂尉，秩满，不能去，而遂家焉。实以明道元年（壬申）生子曰颢，字伯淳，又明年（癸酉）生子，曰颐，字正叔；其后十有余年。②

与此同时，作者爬梳官方史料，盘点二程夫子佚文名篇，考订二程祖孙三代诸人行状，订正了二程祖父程遹的生卒年月与治县时间，认定了长安与孝感两位张氏祖母故里。同时，确认二程之父程珦与程璠、程琉昆仲为同父异母的亲兄弟，程珦与程璠、程琉分别出生于开封与黄陂，他们与程瑜是堂兄弟，非同胞兄弟；而程珦与北宋宰相程琳同是程秀的五世孙，并非堂兄弟等，如此多重证据印证，颇具说服力。

是作从原著出发，解读“天理”即公理，人的仁爱之心；“人欲”即私欲，人的自私之情。如叙介二程提出的“无人欲即皆天理”之“理欲观”时③，援引朱熹的形象诠释：“饮食，天理也，山珍海味，人欲也；夫妻，天理也，三妻四妾，人欲也。”④ 让读者明了“存天理，去人欲”的精义，准确理解其理欲观，意在劝人轻视物质欲求，防范个人欲望的过度膨胀。这与当前提倡的继承与弘

---

①（明）李河图：《山川 名迹》，《黄陂县志》，嘉靖三十五年刻本，第 31 页。

②（宋）朱熹：《黄州州学二程先生祠记》，《晦庵集》（卷八十），文渊阁《四库全书》本，上海古籍出版社 2002 年版，第 1145 册第 663 页；（明）李河图：《艺文》，《黄陂县志》，嘉靖三十五年刻本，第 126—128 页；（清）寻乐堂《程氏宗族》，乾隆四十八年刻本，第 159 页。

③（宋）程颢、程颐：《河南程氏遗书》卷十五，《二程集》，中华书局 1981 年版，第 144 页。

④（宋）朱熹：《朱子语类》卷十三，中华书局 1986 年版，第 224 页。

扬中华优秀传统文化和传统美德以及清廉观均有相通之处。

关于二程的名节观，作者引用程颐的《先公大中家传》、朱熹与吕祖谦编写的《近思录》等原著，解读程朱“为社稷承担大任、尊上不折节”名节观的正能量，并列举程颐的长子程端中在国难当头挺身而出成为抗金忠烈的典型事迹，印证父子接力践行名节观。同时，对广为流传的“饿死事小，失节事大”之说有所辩正，指出程颐乃至朱熹并非完全反对寡妇改嫁。

三

书院主讲儒家经典“四书”，旨在穷理识仁。作者将钩沉二程潜心书院教育、探寻理学形成的动因列为全书的重中之重，着重介绍了二程兴学校、办书院并举，将行政、讲学与治学相结合，使书院教育成为理学形成与传播的主要阵地的来龙去脉。通过引述程颢《论十事札子》之“兴学校”，说明宋初百年间官办基础教育薄弱、学校少且分布不均的背景以及程颢力促官民联手兴学校、办书院的动因。譬如，他先后在晋城、扶沟治县期间创办古书院、大程书院，在嵩阳、伊皋等书院讲学、治学长达二十余载。在教育方针上，二程在嵩阳、扶沟、伊皋等书院设庠学，提出“穷理识仁”、培养圣人的教育目标；以“四书”为主、“五经”为辅授徒，形成了“讲明义理”的教育思想体系。元代哲人郝经在《宋两先生祠堂记》中写道：“明道先生令泽之晋城，厚风化，立学校，耕夫贩妇亦知愧谣诼道文理。”①

另一方面，是书援引程颐从《为家君请宇文中允典汉州学书》，到致函四朝元老文彦博之《上文潞公求龙门庵地小简》，请求拨地兴建伊皋书院的原文，以及他著述与传授理学经典《伊川易传》，反映程颐“四十岁以前读诵，五十以前研究其义，六十以前反复绎，六十以后著书”② 行谊，概括其毕生致力于讲学、办学与书院教育的因果。读者通过阅读此书，可以了解程颐的思想体系及其传道授徒、著书立说，几乎均与伊皋书院息息相关。程颢曾不无感慨地说：“异日能使人尊严师道者，吾弟也；若接引后学，随人材而成就之，则予不得让焉。”③

新兴的理学思潮推动了书院教育的崛起，而充满活力的书院又促进了理学的振兴。是书从二程首次在开封讲学、游太学，引起著名教育家、理学家胡瑗、张载的青睐，到受到政界耆宿吕公著、文彦博诸人推崇、举荐与赠予书院地皮，

---

① （元）郝经：《宋两先生祠堂记》，《陵川集》卷二十七，吉林出版集团有限责任公司 2005 年版。

② （宋）程颐：《程氏遗书》，《二程集》，中华书局 1981 年版，第 314 页。

③ （宋）朱熹：《伊川先生年谱》，《二程集》，中华书局 1981 年版，第 346 页。

继而二程与邵雍、张载、司马光“五星聚奎”，直到二程理学声名鹊起，大都与书院相关。同时讲述了二程的四大门人不仅均出自书院，他们学成后又兴办书院传播理学的故事；宋明乃至清代，各地纷纷冠名二程书院延续学脉。是书还列举其四传弟子朱熹一生创办与修复的书院以及读书、讲学的书院多达五十所，黄陂拥有二程、甘露与望鲁三所知名书院等相关事迹。

四

“为历史存真，为文坛添彩”是高才君的一贯追求。在本书中，他运用时空交叉、统分结合等形式，生动地描绘了二程鲜活的个性特征及其人生况味。

是书以原始史料为依据，钩沉二程手足情笃，协力创立了以“天理”为中心的理学体系之大同。诸如，援引程颢之“天理”二字是自家体贴出来的[①]，说明其理学的原创性。程颢早逝后，程颐继承其衣钵，几乎全部接收其弟子，如吕大临、谢良佐、游酢、杨时等，接力赓续，促进了理学的传播与发展。尤其是杨时的三传弟子朱熹将二程理学集大成为程朱理学后，作为中国官方哲学长达七个世纪。

作者运用文学表现手法，刻画二程之“异”。在科考上，二程原本一同进京备考，因遇上国子监解额减半，只有程颢脱颖而出，并荣登“千年第一牛榜”。两年后，当程颐廷试名落孙山后，他从此不再参加科考，且多次婉拒官职。但他落榜不落志，终生献身理学，即使遭到无情打击、失去人身自由，仍矢志不渝坚持治学。

作者借助对比手法，描述二程的性格差异，文史交融。本书叙介程颢为人和易、交游广泛，又融合创新，政学双赢，引来同科进士朱公掞、著名学者吕大临等众人纷纷千里迢迢前来拜师问学；同时，演绎流传千古的“光庭在春风中坐了一月”[②]的故事，表现程颢做人与讲学的“春风和气”气象，在熙宁变法中，连“拗相公”王安石也为他喝彩：“尝谓（程颢）先生忠信！”[③]还有程颐对兄长的现身说法：“视其色，如春阳之温；听其言，如时雨之润。胸怀洞然，彻视无间。”[④]这些，既展现了“如坐春风”典故的丰富内涵，令人回味无穷；又图文并茂，让人深信不疑。

在刻画程颐的“烈日秋霜”性格时，通过跌宕起伏的情节铺成，表现其在

---

① （宋）程颢：《博闻杂记》，《二程集》，中华书局 1981 年版，第 424 页。

② （宋）程颢、程颐：《传闻杂记》，《二程集》，中华书局 1981 年版，第 429 页。

③ （宋）程颐：《明道先生行状》，《二程集》，中华书局 1981 年版，第 634 页。

④ （宋）程颐：《明道先生行状》，《二程集》，中华书局 1981 年版，第 631 页。

云谲波诡的政坛风云中的书生意气。为秉持义理，他常常对事不对人，不讲任何情面。任帝师（崇文殿说书）期间，他殚精竭虑精心培养少主，因曾公开批评少年皇帝宋哲宗赵煦折断柳枝，不合义理规范，而遭同僚诟病。这为他后来被编管流放，乃至追毁文著埋下了祸根。为了坚守“哭则不歌”的孔礼，他不惜与同为帝师的翰林学士苏轼针锋相对，引发“洛蜀党争”政潮。

五

作为非虚构文学作品，《二程夫子》通过介绍传主诗文名篇的形成始末，让读者窥见其诗心雅韵。如程颢十岁在黄陂写下了“中心如自固，外物岂能迁”[①]的诗句，表现其少年立下鸿鹄志的爽爽风骨；介绍程颢早年的诗词名篇《春日偶成》七绝诗的形成与成名始末[②]，尤其是被收入蒙学读本《千家诗》卷首后，几乎家喻户晓；程颢出道后吟咏的《秋日偶成》，“道通天地有形外，思入风云变态中。富贵不淫贫贱乐，男儿到此是豪雄”[③]，将中国浪漫主义之魏晋风流与古典主义有机结合，更被后世哲人视为新儒学的经典名篇。

程颢是“千年科考第一牛榜”进士，作者解读其“高考”作文之《南庙试佚道使民赋》《南庙试策五道》等，让读者了解这位“牛榜进士”的细密文心；作者还介绍程颢在熙宁变法风云中铿锵有力、直抒胸臆的上书札子；还有其刻画真性情，耐人玩味的诗篇：如七言绝句“南去北来休便休，白苹吹尽楚江秋。道人不是悲秋客，一任晚山相对愁。”[④] 诗中含有对王安石的怜悯之情，更展现其经历惊涛骇浪之后悟得人生真谛的达观气象。

六

我与高才君互通文墨、交谊有年，对他执着于钩沉先贤圣哲行状之举十分欣赏。仅近两年，他独家推出的《胡秋原：从抗战巨笔到两岸“破冰人”》《“铸剑”先驱·蔡以忱》《中华大学校长陈时》等长篇传记，在两岸泛起了阵阵涟漪；《程颢程颐传》在宋学国际论坛上首发与研讨，引起共鸣。他创作了二程、黎元洪、范熙壬诸公传记作品，又不遗余力襄助，才促成《二程集》《黎元

---

① （宋）刘立之：《门人朋友叙述》，《二程遗书·附录》，上海古籍出版社 1992 年版，第 256 页。

② （清）刘昌绪：《黄陂县志》，同治十年刻本，第 133 页；（宋）程颢、程颐：《二程集》，中华书局 1981 年版，第 476 页。

③ （宋）程颢：《秋日偶成》，《二程集》，中华书局 1981 年版，第 482 页。

④ （宋）程颢：《题淮南寺》，《二程集》，中华书局 1981 年版，第 477 页。

洪集》《范氏父子集》等入编《荆楚文库》，情愫悠悠。

在我看来，传记文学作家既要有饱满的激情、严谨的态度，又要洞悉人文历史，同时还要能娴熟运用文学手法讲述历史、知人论世，才能“坚守中华文化立场，提炼展示中华文明的精神标识和文化精髓”①，呈现历史人物耀眼的光环，给人以启迪。高才君之所以钩沉二程夫子事迹，并三易其稿，就是为了还原历史原生态，擦亮中华文明的精神标识，提炼展示文化精髓。诸如二程毕生献身理学的执着精神，主张重民保民，力倡以农为本，认定教育为兴国治邦之本，秉持以义致利及其克私为公的伦理观等要义，均具有不容忽视的当代价值。我想，这是作者创作本书的初衷，也是新时代赋予读者诸君的责任。

冯天瑜

壬寅季秋月于珞珈山

（冯天瑜：著名史学家，武汉大学人文社科资深教授）

① 习近平：《高举中国特色社会主义伟大旗帜为全面建设社会主义现代化国家而团结奋斗——在中国共产党第二十次全国代表大会上的报告》，新华社北京 2022 年 10 月 25 日电。

春风雪韵，相得益彰

涂怀章

一

作为宋明理学的鼻祖开山，二程夫子在继承孔孟儒学的基础上，融入了佛学与道学的修养工夫，形成了儒家的新体系，故中外哲人称之为“新儒学”。穿过千年的时间隧道，理学精义至今仍然滋润着人类精神。

“寻坠绪之茫茫，独旁搜而远绍。”为创作《二程夫子》，裴高才先生可谓“行万里路，破万卷书”。他的足迹遍及二程求学的黄陂、赣州，讲学的河洛，程颢任职的开封、西安、南京、晋城、扶沟，程颐被流放的涪陵等地；研读了正史、方志、家传、族谱及西方汉学家专著等中外典籍；对二程的家世与行状，旁征博引，认真考订，并作出了令人信服的阐释。

古今中外，有关二程的评传、论著不少，但关于二程的传记文学，裴著可谓首屈一指。作者从探源中华传统文化的新视角出发，结合地域文化特点，以史家的求实精神与文学的表现手法，演绎了二程幼年启蒙、习文练武等轶闻趣事；通过对其从政、执教、治学、传道等方面的详细叙介，解读了他们修身齐家治国平天下的理念；同时，绘声绘色地描述了二人卷入惊心动魄的政治漩涡始末，更将脍炙人口的“鲁台望道”“孔颜乐处”“如坐春风”“程门立雪”等千古佳话融入书中，给读者丰富的艺术享受。

二

《史记》作为古代传记文学范本，被誉为“史家之绝唱，无韵之离骚”；西方罗曼·罗兰的《贝多芬传》《托尔斯泰传》、欧文·斯通的《凡·高传》等，均是不逊色于小说、诗歌的文学经典。而高才兄独家推出的多部传记文学作品，同样为可以传世的长效文本。

二程夫子距今千载，再现历史的原生态绝非易事。但经过作者的不懈努力，展示了传主生平的相对完整性，并和表现个性的艺术性做到了和谐统一，为我们走近两位历史巨人提供了不可多得的参照文本。他在记述二程的家世与治学史实时，既引经据典，又参照了方志、宗谱及诗文名篇，尽可能还原历史真实。

通览全书，左图右史，兼具史料性与学术性，可圈可点处颇多，想必会引起专家学者的浓厚兴趣。

关于二程的籍贯，一般人多认为他们是河南洛阳人。作者在这里以史家的考据功夫，运用多种证据印证了一个不争的事实：二程是地地道道的湖北黄陂人。因为二程的祖父程遹、父亲程珦分别任黄陂县令、县尉，在此生活了四十多年；二程长于斯，学于斯达十四五载。作者还援引程颐直系二十九世孙程德祥的现身说法："黄陂为二程第一故里，毋庸置疑。"

三

如何解读二程理学要义？作者一方面以讲故事的形式娓娓道来，使普通读者不感到枯燥；讲述二程执政与治学行状，情文并茂。书中介绍程颢任晋城县令期间，将兴学、讲学与治学相结合，形成了教育立县的新气象。北宋政治家与诗人黄廉（字夷仲，其侄黄庭坚）听到传闻，专程前往实地考察后，欣然命笔，写下了脍炙人口的叙事诗《劝学》，其中云："河东人物气劲豪，泽州学者如牛毛。大家子弟弄文墨，其次也复挎弓刀。去年较射九百人，五十八人同赐袍。今年两科取进士，落钓连引十三鰲……"

另一方面，作者精选典型事例，充分运用文学手法着力对比刻画二程、二程与同僚之间不同的精神面貌，并于正史中穿插些许野史佐料，渲染、烘托，让人物形象鲜活起来。例如，借用楹联"春风和气纯乎纯矣，烈日秋霜正者正也"，高度概括了二程特立独行的性格特征。在细节描写上，通过描写程颢讲学时弟子"如坐春风"，彰显其"和易"个性；叙议程颢在王安石变法的政潮中，不像王安石或司马光那样意气用事，而是坚持"肯定之中有否定"，表现其"忠信"秉性；而程颐的性格则十分有趣，年幼时顽皮好动，成人后尊师重道，"非礼勿动"竟达极致，犹如"烈日秋霜"。书中讲述程颐与苏轼之争就是生动的一例。程颐为人行事，"多用古礼"，苏轼谓其不近人情。在苏轼看来，"道"应顺应人们的自然情感，不是强制性的"勉强力行"。苏轼和程颐争斗，结果两败俱伤。如此错综复杂的人物故事，颇能吸引读者的眼球。

值得一提的是，作者对二程的"第一老师"父母，进行了浓墨重彩的叙介，尤其对母亲侯氏的描绘，可谓本书的亮点之一。无论是母亲书香门第的背景，还是她对二子良好行为习惯的培养，都对二程世界观的形成起到了一定作用；像无神论思想、"重民保民"的执政理念，以及他们独具的性格特征，都可以从侯氏的教诲和潜移默化的影响中找到根源。

四

多年来，高才兄不遗余力地以弘扬中华优秀传统文化为己任，深入开掘与阐发二程夫子及其理学的讲仁爱、重民本、守诚信、崇正义、尚和合、求大同的时代价值，给我留下了深刻印象。我们自武汉市长篇小说笔会相交相识，三十年间电邮往来飞鸿，友情日隆，深感其人品与文品双馨。值此《二程夫子》付梓之际，略述自己所思所感，聊表吾诚。

末了，援引明代湖广提学陈凤梧之《谒程祠》一律，以表达自己对二程夫子的景仰之情。诗云：

河水悠悠绕县傍，至今人说二程乡。
灵钟伊洛双川秀，道续濂溪一派长。
花萼祠堂联貌像，苹蘩俎豆荐馨香，
门墙欲立惭无及，春雪方深望鲁冈。①

（涂怀章：历任中国写作学会副会长，湖北省写作学会会长，湖北大学文学院教授）

① （清）杨廷蕴：《黄陂县志·二程志》，康熙五年刻本，第252页。

程子图谱，两岸一脉

程一恒

在一个风雨交加的日子，我前往二程夫子的故地湖北黄陂，瞻仰双凤亭公园里的二程少年铜像，又结识了创作首部二程传的裴高才兄。数年后，古色古香二程书院得到重建，我故地重游，得到高才兄题赠的传记小说《程颢程颐传》。

壬寅秋，喜闻高才兄新著《二程夫子》即将绣梓，并获赠电子版先睹为快。读着读着，我被其流畅的文笔所吸引。不论是与早期儒学一脉相承的二程理学、新旧政潮和洛蜀党争，还是伊川书院国学教育体系，都写得通俗易懂。作者尤其能将诗歌与哲理并列，意趣与史实齐张，特别引人入胜。掩卷沉思，自己好像回到了宋代。至于考据，作者的功夫也十分到位。譬如程氏始祖，书中所持的“程伯符说”，与我在江西德安续修“和睦堂”《程氏宗谱》序文中的陈述一致。序中云：

相传周武王伐纣，行至广平，当地的部落首长，重黎之后的伯符（第一世）献上双穗之“禾”，井底之“玉”，泰山之“车”，三件吉祥宝物合称“三异之瑞”。武王伐纣成功，回到广平，就将该地以三件宝物的形象命名为“程”地赐给伯符。周成康时期，伯符被封为程国伯。程国的子孙后迁到上程聚，在今洛阳市东……

《二程夫子》介绍程氏迁播台湾，也与台湾西螺埔心（台湾桃园还有同名埔心）的程氏家谱记述相同。我曾前往台湾拜访过程氏家庙。首次祭拜西螺程氏家庙是辛卯，甲午春节是第二次。我进了西螺镇，在延平老街那头就可以看见坐落在安定里的程氏家庙。家庙建设宏伟、占地辽阔、端庄肃穆，已有四百年历史，乃两岸保存最好、最久的程氏宗祠之一。它除了供奉埔心程氏家族从诏安迁台的先祖外，还供奉有黑脸佛公、红脸关公及慈祥的福德公神像。据说当年程氏三兄弟为了逃避官兵，躲进这座庙，靠庙里的黑脸佛公逃过一劫。三兄弟为了活口和留后，一个姓程，另两个改姓，后来也都成了当地的大姓，以至于宗祠成了家庙，不是程姓的也会逢年过节到庙里祈福保安。既是家庙，就有管理委员会。这次的接待由管委会委员德崎宗亲，也是西螺的镇民代表负责。我和宗亲一起，到程氏祖牌位前点香祭拜。

西螺，是当年汉人移往台湾的第一站，今天依旧是台湾最大的进口果菜集散地。最有名的土特产是西螺酱油，土法酿造，安全健康。家庙附近的三个里：河南、安定和诏安里，把此地程氏的出处，揭示得明明白白。

海峡两岸程氏同祖同源，程氏遍及全台各地，人数排名已达第八十五位。西螺埔心程氏族人，虽然知道祖先来自福建的诏安，也曾到诏安去寻根，不过再往上追溯，到了漳浦，就语焉不详了。我曾受士晋宗亲之托，经巩义的卫星宗亲查出河南开封府祥符县泰宁坊现在的具体位置。此次拜访，他们又递交一份希望“世程联”协助寻找能说明开封至彰浦这段家族迁移史的声明。我除了向世程联的宗亲们呼吁大家齐心努力共同找寻，也望借《二程夫子》的出版和流传，协助西螺埔心程氏达成心愿。

在叙介“道南传”方面，高才兄书中介绍了程颐嫡传弟子周行己与门人，以及程颐四世孙程澥出任永嘉县学官的史实，说明程颐弟子、裔孙与永嘉事功学派有着千丝万缕的关系。周行己（1067—1125年，字恭叔），17岁补太学生，20岁改从张载门人吕大临，元祐五年（1090）受业于程颐，成为程门高足。次年进士及第，后将理学南传永嘉（今温州），跻身“元丰九先生”之一；他的直传弟子郑伯熊功成名就后，曾设书院讲理学，刊行《二程全书》；郑伯熊的学生叶适则是永嘉学派的集大成者。叶适与当时的永嘉县学官程澥，在直接传播理学方面颇有交集。换言之，永嘉学派同二程弟子与二程后裔息息相关。

作为华侨，我从《二程夫子》中看到，程澥第二十六世孙程志平到法国与非洲打拼，践行事功的故事；其子程让平则一跃成为加蓬共和国高官、第59届联合国大会主席①，并以程颐第三十一世孙身份回温州认祖归宗，现为世界程氏宗亲联谊会终身会长。

此次，华中师大出版社将高才兄的《二程夫子》，与其另本华人大学校长田长霖的首部全传《田长霖传》同步推出，可谓古今交相辉映。田校长是台北建中的学长，又曾与我在德国卡斯鲁厄大学、新加坡国大和香港创新科技委员会相交，大家相谈甚欢，至今记忆犹新。看来，我与高才兄真的有缘。

祖籍江西九江，生长于台湾，新加坡华侨，现居上海的我，非常高兴地为阐明二程儒学，并为海峡两岸的程氏搭起宗亲桥的《二程夫子》的绣梓寄语。是为记。

程一恒

（程一恒，谱名文亨，新加坡华侨，世界程氏宗亲联谊会前名誉会长、监事会副主席）

---

①《华人后裔主持联大盛会》，《参考消息特刊》2004年9月16日。

追寻足印，走近二程①

裴高才

一

我创作《二程夫子》的远因始于“大批判”。那是1974年深秋，“批林批孔”运动狂飙骤起，正在湖北黄陂姚集中学读高中的我，被老师指定为批判程朱理学唯心主义先验论的演讲人。演讲稿是老师找来的报纸剪辑，语文老师王希良先生让我用铁笔蜡纸刻印《论语》《二程遗书》语录，然后他重点讲解《论语》之“生而知之者，上也；学而知之者，次也；困而学之……”以及程颢之“天理”是他自家体贴出来的语录②。

王老师曾任教的百年老校黄陂三中，其前身是纪念程颢的道明学堂。讲课伊始，王老师展示一幅二程画像问：兄长程颢是黑胡须，弟弟程颐却是白胡须，这是否有悖常理？他先引述坊间传说：程颢“生而知之”，高中进士，为政有能名，永葆青春；而程颐“高考落榜”后自学成材，因“学而知之”而白了少年头。继而道出真相：因为程颢性格开朗，讲学与待人春风和气，五十多岁早逝，所以是黑胡须；程颐性格内向，尊严师道如烈日秋霜，年逾古稀而终，故而胡须苍白。末了，王老师引述鲁迅的论“天才”名句：“哪里有天才，我是把别人喝咖啡的工夫都用在工作上。”“即使天才，在生下来的时候的第一声啼哭，也和平常的儿童的一样，决不会就是一首好诗。”最后他得出结论：勤奋出天才，只有学而知之，没有生而知之。如此生动有趣的讲解，让我受益终身，永志难忘。

二

改革开放后，我在黄陂二中教哲学常识课期间，对二程及其理学有所涉猎。真正开始系统搜集二程史料，则是1992年从事涉台文化交流之后。当时，文博专家黎世炎送我一摞黄陂《二程族谱》《二程学谱》，翻阅后受益良多。随后，我结合二程父子及门人遗文梳理二程行状，同时采访了当年函请郭沫若为双凤

① 原载2023年8月9日《中华读书报》，原标题为《纪念二程夫子990周年华诞》。

②（宋）程颢、程颐：《传闻杂记》，《二程集》，中华书局1981年版，第424页。

亭题名的当事人郑贞文，写成《二程筑台以望鲁》《郭沫若题双凤亭》等文，相继载于《人民日报·海外版》《书屋》等报刊。

在我推出近现代与当代传记作品后，同仁希望我写一部“二程传”。但是，二程为宋明理学开山，作传涉及文史哲与古代人文地理多个领域，参透其精要，谈何容易？尤其是传主与我们相距千年，仅搜集、整理史料就十分烦难，创作其传记非一日之功。

好在有一批中外方家无私襄助与激励，我从书本到实地，由近及远，根据草拟提纲顺藤摸瓜，前往二程祖孙三代学习、生活与供职过的开封、赣州、洛阳、户县、南京、晋城、扶沟、涪陵等地考察、搜集资料，增强了现场感，激发了创作的责任感与紧迫感。

三

由于历代方家与相关文献疏于介绍二程的少年行状，拙作从二程的少年生活破题，以其个性差异、家庭教育、书院教育与宦海沉浮为重点，来钩沉二程的成长史与心灵史。为此，我将破万卷书与行万里路相结合，从打捞原始史料入手，又深入挖掘旁证史料，终于从《二程文集》《二程遗书》《二程外书》《二程祠记》与明清《黄陂县志》中，发现了一些蛛丝马迹。如明代湖广提学陈凤梧的《二程书院记》与古代黄陂县志证实：二程生于黄陂县城西街草庙巷[①]。二程的直系四传弟子朱熹所作的《黄州州学二程先生祠记》，介绍了二程缘何生长于黄陂，并在此生活了十四五年的情况。朱子写道：

天圣中，洛人太中大夫程珦，初仕为黄陂尉，秩满，不能去，而遂家焉。实以明道元年（壬申）生子曰颢，字伯淳，又明年（癸酉）生子，曰颐，字正叔。其后十有余年。[②]

我的首部二程传记小说《理学双凤》脱稿后，王士毅教授逐字逐句审读，提出了中肯的修改意见。同时，正值从洛阳走出的程颐直系第二十九世孙、旅美学者程德祥先生来访，他审阅拙作后兴奋地说：“黄陂是二程第一故里，毋庸置疑。”[③] 还题赠了他译述的英国汉学家葛瑞汉的名著《中国的两位哲学家：二程的新儒学》。

---

① （明）李河图：《山川 名迹》，《黄陂县志》嘉靖三十五年刻本，第 31 页。

② （宋）朱熹：《黄州州学二程先生祠记》，《晦庵集》（卷八十），文渊阁《四库全书》本，上海古籍出版社 2002 年版，第 1145 册第 663 页。

③ 裴高才：《二程后裔偕洋媳妇二程故里黄陂寻根》，《世纪行》2004 年第十二期。

四

二程理学是教人做人的学问。面对“存天理、去人欲”长期以来被曲解，我利用程颢的现身说法，印证其天理学说的原创性；又以其“不是天理，便是私欲。……无人欲即皆天理”① 说明“天理”与“人欲”的对立统一关系；同时援引朱熹通俗的诠释：“饮食，天理也，山珍海味，人欲也；夫妻，天理也，三妻四妾，人欲也”② 让读者明白：天理是指人正当合理的需求，人欲是指过分的、不恰当的、不合理的追求。或曰“天理”即指公理，仁爱；“人欲”即指私欲，是人的自私之情。

进而，我阐述二程的理欲观，与当前提倡的社会主义核心价值观与清廉观，均有相通之处。

五

良好家庭教育是二程走向成功的重要因素。我结合程珦的《自撰墓志》与程颢的《程殿丞墓志铭》《程郎中墓志》等史料，介绍二程五代家世；还援引了程颐撰述其父母家传，叙介其父母言传身教的史实。

关于二程祖父程遹的生卒与治县时间，我通过综合分析二程夫子的遗文，考订“天圣中遭家难，诸父继亡，臣（程珦）时未冠”③，认为：程遹生于太平兴国三年（978），卒于天圣二年（1024），其治县时间在至道三年（997）至天圣二年（1024）之间，并非“太平兴国中”。程遹自 19 岁任黄陂县令起，在陂邑治县、生活长达二十七八年；长子程珦生于开封，幼年随父定居黄陂；17 岁在黄陂成家，次年其父辈先后作古，家道中落，他又扮演长子如父的角色。

早在二程的童年时期，母亲侯氏就吟咏《闻雁》诗，对孩子进行诗教，程颢心领神会，十岁就写下了“中心如自固，外物岂能迁”④ 的诗句，反映有志少年诗心涵铁骨；后来又写下了《春日偶成》《秋日偶成》，展现其孔颜之乐的崇高境界。

本书还通过述说侯氏家训名言“患其不能屈，不患其不能伸”的来龙去脉，说明良好家教对二程的深远影响。如程颐科考落榜不落志，自学成材；即使遭

---

①（宋）程颢、程颐：《入关语录》，《二程集》，中华书局 1981 年版，第 144 页。

②（宋）朱熹：《朱子语类》卷十三，中华书局 1986 年版，第 224 页。

③（宋）程颐：《为家君书家藏太宗皇帝宝字后》，《二程集》，中华书局 1981 年版，第 581 页。

④（宋）刘立之：《门人朋友叙述》，《二程遗书·附录》，上海古籍出版社 1992 年版，第 256 页；《河南程氏遗书》，《二程集》，中华书局 1981 年版，第 664 页。

流放“编管”打压，仍矢志不渝地探究理学，在涪陵“点易洞”完成传世经典《伊川易传》。

六

书院是二程理学形成与传播的重要平台，也是构建其教育思想体系的基地。我通过时人诗文演绎程颢创办晋城书院与大程书院产生的影响，又援引程颐的《上文潞公求龙门庵地小简》，陈述程颐接受三朝元老文彦博所赠庄园创办伊皋书院始末，说明二程的书院教育受到朝野尊崇；还叙介二程在嵩阳、伊皋等书院讲学、治学数十载，概括二程穷理识仁，以培养圣人为目标，以儒家经典“四书”为主要教材，以“讲明义理”为宗旨的办学特色，说明书院与理学的相互促进与发展。

在教学与治学方式上，二程不拘一格，不是与邵雍、张载、司马光“五星聚奎”“洛阳议论”，就是与谢显道、杨时等诸多弟子巧问妙答。如“穷理识仁”“如坐春风”等典故都是门人以《二先生语录》的形式记录下来，后由朱熹收入《二程遗书》《二程外书》的。同时，二程门人在书院学成后，又回到各地兴办书院传播理学，延续学脉。仅二程的四传弟子朱熹一生创办与修复的书院以及讲学的书院就多达五十余所；明清之际，黄陂一个县先后设有二程、甘露与望鲁三所知名书院。

七

二程在河洛功成名就后，仍日夜思念孕育他们的热土黄陂：“吾梦寐恒在西陵！”① 同时，官民互动，历代赓续二程文化，异彩纷呈。

二程在世时，其嫡传高足李籲(字端伯）于北宋元丰年间任黄陂县令，他秉承师训，重民生，兴县学、乡学，清正廉明有惠政；程颢鹤归道山后，他又领衔捐资兴建了“清远亭”，旨在让恩师的理学发扬光大，香远益清。难怪苏轼赞曰“其声蔼然，格韵殊高”。

程颐的长子端中践行其父的名节观，成为抗金英烈；二程嫡孙程昺、程晟先后编印了《伊川先生遗文》与《伊川先生文集》八卷，还创修《河南先公伊川家谱》；明成化丙戌榜眼、程颐裔孙程敏政编修的《新安程氏统宗世谱》，对史实多有订正。元明之际，程颐的六世孙程梧、程叔浩则迁至湖北黄陂、孝感与英山等地。程端中的七世孙万一、万二、万三亦迁英山、黄陂与黄冈等地，

① (清)《黄陂县志·二程志》，康熙五年刻本，第242页。

其中万二迁黄陂北乡巴陵市畈（今姚家集街八里畈）[1]。

二程后裔程伯贤迁回黄陂城郊程家墩后，会同二程高足杨时之族裔杨廷蕴，一道参与修复双凤亭、新建望鲁书院与二程祠。黄陂“四箴堂”《程氏宗族》辟有《二程夫子》《二程记》《二程祠记》[2] 等，并载有二程祖孙三代在黄陂的行述、遗迹等，与明清《黄陂县志》图文互证。

自2012年起，笔者应邀携传记小说《理学双凤》与《程颢程颐传》连续出席五届河南宋学国际论坛，同海内外方家交流，方家认为拙作填补了二程少年行状研究及其传记小说的空白。

让人铭感五内的是，著名文化史学家冯天瑜先生尽管身染沉疴，在获悉我正重写《二程夫子》后，仍然抱病在生命最后时刻留下绝笔序评，激励后昆。而先生力促《二程集》入编“荆楚文库”，则实现了二程夫子的“回家”遗愿。正所谓“原念本始，追诵遗烈……以风励而作兴之”[3]。

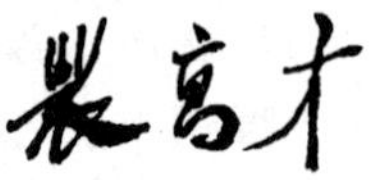

（裴高才：中国作家协会会员，湖北省周易学会理事）

---

① （清）四箴堂《古贤程氏族谱原序》卷首之二，嘉庆二十四年刻本，续修本2001年版，第66页。

② （清）四箴堂《程氏宗族》卷二，光绪九年创修本，第4—6页。

③ （宋）朱熹：《黄州州学二程先生祠记》，《晦庵集》（卷八十），文渊阁《四库全书》本，上海古籍出版社2002年版，第1145册第663页。

楔子：二程源流

云淡风轻近午天，傍花随柳过前川。
时人不识余心乐，将谓偷闲学少年。①

—— 程颢：《春日偶成》

双凤亭

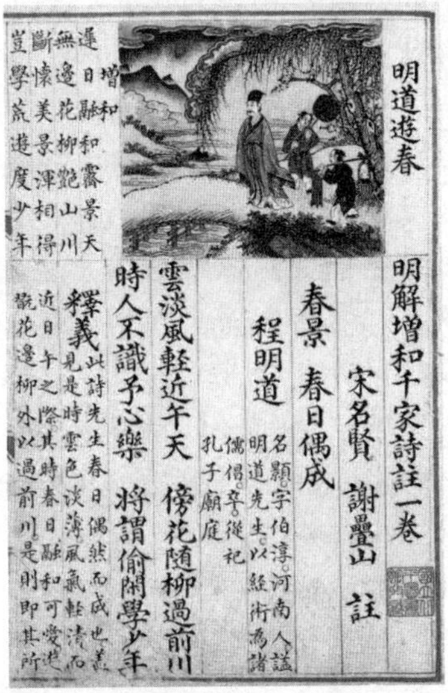

明解增和千家詩註一卷
宋名賢 謝疊山 註
春景 春日偶成
程明道
名顥字伯淳河南人謚明道先生以經術為諸儒倡享從祀孔子廟庭
雲淡風輕近午天 傍花隨柳過前川
時人不識予心樂 將謂偷閒學少年
釋義 此詩先生春日偶然而成也蓋見是時雲色淡薄風氣輕清而近日午之際其時春日融和可愛逍遙花邊柳外以過前川是則即其所
明道遊春
增和 遲日融和靄景天 無邊花柳艷山川 斷懷美景渾相得 豈學荒遊度少年

《千家诗》卷首《春日偶成》

双凤朝阳

走进双凤亭公园，首先闪入我们眼帘的是少年二程读书论道的铜像，十分传神；铜像后面的照壁上，当代领袖、诗人毛泽东龙飞凤舞的草书诗抄——程颢《春日偶成》诗碑，吸引着游客眼球。

双凤亭公园坐落于长江中游之阳，湖北武汉之北，荆楚名岳木兰山南麓，古代黄金水道滠水（黄陂老县河段）东岸，西周遗址鲁台山巅。二程夫子就出生于老县河北岸（今右岸）之淮南西路黄州府黄陂县城西草庙巷（今武汉市黄

① （清）刘昌绪：《黄陂县志》，同治十年刻本，第133页。

陂区文教巷)，明洪武三年（1370）在此处立程乡坊，明嘉靖三十五年（1556）《黄陂县志》之“二程遗址”载：

县西街草庙巷，二程先生所生之地；今废为民居，名曰程乡坊。①

二程在黄陂度过了少年时光，双凤亭即是他们的读书台故址。程颢在此留下纪游之作《春日偶成》②，千古传诵。

熟读唐诗三百首，不会作诗也会吟。古往今来，诗人词家的一首首对春天感怀的吟唱，总让人心旌荡漾。即使是有过非难诗艺言论的北宋理学家程颢，也照样激情满怀地吟咏春天。

那时，每当春光明媚，二程常常与父老乡亲一道，在房前屋后植树栽花、插柳种竹；在鲁台山麓栽紫荆、植松柏。清代《黄陂县志·二程志》曾以“望鲁书院，紫荆花歌”纪其事。

渐渐地，鲁台山上，苍松翠柏，郁郁葱葱；滠水两岸，杨柳成行，绿树成荫；草庙巷内外，一年四季，茂林修竹，鸟语花香。

少年二程穿行于草庙巷的榆柳荫下、滠水两岸、鲁台山上下，沐浴春风，踏青吟咏。情与景会，理与心契，虽身居陋巷，却立志追寻孔颜之乐的崇高境界。《春日偶成》就是在这样的背景下产生的。

南宋著名文学家、爱国诗人刘克庄、谢枋得，明末清初学者王相，都觉得《春日偶成》朗朗上口，蕴含着哲理。于是，他们不约而同地将这首诗列为蒙学教材《千家诗》中。

那时的私塾，在学生入学第一天，有一个拜师仪式。仪式的第一项是老师带领弟子向至圣先师孔老夫子像行叩头礼。接着弟子向老师行礼，随后老师即教学生吟诵《千家诗》卷首的《春日偶成》。

诗中“傍花随柳过前川”的“前川”，是指黄陂老县河，即黄陂母亲河滠水之黄陂中心城区一段的别称，当年位于二程出生地之黄陂县城南。

二程夫子功成名就后，仍然思念生养他们的黄陂热土，曾从内心中发出感叹：“吾梦寐恒在西陵（黄陂）也！”③ 前川，作为程颢少年时随性出游、知趣识理的地方，即使他荣登“牛榜”进士后就任陕西鄠县主簿春游时，仍牵挂怀念于斯；这里更是他平和冲淡、达练自在的性情形成的地方。因此，程颢将自己的情思融入其诗作《春日偶成》之中。

① （明）李河图：《山川 名迹》，《黄陂县志》，嘉靖三十五年刻本，第 31 页。

② （清）刘昌绪、徐瀛：《二程志》，《黄陂县志》，同治十年刻本，第 133 页。

③ （清）杨廷蕴：《二程志·重修二程祠记》，《黄陂县志》，康熙五年刻本，第 242 页。

《春日偶成》写于何时何地？方志认为程颢作于黄陂①；一说程颢嘉祐四年（1059）作于鄂县②。著名文艺评论家、前湖北省作家协会主席王先霈教授在《双凤文丛》序言中指出，此诗至少是程颢追忆在黄陂情与理会的纪游之作③。

少年二程在黄陂期间，无论三伏数九还是刮风下雨，每天都从黄陂县城草庙巷用竹竿撑着小木船，渡过门前的滠水河，来到黄陂县城东郊的鲁台山上，远眺东鲁孔子故里，虔心苦学……

读书累了，二程时而北望佛道合一的木兰山，激情朗诵《木兰诗》，激发自己的家国情怀；时而南眺千年古城遗址，遥想黄陂古代城邑黄城镇，及三国古战场——烟波浩渺的武湖“烟波江”，不禁想起《黄鹤楼》诗中的“烟波江上使人愁”……他们默默发誓：一定要刻苦攻读圣经贤传，长大后，继承孔夫子的学问，修身齐家治国平天下！

当你欣赏了《春日偶成》诗碑后拾级北上，可以望见当代文豪郭沫若题名的双凤亭屹立于鲁台山之巅。其“重檐三层，六角攒顶”造型，特指二程与祖父程遹、父亲程珦三代在黄陂生活了六十载。

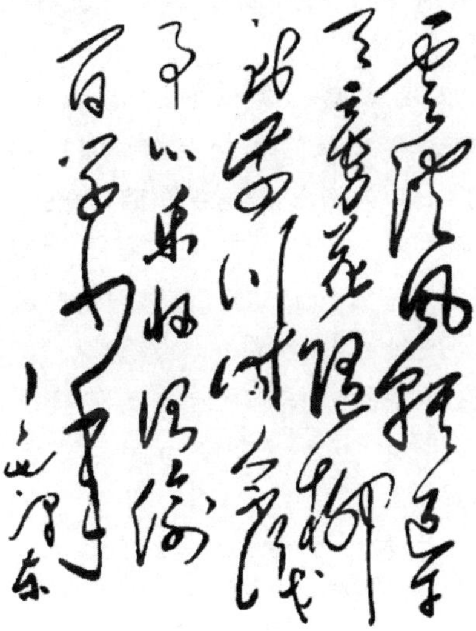

毛泽东手书《春日偶成》

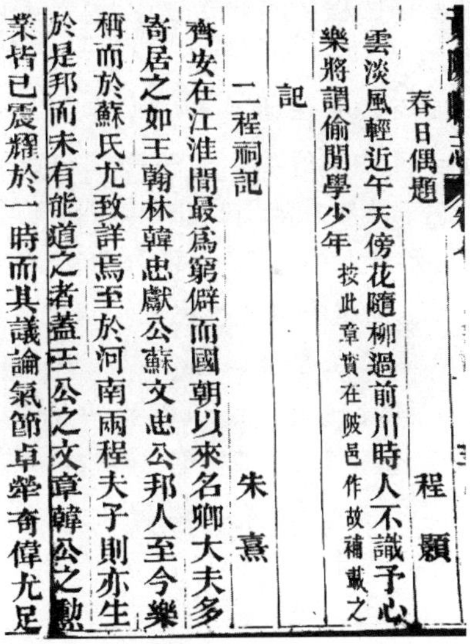

春日偶題　程顥

雲淡風輕近午天傍花隨柳過前川時人不識予心樂將謂偷閒學少年 按此章實在陂邑作故補載之

記

二程祠記　朱熹

齊安在江淮間最爲窮僻而國朝以來名卿大夫多寄居之如王翰林韓忠獻公蘇文忠公邦人至今樂稱而於蘇氏尤致詳焉至於河南兩程夫子則亦生於是邦而未有能道之者蓋王公之文章韓公之勳業皆已震耀於一時而其議論氣節卓犖奇偉尤足

明清《黄陂县志》载朱熹《二程祠记》

① （清）刘昌绪、徐瀛：《二程志》，《黄陂县志》，同治十年刻本，第 133 页。文中特别说明：“按此章实在陂邑作，故补载之。”

② （宋）程颢、程颐：《二程集》，中华书局 1981 年版，第 476 页。

③ 王先霈：《总序》，《冯铸传》，中国文联出版社 2007 年版，第 1 页。

双凤亭为木石结构，亭中央竖立着清代道光年间的须弥座（即金刚座）式四方体碑，四面镌有碑文；在碑额的东、北、西、南四面，陈列着“双凤沐日”“父母教子”“及第登科”“富贵荣华”浮雕，直观地反映二程的成长历程。此亭曾跻身“中国名亭”之列①。

之所以称二程为“双凤”，是因为楚人自古崇尚凤图腾，且古人常以“凤”称男士，如“凤求凰”。还因为当地流传着“双凤投怀”的掌故——

那是在北宋天圣九年（1031）春，程珦夫人侯氏到木兰山祈嗣进香后，晚上做了一个美梦。梦见一对五彩缤纷的双凤投入她怀抱之后，又投胎到她的肚子里……

也许是心诚则灵，侯氏十月怀胎后，于宋仁宗明道元年（1032）正月十五闹元宵之半夜子时，在黄陂县城西街草庙巷程宅思贤堂生下了一个面带福气的小子，程珦在兴奋之余给儿子取名颢，字伯淳，乳名延寿，世称明道先生。到了第二年（1033）八月中秋节，程家再添男丁，取名颐，字正叔。清代池生春、诸星杓编纂《程子年谱》亦载，二程兄弟生于黄州府黄陂县寓舍②。

对于二程的身世，二程的直系四传弟子朱熹曾在《黄州州学二程先生祠记》中写道：

程珦，初任为黄陂尉，秩满，不能去，而遂家焉。实以明道元年（壬申）生子曰颢，字伯淳；又明年（癸酉）生子曰颐，字正叔。其后十有余年……③

北宋元丰八年（1085）六月，程颢溘然长逝，其弟子黄陂县令李籲（端伯）于黄陂捐资始建“清远亭”，取《爱莲说》中“香远益清”之义；南宋取程母“双凤投怀”诞二程之事将此亭更名“双凤亭”。明嘉靖三十五年（1556）《黄陂县志》云：

双凤亭在鲁台山巅，以程母侯氏夫人梦双凤投怀得名。④

明洪武三年（1370年）人们在二程诞生处立程乡坊。明代《黄陂县志》之《二程遗址》载：“县西街草庙巷，二程先生所生之地；今废为民居，名曰程乡坊。”⑤

清同治十年（1871）刊《黄陂县志》之《二程志》指出，程母梦“双凤投

---

①《中国名胜辞典》，上海辞书出版社1981年版。

②（清）池生春、诸星杓：《程子年谱》卷一，咸丰五年刻本，第1页。

③（宋）朱熹：《黄州州学二程先生祠记》，《晦庵集》卷八十，文渊阁《四库全书》本，上海古籍出版社2002年版，第1145册第663页；（明）李河图：《黄陂县志》卷下，嘉靖三十五年刻本，第123页；《程氏宗族》“寻乐堂”卷二，乾隆年间创修本，第159页。

④（明）李河图：《山川 名迹》，《黄陂县志》，嘉靖三十五年刻本，第28页。

⑤（明）李河图：《山川 名迹》，《黄陂县志》，嘉靖三十五年刻本，第31页。

怀”生二程，与孔母尼山祈祷“麟吐玉书”而诞孔子遥相呼应，孔夫子是儒学的创始人，二程夫子创立了新儒学（即理学）。文中写道：

惟贤希圣，人杰地灵。孟子之“愿学”，去圣人之世百有余岁矣。程子之望鲁，则生于一千四百年之后者也。士君子生于后世，而景仰前徽，讲明圣学，其笃生岂偶然哉？世传二夫子之生，有双凤投怀之兆；殆与元鸟之降，履武之祥，尼山之祈祷，有先后相似者。①

千百年来，“双凤投怀”传为佳话。

寻道讲“理”

伫立于双凤亭前北瞰，古色古香的二程书院建筑群尽收眼底。我们若走下亭台，沿石桥小径，经二程塑像，穿过汉白玉石牌坊与书院正门，来到大堂，偌大一个“理”字匾，十分醒目：“理”者，“天理”学说也。

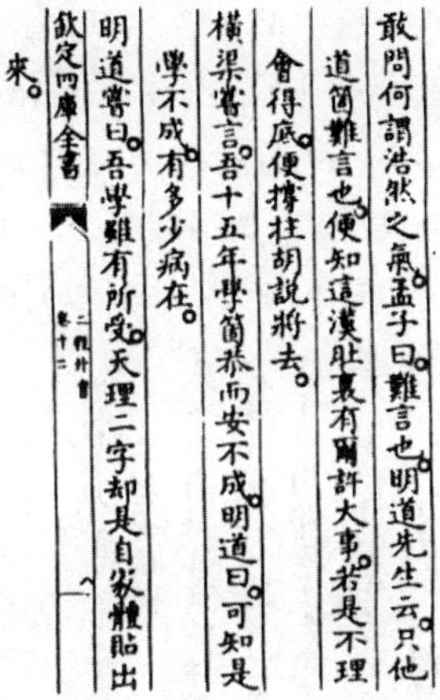

敢問何謂浩然之氣。孟子曰。難言也。明道先生云。只他道箇難言也。便知這漢肚裏有爾許大事。若是不理會得底。便撐拄胡說將去。

橫渠嘗言。吾十五年學箇恭而安不成。明道曰。可知是學不成有多少病在。

明道嘗曰。吾學雖有所受。天理二字却是自家體貼出來。

欽定四庫全書　二程外書　卷十二

程颢：天理二字却是自家体贴出来

朱熹赞程颢像

“天理”从何而来？程颢曾现身说法：“吾学虽有所授，天理二字，却是自家体贴出来的。”② 对于“天理”学说的探寻过程，少年二程首先是在木兰山观摩木兰庙会——亮子会，亲历佛、道和睦相处于木兰山的宗教道场，在风洞读书对句、探寻道德学问，打下了佛道合一的思想烙印，从而立志倡道藏修。成年后，二程相继在晋城、河洛创办书院并讲学，尤其是在洛阳创办伊皋书院，作为倡道藏修之所，二程与张载、邵雍等北宋诸子“五星聚奎”，进而糅合儒

① （清）刘昌绪、徐瀛：《二程志》，《黄陂县志》，同治十年刻本，第131页。

② （宋）程颢：《传闻杂记》，《二程集》，中华书局1981年版，第424页。

学、佛学与道学，创立以“天理”为核心的理学体系，亦称“洛学”或“道学”。后经其直系四传弟子朱熹集大成为程朱理学，取得官方哲学地位长达七百载。又因理学是对儒学的继承与发展，故欧美汉学家称之为“新儒学”。

二程夫子念念不忘其倡道藏修发端的黄陂，黄陂岂能忘却他们①？自宋代起，黄陂当地的人们相继在鲁台山兴建了双凤亭、二程祠等，在城内二程出生处竖立程乡坊；南宋时，黄州知府李訦在黄州府兴建了二程祠，并请朱熹题写了《为黄州州学二程先生祠记》。

明代正德三年（1508），湖广提学陈凤梧与州县商定，将二程祠改建为二程书院，开启了黄陂道通天地的文脉。随后，书院多次维修、扩建，规模不断扩大，名师云集，教学相长，桃李芬芳，终于与全国著名书院濂溪、岳麓等齐名。二程学院培育了教育家“三黄”（举人黄云阖与监察御史黄彦士、国子监学政黄奇士）父子，“二裴”（榜眼裴宗范与京官裴宗德）兄弟，“二蔡”（进士、监察御史蔡完，理学家蔡石麓）叔侄等。陈凤梧在《二程书院记》中写道：

二程夫子实以相继而生，其地则今日之程乡坊是也。凤梧奉明诏来典学事，行部至邑，顾惟是祠，实为二程倡道之所始。后人亦借重以为藏修之地，遂易其匾曰：二程书院。得前副使、今同知、黄州谢君朝宣大书揭之，与濂溪、南岳、岳麓、石鼓诸书院并称。而祠祀如故，择士之有志者，俾读二夫子遗书。②

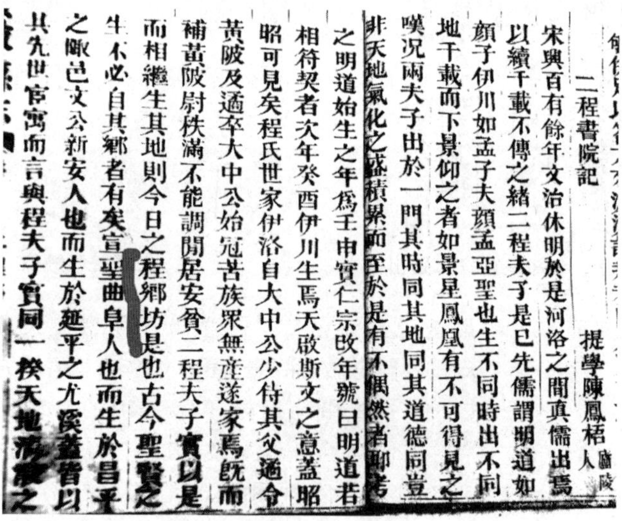
二程書院記　提學陳鳳梧 廬陵人
宋興百有餘年文治休明於是河洛之間真儒出焉以續千載不傳之緒二程夫子是巳先儒謂明道如顔子伊川如孟子夫顔孟亞聖也生不同時出不同地千載而下景仰之者如景星鳳凰有不可得見之嘆況兩夫子出於一門其時同其地同其道德同豈非天地氣化之盛積累而至於是有不偶然者耶考之明道始生之年為壬申實仁宗改年號曰明道若相符契者次年癸酉伊川生焉天啓斯文之意蓋昭昭可見矣程氏世家伊洛自大中公少侍其父通令黄陂及通卒大中公始冠苦族衆無產遂家焉既而補黄陂尉秩滿不能調閑居安貧二程夫子實以是而相繼生其地則今日之程鄉坊是也古今聖賢之生不必自其鄉者有矣宣聖曲阜人也而生於昌平之陬邑文公新安人也而生於延平之尤溪蓋皆以其先世官寓而言與程夫子實同一揆天地流行之

明代湖广提学陈凤梧《二程书院记》

① （清）杨廷蕴：《重修二程祠记》，《黄陂县志》，康熙五年刻本，第 242 页。

② （明）杨凤梧：《二程书院记》，《黄陂县志・艺文志》，嘉靖三十五年刻本，第 129—131 页。

离开二程学院后的黄彦士、黄奇士创办了甘露书院，学宗二程夫子，研讨圣学，继仁诚之志。在创办甘露书院的同时，他们还致力于复兴黄冈问津书院。黄彦士在《卜居甘露》一律中，描绘了他们十年间在甘露书院传道授业、诗词唱和，尽享孔颜之乐的崇高境界。诗云：

结社幽栖已十年，买山近得郭东偏。
青牛定识来人气，白鹿应开住客田。
不问狐狸藏野穴，却教神物护清泉。
当时牛耳谁盟主？回首韶华倍惘然。①

清康熙五年（1666），黄陂新任县令杨廷蕴与县丞李成纪同黄陂程家墩二程后裔商定，在二程书院原址上重建书院，院名取少年二程鲁台望道的典故为望鲁书院。书院与跻身“西陵十景”之“鲁台望道”相映衬。

二程家世

庆历六年（1046）春，二程随父母乘船东下赣南虔州（今赣州）。一路上，他们一边饶有兴致地品味长江两岸的风土人情，吟诗对句；一边听父亲程珦讲述程氏远祖渊源。

程珦手捧家谱对子女说：我们程家有个传统，人到哪里落户，族谱也要带到哪里。我们开宗受姓始祖为程伯符。程氏系出高阳，高阳氏委派其孙重为南正之官，掌管祭祀神灵；封重之弟黎为北正之官，掌管民事，其子孙世袭该职。历虞、夏、商，衍至周，伯符公仕成王。

西周初，伯符任日正之职。周公摄政后，在洛阳上程聚（在今河南省洛阳市东一带）建立都城，名成周。此时，伯符向成王献上三件吉祥物：泰山之车、井底之璞、双穗之禾（后衍变为程氏图腾），于是被封程地，建立了程国。

程颢问及父母今后是否可自称“广平程颢”时，得到了肯定的答复。因为早在西汉时就设置有广平县、广平国或广平郡，治所在今河北省鸡泽县西南。曾居广平的程伯符为程姓始祖，亦即二程的远祖。同时，二程的十四世祖程婴施，当年妙计救赵氏孤儿的故事亦发生于广平。

熙宁年间，朝廷曾封程珦为“永年县伯”②，又称“永年县开国伯”。永年县（今河北省邯郸市辖区）原隶属于古代广平国，即广平郡之望地。隋末，窦建德在永年城驻城建都，永年城为历代郡、府、州、县治。

① （清）杨廷蕴：《黄陂县志·艺文志》，康熙五年刻本，第419页。

② （宋）程珦：《自撰墓志》，《二程集》，中华书局1981年版，第645页。

程颢多次自称“广平程颢”①，也称程珦的族兄程琳为“广平文简”，“文简”即程琳的谥号。而程颐的二十世孙程宗孟在修纂《河南程氏正宗世谱》时，则以《迁徙歌》沿袭了“广平说”，歌词云：

古有重黎氏，程族由发初。历夫周兴际，伯符广平居。休父宣司马，封向程国墟。春秋婴赵仕，再望广平庐。②

遷徙歌
古有重黎氏程族由發初歷夫周興際伯[illegible]
居休父宣司馬封向程國墟春秋嬰趙仕再[illegible]
平墟東晋元譚出新安第賜予將軍陳靈洗[illegible]
歙貫其間大辨爲唐令廣宗地有書皓公[illegible]
刺史博野定居諸宋少師公羽河南始[illegible]
少師初爲醴泉令家醴泉後爲少師賜第京師遂居汴城伊川當紹聖嵩邑有
來余先從太中居洛城及太中辛夜因避黨禍來嵩端隨高南渡家因[illegible]

《河南程氏世谱》载《迁徙歌》

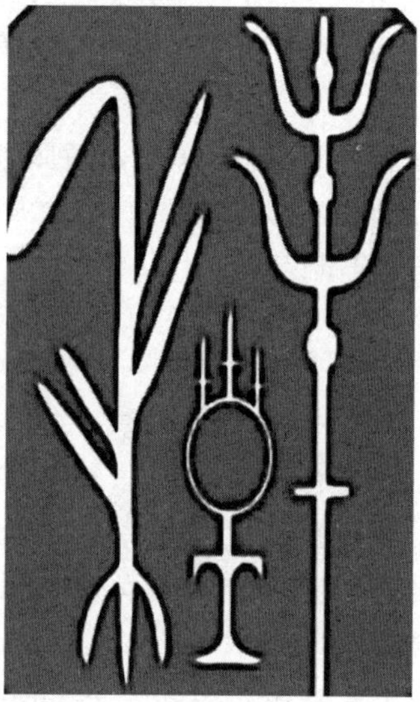

程氏图腾

当年程国的故地为上程聚，伯符是程国的始封之君，其裔孙称程氏。故洛阳上程聚为二程先祖受姓及世居地。程颐《印铭》云：

我祖乔伯，始封于程，及其后世，以国为姓。惟我皇考，卜居近程，复爵为伯，子孙是称。③

作为程氏的四十五世祖，洛阳上程聚的程元谭首先随晋室南迁。他历任襄州刺史、新安郡太守，尤其是治新安期间政绩突出，任满后百姓联名上奏，诚意挽留。东晋元帝司马睿遂颁诏，赏赐他田地和住宅于歙县篁墩（今属黄山市屯溪区），复任太守。他死在任所，享年 81 岁，后追封为忠佑公。新安郡更名徽州后，他成为徽州程氏一世祖。

---

① （宋）程颢：《程邵公墓志》，《二程集》，中华书局 1981 年版，第 495 页。

② （明）程宗孟：《河南程氏正宗世谱》，隆庆六年刻本，第 15 页。

③ （宋）程颐著：《印铭》，《二程集》，中华书局 1981 年版，第 598 页。

程元谭第十四世裔孙程灵洗（字玄涤）是一代名将，在梁武帝、元帝年间，诏授建威将军，兼领新安太守。入陈朝，程灵洗以战功拜都督、郢州刺史。他治军严明，又躬勤稼穑。身后赠镇西将军，谥号忠壮。程灵洗膝下有子 22 人。

现今河南洛阳一带以及江西、湖北、浙江及福建等地的程姓，大多为程忠壮后裔。程颢曾保存“忠壮公裔”印章，表明对直系世祖程灵洗的认同。元代礼部员外郎程黟南曾在《书河南上程堂振录后》写道：

河南夫子，胄出中山，中山之胄，出自新安篁墩，实忠壮公之裔，陈末播迁而北者也。

程颐嫡孙程晟续纂了《河南先公伊川家谱》（又名《程伊川谱》），其世系图上溯到程秀。对程秀之上世系，程晟在《程氏历代官秩并迁目录》中说：

大辨祖为六合令，迁广宗。传二世皓祖，唐玄宗开元中进士，为定州刺史，迁中山（今河北省定州市）博野（今河北省保定市蠡县）。再传四世严祖，都知兵马司。秀祖，字景思，唐进士，后封兵部侍郎。

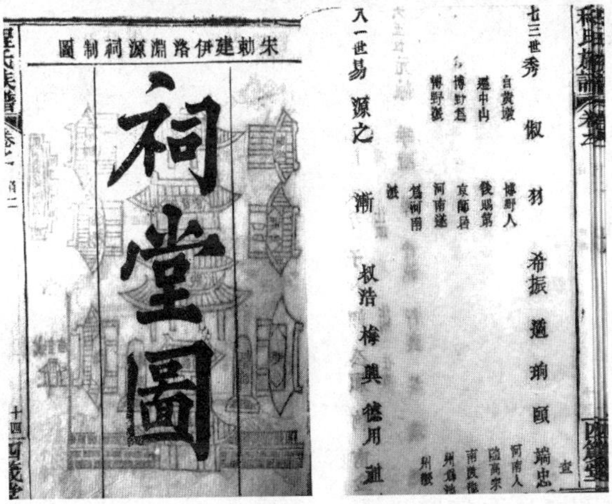

宋敕建祠堂图及二程五世图谱（四箴堂《古贤程氏族谱》）

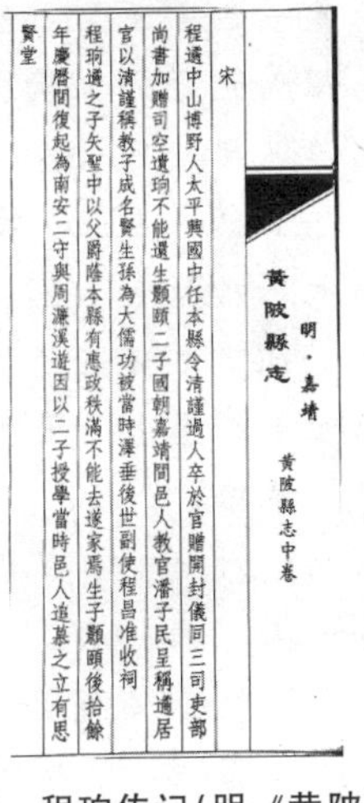
黄陂縣志 明·嘉靖
黄陂縣志中卷
宋
程遹中山博野人太平興國中任本縣令清謹過人卒於官贈開封儀同三司吏部
尚書加贈司空遺珦不能還生顥頤二子國朝嘉靖間邑人教官潘子民呈稱遹居
官以清謹稱教子成名賢生孫為大儒功被當時澤垂後世副使程昌准收祠
程珦遹之子矢聖中以父爵蔭本縣有惠政秩滿不能去遂家焉生子顥頤後拾餘
年慶曆間復起為南安二守與周濂溪遊因以二子授學當時邑人追慕之立有思
賢堂

程遹、程珦传记(明《黄陂县志》)

二程为程秀的直系六世孙，或者说，程秀是二程的高祖程羽的祖父，也是程琳的曾祖程新的祖父。中山、博野是二程先祖程秀、高祖程羽、曾祖程希振的世居地。其中，二程的高祖程羽是身经百战的北宋开国功臣，宋太宗曾赐予开封泰宁坊作为其府第。后来前往黄州黄陂开基的黄陂县令程遹，其长子程珦因任黄陂县尉而定居于斯，并育有二程①。明清《黄陂县志》亦有载：

---

① （宋）程颐：《先公太中家传》，《二程集》，中华书局 1981 年版，第 646 页。

程珦，遹之子，天圣中，以父爵荫本县尉，有惠政。秩满不能去，遂家焉。生子颢、颐，后十余年。①

二程直系裔孙在创修、续修程氏宗谱上功不可没。其中，程颐直系裔孙、明代榜眼程敏政通过对二程以上世系考订，使程氏世系“百年之疑一日而决”。他修成了《新安程氏统宗世谱》，并在《程氏统宗谱辨》中指出：皓生日华，日华生怀直，怀直生执恭，执恭生世庸，世庸生岩，岩生秀。

经综合考订河洛、黄陂，六安、英山，黄冈、孝感等地《程氏宗谱》后知，程元谭为程氏第四十五世祖；二程为程元谭第三十四世孙，即程氏第七十八世祖。《二程上世系及其谱系分歧》之程氏世序如下：

第一至四十四世（始居广平）：

程伯符—廪丁—仲壬—子臧—休父（甫）—仲辛—黑肱—君识—应—公龛—抚宜—思陵—德邈—婴—伯先—叔本—会—括—叔虎—景遂—远—玮—悫—珍和—黑—整—元则—玄通—翔—僧泰—康—君缙—文爽—孝宠—公嗣（似）—灵—伯盛—奢—元昱（昱）—建—晓—智彻—延—牧；

第四十五至六十五世（迁新安）：

元谭—超—冯—孝丰（丰）—景秀—元政—宝云—法晓—隐隽—道乐—次茂—詧—宝惠—灵洗—文季—子响—育—皆—弘—大辨—文英；

第六十六至七十三世（迁中山）：

皓—日华—怀直—执恭—世庸—岩—秀—俶；

第七十四至七十五世（迁开封）：

羽—希振；

第七十六至七十八世（迁黄陂）：

遹—珦—颢、颐。②

二程理学自南宋理宗于端平元年（1233）列入官方哲学始，受到宋、元、明、清历代尊崇；二程世系也被后世尊称为程氏正宗。

南宋时，在南迁的二程后人中，程颐四世孙程澥出任永嘉县学官，其第八子程统在此落地生根。传三世为驿头程氏始祖，再传十一世走出了程韬、程奕兄弟，因他们俩为国捐稻谷约九万公斤，明宪宗于成化十九年（1483）颁圣旨嘉奖，敕建“旌表程韬尚义之门”，立“旌表程奕尚义之石”彰其德。

到了21世纪，程颐第三十一世孙，即程澥第二十七世孙程让平成为享誉海外的政治家，历任加蓬共和国外交、合作和法语国家事务国务部长，石油输出

① （明）李河图：《名宦》，《黄陂县志》，嘉靖三十五年刻本，第84页。

② 程宗成：《“二程”上世系及其谱系分歧》，《黄山学院学报》2004年第4期。

程灝后裔蒙明宪宗敕建“敕旌尚义之门”

国组织主席、77 国集团副主席与第 59 届联合国大会主席①。

元末，二程后裔程文智因官入闽，为福州知事，是为程氏开闽始祖。其弟文惠居漳浦县，封迪功郎。明世宗时，文惠之后程渠爵携二子惟山、惟海，自漳浦梁山迁居漳州诏安后门山，成为诏安始祖。

康熙末年，诏安有一支程氏越过台湾海峡，参与开发宝岛而落户，台北西螺程氏家庙如今仍供奉诏安始迁祖。这与《台湾程氏家谱》所载其先世为宋代京师开封府祥符县（今河南省开封市区）泰宁坊人相符。

宋代祥符县，原名浚仪县，宋真宗赵恒于大中祥符三年（1010）改名为祥符县，即今开封市所在地。而开封泰宁坊原是二程高祖程羽的官邸，福建或台湾程氏可谓二程一脉。

① 《华人后裔主持联大盛会》，《参考消息特刊》2004 年 9 月 16 日。

一、程適履新

一天，宋太宗赵光义到程羽家私访，见其孙子程適天真可爱，就随口出了一上联“泰宁坊童生五岁”，测试他能否对出下联。小程適思索片刻后从容对答：“东京城天子万年！”顿时，太宗开怀大笑！

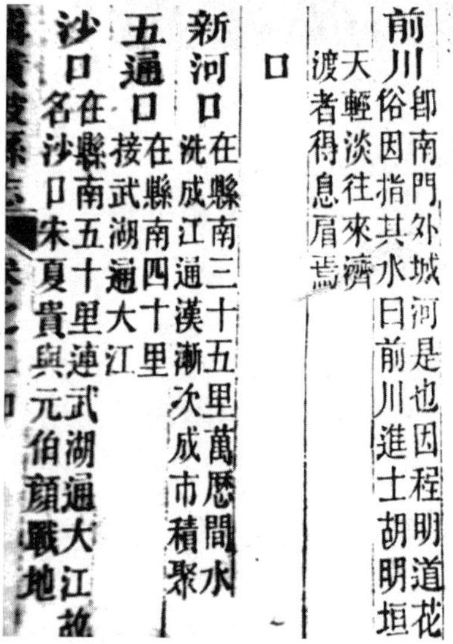
前川 即南門外城河是也因程明道花 俗因指其水曰前川進士胡明垣
口 天輕淡往來濟 渡者得息肩焉
新河口 在縣南三十五里萬歷間水 洗成江通漢漸次成市積聚
五通口 在縣南四十里 接武湖通大江
沙口 在縣南五十里連武湖通大江故 名沙口宋夏貴與元伯顏戰地

清代《黄陂县志》载“前川”

二程出生地：黄陂草庙巷程乡坊故址（今前川街文教巷）

前有晴川

“前川”是黄陂旧县城护城河，为黄陂母亲河——滠水之县城段，位于城南河街沿线，故称“县河”。清代《黄陂县志》载：“前川”即县城南门外城河，又因“傍花随柳过前川”之句，遂谓之前川。康熙初，黄陂名士胡明垣建亭其浒，题曰“午天轻淡”。“往来济渡者，赖息肩焉。”①

据雍正《湖广通志》载：胡明垣，字卫公，黄陂人。少随父仰文从先辈讲学望鲁台，顺治六年己丑科（1649）进士，历任陕西镇安县令、凤翔府同知

① （清）刘昌绪、徐瀛：《山川》，《黄陂县志》，同治十年刻本，第9页。

（知府副职）加奉政大夫等。

明嘉靖三十五年（1556）《黄陂县志》之《二程遗址》载，二程诞生于黄陂县城草庙巷南滨、前川北岸之程乡坊，后废为民居。

明正德年间湖广提学杨凤梧《二程书院记》云："二程夫子出于一门，其时同、其地同、其道德同……遹令黄陂及遹卒，太中公始冠，苦族众无产遂家焉。既而补黄陂尉，秩满不能调闲住安贫。二程夫子实以是而相继生其地，则今日之程乡坊是也。"①

其实，古今圣贤的出生地不一定都在原籍。诸如至圣先师孔子、二程直系弟子朱熹等，均与二程一样，并非生于原籍。

草庙巷故址全长 500 米，宽 4.5 米，路面全为青石板。1949 年 5 月后，这里为黄陂县城关镇第一小学（今黄陂区前川一小）校园，原来的"草庙巷"更名为"文教巷"。

据史料记载，草庙巷是黄陂县城西南屯积官方粮草的仓库——永丰仓所在的街巷。远远看去，堆积如山的一座座形如圆锥的草垛与 36 间瓦屋、4 间谷仓，如同一座座稻草庙宇，因此俗称草庙巷。同时，官方还在此设有官厅一进五间，故也有人称草庙巷为永丰巷②。草庙巷被列为黄陂古县城的九街十八巷之一。

草庙巷最南端与河街（今人民街，全长 763 米、宽 8 米）呈"丁"字形相交，此处曾是科举时代县衙所设开科取士的考棚，今为前川一小。巷北同县城正街（今中山大道）与西街（今公安街道）相通。小巷的中间，矗立着古祠堂、古牌坊、古亭等古建筑群，以及距今九百多年的古树、古井和古宅遗址。

在小巷中段的道口（正街与草庙巷相交的十字路口），矗立着一座高高的石坊，造型别致，古意盎然，用料全部为红砂砾石。石坊高 6 米，宽 8 米，其中央顶端书有"程乡坊"三个魏碑大字，正面朝南。此乃明代洪武三年（1370），经黄陂县令刘拱宸（1318—1385）呈报获准，在草庙巷建立的纪念二程出生地的牌坊。

在石坊不远处，是一座青砖素瓦硬山式结构的民宅，为三重四合小院，宽阔的门庭，高高的门槛，两扇红黑漆大门半掩着，门上书写着"程宅"两个金光闪闪的大字。大门两侧，分列青石门墩、石鼓，还有石狮守护。

迈进石门槛，迎面有一座青砖砌起的照壁，颜体"福"字悬于中央。绕过照壁，有青石铺起的天井，两边为厢房，正中为堂屋，二重为启贤堂、书房，三重为后宅、厨房等。由楠木制作的花窗格扇，把整个小院点缀得古色古香，

① （明）杨凤梧：《二程书院记》，《黄陂县志·艺文志》，嘉靖三十五年刻本，第 129—131 页。

② （清）杨廷蕴：《建置志》，《黄陂县志》，康熙五年刻本，第 65 页。

后门有一口小塘，塘边柳树掩荫，堆烟叠翠，恍若仙境。据说，此院之奇奇在夏天蚊虫遁迹，传说二程年年夏夜在此挑灯夜读，蚊虫从不相扰。

走近那扇朱红的大门，缓缓地推开它，小心跨过那道已经被被时光磨砺了千年的浅浅门槛。中国文化的一个源点，一段宏阔的文化河床，竟然在此浓缩为简简单单的一座故宅、皇皇巨论的几部传世经典。

这座民房的书屋，以传统的梁柱承重、多种不同花纹的石刻漏窗为特色，与马头墙、翘屋脊相协调。屋中是身着官服的县太爷——程遹坐像。其后，长子程珦像，他曾任黄陂县尉，并在此养育了宋明理学开山程颢、程颐兄弟。

程氏祖孙三代在这个小院生活、学习、练武、修身，谈婚论嫁，前后六十余载，留下了许多美丽的传说与动人的故事。

赐第对句

程遹任黄陂县令，是蒙其祖父程羽的荫庇。

程羽（913—984），字冲远，汴州（今河南省开封市）人，少年时期就勤奋学习，十年寒窗后于后晋时中进士。他是一位辅翊功显的三朝元老，为建立与巩固北宋王朝立下了汗马功劳。

早在五代晋天福年间，程羽进士及第后出任阳谷县主簿及定州通判，因他出巡时与刺史一样，各有专车，又称“别驾”。后历任虞乡、醴泉、新都县令。因遭逢乱世，程羽辞官，举家迁醴泉避乱。程颐曾写道：“弃官避世，以俟真主之兴。我朝受命，首赴阙庭，一言遭遇，受圣祖非常之知；及太宗皇帝之在晋藩，亲自选擢，俾之辅佑；于时真宗皇帝亲受经训，太宗纂绪，顾遇益隆，凡所献替，无不开纳，称其忠厚，待以腹心。”① 程羽忠心护国，深受宋太祖赵匡胤（921—976）、宋太宗赵光义（939—997，本名匡义）器重，尤其与赵光义是莫逆之交。赵光义继位后，派他前去镇守成都重镇。程羽在任上，整顿吏治，取消了一批苛捐杂税，使成都乃至整个西南地区出现了政通人和的局面。

西南局势稳定后，程羽奉调回京，被封为礼部侍郎，宋太宗还“以辅翊功显，赐第于京师（泰宁坊）”②。程羽因此把家小从深州陆泽迁到开封。程羽之子即二程的曾祖父程希振十年寒窗取得了功名。

程羽是一个知足常乐的人，他觉得自己年事已高，就主动上奏辞官，希望赵光义给他一个有职无权的闲差。但赵光义认为，程羽是大宋王朝的宝贵财富，执意诚恳挽留，让其继续在朝中担任要职。

---

①（宋）程颐：《为家君上宰相书》，《二程集》，中华书局1981年版，第591页。

②（宋）程颐：《为家君上宰相书》，《二程集》，中华书局1981年版，第630页。

宋太宗有微服私访朝中大臣的习惯，常常与程羽促膝谈心。太宗将端明殿更名为文明殿后，太宗再次来到泰宁坊，请程羽担任文明殿的首任翰林学士(职权仅次于枢密院副使)。《续资治通鉴》载：太平兴国五年（980）正月，“庚寅，以礼部侍郎深州程羽为文明殿学士，班枢密副使下。文明殿学士即端明殿学士……职名之改自羽始”①。

宋太宗赵光义像

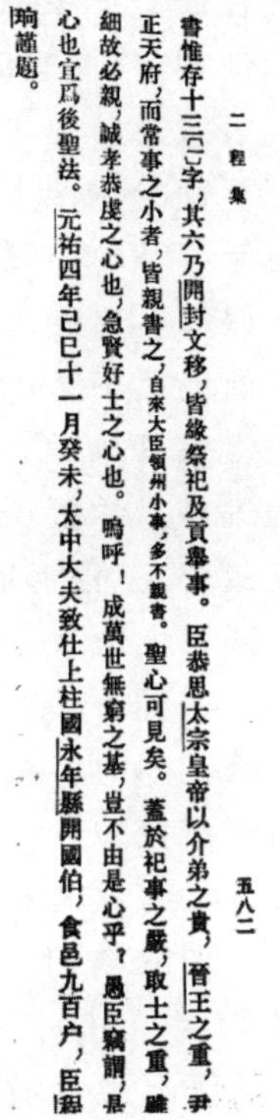

二程集　五八二

書惟存十三〔二〕字，其六乃開封文移，皆緣祭祀及貢舉事。臣恭思太宗皇帝以介弟之貴，晉王之重，尹正天府，而常事之小者，皆親書之，自來大臣領州小事，多不親書。聖心可見矣。蓋於祀事之嚴，取士之重，雖細故必親，誠孝恭虔之心也，急賢好士之心也。嗚呼！成萬世無窮之基，豈不由是心乎？愚臣竊謂，是心也宜爲後聖法。元祐四年己巳十一月癸未，太中大夫致仕上柱國永年縣開國伯，食邑九百户，臣頤謹題。

程颐文忆家藏太宗宝字

而且，赵光义还经常赏赐程羽诸多墨宝与珍宝，以示器重。程颐在《为家君书家藏太宗皇帝宝字后》中写道：

先臣少师（程羽），以府僚事太宗皇帝于开封，被眷特异，前后所赐亲笔多矣。②

与此同时，太宗将教育太子赵恒的重任交给程羽。程羽不负众望，把自己

① （清）毕沅：《续资治通鉴》卷第十《宋纪十》，岳麓书社 1992 年版。

② （宋）程颐：《为家君书家藏太宗皇帝宝字后》，《二程集》，中华书局 1981 年版，第 581 页。

的真知灼见毫不保留地传授给太子。

太平兴国五年（980），程羽坚持任人唯贤的取仕原则，典试贡士、御试选拔出的优秀人才数高于历届。一年后，他再次请辞，太宗在授予其兵部侍郎后，特恩赐其享全俸退休。

程羽退休后，太宗每每遇到国家大事常向他问计。一次，太宗前来泰宁坊看到程羽正在调教孙子，有意考考四五岁的程遹，便说："小遹子，我们来练习一下对句如何?"程遹当即施礼答道："承皇上厚爱，小遹子遵命!"

于是，太宗随口出了一个上联"泰宁坊童生五岁"，程遹从容对答"东京城天子万年!"，顿时，把太宗乐得爽朗大笑，连声称赞道：未来可期!

雍熙元年（984），程羽于京师寿终正寝，享年72岁。宋太宗亲自前往致祭，并颁诏给予厚葬，追赠为礼部尚书。还拨了一笔抚恤金，照顾遗属生活。

在程羽逝世后不久的一天，太子赵恒逛街，百姓齐呼少年天子，此话传到晚年多疑的太宗耳朵里，他大为不满，甚至说：百姓准备把我置于何地啊！幸亏寇准斗胆进言，并援引程羽的话，夸奖这是天子的鸿福荫及太子所致，赵光义这才没有追究。"程羽遗言救太子"之说，不胫而走。

随着程遹长大成人，宋太宗恩赐程遹"同学究出身"功名。"学究"是古代科举中的科目名称，其等级包括进士及第、进士出身、学究出身，同进士出身、同学究出身等。同时，按照"千里去做官"的原籍回避制度，拟外放程遹到千里之外的黄州府黄陂县，征求程希振的意见。

堂堂九五之尊，怎么连一个县官的任命也要亲自过问?原来宋朝建立后，为汲取五代时期的教训，着力削夺藩镇权力，强化中央集权，加强了对地方的监管，建隆元年（960）改革任官制度：天下诸县，除赤畿外，将县分为望、紧、上、中、下五类，沿置县令。

两年后，实行由中央直接设置县尉的制度；后重县令之任，在赤畿及要剧县派遣常参官担任知县（全称：知某县事），由中央官吏暂时管理县事，以知县的新职代替不起作用的县令，掌管该县事务。其他县由中央设置县令。

开宝三年（970），县千户以上设置县令、县尉、主簿；不满千户的县，仅设置县令、县尉各一，县令兼主簿事；不满四百户的县，只置主簿、县尉各一，以主簿兼知县事；不满二百户的县，仅置主簿一名，由主簿兼县令、县尉事。

在宋朝中央集权的郡县制下，改"道"为"路"，路、州、县三级的官员都由中央（朝廷）直接任命，随时可以根据需要撤换。其实，路并非一级政府；地方事务由各州直接向朝廷负责，各州县的官员自县尉、县丞、州的幕职官以上，通常一律都由朝廷直接任命。官员凭皇帝诰敕赴任，故称为"皇帝命官"。于是，就有了宋太宗钦点程遹为黄陂县令的一幕。

因黄陂县当时所辖地域在一万平方千米以上，管理的户籍在千户以内，相对贫瘠，又非京畿的重要县，故根据宋朝规定，这位由宋太宗钦点的县官程遹，其官衔名称是县令而非知县。

至道三年（997）过完春节，程遹领旨谢恩之后，立即整点行囊，准备赴黄陂走马上任。

起程前，程遹向母亲崔氏夫人辞行，老夫人抓住程遹的双手说：“遹儿，你早已到了谈婚论嫁的年龄了，爹娘已经同长安张府亲家商定，原打算今年成婚。眼下你赴任事重，不容耽误朝廷要务。儿啊！为娘只望你能早日成亲，抱上孙子，了却娘的一块心病。”

程遹望着慈祥的母亲，诚恳地说道：“母亲请放宽心，儿子办完眼前事后，一定将您的儿媳娶进门，孝敬双亲。”

父亲程希振则送给他《管子》之《牧民》篇上的一句话：“故知予之为取者，政之宝也！”意即执政者推行的政策越是能符合人民的心愿，就越是能从人民那里取得所需要的东西。

次日，程遹依依不舍地告别亲人，踏上了南下黄陂的征程。

黄陂履新

程遹先从水路乘木船，后骑马从陆路向黄陂进发，抵达黄陂北端的口子镇黄陂站（今大悟县黄站镇）后，再换乘木船向黄陂水陆码头两河口镇（今河口镇，湖北黄陂、大悟、红安交界处）顺流而下。船抵河口，程遹突然看见一艘官船，船上插有一面杏黄旗幡，上书“黄陂县衙”字样。原来是黄陂县尉及其随员早已在码头迎候程遹。

上船后，县尉站在船舱，指着滔滔的滠水河对程遹说：“这条河是黄陂境内的黄金水道，也是陂邑之母亲河。其上游有滠源里，下游有滠阳县，得名于此，曰滠水河。该水流入陂地境内，自北至南长达三百里，经武湖（即黄汉湖）注入长江。”

程遹又问：“此乃舟楫之便也！不知黄陂共有多少条河流？”

答曰：“除滠水外，还有龙须河、界河、府河以及注入武湖的五条河流，自北向南汇注长江。”

官船沿滠水顺流而下，主簿介绍说，眼下黄陂全境的大部分县民都是利用这些水道进行粮食、木材、食盐等物资的运输以及客运等，朝廷曾在南北交通要道双龙镇设立了转运司财税稽查衙门呢。

当程遹问及身旁的老船工县民对税赋是否可以承受时，船工支支吾吾。经县尉鼓励其实话实说，船工才说：“老实讲，皇上刚登基几年，推行与民休息政策，税赋减免了不少，大家安居乐业，纷纷感谢皇恩浩荡。可是，近年的各种苛捐杂税让县民不堪重负啊！”

“水可载舟，亦可覆舟。老人家反映的情况我会高度重视的！”程颢听后，接着问：“为何这沿河两岸人迹甚少，县民主要以何为生？”

主簿回答说，黄陂地势北高南低，北低山、丘陵，南平原、洼地，五分山水五分田。北部低山群体，山势平缓，背风向阳，植被较好，县民以狩猎、伐木、烧炭为营生；南部为古云梦大泽一隅，江汉湖河交汇，连成水网；仅黄汉湖周围四十余里，平原坦旷，夏水涨，汪洋千顷，秋冬水落地出，为往来之通衢。

“水资源如此丰富，那南部县民一定是以捕鱼为生了。”

主簿答道：“是的，有白鲢、青鱼等多种，最为著名的银鱼堪称鱼中珍品，味道极为鲜美可口。”

当程颢问到中部有何特产时，主簿答曰：“中部以种植水稻、大麦、小麦、荞麦、棉花、油茶、大豆、麻类为主。农闲之季，遍及各乡的能工巧匠，都在各地打零工，挣些油盐钱。”

程颢沉思片刻后，便与县尉、主簿商定，将木兰故里双龙镇作为他走访的第一站。一则以缅怀木兰将军，二则实地感受一下当地民风，了解民情。

正说着，船工告知，前方便是黄陂历史名镇——双龙镇。程颢站在船头举目四望，双龙镇东岸的两个小山丘宛如盘踞于此的两条巨龙，尤其是伸向河心的龙爪，随着太阳的照射，流动的河水闪耀着道道金光，若隐若现，似乎舞动的龙头；而对岸一块圆形巨石，犹如二龙之间的一颗巨大的明珠。面对眼前呈现出一幅壮观的图景，他不禁兴奋地赞叹：“美哉，壮哉，真乃二龙戏珠也！”

访双龙镇

正当程颢对双龙镇的奇景叹为观止之际，忽见码头上站着一位老态龙钟、胡须花白、气度不凡的长者。船刚刚靠岸，老人弯腰拱手道：“草民代表众乡亲，奉命前来恭迎县老爷光临！”这位老人乃双龙镇乡绅朱承道。

“程颢初来乍到，扰得诸位乡长不安！失敬！失敬！”程颢拱手回谢。

“县老爷刚才赞叹的二龙戏珠，本地有一首民谣：村前黄龙守，村后青龙逗，四周众星朝北斗，一幅双龙戏珠图。双龙镇也因此而得名，先祖木兰将军就降生于此。唧唧复唧唧，木兰当户织……”老人如数家珍道。老者抑扬顿挫吟诵《木兰诗》，似乎把程颢带入到那金戈铁马的年代。

程颢接着谈及他读过南朝本《木兰诗》及宋本《文苑英华》《乐府诗集》收录的《木兰诗》，还翻阅过《南齐书》之《州郡志下》，梁朝在黄陂北部重置司

双龙镇的“双龙戏珠”地貌

州，司州安蛮左郡辖六县，第一个便是木兰县。

主簿说，黄陂自汉至南北朝，先后隶属西陵、安陆、石阳、木兰等县。黄陂县建置之初，黄陂县域仅限于木兰山以南，山北曾设置木兰县。至道三年(997)春节，朝廷将南北合一为黄陂，这也是县老爷走马上任给县民带来的春风啊！

程遹说，关于木兰县的沿革，《新唐书・地理志》有载，早在南北朝南齐时期之太和三年（479），南齐开国皇帝萧道成（427—482）在陂邑木兰山东北地区设置木兰县。隋文帝杨坚于开皇十八年（598）恢复木兰县建制；唐高祖李渊亦将木兰县建置延续到武德三年（620）。

当问及花木兰故事古书是否有记载时，乡绅朱承道答道：“《木兰古传》载：双龙镇的朱异公，字寿甫，号天禄，因举孝廉闻名于乡里，被朝廷委为千户。因年逾半百无后，登山求嗣而生一女，以山取名为木兰。木兰十八岁女扮男装，代父从军。凯旋后不受朝禄，乞归故里，终年九十，葬于木兰山北。后来，乡人为纪念这位巾帼英雄，在墓前竖起唐木兰将军之墓巨碑，并在山上建起了木兰殿、唐木兰将军坊、将军庙等纪念性建筑。唐武宗会昌三年，黄州刺史杜牧游木兰山时写下了《题木兰庙》：‘弯弓征战作男儿，梦里曾经与画眉。几度思归还把酒，拂云堆上祝明妃。’”

程遹又问：“花木兰将军不是姓花吗？为什么叫朱木兰？”

朱承道答道，其实花木兰本姓朱。因为当地盛产木兰花，故取名木兰。由于当地习惯上称女孩子为村姑、秀姑等，所以乡亲们将她称为“花姑”，因此花姑就成为木兰约定俗成的乳名了。后来人们就将两个名字合称为“花木兰”。

程遹坐定后说，双龙镇人文资源如此丰富，本县上任的第一站选在这里，意欲在任内大力弘扬木兰精神!

朱氏赞叹道：县爷高见!木兰将军忠、孝、勇、烈精神，早已深入人心，就连素来少有往来的木兰山佛教与道教，也因敬仰木兰将军而以南天门为界，和睦相处。

待酒菜端上来，程遹一骨碌起立敬酒，说：“今天，我借花献佛，先敬各位一杯!为共谋黄陂百姓的福祉，鞠躬尽瘁，报效朝廷!”

二、清谨惠政

“夜月犹存照凤台。”坊间纷传黄陂县令程遹为民作主。孝感县凤凰台的张小姐不禁芳心荡漾，她暗自发誓：非程遹不嫁。孝感县爷成人之美，促成了有情人的百年好合。

《二程全书》中的太中大夫像

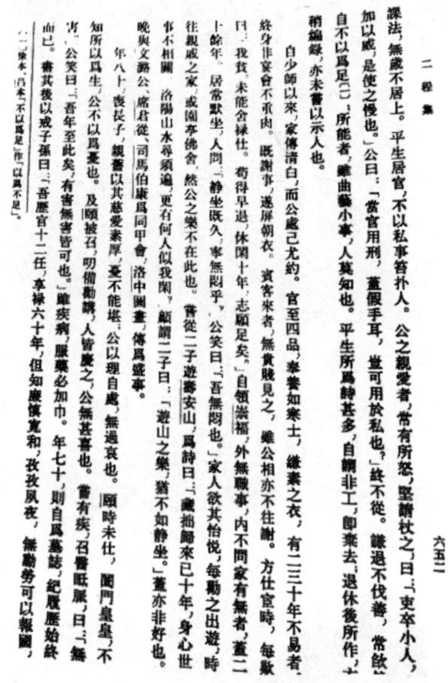

二程集　六五二

課法，無歲不居上。平生居官，不以私事笞扑人。公之親愛者，常有所怒，堅請杖之，曰：「吏卒小人，加以威，是使之慢也。」公曰：「當官用刑，蓋假手耳，豈可用於私也？」終不從。謙退不伐善，常飲自不以爲足[一]，所能者，雖曲藝小事，人莫知也。平生所爲詩甚多，自謂非工，即棄去，退休後所作，稍編錄，亦未嘗以示人也。

自少師以來，家傳清白，而公處己尤約。官至四品，奉養如寒士，縫素之衣，有二三十年不易者。終身非宴會不重肉。既謝事，遂屏朝衣。賓客來者，無貴賤見之，雖公相亦不往謝。方仕宦時，每歎曰：「我貧，未能舍祿仕。苟得早退，休閑十年，志願足矣。」自領崇福，外無職事，內不問家有無者，蓋二十餘年。居常默坐，人問：「靜坐既久，寧無悶乎？」公笑曰：「吾無悶也。」家人欲其怡悅，每勸之出遊，時往親戚之家，或園亭佛舍，然公之樂不在此也。嘗從二子遊壽安山，爲詩曰：「藏拙歸來已十年，身心世事不相關。洛陽山水尋須遍，更有何人似我閑？」顧謂二子曰：「遊山之樂，猶不如靜坐。」蓋亦非好也。晚與文潞公、席君從、司馬伯康爲同甲會，洛中圖畫，傳爲盛事。

年八十，喪長子，親舊以其慈愛素厚，憂不能堪，公以理自處，無過哀也。頤時未仕，闔門皇皇，不知所以爲生，公不以爲憂也。及頤被召，叨備勸講，人皆慶之，公無甚喜也。嘗有疾，召醫眡脈，曰：「無害。」公笑曰：「吾年至此矣，有害無害皆可也。」雖疾病，服藥必加巾。年七十，則自爲墓誌，紀履歷始終而已。書其後以戒子孫曰：「吾歷官十二任，享祿六十年，但知廉慎寬和，孜孜夙夜，無勳勞可以報國，

[一] 徐本、呂本「不以爲足」作「以爲不足」。

《二程集》载二程家世

尚德兴教

程遹来陂走马上任后，深入乡村体察劳动人民的疾苦，随后一步一个脚印地整顿吏治，弘扬人文精神，淳化村风民俗，深受县民的拥戴。

在弘扬人文精神方面，程遹首先从教育立县起步。他调查后发现，黄陂教育比较落后。教授识字和日用基本知识的私学或蒙学，以宗族的义学与富人家的家塾为主，乡校、社学等公立学校少得可怜。

程遹与各位乡绅研究商量后，形成共识：鉴于黄陂的经济状况、师资条件与基础教育现状，难以兴建官学或书院。于是，他以县学建设为突破口，首先腾出公府作学舍，选拔一批布衣宿学之士为教授，招收全县优秀学子加以教导。

县学实行有教无类原则，教学内容以“六艺”为主，并选编有关木兰从军的乡土教材。县学聘请名师着力培养科举人才与乡学、社学师资人才。当县学粗具规模，初见成效后，他又着手于乡学、社学建设。教材以《百家姓》为日用，以《千字文》明义理。

在“尚德”兴教的同时，程遹在“兴利”方面也有所作为。黄陂自古以来人多地少。由于北部是山区，中部为丘陵地带，可耕地面积小；而且水利设施落后，往往是十年九旱，是出了名的“旱包子”。遇上灾难，农民辛苦劳作一年，还是会遇到农作物绝收，常常连地租也交不出。

南部平原虽土地肥沃，但又濒临长江，是溢洪的滨湖地区，也是洪涝灾害和“水臌”（血吸虫病）的多发地带，被人们形象地称为“水袋子”和“虫窝子”。

程遹在摸清县情后，因势利导，率领百姓利用农闲时间大兴水利工程。对于北部山区，在山谷中，在农田的上冲，筑坝蓄水；在每个村庄的房前屋后和农田集中的地方，开挖当家塘，扩大蓄水量；在南部湖滨地区，兴建拦洪堤坝，抵御洪魔的肆虐。他还聘请诊治“水臌”的名医举办郎中培训班，培养治病救人的郎中。

经过几年坚持不懈的努力，全县的“旱包子”“水袋子”和“虫窝子”得到初步治理，黄陂官民关系有所改善，人民安居乐业，农业呈现出五谷丰登、六畜兴旺的大好局面。程遹因此被百姓称为“程青天”。

这年年底，程遹回开封过春节，遵父母之命，与长安女子张氏举行了大婚。春节期间，新婚燕尔的程遹伉俪会同胞兄程适、胞弟程道昆仲，与父母在京师共享天伦之乐。

祭祀二程祖孙三代的二程祠

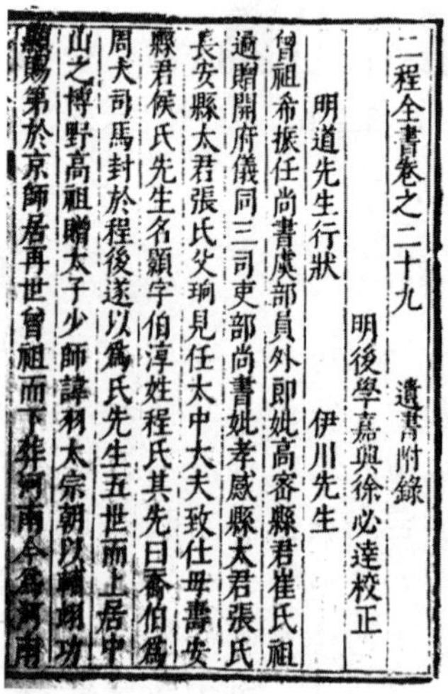

二程全書卷之二十九　遺書附錄
明後學嘉興徐必達校正
明道先生行狀　伊川先生
曾祖希振任尚書虞部員外郎妣高密縣君崔氏祖
遹贈開府儀同三司吏部尚書妣孝感縣太君張氏
長安縣太君張氏父珦見任太中大夫致仕母壽安
縣君侯氏先生名顥字伯淳姓程氏其先曰喬伯爲
周大司馬封於程後遂以爲氏先生五世而上居中
山之博野高祖贈太子少師諱羽太宗朝以輔翊功
顯賜第於京師居再世曾祖而下葬河南今爲河南

《二程全书·明道先生行状》（明代刻本）

程珦曾介绍其家世："程姓，珦名，伯温字……曾王父，尚书兵部侍郎赠太子少师，讳羽。曾王母，清河太君张氏，襄陵太君贾氏。王父，尚书虞部员外郎，讳希振。王母，高密县君崔氏。考，赠司空讳遹。妣，追封赵国太夫人张氏，冀国太夫人张氏。"①

程颐在《先公太中家传》中，对其父程珦的出生地点进行补述：景德三年（1006）丙午正月二十三日生于京师泰宁坊赐第②。程颢在叔父程璠的墓志《程郎中墓志》中，说明程珦生母"赵国太夫人张氏"即长安张氏；程遹之子程璠、程琉的生母是孝感张氏，后追封"冀国太夫人张氏"③。

程遹的第一位夫人长安张氏，即是关学创始人张载的姑母，所以二程称张载为表叔。不幸的是，长安张氏红颜薄命，在开封生下长子程珦一年后，就英年早逝了。夫人的仙逝，令程遹悲恸不已，常常是在家喝闷酒，借酒浇愁，数年仍未续弦。

为民做主

大中祥符三年（1010）盛夏的一天，刚刚从黄陂北部检查旱情归来的县令程遹闻报一民妇在县衙前痛哭流涕地击鼓鸣冤，程遹吩咐即刻升堂。

经民妇陈情，程遹方知在西乡的黄孝河畔，因抗旱抢水，黄陂西乡张店、朱家铺一带农民与孝感东乡祝家湾、杨店一带农民发生械斗，造成黄陂张店农民一死数伤。

于是，程遹当即与随员赶往现场勘察。一路上，他看到骄阳烤得大地发烫，耕地干得发裂，庄稼接近枯萎，灾民们因青黄不接一个个饿得面黄肌瘦、东倒西歪……他心里很不是滋味。当他得知孝感县令也在对岸勘察现场，又马不停蹄地过河与孝感方面协调纠纷。

当夜，根据程遹的建议，两县达成如下协议：由两县县衙出资在河中抽槽，在旱地打井，提水抗旱；黄孝河由两县标出中界线，两岸农民若超越中界线取水，以违法论处；对于致死人命的祝氏村民，除依法惩办外，还要向死者祁氏赔棺木一口，支付若干葬丧费用。

随后，程遹偕同孝感县令来到张店给死者家属赔礼，以奠银慰问遗属；还当场决定立即添置水车，抗旱保苗，要求保证死者家属的农田首先受益，村长、族长表示依令而行。

---

① （宋）程珦：《书先公自撰墓志后》，《二程集》，中华书局1981年版，第645页。

② （宋）程颐：《先公太中家传》，《二程集》，中华书局1981年版，第646页。

③ （宋）程颢：《程郎中墓志》，《二程集》，中华书局1981年版，第499页。

一周后，忧心忡忡的程遹再次来到黄孝河畔时，发现上周枯萎的禾苗已焕发出一片新绿，他立即三步并作两步走，前去向族长致谢。哪知，他一到村口，村民都纷纷向他下跪，感谢这位青天大老爷帮助他们公平断案、组织抗旱！

程遹则趁机安排生产自救事宜，指导村民抢种周期短、见效快的豆类和蔬菜，从而让农民稻谷损失蔬菜补、夏季损失秋季补。

黄陂县太爷为民做主的事迹不胫而走，孝感县凤凰台（今孝感市孝南区闵集乡凤凰台村）的张员外称赞程遹是一位难得的好官。说者无意，听者有心。张员外家待字闺中的千金听说程遹夫人早逝，至今未娶，她竟向父亲表示：非程遹不嫁。

不久，经孝感县令做媒，促成了程遹与张小姐的百年好合。英山与孝感的《程氏宗谱》，以及《明道先生行状》均明确记载“孝感县太君张氏”为其祖母。程颐写道：“祖遹，赠开府，仪同三司、吏部尚书；妣，孝感县太君张氏，长安县太君张氏。”①

程遹与孝感张氏在黄陂县城草庙巷程宅婚后，琴瑟和鸣，从开封接来长子程珦抚养。后又再生育了程璠、程琉二子，子女绕膝，幸福美满。

北宋州县长官的任期一般为三年，若是百姓请求亦可连任。所以，在程遹三年任满前夕，当地乡绅组织县民向朝廷呈送了万民折，请求朝廷让清谨过人的县令程遹继续留任，程遹因此继续在黄陂主政。

程遹不负百姓重托，勤政为民，廉洁奉公，继续为民请命。直到天圣二年(1024)，程遹被一场突如其来的疾病无情地夺去了生命，享年 46 岁。这场突然变故对于时年 18 周岁的长子程珦来说，犹如五雷轰顶。程珦回忆道：“天圣中遭家难，诸父继亡，臣时未冠。”②

程适、程遹、程道三兄弟（下文“诸父”）仙逝，程珦胞弟与堂弟年幼，程珦承担长子如父的角色，独立支撑着程氏大家庭。程颐在《先公太中家传》中写道：“开府（程遹）终于黄陂，公年始冠，诸父继亡，聚属甚众，无田园可依，遂寓住黄陂。”③

由于古代中国素以虚岁称年龄，男子年二十行加冠礼，实际上只有 19 周岁。程珦文中的“未冠”为未满 19 周岁，即 18 周岁；程颐之“始冠”指刚刚进入 20 虚岁，即 19 周岁，亦即程珦介于 18 至 19 周岁之间，就成为一家之主。程

---

① （宋）程颐：《明道先生行状》，《二程集》，中华书局 1981 年版，第 630 页。

② （宋）程颐：《为家君书家藏太宗皇帝宝字后》，《二程集》，中华书局 1981 年版，第 581 页。

③ （宋）程颐：《先公太中家传》，《二程集》，中华书局 1981 年版，第 647 页。

遹身前尚欠下了朋友债务五千串钱，长子程珦亦将账单记录，拟逐步偿还①。

程遹任上殉职后，因清谨治县有惠政，朝廷追任他为开府，仪同三司、吏部尚书。所谓“开府仪同三司”，为从一品官名。“开府”，是指以个人名义自置幕府与幕僚部属的高官。授予“仪同三司”封号者，即可享受与三司高官一样的待遇，这是朝廷对有功大臣的重赐。

在程遹、程珦百年之后，黄州府与黄陂县将他们父子列为“名宦”收入明清《黄州府志》《黄陂县志》，并从祀名宦祠。明代《黄陂县志》中写道：“程遹，中山博野人，北宋（至道三年）任本县令，清谨过人。卒于官，赠开府，仪同三司、吏部尚书，加赠司空。遗珦不能还，生颢、颐二子。国朝嘉靖间邑人教官潘子民呈称：遹居官，以清谨称，教子成名贤，生孙为大儒，功被当时，泽垂后世。副使程昌准收祠。”②

孝义县尉

程珦生平命途多舛，一岁时母亲早逝，两岁时祖父撒手人寰，婚后一两年，父亲又驾鹤西归。因程珦祖上数代都是朝廷高官，他可以得到荫庇。不久朝廷录用旧臣之后，他得到了“郊社斋郎”之职。

郊社斋郎是古代一种掌郊祀、明堂、祠祀、赐茅授土等事的礼官，需前往河洛赴任。无奈上有老下有小，程珦不能离家远任。幸逢族兄程琳斡旋，他因此改任黄陂县尉之职。

程珦以县尉主管全县军事、治安和诉讼，察奸捕盗是其主要责任；有印信、官厅及10到50名武装弓手，若强盗较多弓手无法抵御，可上报由朝廷另派兵马镇压。若镇压不了，朝廷将追究县尉的失职之罪。

由于自幼受到良好的教育，程珦养成了仁慈宽厚而又刚强果断的个性。他与同僚、邻里及全家妇孺老幼和睦相处，处处以义理为重，唯恐对他们的心意有所伤害。他对身边的仆从则是恩威并重，赏罚分明。所以，人们对这位县尉十分敬畏。

天圣九年（1031）的七月，程琳升迁为辅助皇帝处理政务、监察六部、纠弹官吏的给事中，并执掌开封府大印。

知开封府期间，程琳勤政廉明善于断案，“盗讼稀少，狱屡空”，他因此于明道二年（1033）的十月，以翰林侍读学士兼龙图阁学士兼领知开封府。后继任户部侍郎，寻复吏部，知天雄军（节度使）之后，又以左丞为资政殿学士，

---

①（宋）程颐：《先公太中家传》，《二程集》，中华书局1981年版，第650页。

②（明）李河图：《黄陂县志》，嘉靖三十五年刻本，第84页。

还晋升为丞相。

克己为义

程家素来仗义疏财。程羽任醴泉县令时，惠爱及人至深。其后程氏诸房子弟从不侵损邑人。二程的伯祖程适也以乐善好施闻名。隆冬三九的一天，一寒酸儒生求助于程适，他立即赠予冬装绵袴。晚年家道中落，有儒生求学缺钱，当时家里没有值钱的东西，他便将伯祖母的一串珠子装抹胸卖掉，并将卖得之钱全部资助儒生①。

程适、程遹与程道三兄弟去世后，程珦恪尽孝道，除要赡养祖母崔氏、伯母刘氏、继母张氏、叔母赵氏与任氏外，还要养育尚在童年的两个年幼的弟弟程璠（1018—1075）、程琉（1023—1097），堂弟程瑜（1020—1062）与两个妹妹等。“慈恕而刚断。……至于犯义理，则不假也”②。

程适在开封病逝后，程珦赶到京畿办理丧事，待伯父“七七”家祭之后，他又把伯母接到黄陂赡养。伯母来到黄陂后，程珦就像孝敬自己的母亲一样，体贴入微，侍候得十分周到。

伯母在黄陂与程家人安度晚年，享受了“孝子贤孙左右随，枝叶峥嵘胜祖基”的天伦之乐。所以，她逢人就讲：“珦侄不是亲儿，却胜似亲儿！我真是前世修来的好福气，有这么好的一位贤侄呀！”

又因为伯父伯母有女无子，程珦遂根据宗族传统，与弟弟程琉商量，将其长子过继给伯父为孙。程颐在《叔父朝奉墓志铭》中记述，程琉年五十始有子，长程頔为郊社斋郎，出继程适之后③。

叔父程道41岁卒于家，赠大理寺丞。程珦再赴开封料理丧事，而且将其三岁丧父的独生子程瑜，接到黄陂抚养。程颢在《程殿丞墓志铭》中指出：程瑜，字叔宝，程希振之孙。赠大理寺丞程道之子，三岁而孤④。

程琳在任时，尽管远水难解近渴，对程珦家族还是有所关照。嘉祐元年(1056)，程琳69岁而终，宋仁宗赵祯追封他为中书令，谥“文简”，累赠太师、尚书令、魏国公。此后，程珦独自担当起家长的角色。

早在汉代，我国就有高官子弟凭借父兄而得官的制度，到了宋代，依然沿用，中级以上（五、六品以上）大臣的子弟都享有补官的特权。程珦去世后，

---

①（宋）程颐：《家世旧事》，《二程集》，中华书局1981年版，第660页。

②（宋）程颐：《先公太中家传》，《二程集》，中华书局1981年版，第646页。

③（宋）程颐：《叔父朝奉墓志铭》，《二程集》，中华书局1981年版，第656页。

④（宋）程颢：《程殿丞墓志铭》，《二程集》，中华书局1981年版，第495页。

朝廷先后五次颁发任子令，保举程珦的儿子做官，程珦以自己的儿子年幼为由，把机会让给了弟弟和堂兄弟及其侄儿。

程珦的同父异母弟弟程璠五岁丧父，程珦伉俪将两个弟弟养育成人。程璠16岁时，因族兄程琳的荫庇而当官，后官至比部郎中，赐五品服。

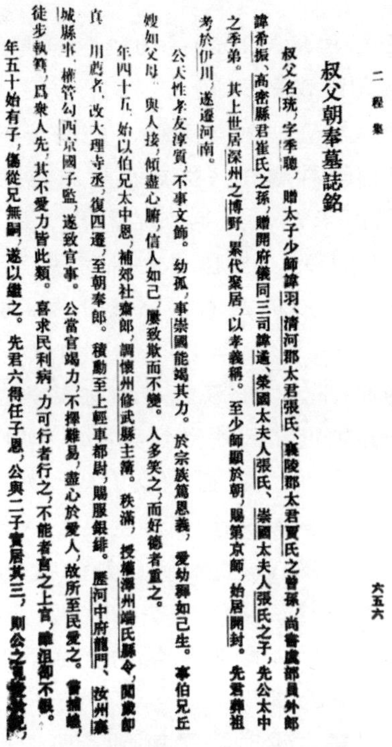
二程集　　六五六

叔父朝奉墓誌銘

叔父名琥，字季聰，贈太子少師諱羽、清河郡太君張氏、襄陵郡太君賈氏之曾孫，尚書虞部員外郎諱希振、高密縣君崔氏之孫，贈開府儀同三司諱遹、榮國太夫人張氏、崇國太夫人張氏之子，先公太中之季弟。其上世居深州之博野，累代聚居，以孝義稱。至少師顯於朝，賜第京師，始居開封。先君葬祖考於伊川，遂遷河南。

公天性孝友淳質，不事文飾。幼孤，事崇國能竭其力。於宗族篤恩義，愛幼穉如己生。事伯兄丘嫂如父母。與人接，傾盡心腑，信人如己，屢致欺而不變。人多笑之，而好德者重之。

年四十五，始以伯兄太中恩，補郊社齋郎，調懷州脩武縣主簿。秩滿，授權澤州端氏縣令，閱歲即真。用薦者，改大理寺丞，復四遷，至朝奉郎。積勳至上輕車都尉，賜服銀緋。歷河中府龍門、汝州襄城縣事，權管勾西京國子監，遂致官事。公當官竭力，不擇難易，盡心於愛人，故所至民愛之。嘗攝縣，徒步執役，爲衆人先，其不愛力皆此類。喜求民利病，力可行者行之，不能者言之上官，雖沮御不恤。年五十始有子，傷從兄無嗣，遂以繼之。先君六得任子恩，公與二子實居其三，則公之[illegible]，

《二程集》载程颐《叔父朝奉墓志铭》

北宋的比部是刑部的职能部门之一，比部郎中、员外郎具体负责审核朝廷内外账籍，诸如掌管中外账籍，凡场务、仓库出纳在官之物，皆通过月计、季考、岁会等监司检察。程颢在《程郎中墓志》中写道："公讳璠，字仲韫，姓程氏，世居中山之博野。宋兴，先少师以勋德显重，赐第京师，始为开封人。少师讳羽，其媲曰清河太君张氏、襄陵太君贾氏。是生虞部府君讳希振，娶博陵崔氏，封高密县君。是生尚书府君讳遹，公即尚书之仲子，母曰孝感太君、长安太君，皆张氏。公生数岁而孤，教养于伯兄。"①

程珦最小的弟弟程琥生于天圣元年（1023）四月，出生一年后其父就逝世，

① （宋）程颢：《程郎中墓志》，《二程集》，中华书局1981年版，第499页。

直到 45 岁才以长兄程珦的恩荫，补任郊社斋郎一职，复调任怀州修武县主簿。秩满，授泽州端氏县令，改大理寺丞，复四迁至朝奉郎。积勋至轻车都尉，赐服银绯。历河中府龙门、汝州襄城县事，权管勾西京国子监，遂致官事。他“当官竭力，不择难易，尽心于爱人，故所至民爱之。”终于绍圣四年（1097）六月，享年 75 岁①。

程珦的堂弟、程道之子程瑜（1020—1062）因丧父，三岁时就来到程珦身边生活、读书。此后因族兄程琳的荫庇而当官，历任荆南监利县尉，知汝州龙兴县事、殿中丞等职。恪尽职守，颇有实绩，只是天不假年，嘉祐七年（1062）三月十八日英年早逝于开封。程颢在《程殿丞墓志铭》中写道：“少以族兄广平文简公荫，试将作监主簿。未冠，为荆南监利尉，即以干敏称。公姿仪伟秀，风度平雅，端庄谨厚，不妄言笑。进退动止皆有法度，衣冠整理望之肃然。三岁而孤，长寿太君教养严至，恂恂奉事，恪恭朝夕，未尝少懈。善与人交，久而益笃。不幸短命，未究所施，殁之年方四十三矣。”②

程珦秉持男女平等的原则，对于家族中失去父亲的外甥女或外孙女，他总是尽自己最大的努力来抚养她们，因此受到县民的称赞。

程珦有一个堂姐，是他的伯父程适的女儿。堂姐出嫁后不久生下了孩子，但不幸的是，她的丈夫刘氏很快就去世了，生活陷入困境。在征得对方长辈的同意后，程珦便将堂姐接回黄陂，一直照顾到她的孩子长大成人。

同时，程珦还用自己的俸禄，接济一些穷亲戚，对于那些遭受自然灾害或意外事故的百姓，他更是竭尽所能地提供帮助。由于他需要养活程氏家族中的数十口人，因此他欠下了大量的债务。

当宰相文彦博在南方视察水灾时，了解到了程珦克己为人的事迹，于是向皇上上表。皇帝对程珦的清廉品行大加赞赏，并立即下诏，赐予他二百匹帛，并命令官方补助一笔用于安葬程遹的费用。这样，程珦才得以还清了债务。

在程颢撰写的《程郎中墓志》中，提到程播“数岁而孤，教养于伯兄（程珦）”。程珦在《为家君书家藏太宗皇帝宝字后》中说明了自己成年初期，家族已经中落，因此养家糊口成了作为长子的程珦的责任；还提到了家中被盗一事——京师所赐的宅邸，由外亲守护，但珍贵的宝物最终还是落入了盗贼之手③。这对于生活已经十分艰难的程珦来说，无疑是雪上加霜。

① （宋）程颐：《叔父朝奉墓志铭》，《二程集》，中华书局 1981 年版，第 656、657 页。

② （宋）程颢：《程殿丞墓志铭》，《二程集》，中华书局 1981 年版，第 495 页。

③ （宋）程颐：《为家君书家藏太宗皇帝宝字后》，《二程集》，中华书局 1981 年版，第 581 页。

三、慈父良母

为了营造一个和谐美满的家庭环境，侯氏常常扮演贤妻良母的角色，与丈夫相濡以沫，相敬如宾；同时，程珦夫妇也以身作则，循循善诱，严而不苛，成为孩子人生中的第一任老师。

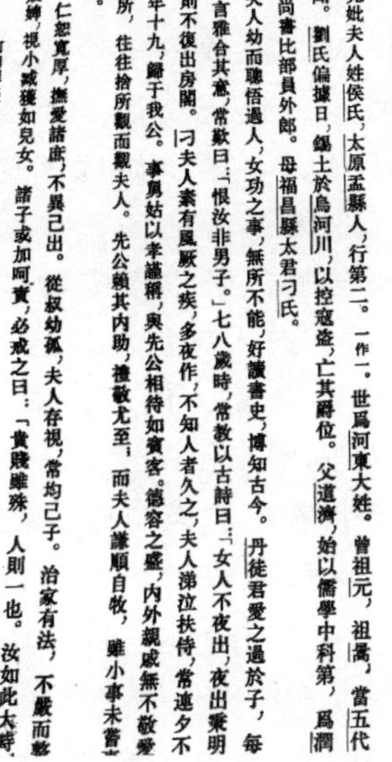
上谷郡君家傳

先妣夫人姓侯氏，太原盂縣人，行第二。一作一。世爲河東大姓。曾祖元，祖暠，當五代武勇聞。劉氏偏據日，錫土於烏河川，以控寇盜，亡其爵位。父道濟，始以儒學中科第，爲潤令，贈尚書比部員外郎。母福昌縣太君刁氏。

夫人幼而聰悟過人，女功之事，無所不能，好讀書史，博知古今。丹徒君愛之過於子，每之，所言雅合其意，常歎曰：「恨汝非男子。」七八歲時，常教以古詩曰：「女人不夜出，夜出秉明日暮則不復出房閤。刁夫人素有風厥之疾，多夜作，不知人者久之，夫人涕泣扶侍，常連夕不年十九，歸于我公。事舅姑以孝謹稱，與先公相待如賓客。德容之盛，內外親戚無不敬愛親之所，往往捨所觀而觀夫人。先公賴其內助，禮敬尤至，而夫人謙順自牧，雖小事未嘗後行。

仁恕寬厚，撫愛諸庶，不異己出。從叔幼孤，夫人存視，常均己子。治家有法，不嚴而整朴奴婢，視小臧獲如兒女。諸子或加呵責，必戒之曰：「貴賤雖殊，人則一也。汝如此大時

河南程氏文集卷第十二

《二程集》载程颐《上谷郡君家传》

“孟母三迁”故事画像

鸾凤和鸣

北宋乾兴元年（1022）初，在父亲程遹的主持下，尚未行冠礼的17岁程珦与19岁姑娘侯氏结为秦晋之好。据清代《山西通志·列女录·贤淑》载：二程之母侯氏，后封上谷郡君，19岁嫁给二程之父、太中大夫程珦①。

侯氏世代沿袭“上谷”堂号。上谷侯氏一支迁往太原，成为当地望族。北宋名儒侯道济弃武从文，举进士，外放润州知丹徒县事，身后赠尚书比部员

① （清）曾国荃：《山西通志·列女录》，光绪十八年刻本。

外郎。

程颐在《上谷郡君家传》中指出，宋景德元年（1004）十月十三日，太原盂县侯道济夫人生育了长女（即程珦之妻侯郡君），大中祥符元年（1008）生育了儿子侯可，字无可。

有一支侯姓南迁黄州黄陂侯家垱村，村子周围相继建了传播儒学的文兴寺、夫子庙与夫子湾等。侯道济为侯氏家族名儒，曾应黄陂宗亲之邀来到侯家垱这个幽雅的地方施教授徒。侯道济之女侯郡君年幼聪明过人，好读文史。

有一次，侯道济赋闲在侯家垱与女儿谈及国家大事，她居然对答如流，以至于侯道济不禁感叹道："恨汝非男子也！"县令程遹得知后，专设家宴款待了侯氏一家四口。正是这一机缘，促成两家成为儿女亲家。

旧时男女订婚，宁肯男大一年，不可女大一天。程遹出于对侯氏"性行及家法"的考量，摒弃世俗偏见，让儿子娶年长两岁的侯氏过门。对此，程颐在《上谷郡君家传》中这样描述道："年十九，归于我公，事舅姑以孝谨称。与先公相待如宾客，德容之盛，内外亲戚无不敬爱。众人游观之所，往往舍所观而观夫人。先公赖其内助，礼敬尤至。而夫人谦顺自牧，虽小事未尝专，必禀而后行。仁恕宽厚，抚爱诸庶不异己出川。从叔幼姑，夫人存视常均己子……"①

侯氏嫁给程珦后，秉持义理，恪守妇道，孝敬公婆、伯母、叔母等前辈，无微不至；程珦的继母张氏对待这位孝顺媳妇，如同对自己的女儿一样亲切。

程珦与侯氏鸾凤和鸣，相敬如宾。哪怕只是小事，侯氏也必须先要告诉丈夫后才去做。对于平民百姓，她乐于匡扶贫弱，故亲友敬爱倚重她，邻居也喜欢亲近她。程颐写道："夫人聪悟过人，善女工，无所不能，好读书，史博知古。仕宦之子每每以政事问之，应答合宜。常叹曰：恨汝非男子！常教以古诗，十九岁适夫……德容之盛，内外亲族无不敬爱。"②

侯氏与程珦结婚多年，他们先后迎来了长子应昌、次子天锡以及长女等子女，但不幸的是，包括后来的五子韩奴、六子蛮奴，次女和小女在内，这些孩子们要么在幼年时便夭折，要么在风华正茂之时离世。作为程家的掌门人夫人，侯氏因此常感到焦虑和不安。

北宋天圣八年（1030）在木兰山开山门前夕，侯氏与好友结伴前往木兰山敬了第一炷香；又到木兰山之祈嗣顶，许了一个美好的愿望。当天夜里，她做了一个"双凤投怀"的美梦……

果然侯氏十月怀胎之后，于宋仁宗明道元年正月十五日的元宵节当夜，生

---

①（宋）程颐：《上谷郡君家传》，《二程集》，中华书局 1981 年版，第 653 页。

②（宋）程颐：《上谷郡君家传》，《二程集》，中华书局 1981 年版，第 653 页。

下了第三个儿子程颢，字伯淳，世称明道先生；次年癸酉八月十五日的中秋节午时，又生了第四子程颐，字正叔，世称伊川先生。后来，又生育了次女和小女。明代《黄陂县志》载："程母侯氏夫人梦双凤投怀，遂生二程。"① 程珦肩负着程氏家族数十人的日常生活费用，同时还承担着二程堂兄弟姐妹十几人的教育开销，难免入不敷出。程颐在《先公太中家传》中写道："开府（程遹）事父兄谨敬过人，责子弟甚严，公（程珦）才十余岁，则使治家事。事有小不称意旨，公恐惧若无所容。……伯母刘氏寡居，公奉养甚至。其女之夫死，公迎从女兄以归，教养其子，均于子侄。既而女兄之女又寡，公惧女兄之悲思，又取甥女以归，嫁之。时小官禄簿，克己为义，人以为难。"②

为了把二程的堂兄弟姊妹培养成才，程珦夫妇经过商量，毅然卖掉了一部分田产，聘请了两位名师对孩子们进行严格教育。

当时黄陂的基础教育，是二程的祖父打下的基础，仍然沿袭儒家的教育方针，注重文武兼修，其具体内容是礼、乐、射、御、书、数。礼是指礼节，属于德育的范畴；乐指音乐，是美育的范畴；射、御是指射箭技术、骑马和驾驭战车的技术，是体育与军事教育的范畴；书则是指文学，数是指算法，这两项属于文化素质教育的范畴。

程珦夫妇深知教育子女也是他们义不容辞的责任。为了让两个孩子在和谐的家庭环境中成长，侯氏在家中尽力扮演贤妻良母的角色。有时程珦为一些不顺心的事烦恼，善解人意的她常常春风化雨，温语相劝，直至他转忧为喜。

同时，侯氏也通过言传身教来潜移默化地影响子女，她耐心引导，细心培育。在繁忙的家务之余，她常挤出时间博览群书，养心益智，并能学以致用。

长善救失

程颢一岁时，叔祖母、程道遗孀任氏有一次抱他串门，任氏只顾逗孩子，却不慎将头上的金钗丢失。金钗是娘家陪嫁的祖传之宝，叔祖母为此急得团团转。小程颢不停地扯着叔祖母的衣角，口里不停地"咿呀，咿呀"，并用手指着屋外。叔祖母按照他所指的地方寻找，果然找到了金钗③。

叔祖母回家后，向家人夸奖侄孙懂事，一家人惊异不已。但侯氏却不以为然。她时常嘱咐家里所有的人，切忌对孩子娇生惯养，如果让孩子幼年养成一些坏习气，那不是关爱孩子，而是溺爱，会贻害孩子终生！

---

①（明）李河图：《遗迹》，《黄陂县志》，嘉靖三十五年刻本，第 29 页。

②（宋）程颐：《先公太中家传》，《二程集》，中华书局 1981 年版，第 647、651 页。

③（宋）程颐：《明道先生行状》，《二程集》，中华书局 1981 年版，第 630 页。

侯氏经常告诫二程，将来要做一位“能屈能伸”的大丈夫。她最担心的不是孩子不能出人头地，而是孩子不能承受委屈。

邻里街坊的小孩子们在一起玩耍，难免会磕磕碰碰，一般人家往往是不问青红皂白地偏袒自家的孩子。而侯氏却不是这样。每当遇到这种情况，她首先查清缘由，明辨是非。若是自己的孩子错了，她首先向孩子讲明道理，严肃批评。同时，要求孩子知错必改。

有一次，程颐不慎将邻居孩子的玩具甩到池塘里去了，侯氏得知后，主动带着程颐到对方家里道歉，并赔偿了一个等值的玩具。

在培养二程良好的行为习惯方面，侯氏经常从一点一滴做起，潜移默化地影响着他们，正如春雨般“润物细无声”。

吃饭时，侯氏常让兄弟俩坐在自己旁边，仆人准备佳肴要让小主人吃，她马上制止说：“小时候就处处满足他的欲望，长大以后怎么办?”所以，二程从小便养成了不挑剔饮食与衣服的习惯。

一次，小程颢走路不慎摔倒，她并没有立即扶孩子起来，而是让孩子自己爬起来。同时，还耐心地说：“颢儿，做事、做人如同步行一样，如果你是三思而后行，就不至于在人生的道路上跌倒。”

在教育子女之前，侯氏总是以身作则，率先垂范。她对待家中仆人和邻里乡亲如同自己的兄弟姐妹，唯恐对他们造成任何伤害。侯氏坚决反对主人体罚仆人，常常教育孩子学会尊重人。如果孩子有对仆人有不礼貌的地方，她一定会告诫他们：“人虽然会有富贵贫贱的不同，但在人格尊严上大家都是平等的，我们应当以礼相待。”

有一次，侯氏听说附近的一个小商人外出经商，不料其妻在家突然病故，留有一个不足三岁的小儿，无人照料。于是，她毅然前往，把那个小孩带回家中收养。小孩的父亲经商归来得知，带着礼物亲自登门致谢。侯氏谦逊地谢绝了他的礼物，表示她只是临时照看孩子，直到他归来，并非为了得到回报。在母亲的影响下，二程自幼养成了助人为乐的美德，成年后更是“视民如伤”。

破除迷信

程珦率全家迁移到庐陵郡之初，当地巫婆对侯氏说，官邸常常闹鬼，需要法术驱邪。侯氏知道是巫婆骗钱，不予理睬。可是，有一天，家丁报告说：“夫人，外面闷热不已，屋内怎么有阵阵凉风，是不是鬼怪在这里摇鹅毛扇啦?”

侯氏听后，从容地回答道：“你们别听到风就是雨，外面热是因为太阳照射，室内由于没有日照，自然感觉凉爽，冷空气往下走，热空气往上升，空气流动起来，自然会凉风习习!”

家人虽然觉得有理，但仍将信将疑。一天，一位仆人报告侯氏说："夫人，你听，我的耳朵里怎么总是嗡嗡作响，是不是鬼怪敲鼓的声音！"

"是吗？我怎么没听到！"夫人边答边看仆人的耳内，原来是耳垢作祟；便随手拿出一根棒针让人给这位仆人掏耳垢，清理后，仆人果然不再听到那些所谓的"鬼怪"声音，鬼怪之说也销声匿迹了。

程珦任少数民族聚居的龚州（今广西平南）知州期间，也通过解剖"闹鬼"现象，乐当孩子破除迷信的引路人。

在程珦上任两年前的庆历四年（1044）正月十三日，原来效忠宋朝的壮族领袖区希范，管辖广南西路宜州（今广西宜山）下的环州思恩县（今环江毛南族自治县），后来起兵反叛。于次年被宋朝官军处死。

可是，坊间传说区希范的灵魂从天而降，并托梦说：让人在南海建立祠堂。于是，有人鼓动龚州民众前往浔州迎神主牌位。程珦知道浔州知州是一位无神论者，且事关地区稳定大局，他定会给那些迎神主牌位的人上一课。

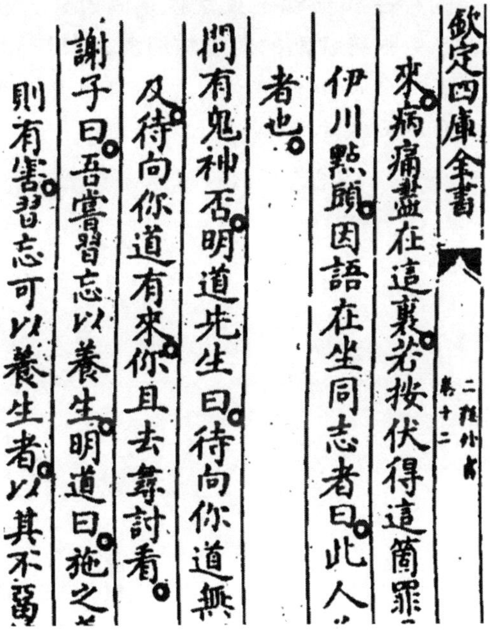
欽定四庫全書
二程外書 卷十二
來病痛盡在這裏若按伏得這箇罪
伊川點頭因語在坐同志者曰此人
者也。
問有鬼神否明道先生曰待向你道無
及待向你道有來你且去尋討看。
謝子曰吾嘗習忘以養生明道曰施之
則有害習忘可以養生者以其不留

《二程外书》卷十二载程颢不信鬼神

在迎神主牌位的众人回到龚州时，程珦特地组织民众与迎神主牌者在大庭广众下对话，迎神主牌者忏悔道："浔州知州把我们迎神主牌的祭具扔到江里！知州大人，请饶恕我们迎神骗人之罪！"

当地民众听后哄然大笑，迎神主牌的荒唐闹剧自此便没有再发生。侯氏带领二程亲自前往现场观看，二程从中领悟，深刻铭记了不迷信鬼神的道理。

十三年后，已经成年的程颢在担任京兆府鄠县（今西安市鄠邑区）主簿（职位类似于今天的副县长）期间，得知鄠县南山寺内有一尊石佛，据说这尊石佛的头部能够发出光芒，吸引了众多信徒不分昼夜地前来朝拜。一些不法之徒乘乱搞男女关系。而历任县官均未采取坚决行动予以取缔，影响很坏。

于是，程颢亲自到南山寺进行调查，在掌握了初步情况后，他要求寺庙主持召集全体僧人训话。程颢郑重地对僧众说：如果再出现佛光，你们当中谁发现了一定要在第一时间告诉我。我到达现场后，请你们把佛头取下来，我倒要仔细地考究一番，这佛光的奥妙到底在什么地方。

程颢别有深意的讲话正气凛然，令那些散播迷信的人感到敬畏。从此以后，再也没有什么佛光显灵之说了。

在二程传世的言论与著作中，也极力宣扬无神论，他们认为人的生死是气之聚散，否认所谓鬼神的存在和灵魂不灭之说。同时还分析了鬼神论产生的原因：是心病与眼病使人产生眼花缭乱的幻觉与假象。《程氏遗书》云：

古之言鬼神者……不曾道闻如何言语，亦不曾道见如何形状？……如孔子言人之所信者目，目亦有不足信者耶。①

① （宋）程颢、程颐：《二程集》，中华书局1981年版，第52页；程颢、程颐：《程氏遗书》卷二下，上海古籍出版社1992年版，第47页。

四、鲁台望道

二程伫立望鲁台，或朗朗成诵，或遥望东鲁，察天地之行运；或俯首观聪明泉涌，悟书中精义；或即兴对句，展素挥毫；有时又驭马如御风，箭去似流星，箭矢纷纷坠于鲁台湖之中。

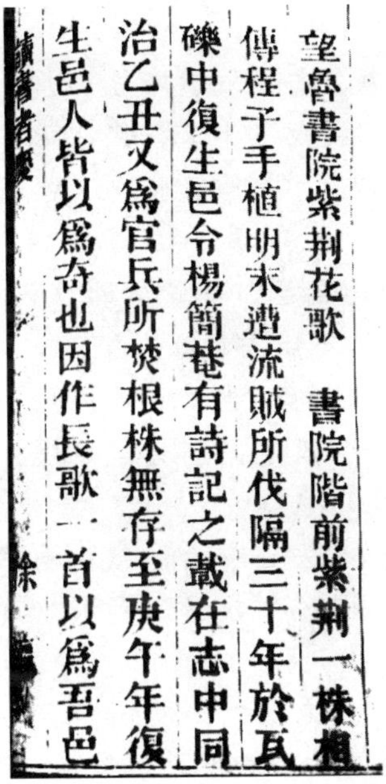

望魯書院紫荆花歌　書院階前紫荆一株相傳程子手植明末遭流賊所伐隔三十年於瓦礫中復生邑令楊簡菴有詩記之載在志中同治乙丑又爲官兵所焚根株無存至庚午年復生邑人皆以爲奇也因作長歌一首以爲吾邑讀書者勸　徐

清代《黄陂县志》载二程手植紫荆

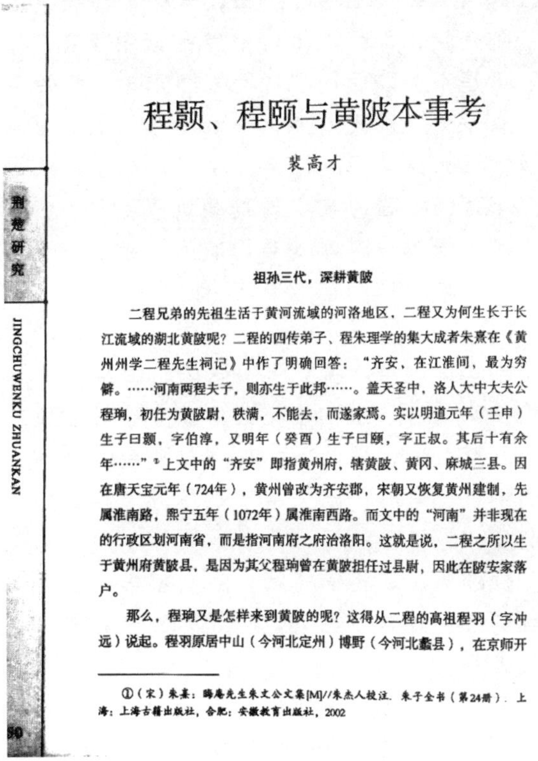

荆楚研究

JINGCHUWENKU ZHUANKAN

50

程颢、程颐与黄陂本事考

裴高才

祖孙三代，深耕黄陂

二程兄弟的先祖生活于黄河流域的河洛地区，二程又为何生长于长江流域的湖北黄陂呢？二程的四传弟子、程朱理学的集大成者朱熹在《黄州州学二程先生祠记》中作了明确回答：“齐安，在江淮间，最为穷僻。……河南两程夫子，则亦生于此邦……。盖天圣中，洛人大中大夫公程珦，初任为黄陂尉，秩满，不能去，而遂家焉。实以明道元年（壬申）生子曰颢，字伯淳，又明年（癸酉）生子曰颐，字正叔。其后十有余年……”① 上文中的“齐安”即指黄州府，辖黄陂、黄冈、麻城三县。因在唐天宝元年（724年），黄州曾改为齐安郡，宋朝又恢复黄州建制，先属淮南路，熙宁五年（1072年）属淮南西路。而文中的“河南”并非现在的行政区划河南省，而是指河南府之府治洛阳。这就是说，二程之所以生于黄州府黄陂县，是因为其父程珦曾在黄陂担任过县尉，因此在陂安家落户。

那么，程珦又是怎样来到黄陂的呢？这得从二程的高祖程羽（字冲远）说起。程羽原居中山（今河北定州）博野（今河北蠡县），在京师开

①（宋）朱熹：晦庵先生朱文公文集[M]//朱杰人校注．朱子全书（第24册）．上海：上海古籍出版社，合肥：安徽教育出版社，2002

裴高才：《程颢、程颐与黄陂本事考》，

《荆楚文库》总 NO03

筑台望鲁

二程自幼天资英敏，但两人个性迥异。程颢性情温和，沉默寡言，常手不释卷；程颐则生性好动、贪玩，对读书之事往往只有五分钟热度。

一天，程颢为了激发弟弟的学习兴趣，他对程颐讲，我们启蒙的第一课课前，就是祭拜万世师表孔夫子，我们兄弟既习孔孟之道，何不在这前川河畔筑台望鲁而读书?

程颐听后，觉得这个主意不错，他们兄弟可同台祭孔，又可尽兴地摆弄砖石瓦砾。二程给这读书台取名“清远台”，意即“清明晴川，志存高远”。

于是，他们回家后告知父母，希望能在鲁台山上筑一读书台，他们可面朝孔夫子故乡鲁国遥拜而读书，以表虔诚的心迹。

父母热情支持，马上安排石匠、木匠按照二程的想法，将前川河岸的祭天台改建为望鲁读书台。不日，一座木石结构的亭榭“望鲁台”便建成了。

刚开始，程颐觉得在望鲁台读书挺新鲜，也跟随兄弟站在台上高声朗读诗书。可是不久以后他就觉得索然无味，开始寻找新的乐趣去了。

有一天，侯氏偶感风寒，病倒在床。此时，大人与程颢不在家。正在家里玩耍的程颐突然听到母亲呻吟声，他立即扶母亲去看郎中!

小程颐扶着母亲步履蹒跚地来到城东的鲁台山边。由于发烧不止，加上天气炎热，侯氏一时口渴难忍。为了给母亲解渴，小程颐找了半天，只在墓群旁发现了一块小孩门盖骨内积有少许雨水，他就将头盖骨内这点水端来给母亲饮下。

岂料，这点水犹如灵丹妙药，母亲喝了水后，觉得自己的病情减轻了一半。勤俭持家的她，生怕多花钱，连忙吩咐程颐带她回家，不用去看郎中了。

回家路上，程颐正好与在望鲁台的程颢不期而遇，他讲述了刚才为母亲取水的经过，夸耀自己“水”到病除。程颢笑笑说，那小孩的门盖骨，正是治病良药。

程颐听了，将信将疑，回到家里，程颢找出了一本医药书给他看，程颐那贪玩的心不禁有点触动。只是，三分钟热度过后，小程颐又找借口到滠水河边游玩去了。

有一天，程颐在前川河岸玩耍，忽然听到树梢上传来犬吠一样的怪声，抬头望去，但见树上有一个鸟窝。于是，他便循声攀缘上树，突然“哄”的一声，鸟窝里惊飞出两只奇鸟：羽毛艳丽，边飞边叫，其声如吠。

程颐向窝中一看究竟，发现鸟蛋四枚。此蛋不是椭圆体，却呈正方体，从未见过。于是拿了一枚，带回家让哥哥瞧个稀罕。程颢观察了一下鸟蛋后，振振有词地吟诵道：“丁郎，丁郎，下蛋四方，叫声如狗吠，窝是灵芝草。”

“窝是灵芝草?”程颐一听，灵芝草是宝贝呀！他二话没说，撒腿就往河滩跑去，只是，等他来到树下查看，那鸟窝竟不翼而飞。

程颐垂头丧气地告知哥哥。程颢说：“丁郎是一种神奇、颇有灵性的鸟。你刚才到它窝里去捣蛋，它恐再次遭劫，便迅速搬家了！你要多读点书呀！”

程颢见程颐望着书发呆，就因势利导地劝说：“常言道，图能明形，不出庭户知万物；书可益智，洞悉古今在一庐。这正是，读破五车书，胜置十顷田呢！”

程颐从此改掉了贪玩的毛病，他们兄弟俩每天清晨风雨无阻地来到望鲁台刻苦攻读。

二程在读书时，母亲总是以各种方式给予指导。有一天她悄然来到书房，只见孩子们正摇头晃脑地朗读着：“子曰：古之学者为己，今之学者为人……”

当侯氏问二程是学习古人“为己”，还是学习今人“为人”时，二程异口同声地答道：“应该摒弃‘古之学者’的‘为己’个人主义，像‘今之学者’那样‘为人’！”

侯氏循循善诱说，读书切勿望文生义，孔夫子在这里清楚地告诉我们，求学悟道要像古人那样，修养自己的学问和道德，读书、求学是为了增加自己做人、做事的本领，此乃为了充实自己之“为己”；同时，孔夫子批评了现在学人读书仅为了装饰门面，或是为了取得功名，光宗耀祖，这就在人们面前炫耀的“为人”。

继而，侯氏强调，应努力追求古人的读书“为己”境界，莫学“今之学者”的炫才耀己；她希望孩子们发奋读书，达到“为知、为己”的双重境界。为了积累知识，增长学问、识见和智慧，必须多读书，读好书。

二程牢记母亲的教导，事后摸索出一套事半功倍的学习方法：读书“三好”境界。第一是好读书，即博览群书，厚积薄发，正如词句所言“独上高楼，望尽天涯路”；第二是读好书，由泛读到精读，狠下功夫，勤于思考，如同词句所谓“衣带渐宽终不悔，为伊消得人憔悴”，直到读通弄懂；第三叫读书好，即融会贯通，把书本知识变成自己的东西。即词句中所说的“众里寻他千百度，蓦然回首，那人却在灯火阑珊处”。

二程学成后，进一步深化、发展“为己之学”，注重读书方法，“读书将以穷理，将以致用也”，不可“滞心于章句之末”；批评北宋流行的文章、训诂之学，以及以科举应试为主的治学。

涵虚太清

因籽油灯光线不足，二程夜晚读书往往会眼睛疼痛。为此，母亲教给他们一些简单的护理方法，诸如按摩眼眶、用冷水洗脸等。

有一次，程颐从冷水洗脸去疲劳中得到启示，便向程颢建议，在前川河畔、理趣林旁凿一水池，读书疲倦时可到池中洗一把冷水脸。程颢觉得这个主意一举两得：既去疲劳，又可舀水研墨。于是他们召集弟兄七手八脚地在望鲁台旁边开凿水池。

那天，他们挖了二尺多深的池子，发觉天色已晚，就一同回家了。次日，他们竟发现池中有了满满一池水，且清澈见底。

“这里有一个泉眼！”程颢惊喜不已，不禁脱口而出：“快哉！池子虚怀，泉水自来。兄弟们，我们就叫它‘聪明池’，行吗？”大家齐声称好！就这样，“聪明池”的故事不胫而走。明清《黄陂县志》还在《名迹》中收入“聪明池”。二程常至此读书学习，所读之书，过目不忘①。

二程在读书之余，往往在望鲁台登高望远，收万物于眼底，察天地之行运；或研墨挥毫，每每墨汁用完，他们便从“聪明池”中舀水磨墨，或在池中将笔洗净。后来，二程又在池旁开凿出了半亩方塘，与洗墨池毗邻、水位等高，供他们洗漱饮用。

如此励志崇德，笃学思进，二程的学识与日俱增。

每至夏日，聪明池中不免有青蛙、蚊子相伴而来。一日傍晚，二程读书兴致正高，池中青蛙、蚊子似乎被诗文感化，竟然有节奏地闻声起舞，附和唱鸣，此起彼伏，犹如一部田园夜鸣交响曲。

当天夜里，二程梦见神龟背负八卦入池，因公鸡鸣叫，东方破晓，神龟回不了天庭，顿时化作一石龟负着八卦沉入池底。从此以后，池中青蛙、水边蚊子再也不鸣叫，而池水亦久旱而不干涸，遇雨水也不溢出，成为黄陂一景。有诗为证：

半亩方塘一个亭，
森森万象入虚明。
百年心印今犹古，
怪得蚊蛙不敢鸣。②

据传后世有好事者突发奇想，便到此处挖地三尺，想看个究竟。结果，他真的挖出了一尊石龟，龟背上印刻着清晰的八卦图。只是，这只石龟挖出后，竟不翼而飞。诸多神奇现象也随之消失了。

在明清时期的《黄陂县志》中，记载了历代扩建的聪明池和涵虚亭，并称赞程颐和程颢在此地凿潭悟道，勤奋学习。池内蛙不鸣，蚊不鼓的现象也传为美谈③。

---

①（明）李河图：《名迹》，《黄陂县志》，嘉靖三十五年刻本，第 29、30 页。

②（明）李河图：《涵虚亭》，《黄陂县志》，嘉靖三十五年刻本，第 110 页。

③（明）李河图：《名迹》，《黄陂县志》，嘉靖三十五年刻本，第 29、30 页。

二程书院内的涵虚亭

二程爱书如命也出了名。传说有一天，他们带着几箱书来到一个土台上，想趁着红日当顶，把书曝晒一下。突然，狂风大作，飞沙走石，乌云翻滚，顷刻间，豆大的雨点倾泻而下，要想收书已经来不及了。

二程急中生智，一骨碌趴在书上，用自己的身体遮雨。

奇迹出现了！一刹那间，只见一缕青烟升腾翻滚，直达天空，迅速将当顶的一块乌云化成一朵祥云，祥云消除了土台正上方的雨。结果土台周围大雨如注，唯独土台滴水未落（即盛夏雷暴“落雨分牛脊”的自然现象）。后来，人们就把这个土台叫作“晒书台”，今重建于二程书院。

崇文尚武

宋朝的官学与私学的重点，由唐代文武并重的“六艺”（礼、乐、射、御、书、数），逐步转向崇文的“六经”（《易》《书》《诗》《礼》《乐》《春秋》），也称“六艺”。

但程家对二程仍然施行唐代的“六艺”教育。因为崇文尚武是黄陂的既有传统，加之木兰故里双龙镇的武术教练资源，于是程珦聘请朱教头亲授二程射、御要诀，又选择鲁台湖畔，作为二程练习射、御技艺的场地。二程每天勤学苦练，从不间断。

武术课结合宋代武举科举的特点，设计了结合马术训练与兵法策略的内容。第一课由程珦扮演田忌，朱教头则扮演齐威王，他们精心策划了一场赛马表演，以再现古代田忌赛马的策略。他们将马匹分为上、中、下三等，按照等级进行对抗，三局两胜制决定最终的胜者。由于朱教头的马匹在各个等级上均优于程珦的马，结果程珦在三轮比赛中均告失败。

第一轮比赛结束后，朱教头鼓励孩子们开动脑筋，程珦是否有出奇制胜的办法。学生们议论纷纷，有的说不可能，有的提议更换马匹。程珦对二程说："我不需要换马匹，也能战胜朱师傅。"

第二轮比赛中，程珦采取了新的策略：先用下等马对抗朱教头的上等马，第一局输了；接着，他以上等马对抗朱教头的中等马，扳回了一局；在掌声中，程珦以中等马对抗朱教头的下等马，顺利拿下第三局，以二比一获胜。

赛后，朱教头总结道："我们以同样的马匹，只调整比赛策略，却实现了两种不同的结果，这说明了战略战术是制胜的法宝。"

朱教头给二程亲授第二门技艺："御以正马为政"，《睡虎地秦墓竹简》之《秦律杂抄》云："驾除四岁，不能驾御，赀教者一盾；免，赏四岁繇戍。"说明秦代，御者需要训练四年，如果四年仍不能驾车，就要处罚教练。二程经过严格训练，三年时间就熟练掌握了驾车技艺。

朱教头教授的第三门课是习射。武则天曾设立了武举制，考核射箭多达长跺、马射、步射、平射与筒射五项。到宋代，整个射箭技艺在民间得到推广与普及。

朱教头常常利用《左传》《孙子兵法》等古代经典名著与成语故事，来启发二程练习射、御，并要求他们崇尚武德。

二程牢记朱教头的教导，从此，鲁台湖畔不是骏马奔腾的"哒哒"马蹄声，就是"嗖嗖"的箭去似流星的场景，有些箭矢纷纷坠落于鲁台湖之中。

一天，程珦检查二程练功，发现湖中流矢所在皆是，他不禁感慨地说：这哪里是鲁台湖，分明是流矢湖。从此"流矢湖"之名便取代了鲁台湖。

二程在流矢湖畔，经过数年的勤学苦练，终于练就了一身过硬的长跺、马射、步射、平射和筒射技术。他们的这身功夫，就连其父也望尘莫及。

五、诗心风骨

诗言志，润心灵。一天晚上，二程突然听到了大雁的阵阵鸣叫声：时而亢奋高歌，时而低回婉转，犹如一支月光曲……侯氏也被这情景感动，赋《闻雁》诗一首：

何处惊飞起，雍雍过草堂；
早是愁无寐，忽闻意转伤；
良人沙塞外，羁妾守空房；
欲寄回人信，谁能付汝将。①

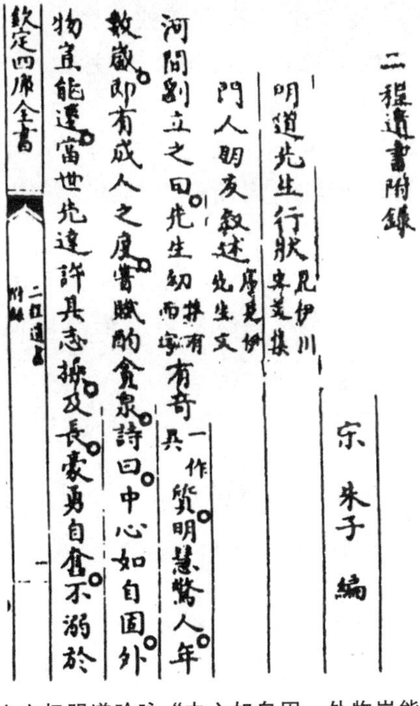
二程遺書附錄
宋 朱子 編
明道先生行狀 見伊川文集
門人朋友敘述 序見伊川先生文
河間劉立之曰。先生幼而孤，有奇質（一作具），明慧驚人，年數歲，即有成人之度。嘗賦酌貪泉詩曰：中心如自固，外物豈能遷。當世先達許其志。操及長，豪勇自奮，不溺於
欽定四庫全書 二程遺書 附錄

刘立之忆明道吟咏“中心如自固，外物岂能迁”

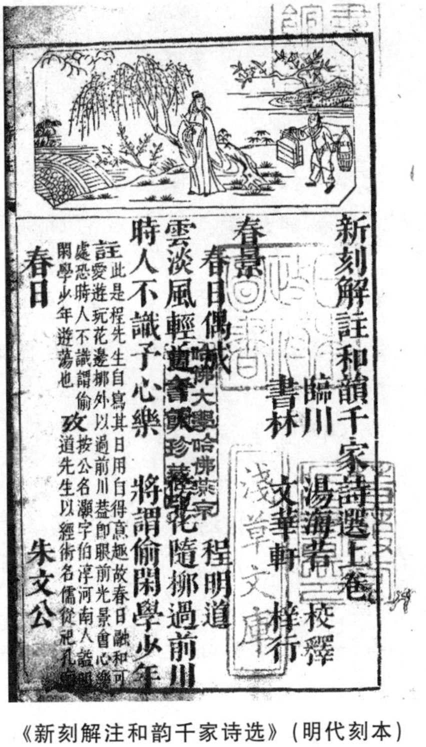
新刻解註和韻千家詩選上卷
臨川 湯海若 校釋
書林 文華軒 梓行
春景
春日偶成 程明道
雲淡風輕近午天，傍花隨柳過前川。
時人不識予心樂，將謂偷閑學少年。
註 此是程先生自寫其日用自得意趣，故春日融和可愛，遊玩花邊柳外以過前川，蓋即眼前光景會心樂處，恐時人不識，謂偷閑學少年遊蕩也。
攷 按公名灝，字伯淳，河南人，謚明道先生，以經術名儒從祀孔廟。
春日 朱文公

《新刻解注和韵千家诗选》（明代刻本）

① （宋）吕祖谦：《宋文鉴》卷一百五十，上海商务印书馆1919年《四部丛刊》景宋刻本。

诗文送舅

侯氏常常引经据典，以正反典型故事循循善诱，启发二程尊老爱幼。

二程的舅父侯无可，笃志为学，博览群书，贯涉万类，为当代名儒。又精通西北地理与郡县部族，所以在对西夏战争中，他备受三朝宰相韩琦器重。

当西夏人寇边时，侯无可带领数十骑兵来到边境巡视，突然与西夏人遭遇，侯无可立即下令说："树起你们的旗帜，围绕着山慢慢地走。"正是他布下的疑兵阵迷惑了敌人，使西夏人不敢轻举妄动。程颢曾追怀舅父云："少喜穰苴、孙武之学，兵家事无所不通。尤详于西北形势，谈其山川道路、郡县部族，纤细备具，听之者宛如在目前。"①

韩琦镇守长安，推荐侯无可做了泾阳知县。他在任期间，说服渭源羌地酋长献纳土地八千顷，还谋划修复郑国渠等古代水利工程；与当地戎人主动和解，为西北稳定做出了贡献。

侯无可立功受赏后，到姐姐家探亲，就脱去官袍，着便装叙亲情。哪知，生性顽皮的外甥程颐见其头盔比县尉父亲的头盔威风，就趁舅父不注意，抢过舅父的头盔戴在自己头上，一撒腿跑到外面与小朋友玩耍。

此事若传出去，侯无可、程珦都会受到牵连。侯氏立刻与丈夫沟通，共同决定如何教育孩子。她并没有选择简单的责骂，而是决定用一个典故来启发孩子们。

那天傍晚，侯氏召集二程堂兄弟们到书房，给他们讲述"渭阳袁湛"的故事。原来晋朝人谢绚自幼受其父影响，对舅父袁湛无礼至极。袁湛愤怒地训斥道："你们父子是毫无渭阳之情的小人！"

侯氏话音刚落，程颐当即向舅父叩头认错，二程表示，今后一定会孝敬娘舅！

接着，侯无可对二程训示说："你们仅仅在礼仪上尊重舅父是不够的，更重要的是发奋读书，将来成名成家，那才是对舅父最大的孝敬。"并给二程讲解了"宅相魏舒"的典故。

事后，侯无可问姐姐是不是经常与姐夫密切配合对孩子施教，侯郡君对他说："是的。子女之所以不肖，大都是由于其母掩盖孩子的过错，而其父却蒙在鼓里；或者父母在教育孩子时意见相悖各执一端造成的，我们当以此为戒。"

皇祐四年（1052）十月，北宋邕州（今广西南宁市）下辖的羁縻州广源州

① （宋）程颢：《华阴侯先生墓志铭》，《二程集》，中华书局1981年版，第504页。

的壮族首领侬智高反叛寇边，攻池掠地，势如破竹，连陷邕州及梧州等九个州，还包围了广州。

名将狄青主动请缨，宋仁宗任命他平定叛乱，并在垂拱殿设酒为他送行。又命孙沔、余靖为安抚使。其实，南征之事之奏议、措施与计谋多出于孙沔与善于边境事务的侯无可。后来，程颢追忆道："会蛮酋侬智高攻陷二广，孙（沔）威敏公奉命出征，习先生之贤，请干其军事。先生奋然从之，振旅奏功。"①

侯无可出征前向姐姐辞行时，年仅18岁的外甥程颐特作《闻舅氏侯无可应辟南征诗》，为舅父送行。诗云：

辞华奔竞至道离，茫茫学者争驱驰。
先生独夺孟轲舌，扶持圣教增光辉。
志期周礼制区夏，人称孔子生关西。
当途闻声交荐牍，苍生无福徒尔为。
道大不为当世用，著书将期来者知。
今朝有客关内至，闻从大幕征南垂。
南垂凶寇陷州郡，久张螳臂抗天威。
圣皇赫怒捷书涣，虎候秉钺驱熊罴。
宏才未得天下宰，良谋且作军中师。
蕞尔小蛮何足殄，庶几聊吐胸中奇！②

狄青采纳侯无可襄助孙沔制订的作战方案，率宋军以迅雷不及掩耳之势，于1053年领兵夜袭昆仑关，次日黎明收复邕州，平定侬智高之乱。侬智高身亡后，侯无可以攻心为上，说服其弟侬智会与族人侬宗旦父子、侬盛德等率侬氏首领先后归附中国，被分封武职，率领族人守卫西南边疆。

侯无可一生虽然历任殿中丞、阶宣奉郎、勋骑都尉等高官，仍然以劝学新民为己任；主华学之教育者二十年，晚年仍深究理学，就学者众多，"故自陕而西，多宗先生之学"③。

宋神宗元丰己未年（1079）夏，侯无可去世，享年73岁，葬于华阴县保德乡先茔墓园④。二程分别题写墓志铭并吟诗追怀娘舅，还亲自为其守孝。

---

①（宋）程颢：《华阴侯先生墓志铭》，《二程集》，中华书局1981年版，第504页。
②（宋）程颐：《闻侯舅应辟南征诗》，《二程集》，中华书局1981年版，第590页。
③（宋）程颢：《华阴侯先生墓志铭》，《二程集》，中华书局1981年版，第504页。
④（宋）程颢：《华阴侯先生墓志铭》，《二程集》，中华书局1981年版，第507页。

诗心相印

有一天，程珦侃俪来到二程读书的“聪明泉”旁，程珦首先发问：你们既然给泉水起名“聪明泉”，可否罗列一下古书上的名泉？

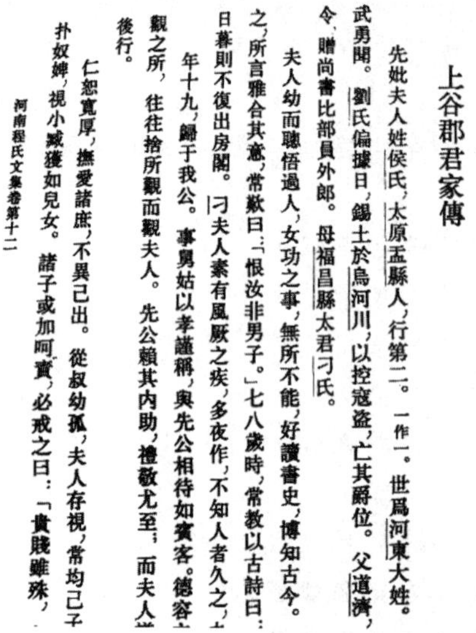

上谷郡君家傳

先妣夫人姓侯氏，太原盂縣人，行第二。一作一。世爲河東大姓。
武勇聞。劉氏偏據日，錫土於烏河川，以控寇盜，亡其爵位。父道濟，
令，贈尚書比部員外郎。母福昌縣太君刁氏。

夫人幼而聰悟過人，女功之事，無所不能，好讀書史，博知古今。
之，所言雅合其意，常歎曰：「恨汝非男子。」七八歲時，常教以古詩曰：
日暮則不復出房閤。刁夫人素有風厥之疾，多夜作，不知人者久之，
年十九，歸于我公。事舅姑以孝謹稱，與先公相待如賓客。德容
觀之所，往往捨所觀而觀夫人。先公賴其內助，禮敬尤至；而夫人
後行。

仁恕寬厚，撫愛諸庶，不異己出。從叔幼孤，夫人存視，常均己子
扑奴婢，視小臧獲如兒女。諸子或加呵責，必戒之曰：「貴賤雖殊，

河南程氏文集卷第十二

程颐在《上谷郡君家传》忆其母“好诗书史”

明道画像（英山《二程世谱》）

程颢答道，我记得《晋书·良吏传》上记载，广州城北之石门有处泉水叫“贪泉”。据传饮了贪泉水便会产生无穷贪欲。因此，人们不敢到广州做官。是时，新任广州刺史吴隐之路过“贪泉”，大有感慨，竟连饮三杯泉水，提笔题《酌贪泉》诗于碑上，诗云：

古人云此水，一歃怀千金。
试使夷齐饮，终当不易心。

“王勃在《滕王阁序》中‘酌贪泉而觉爽，处涸辙以犹欢’名句。我现在以‘酌贪泉’为题，你们谁能反其意而吟哦之?”侯氏问二程。

十岁的程颢沉吟片刻后，脱口而出：“中心如自固，外物岂能迁?”①

后来，户部侍郎彭思永得知此事后，惊叹不已，决定以女妻之。程颐在《明道先生行状》中载：“十二三时，群居庠序中，如老成人，见者无不爱重。

① （宋）刘立之：《门人朋友叙述》，《二程遗书·附录》，上海古籍出版社 1992 年版，第 256 页。

故户部侍郎彭公思永谢客到学舍，一见异之，许妻以女。”①

父母的循循善诱，使二程茁壮成长，后来成为学界的“风流人豪”。有程颢的《秋日偶成》为证：

道通天地有形外，思入风云变态中。
富贵不淫贫贱乐，男儿到此是豪雄！②

风洞悟道

为了让二程领会《木兰诗》的意境，父母带他们畅游留下木兰传说的木兰山。那天，程珦夫妇带孩子们拜谒纪念木兰将军的木兰殿，住持特以两碟豌豆与茶点招待县尉一家。侯氏因势利导问孩子：“我以这‘两碟豆’为上联，你们谁能对出下联?”

“两碟豆”，又可视为“两蝶逗”。程颢想了想，答道：“有了，下联是‘一瓯油’。”

母亲笑道：“我出的不是‘两碟豆’，而是‘木兰林间两蝶逗’。”

程颢指着木兰山下的仙河水，笑道：“孩儿讲的不是‘一瓯油’，而是‘仙河水上一鸥游’。”

母子间如此巧问妙答，把站在一旁的寺院住持逗得哈哈大笑。

乾隆十二年《汉阳府志》之《木兰山图》

木兰山风洞石坊

木兰山上一位姓马的和尚“老顽童”也前来凑热闹。老顽童善于出歪对，

① (宋) 程颐：《明道先生行状》，《二程集》，中华书局 1981 年版，第 630 页。

② (宋) 程颢：《秋日偶成》，《二程集》，中华书局 1981 年版，第 482 页。

想与二程逗乐。所以，他将二程带到木兰山名胜白云洞一游。

白云洞俗称“风洞”，在木兰山之金鸡报晓石下。《辞海》载：黄陂木兰山上有白云洞，下有黄石洞，并以清幽擅名。风洞的上洞口小，只能单人侧身进入；下洞口大，可多人携手同行。洞内巨石交错叠压，或卧或立，以奇险闻名。二程进入洞口，发现洞壁上阴刻的一幅村童牧牛图，沁水涓滴如漏，摸上去湿漉漉的，不知从何而来？这时，老顽童瞧见二程头上梳着一个细小辫子（俗称“狗尾巴”）。他信手拈来上联戏称程颐，道：“牛头如此生狗尾。”

程颐知道老顽童是有意调侃，对下联并不难，但他唯恐对老顽童失礼，老顽童看出其心思，立马说：“老衲只求开怀一笑，只要你对仗工整，平仄过得去，但讲无妨！”

“那晚生得罪了！下联是：马嘴何曾吐象牙！”

老顽童虽然吃了亏，但却佩服少年程颐机智聪明。他不禁哈哈大笑，连声说：“后生可畏也！”

自此以后，每年木兰山庙会或酷暑时节，二程均会随父母或亲属一道前往木兰山，不是现场观摩佛道和谐相处，就是到白云洞读书问道。明人方舆时在《白云洞记》中写道，昔二程夫子尝游衍于白云洞；白云洞之东的道明山，亦因大程夫子而得名①。康熙五年《黄陂县志》亦载，白云洞在木兰山，二程夫子游衍于此，为明方与时读书处②。

① （清）杨廷蕴：《艺文志》，《黄陂县志》，康熙五年刻本，第 365 页。

② （清）杨廷蕴：《舆地志 · 山川》，《黄陂县志》，康熙五年刻本，第 34 页。

六、乐天知命

鸟儿不倦地欢歌，溪水不息地流淌，万物尽展无限妩媚。周敦颐循循善诱地讲解《论语》，二程在“吟风”“弄月”“观物”的过程中悟道。

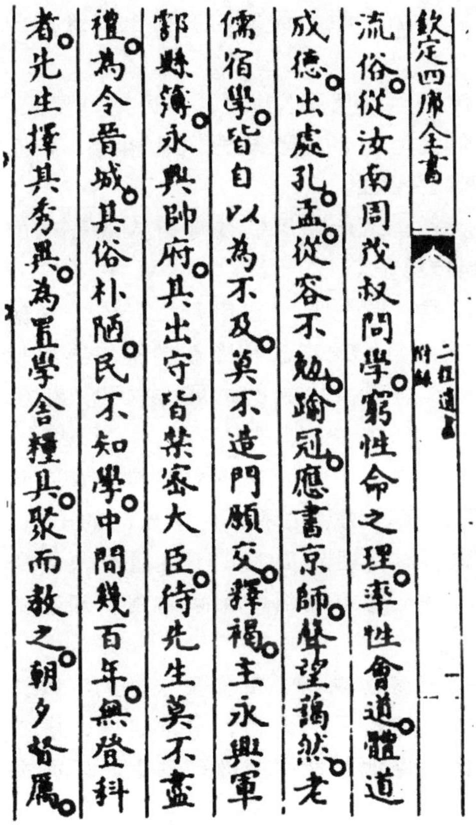
欽定四庫全書　二程遺書　附録

流俗。從汝南周茂叔問學。窮性命之理。率性會道。體道成德。出處孔孟。從容不勉。踰冠。應書京師。聲望藹然。老儒宿學。皆自以為不及。莫不造門願交。釋褐。主永興軍鄠縣簿。永興帥府。其出守皆禁密大臣。侍先生莫不盡禮。為令晋城。其俗朴陋。民不知學。中間幾百年。無登科者。先生擇其秀異。為置學舍糧具。聚而教之。朝夕督厲。

刘立之记明道从学周茂叔

周茂叔爱莲图

问学寻“乐”

庆历六年（1046）春，二程随父母迁往赣南虔州。虔州本是隋朝时的老地名，多次更名后于宋太平兴国元年（976）恢复原名。南宋时又更名赣州。

当时，程珦任虔州兴国县令、代行南安州副职。南安州原是从虔州析出的南安军，辖南康、大庾、上犹三县（即今江西省赣州市南康区、大余县、上犹县）。程珦发现南安军的青年参军周敦颐气度非凡。他是道州营道（今湖南道县）人，生于宋真宗天禧元年（1017），字茂叔，原名敦实，因避宋英宗讳改名敦颐。

周父辅成，举进士，官至贺州（今广西贺州）县令。天不假年，在周敦颐15岁时早逝。周敦颐随母到开封投靠龙图阁直学士的舅父郑向，24岁时，因舅父的荫庇任洪州分宁县主簿。

程珦赞赏周敦颐为纠正错案不惜与上司翻脸的勇气，周也感佩程珦以义理待人。一天，程珦特设家宴款待了周敦颐，酒至半酣，程珦叫二程出来给周氏敬酒，请周氏收为门徒。

周敦颐笑而不答，先让程颢背诵《左传》之《周郑交质》，并评述其要义。程颢倒背如流后，评说道，两国交往当以信义为本，只要双方以礼相待，相互宽容，即使没有人质，也是谁也不能离间两国关系的。

周氏又与程颐对句，程颐也从容对答。兴奋之余，周愉快地答应了程珦的要求。十四五岁的二程因此成为周敦颐的嫡传弟子。

在讲解“孔颜之乐”时，周敦颐告诫二程，首先要“志伊尹之所志，学颜子之所学”，以内圣外王之学作为培养和扩充道德伦理观念和道德精神境界的基础；其次要以“圣希天，贤希圣，士希贤”作为道德境界的进展方向和人生价值的实现途径。

周子不仅向二程传道受业，更以安贫乐道的个人行为来树立榜样。黄庭坚曾称颂周子人品甚高，不以追求名声为目的，而是锐意进取，追求自己的志向。他不看重个人的微小福祉，而是注重赢得民心。他生活简朴，不注重个人的享受，却能给予孤苦无依的人以温暖和关怀。他不追求世俗的荣华富贵，却崇尚与历史上的高尚朋友为伍，追求精神上的永恒。

有一天，周子手捧《论语》问二程：“颜回身居陋巷，箪食瓢饮，人不堪其忧，回也不改其乐。而孔夫子为推行自己的治国安民的大道，常常碰壁，屡遭嘲讽，‘累累若丧家之犬’，甚至被追杀围困。但他却能‘曲肱而枕之，乐亦在其中’，这是何故?”

程颐心领神会地说：“他们不为身处富贵之中而傲慢得意，亦不会因为沦入贫贱之中而悲痛忧伤。故而能‘乐’。”

接着，周子引经据典，强调“见大而心泰”“心泰则无不足”的境界就是圣人境界。一个人一旦具备了这种境界，“富贵贫贱处之一也”，也就有了恒常的精神愉悦。这种精神愉悦就是“孔颜之乐”。

二程因此立下求道之志。程颢自述：“昔受学于周茂叔，令寻颜学仲尼乐处，所乐何事。”① 所谓“寻颜学仲尼乐处”，就是追求学做圣人的乐趣，把学做圣人作为自己追求的理想境界。《宋史·道学传》亦称，程颢“自十五六时，与弟颐闻汝南周敦颐论学，遂厌科举之习，慨然有求道之志”②。

时至嘉祐六年（1061），周敦颐于庐山之麓建书堂，见堂前有一溪，他立即联想到唐代文学家、道州（今湖南道县）刺史元结的《瀼溪铭》，而家乡道州亦有濂溪，乃决定将书堂命名为“濂溪书堂”，史称周氏为濂溪先生。

赏莲识仁

一天，微风拂面，丽日当空，章水两岸的枫树、樟树随风摇曳，鸟儿不倦地欢歌，溪水不息地流淌，万物尽展无限妩媚。周子携弟子来到一大片荷塘边，朝霞映在荷塘上，荷花红似霞白如雪。他边走边沉吟：“出淤泥而不染，濯清涟而不妖。”程颢感慨道：听说先生钟爱莲花，今日一睹荷花，又触景生情了。

程颐则希望先生能讲讲为何爱莲。周子手指一望无际的荷塘说，这要靠你们自己观赏体会了。说罢，随即吟哦道：“予独爱莲之出淤泥而不染，濯清涟而不妖，中通外直，不蔓不枝，香远益清，亭亭净植，可远观而不可亵玩焉。”

“先生将莲花自况，出淤泥而不染，香远益清，君子之风也。”程颢感慨道。

“我听说你十岁曾吟咏《酌贪泉》诗，念来听听。”濂溪微笑地对程颢说。

“我只是有感而发。”程颢说罢，吟道：“中心如自固，外物岂能迁?”

“正叔，你听后有何感想?”濂溪边听边想边说。

“哥哥的两句诗，是说人的品性只要自固，外物是不能改变的；先生笔下的莲花出淤泥而不染，则是品性高洁也！”程颐答道。

濂溪微微点头说：你们悟性好，我送你们四个字：仁者爱人。它是为人之道的基本准则，也是孔颜乐处，所乐何事的基本答案。追求仁达到仁的精神境界，就是一种幸福和快乐。

嘉祐八年（1063）五月，周子在虔州作《爱莲说》。后又在《濂溪书堂》一诗中阐发其以素净淡泊自足，以康宁为乐的陶然自得生活。诗云：

庐山我久爱，置田山之阴。
田间有清水，清泚出山心。
……　　……
饱暖大富贵，康宁无价金。
吾乐盖易足，濂名朝暮箴。

① （宋）程颢、程颐：《二程集》，中华书局1981年版，第16页。

② （元）脱脱：《宋史》，中华书局1977年版，第12715页。

二程在“吟风”“弄月”“观物”的过程中，体会“悟道”之乐！

后来，二程亦效法老师“观物”。程颢的二传弟子张横浦（九成）记载，程颢“书窗前有茂草覆砌，或劝之芟，曰：‘不可！欲常见造物生意。’又置盆池畜小鱼数尾，时时观之，或问其故，曰：‘欲观万物皆自得’”。而且程颢名垂千古的诗篇《春日偶成》较之《濂溪书堂》更青出于蓝。

师徒二人，只要有书可读便感到满足和快乐。在吟咏风月、欣赏自然景观中，同样能找到乐趣；此乐因与物质的现实的富贵贫贱的状态相隔分，故而能久远，能恒常，能入人心田。

心中无妓

庆历六年（1046）冬，周敦颐升任郴县（今湖南郴州）县令，二程也随周敦颐来到郴县。周敦颐与二程朝夕相处，彼此关系更进一步。

程颢成名之后，给弟子讲学时，每每对“孔颜之乐”深思体味，提出了“乐天知命”的问题。他指出，圣人者，如孔夫子，以“知天”“行天之道”为职，即所谓“替天行道”；而“命”则是人生中的必然性，如一个人的富贵贫贱之类。

圣人“知天”，所以努力于自我的道德人格的修养，致力于“博施济众”的事业，乐在其中。至于具体人生中的富与贵、贫与贱，都是不可妄求亦不可规避的。知“命”则心安，心安则即使在贫困潦倒中依然能生发其“乐”保持其“乐”，这就叫“乐天知命”。正所谓：

“仁者在己，何忧之有？凡不在己，逐物在外，皆忧也。‘乐天知命故不忧’，此之谓也。若颜子箪瓢在他人则忧，而颜子独乐者，仁而已。”①

程颢在这里阐发了乐天知命而不忧的缘故。因为忧是因为“逐物在外”，即过分地追求外物，过分地执着于不在己的东西。而“仁人在己”，即是识仁的仁者都浑然与物同体，无物非我，无物在外，他们达到的是一种天人合一的境界。既然已经无物非我，便没有不在己之物，自然也不会存在忧的体验。

至和、嘉祐间（1056）程颐初游太学时，胡瑗问“颜子所好何学论”，他从容答以“学以至圣人之道也”。胡瑗深感惊异，因为程颐所表述的尚非“孔颜之乐”，而是“孔颜之学”，即孔子的“知之”“好之”“乐之”之说。

后来，程颢阐发道：“颜子在陋巷，‘人不堪其忧，回也不改其乐’。箪瓢陋巷非可乐，盖自有其乐耳。‘其’字当玩味，自有深意。”② 程颐在回答鲜于侁问

① （宋）程颢、程颐：《二程集》，中华书局1981年版，第352页。

② （宋）程颢、程颐：《二程集》，中华书局1981年版，第135页。

“孔颜之乐”时指出：“使颜子而乐道，不为颜子矣。”①

进而，二程得出结论：“孔颜乐处”于人可得真受用，“乐是学，学是乐”“乐是乐此学，学是学此乐”。于死生之际能超然死生之外，与有意忘死迥然有别。

当然，二程处事方式各异，殊途同归。相传有一天，二程应邀参加一个朋友的宴会。席间，有几个花枝招展的歌妓，不仅弹唱歌曲，还故意卖弄风骚，给人劝酒。在宋代，文人与歌妓相聚是平常之事。

一直以“天理”的规范要求自己的程颐见状，认为那位朋友不应该这样招待他们。他越看越感到恶心，又不能当场驳主人的面子，只好找个托词，提前退席了。

程颐以为哥哥也会同他一样，迅速离开。哪知，程颢对发生的这些事却泰然处之，行若无事，依旧与同席者尽兴饮酒，谈笑风生。

第二天，程颐仍耿耿于怀，埋怨程颢不应该在那种场合饮酒！程颢笑着说：“你还想着那件事吗？昨天酒宴上有歌妓，我心中却没有歌妓；今天我书房里没有歌妓，可你的心里还满是歌妓啊！”程颐听后顿时脸上臊得通红，自愧学问和修养比不上哥哥。

刊印《通书》

二程在周敦颐的影响下，琢磨体悟孔颜之乐，慨然有求道之志。二程为效法圣贤，视功名利禄如浮云，连科举考试也没心思了。程颐在参加科考落第后，便不再参加。程颐为程颢所作的《明道先生行状》亦云：“先生为学，自十五六时，闻汝南周茂叔论道，遂厌科举之业，慨然有求道之志。未知其要，泛滥于诸家，出入于老、释者几十年，返求诸六经而后得之。”②

二程门人刘立之在《门人朋友叙述》中说，程颢“从汝南周茂叔问学，穷性命之理，率性会道，体道成德，出处孔孟，从容不勉”③?

同时，为了让周老师的代表作传世，程颐特地将周氏的《通书》刊印出来，供儒士们学习、研究。全书一卷四十章，不足三千字。《通书》原名《易通》，又称《濂溪通书》《周子通书》。

到了南宋，二程的四传弟子朱熹又将程颐刊印的《通书》一分为三，即《太极图》《太极图说》《通书》三篇独立著作，并对这三篇著作进行注释。通过朱熹的整理与注释，周敦颐的著述进一步引起了学术思想界的高度关注，使周敦颐的学术思想广为传播。

---

①（宋）程颢、程颐：《二程集》，中华书局1981年版，第395页。

②（宋）程颢、程颐：《二程集》，中华书局1981年版，第638页。

③（宋）程颢、程颐：《二程遗书附录》，上海古籍出版社1992年版，第256页。

不仅如此，二程在洛阳讲学期间，也将“孔颜之乐”作为自己的讲授重点。

有一天，当程颐讲《论语》中颜子“不改其乐”时，他发挥说：居住在简陋小巷的士人，如果内心充满仁义，就会忘记自己的贫穷和卑微。而那些地位崇高的君主，享受着极为优厚的待遇，如果懈于学习，怎能不被富贵所改变呢？他强调，颜回坚持的理念是：不符合礼的事情不要去看，不符合礼的声音不要去听，不符合礼的话不要去说，不符合礼的事不要去做。所以，孔子称赞颜回：学到一条好道理就牢牢记住而不忘记！又指出颜回的过人之处在于，不把怒气转移到不相干的人身上，不重蹈过失。这是因为颜回对道的信仰深厚，又掌握了正确的学习方法。末了，他强调，切忌不从自身的修养上去追求圣人的道德学问，而把知识渊博、记忆牢固、文章巧妙、辞藻华丽当做真功夫，这种人只是讲起道理来天花乱坠，达不到圣人道德学问的真境界。

二程精彩的演讲令闻者叹服，许多学者一同入侍经筵，听他们讲学。

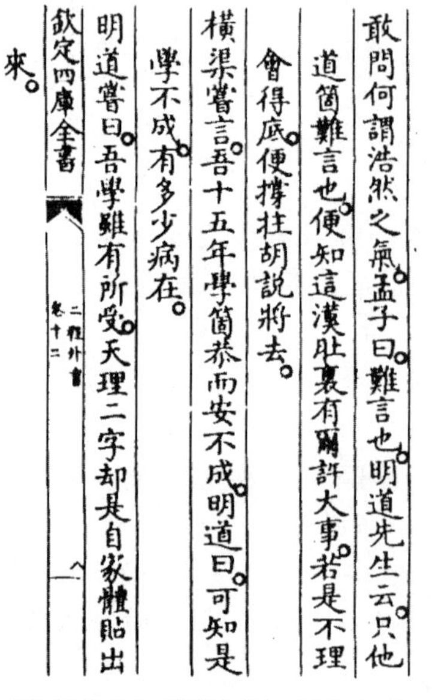

欽定四庫全書　二程外書　卷十二

敢問何謂浩然之氣。孟子曰。難言也。明道先生云。只他道箇難言也。便知這漢肚裏有爾許大事。若是不理會得底。便撑拄胡說將去。

横渠嘗言。吾十五年學箇恭而安不成。明道曰。可知是學不成。有多少病在。

明道嘗曰。吾學雖有所受。天理二字却是自家體貼出來。

《二程外书》载程颢语：天理二字却是自家体贴出来的

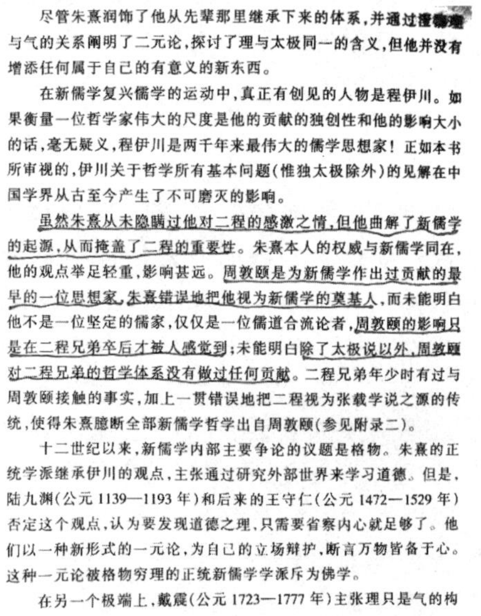

尽管朱熹润饰了他从先辈那里继承下来的体系，并通过[illegible]与气的关系阐明了二元论，探讨了理与太极同一的含义，但他并没有增添任何属于自己的有意义的新东西。

在新儒学复兴儒学的运动中，真正有创见的人物是程伊川。如果衡量一位哲学家伟大的尺度是他的贡献的独创性和他的影响大小的话，毫无疑义，程伊川是两千年来最伟大的儒学思想家！正如本书所审视的，伊川关于哲学所有基本问题（惟独太极除外）的见解在中国学界从古至今产生了不可磨灭的影响。

虽然朱熹从未隐瞒过他对二程的感激之情，但他曲解了新儒学的起源，从而掩盖了二程的重要性。朱熹本人的权威与新儒学同在，他的观点举足轻重，影响甚远。周敦颐是为新儒学作出过贡献的最早的一位思想家，朱熹错误地把他视为新儒学的奠基人，而未能明白他不是一位坚定的儒家，仅仅是一位儒道合流论者，周敦颐的影响只是在二程兄弟卒后才被人感觉到；未能明白除了太极说以外，周敦颐对二程兄弟的哲学体系没有做过任何贡献。二程兄弟年少时有过与周敦颐接触的事实，加上一贯错误地把二程视为张载学说之源的传统，使得朱熹臆断全部新儒学哲学出自周敦颐（参见附录二）。

十二世纪以来，新儒学内部主要争论的议题是格物。朱熹的正统学派继承伊川的观点，主张通过研究外部世界来学习道德。但是，陆九渊（公元1139—1193年）和后来的王守仁（公元1472—1529年）否定这个观点，认为要发现道德之理，只需要省察内心就足够了。他们以一种新形式的一元论，为自己的立场辩护，断言万物皆备于心。这种一元论被格物穷理的正统新儒学学派斥为佛学。

在另一个极端上，戴震（公元1723—1777年）主张理只是气的构

葛瑞汉著、程德祥译《二程的新儒学》
（大象出版社2000年7月第32页）

程颢虽承认师从周敦颐这一事实，但认为“天理”说是自己的独创，他说：“吾学虽有所受，‘天理’二字，却是自家体贴出来。”① 后来，程颐的弟子吕希哲也补充认为：二程重视“天理”，而由“自家体贴”切入是其为学的特色，也

① （宋）程颢、程颐：《传闻杂记》，《二程集》，中华书局1981年版，第424页。

是宋代儒学的特色，所以后人称之为“理学”。

到了当代，英国著名汉学家葛瑞汉认为，周氏虽然是二程之师，并对其产生过一定影响，但毕竟周氏当时年仅三十，除授学不足一年外，后来他们师生只在合州见过一面，他对二程的影响很有限。且周敦颐在北宋时并没有建立自己的学派，学术地位也不高，是朱熹错误臆断全部理学源头在周氏①。

当然，宋人饶鲁撰述的《金陵记闻注辩》一书，还透露了当时坊间流传的有关周氏与二程微妙关系的说法——

二程缘何不正面提及与周敦颐的师生关系？二程虽承认受学于周，但因那时“濂学”尚未形成，他们从学时“未知其要”②，影响有限。似为二程不称周敦颐为老师，而称其“周惇实”或“汝南周茂叔”之故。

当程颢任御史，又是王安石改革团队成员时，曾向神宗皇帝荐举张载、程颐等数十人，但没有荐举周敦颐，个中原因是周氏与新党、旧党领袖均有联系，双方都对他保持警惕，故不便推荐。

同时，二程居河洛以后，其大儒朋友圈只有张载、邵雍、司马光诸人，以及退休在洛阳的朝中大臣，而同远在外地的周敦颐仅见过一面，甚至尚未发现二程与周敦颐有书信来往。

人们纷纷猜测：二程是特别注重师道尊严的大儒，为什么对自己的老师这样疏远？肯定有不为人知的重要原因，或者说他们有难言之隐。有学者归纳为三道障碍：政治鸿沟、道德鸿沟与学术鸿沟。

---

① （英）葛瑞汉著、程德祥译：《中国的两位哲学家：二程兄弟的新儒学》，大象出版社2000年版。

② （宋）程颐：《明道先生行状》，《二程集》，中华书局1981年版，第638页。

七、荣登“牛榜”

至和三年（1056）春，二程北上游学备考，幸会了鸿儒胡瑗与表叔张载，初露头角；在省试与殿试中，程颢旗开得胜连捷举人与进士，荣登天下“千年第一牛榜”。

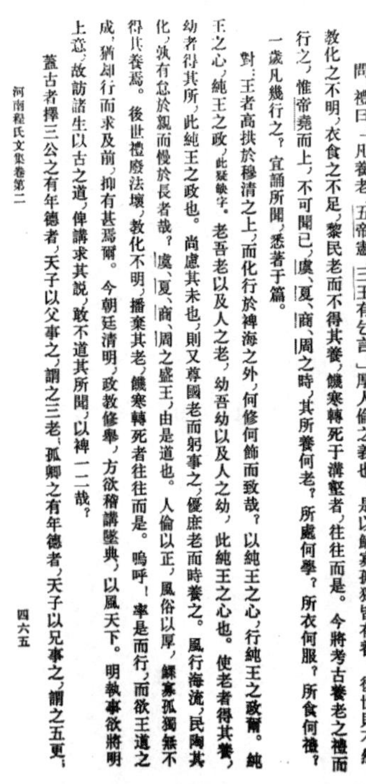

修之，是亦舜之政也。夫何遠哉？顧力行何如爾。謹論。此篇「經爲道」、「道是而已矣」兩處疑有脫誤。

南廟試策五道

第一道

問：禮曰：「凡養老，五帝憲，三王有乞言。」厚人倫之義也。是以鰥寡孤獨皆有養。後世則不然，教化之不明，衣食之不足，黎民老而不得其養，饑寒轉死于溝壑者，往往而是。今將考古養老之禮而行之，惟帝堯而上，不可聞已，虞、夏、商、周之時，其所養何老？所處何學？所衣何服？所食何禮？一歲凡幾行之？宜誦所聞，悉著于篇。

對：王者高拱於穆清之上，而化行於裨海之外，何修何飾而致哉？以純王之心，行純王之政爾。純王之心，純王之政，此疑缺字。老吾老以及人之老，幼吾幼以及人之幼，此純王之心也。使老者得其養，幼者得其所，此純王之政也。尚慮其未也，則又尊國老而躬事之，優庶老而時養之。風行海流，民陶其化，孰有怠於親而慢於長者哉？虞、夏、商、周之盛王，由是道也。人倫以正，風俗以厚，鰥寡孤獨無不得其養焉。後世禮廢法壞，教化不明，播棄其老，饑寒轉死者往往而是。嗚呼！率是而行，而欲王道之成，猶却行而求及前，抑有甚焉爾。今朝廷清明，政教修舉，方欲稽講墜典，以風天下。明執事欲將明上意，故訪諸生以古之道，俾講求其說，敢不道其所聞，以裨一二哉？

蓋古者擇三公之有年德者，天子以父事之，謂之三老，孤卿之有年德者，天子以兄事之，謂之五更，

河南程氏文集卷第二 四六五

程颢中进士“牛榜”策论考卷

张岱年收藏之程颢（右）、程颐画像

丁忧守制

少年二程在基层同百姓及学者打交道，又广泛研究诸子百家学说，并博采众长，吸收、改造了佛家与道家的心性修养方法，反求儒家经典“六经”。他们用“六经”解剖“利欲”观后发现，虽然作为经济向前发展的动力，“利欲”不断扮演着积极的角色；但“利欲”又是人与人的亲密关系的解体因素，具有负

面作用。于是，二程率先提出了“不是天理，便是私欲。……无人欲即皆天理”的“理欲”观①，即教人“存天理，去人欲”，培养“以理制欲”“以义取利”的价值取向。

后来，朱熹形象地诠释道：“饮食，天理也，山珍海味，人欲也；夫妻，天理也，三妻四妾，人欲也。”② 意在劝人轻视物质欲求，防范个人欲望的过度膨胀，追求高尚的道德境界。

正在二程埋头研究学问之际，母亲侯氏积劳成疾，于宋仁宗皇祐四年(1052) 二月二十八日卒于江宁（今南京），享年 49 岁。朝廷为表彰其懿德，始封寿安县君，后追封上谷郡君。

二程与父亲一道，在江宁为侯氏丁忧守制，即守孝三年（三个年头，实际上为两年一至三个月。正丧期为 25 个月、除服为 27 个月）。其间，程颐奉命草拟忆母文的初稿，后成为《上谷郡君家传》。文中指出：其母侯氏系河东大姓，太原盂县人。五代时，祖父暠以武勇闻名。父道济，举进士，润州（今江苏镇江）丹徒县令，赠尚书比部员外郎。母氏幼年聪悟过人，善女红，好文史，博知古今。与先公相敬如宾。夫人谦顺自牧，小事亦禀而后行。事姑舅以孝谨称，德容之盛，内外亲戚无不敬爱。从叔幼孤，母氏存视，常均己子。治家有法，不严而整。不喜笞扑奴婢，视小臧获如儿女。诸子或加呵责，必戒之曰：贵贱虽殊，人则一也。道路遗弃小儿，屡收养之。好为药饵，以济病者。

母氏生平分娩了十个子女，仅颢、颐二子与两女存活；应昌、天锡、韩奴、蛮奴四男，婆娇、冯儿二女皆幼亡。是故程颢幼年曾用名延寿。在六个孙男中，端悫早夭，端中为英烈、端本被庸医致死，端懿、端辅、端彦及裔孙纷纷南渡或迁东西。然母氏家教甚严，从不掩饰子女过错，常曰：子之所以不肖者，由母蔽其过而父不知也。在夫人调教下，二程饮食衣服无所择，从不恶言骂人。

程颐还忆及母亲早年未卜先知：程颢能登科、程颐落榜的趣闻。文中写道：“颐兄弟幼时，夫人勉之读书，因书线贴上，曰：我惜勤读书儿。又并书二行，曰：殿前及第程延寿。先兄幼时名也。次曰：处士。及先兄登第，颐以不才罢科举，方知夫人知之于童稚中矣。宝藏手泽，使后世子孙知夫人之精鉴。”③

至和三年清明节前，按照迁祖坟程序，程珦率二程先到醴泉（今陕西醴泉）拜谒高祖程俶、曾祖程羽阴宅。再将祖父程希振、父程遹的坟茔迁葬洛阳。

---

① （宋）程颢、程颐：《河南程氏遗书》卷十五，《二程集》，中华书局 1981 年版，第 144 页。

② （宋）朱熹：《朱子语类》，中华书局 1986 年版，第一册第 224 页。

③ （宋）程颐：《上谷郡君家传》，《二程集》，中华书局 1981 年版，第 653—655 页。

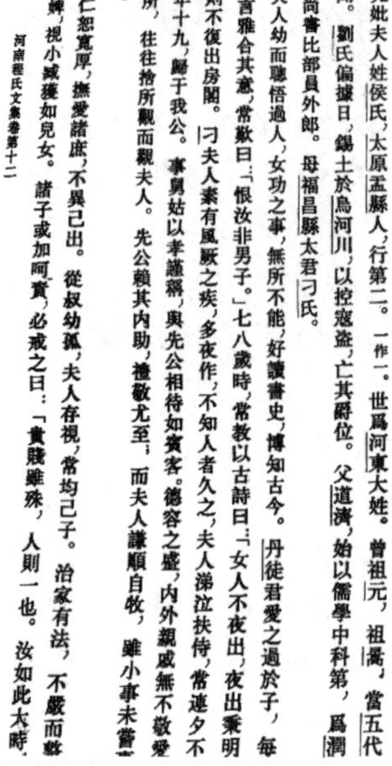

上谷郡君家傳

先妣夫人姓侯氏，太原盂縣人，行第二。一作一。世爲河東大姓。曾祖元，祖暠，當五代武勇聞。劉氏偏據日，鍚土於烏河川，以控寇盗，亡其爵位。父道濟，始以儒學中科第，爲潤令，贈尚書比部員外郎。母福昌縣太君刁氏。

夫人幼而聰悟過人，女功之事，無所不能，好讀書史，博知古今。丹徒君愛之過於子，每之，所言雅合其意，常歎曰：「恨汝非男子。」七八歲時，常教以古詩曰：「女人不夜出，夜出秉明日暮則不復出房閣。

年十九，歸于我公。刁夫人素有風厥之疾，多夜作，不知人者久之，夫人涕泣扶侍，常達夕不事舅姑以孝謹稱，與先公相待如賓客。德容之盛，內外親戚無不敬愛親之所，往往捨所親而親夫人。先公賴其內助，禮敬尤至；而夫人謙順自牧，雖小事未嘗後行。

仁恕寬厚，撫愛諸庶，不異己出。從叔幼孤，夫人存視，常均己子。治家有法，不嚴而整扑奴婢，視小臧獲如兒女。諸子或加呵責，必戒之曰：「貴賤雖殊，人則一也。汝如此大時

河南程氏文集卷第十二

《二程集》载程颐《上谷郡君家传》

二程成名后曾到母亲故地盂县访亲讲学

同时，程家也正式落户洛阳履道坊。因为程国的故地上程聚在洛阳，程氏始祖伯符为程国的始封之君。而履道坊则是隋唐以来，东都洛阳古城的著名里坊，亦称履道里。唐代四朝元老裴度与大诗人白居易，宋代耆宿文彦博等均居住在这一带。

按照国子监太学“以八品以下子弟若庶人之俊异者为之”的规定，二程可进入京师太学读书，并通过国子监解试取得参加省试的资格。所以，迁祖墓仪式之后，二程前往开封，拟参加国子监太学举行的解试。因为开封府与国子监分配的解额（参加省试的名额）相对州府要充裕一些。

那时的科考程序，每年秋季经各州、开封府与国子监考试，按照“解额”指标确定中举人选，参加由尚书省礼部主持的礼部试或南省试，简称省试。次年初春，在京师省试三日，合格者由礼部奏名朝廷，参加殿试①。

游学京师

国子监太学位于开封铁塔下，是宋朝皇室的最高学府，当时由著名教育家、

① （清）池生春、诸星杓：《程子年谱》，清咸丰五年刻本，第五页。

太子中允、天章阁侍讲胡瑗（谥号安定先生）执掌。二程久仰胡瑗这位“开伊洛之先”的学界泰斗，如今终于能前往受学，并与另一太学生吕希哲是邻舍。

有一天，胡瑗在太学开讲时问：颜子所好何学？程颐提笔作答：做学问的目的是为了达到圣人的道德学问境界。接着，胡瑗以《颜子所好何学论》为题让太学生写策论，程颐开篇写道：颜子一生追求研究的，是达到圣人的道德境界！继而强调：圣人是可学而知之的。天地储精，得五行之秀者为人。“五行”即仁、义、礼、智、信。只要做到了这五行，就能进入圣人的境界。君子之学，必先明诸心，知所养。学必尽其心。尽其心，则知其性，反而诚之，圣人也……

胡瑗一口气读完程颐颇有见地阐述心、性、情三者关系的答卷后，惊叹不已，当即约见程颐，并授予其学职。初出茅庐的青年程颐仅仅用一篇短文，就打动了学坛泰斗、皇帝的文学侍从官，而登上了京师国子监太学的讲坛。

经过与太学中的同仁们深入交流后，程颢、程颐兄弟与他们产生了强烈的共鸣，彼此一见如故。吕希哲便邀请二程前往京师相国寺讲学论道。

开封相国寺创建于北齐文宣帝天保六年（555），位于繁华的城市中心。北宋年间，相国寺香火旺盛至极，皇家宗亲与寺院车来车往，同时引起了天下人朝拜的空前盛况。因相国寺是全国的佛教活动中心，也是京城最大的寺院，故称“大相国寺”。

宋太宗至道元年（995），对相国寺大规模扩建，历时长达六年。重建后的相国寺占地达500余亩，辖64个禅、律院，僧众数千人。据从学于胡瑗、状元郑獬，又交谊于程颐的王得臣编纂的《麈史》载，北宋时，相国寺每月庙会多达八次，全国各地客商前往易货者络绎不绝，后廊则是占卜、算卦的摊位。相国寺佛殿后面的资圣门，是文人墨客淘书、讲学之所。李清照与赵明诚还曾在此留下浪漫的故事。

应吕希哲之邀，二程一边逛相国寺资圣门文化市场，一边谈书论道。程颢先生讲学时，纵横捭阖，游刃有余，听者往往有“如坐春风”之感；他待人接物，一团和气；因此慕名而来的求学之士络绎不绝。

刘立之亲眼目睹此情此景，正式拜师于程颢门下，成为程颢生平正式收下的第一个学生。其实，刘立之也是名门之后，其父刘式历任工部员外郎、刑部郎中等高官，与程家是世交。刘式49岁就蒙冤而逝，后追赠为礼部尚书。刘立之自七岁始就寄居于程家，受学于程颢三十年。他不负众望，潜心学问，于大中祥符元年（1008）进士及第，官至宣德郎。后来，二程的小叔父程琉（字季聪）又将长女许配给立之 ①，他们因此亲上加亲。程颐在《先公太中家传》中记述道："刘生卒，其子立之才七岁，公取归教养，今登进士第，为宣德郎矣。"②

刘立之对程颢首次在京师讲学的实况是这样描述的："程颢逾冠，应书京师，声望蔼然，老儒宿学，皆自以为不及，莫不造门愿交。"③

程颐在相国寺登台讲学，则以博学见长，以诚为本。朝中大臣吕公著曾前往观摩，但见程颐言语动作，无不以圣人为师。于是，他带着儿子吕希哲，拜程颐为师。吕希哲成为程颐招收的第一个学生。接着，吕希纯、杨应之等相继师从程颐。

初晤张载

宋太祖立下了"不杀士大夫"的"家法"，此后宋代君主秉承"盛德"礼遇士大夫；士大夫不负皇恩，胸怀天下，"议论"始兴，宋学精神创立，成为中国历史上第二个思想文化繁荣期，其士大夫政治文化超越了汉、唐盛世。

张载的姑母是二程的祖母，程珦曾给二程介绍过自幼"无所不学"的表叔张载。张载（1020—1077）比二程年长十二三岁，字子厚，号横渠。只是二程祖母英年早逝，而两家相隔甚远，此前二程与这位表叔一直未曾谋面。

张载十岁时就随名师学习，表现出不同常人的品格。北宋景祐二年(1035)，张载之父张迪在涪州（今重庆涪陵）知州任上不幸病逝，家道中落，少年张载遂与母亲寄居于长安横渠，故世称"张横渠"或"横渠"。

少年丧父的不幸激发了张载自强不息的精神，21 岁的张载得知大宋西部边境常受到西夏的侵扰后，奋笔疾书，向主持西北防务兼延州（今延安）知州的范仲淹上陈《边议九条》，甚至计划联络陕西精通军略的人士焦寅，组织民团去夺回被西夏侵占的洮西失地，为国立功。

作为北宋杰出政治家、军事家与文学家，范仲淹（989—1052）收到张载的信函后，在延州约见他时，亲笔题赠了一本《中庸》给他，并中肯地告诫他致力于探究儒学。

张载随后通读了《中庸》《周易》，研读了佛、道经典与天文、医学书，并从佛、道的桎梏中走出来，以《易传》为根据建立起自己的哲学体系。弟子吕大临回忆道："先生读其书，虽爱之，犹未以为足也，于是又访诸释老之书，累

---

① （宋）程颐：《叔父朝奉墓志铭》，《二程集》，中华书局 1981 年版，第 656 页。

② （宋）程颐：《先公太中家传》，《二程集》，中华书局 1981 年版，第 651 页。

③《门人朋友叙述并序》，《二程遗书》附录，上海古籍出版社 1992 年版，第 256 页。

年尽究其说，知无所得，反而求之六经。”[1]

范仲淹为防御西夏南侵，组织民工在庆阳府（今甘肃庆阳）城西北修筑大顺城。庆历二年（1042）城池竣工时，范特邀张载撰写《庆州大顺城记》，并勒碑。张载因此颇富文名。

由于张载在关中和百泉书院讲学时创建了关学，标举“为天地立心，为生民立命，为往圣继绝学，为万世开太平”。宰相文彦博（吏部尚书、同中书门下平章事、昭文馆大学士）惜才，特让张载于至和三年（1056）在京师相国寺设帐开馆招收门徒，讲授《周易》。

张载设馆不久，恰逢二程进京赶考，他们表叔侄在相国寺邂逅。进而，他们一起讲学论道，惺惺相惜。尤其是张载听了二程讲《易经》后，惊叹不已。他对听众说：易学之道，吾不如二程。可向他们请教。二程由此在京中名声大振。吕大临在《横渠先生行状》中记述道：“嘉祐初，横渠见二程于京师，共语道学之要，先生涣然自信道：吾道自足，何事旁示！乃尽弃异学……”[2]

这天，张载备家宴欢迎二程北归，席间，二程首先起立敬酒，并请表叔赐教！

不过，张载借助于象数解读《周易》，二程不敢苟同，认为应以义理解《周易》。同时提出释《易》要依据《论语》《孟子》等经典，这样“六经”就融会贯通了[3]。

程颢和张载中进士后待诏期间，常在相国寺里面谈经论《周易》，从至和三年（1056）到熙宁三年（1070）十几年，张载的思想初步形成。所以，吕大临如是说：张载与二程论《易》后“尽弃异学”。而程颐则客观地指出，表叔论《易》，与我们兄弟有异同之处，并非学于我们[4]。

二程进京赶考的目标，首先是冲击解试。因为宋代实行解试、省试、殿试三级科考制，解试包括州试（乡试）、转运司试（漕试）、国子监试（太学试）等，而太学可单独举行解试，以确定参加省试资格，连考三日，逐场淘汰。

在改元嘉祐前夕，宋仁宗任命主张科举改革的欧阳修为贡举主考官。欧阳修提倡文道并举的平实文风，摒弃注重词章华丽、内容空洞的“太学体”文风；秉持务实的取士理念，对擅长“太学体”的国子监的解额减半。

---

① 吕大临：《横渠先生行状》，《张载集》附，中华书局1978年版，第381页。

② （宋）张载：《张载集》，中华书局1978年版，第381—382页。

③ （宋）程颢：《河南程氏粹言》卷一《论书篇》，《二程集》，中华书局1981年版，第1204页。

④ （宋）程颐：《程氏外书》卷十一，《二程集》，中华书局1981年版，第414、415页。

至和三年（1056）七月十三日，朝廷任命沈遘一行负责国子监解试，宋敏求领衔开封府解试考官，考场分设于开封开宝寺与景德寺。二程于开宝寺参加国子监试（又称“别头试”）。

裴高才寻访开封大相国寺

兴国寺今貌

结果，程颢在“别头试”中脱颖而出，林希为“别头试”第一。由于国子监解额减半，程颐落第而无缘省试。苏轼、苏辙兄弟在开封府参加解试并高中；袁毂夺得开封府试第一，苏轼名列第二。太学体的代表人物刘几也进入省试。

嘉祐元年（1056）秋，宋仁宗按照惯例会见了即将成为天子门生的新科举子，即开封府“群见”礼仪。程颢与苏轼等新科举人一同参加了晋见。林希作为解试头名，写下《开封府群见致辞》。

嘉祐二年（1057）正月初六，翰林学士欧阳修受命担任尚书省礼部的贡举主考官。欧阳修（1007—1072）是北宋著名政治家、思想家，也是宋代文学史上的领袖，后位列唐宋八大家，又与韩愈、柳宗元、苏轼并称“千古文章四大家”；副主考官王珪、梅挚与韩绛，也是文坛名家。阅卷长官则是宋诗开山梅尧臣（1002—1060），他曾主持编撰《新唐书》，为《孙子兵法》作注。

省试与殿试的考试内容为试诗赋、论各一首，策五道，帖《论语》十帖，对《春秋》《礼记》墨义十条。

诗论“圣政”

程颢参加省试是嘉祐二年（1057）春节过后的正月。正月初七，主考官欧阳修率王珪、梅挚、韩绛、范镇和梅尧臣等，一同住进考场，实施“锁院”与外界隔绝。欧阳修宣布：此次省试褒扬言之有物、论之成理文风，排抑华而不实、艰涩险怪的“太学体”文章。同时取消逐场淘汰制，以考完四场的总成绩取士。考官们在里面出题、引试、阅卷与确定录取名次等，直到五十天后放榜，方解禁出院。

省试的第一场作诗、赋各一篇，考查应试者的文学才情与审美能力；第二场作论一篇，以考查其学识与见解；第三场作策五道，类似于今天高考的材料作文，意在测试考生对于经典、史事与时务的见解，篇幅可千字以内，亦可洋洋万言，无特殊要求；第四场考帖经、墨义，类似于今天的填空题、默写与名词解释，考查学生对经典义理的理解与阐释。

程颢参加省试的答卷《南庙试佚道使民赋》《南庙试九叙惟歌论》《南庙试策五道》① 等奇迹般保存至今，从中可窥见其学识、思想与心路历程。

第一场是吟咏诗、赋各一篇。程颢通过审题《试佚道使民赋》得知，标题出孟子《孟子．尽心上》之“以佚道使民，虽劳不怨”名言，这里的“佚道”即“王道”，就是行仁政。意即要写一篇围绕孟子的“仁政”思想，又讲究押韵的赋文。他稍思片刻后，充分发挥自己长于说理的特长，开门见山，从“圣政”（即“仁政”）与民情的关系，着重论述为什么行仁政老百姓高兴的问题，言简意赅，并未采用借景抒情或对当朝仁政歌功颂德的俗套写法。

在第一段，程颢根据自己长期生活在基层的亲身感受，阐发其对“民得终佚，劳固无怨”的洞见。指出普通民众的真实性情，就是关心自己的切身利益；施行圣政，就是让老百姓通过勤奋劳动来实现和满足自己的利益。“不夺其时，导以厚生之利；将求其欲，岂闻力穑之逃。”换言之，实施仁政，首要的是从民情出发，让百姓能够得到实惠。正所谓：“人情莫不乐利，圣政为能使民：以佚道而敦敕俾，当时之服循。教本于农，虽极勤劳之事，功收于后，自无怨讟之因。”

在第二段，程颢罗列了百姓劳而无获与劳而有利的正反两种情况，强调把社会上的闲散劳动力有效地组织起来，让他们从事农业生产劳动，就可生产出丰盈的粮食和布帛。这种因势利导的政策，就是完美的仁政措施。他写道：“厥

① （宋）程颢、程颐：《二程集》，中华书局 1981 年版，第 462—471 页。

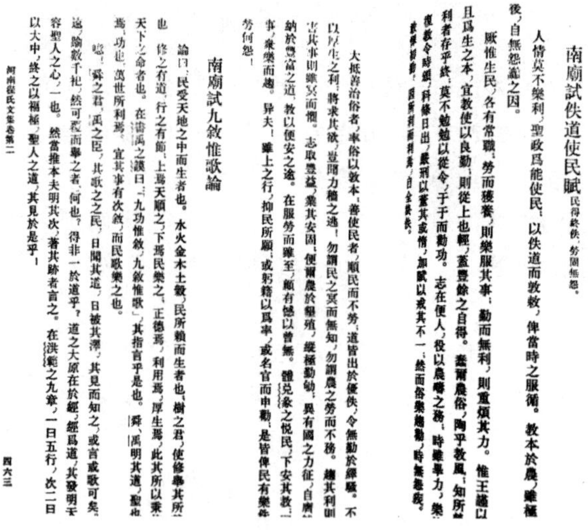
南廟試佚道使民賦 民得終佚，勞罔無怨。
人情莫不樂利，聖政爲能使民。以佚道而教敕，俾當時之服循。教本於農，雖福
後，自無怨讟之因。
厥惟生民，各有常職。勞而獲養，則樂服其事；勤而無利，則重煩其力。惟王謹以
且爲生之本，宜教使以良勤，則從上也輕，蓋豐餘之自得。蓋爾農俗，陶乎教風，知所
利者存乎終，莫不勉勉以從令，于于而勸功。志在使人，役以農時之務；時雖舉力，樂
復教令時頒，科條日出，嚴刑以畫其惰，加賦以求其不一；然而俗樂趨勸，時無怨疲。
衰釋朝勤，固所利而存矣，自全其長。
大抵善治俗者，率俗以敦本；善使民者，順民而不勞；道皆出於優佚，令無勤於繹騷。不
以厚生之利，將求其欲，豈聞力穡之逃！勿謂民之冥而無知，勿謂農之勞而不務。趣其利則
害其事則雖冥而惕。志取豐益，樂其安固，使爾農於墾殖，緩極勤劬；與有國之力征，自廥
納於豐富之道，教以便安之途。在服勞而雖至，顧有憾以曾無。體兌象之悅民，下安其教；
事，衆樂而趨。异夫！雖上之行，抑民所願，或躬耤以爲率，或名官而申勸，是皆俾民有樂佚
勞何怨！

南廟試九敘惟歌論
論曰：民受天地之中而生者也。水火金木土穀，民所賴而生者也，樹之君，使修舉其所
也。修之有道，行之有節，上爲天順之，下爲民樂之。正德焉，利用焉，厚生焉，此其所以秉
天下之命者也。在書禹之謨曰：「九功惟敘，九敘惟歌」，其指言乎是也。舜、禹明其道，聖
焉，功也，萬世所利焉。宜其事有次敘，而民歌樂之也。
噫！舜之君，禹之臣，其歌之之民，日聞其道，日被其澤，其見而知之，或言或歌可矣。
遠，踰數千祀，然可覆而舉之者，何也？得非一於道乎？道之大原在於經，經爲道，其發明
容聖人之心，一也。然當推本夫明其次，著其跡者言之。在洪範之九章，一曰五行，次二曰
以大中，終之以福極，聖人之道，其見於是乎！
河南程氏文集卷第二　　四六三

程颢省试诗赋、歌论考卷

惟生民，各有常职，劳而获养，则乐服其事，勤而无利，则重烦其力。惟王谨以政令，驱之稼穑。且为生之本、宜教使以良勤，则从上也轻，盖丰余之自得。"①

他在第三段指出，善于治国者大都以农业为治国之本；即善于引导百姓顺应农时，不折腾百姓、劳民伤财，进而让百姓过上安逸舒适的生活。正所谓："大抵善治俗者，率俗以敦本；善使民者，顺民而不劳；道皆出于优佚，令无勤于绎骚。"②

全文仅用 480 个字，围绕民、劳、勤、利、善、治，环环相扣，层层剥脱，阐发圣政为什么会赢得民心的因果；结尾用"是皆俾民有乐佚之道焉，虽劳何怨"，前后呼应。通篇句式工整，押韵合理，逻辑严密，说理透彻，无懈可击。

这篇赋文表明，程颢对《孟子》仁政思想已经心领神会了，他概括性地回答了什么是仁政、怎样施行仁政，百姓缘何欢迎仁政等问题，阐发了自己独到的见解。

省试的"南庙试"属于别头省试，程颢与"别头试"第一名林希的同题赋文《佚道使民赋》，各具特色，相得益彰。另一"别头试"考场的曾巩、苏轼、苏辙诸人的考题，与程颢均不同。二苏的赋题是《通其变而使民不倦》，苏轼的

① （宋）程颢：《南庙试佚道使民赋》，《二程集》，中华书局 1981 年版，第 462 页。

② （宋）程颢：《南庙试佚道使民赋》，《二程集》，中华书局 1981 年版，第 462 页。

这篇一度被考官判定为“不合格”的赋文，也流传至今。

第二场考试的试题是《九叙惟歌论》，程颢从《尚书·大禹谟》“九功惟叙，九叙惟歌”到刘勰《文心雕龙》之《原道》名句，讴歌大禹治水的“业峻鸿绩，九序惟歌，勋德弥缛”，阐发“天顺”与“民乐”的关系。这也是他后来从政一直以“民情”“民乐”为本，常将“视民如伤”作为自己为官座右铭的前缘。

首先，他用了145个字破题，阐释“九叙惟歌”要义：德政。“九叙”的“九”指“九功”，即“六府三事”；“叙”为次序。“六府”即水、火、金、木、土五行与五谷；“三事”指正德、利用与厚生。他写道：“民受天地之中而生者也，水火金木土谷，民所赖而生者也；树之君，使修举其所赖而养之者也。修之有道，行之有节，上焉天顺之，下焉民乐之，正德焉，利用焉，厚生焉，此其所以秉统持正而制天下之命者也。”①

接着，通过引经据典，他着重阐发“圣人之道”与“九功”的内涵，进而回答为什么要歌颂“圣人之道”，结语是：“教之以德，节之以政。”换言之，教化百姓、施行德政，就是治理国家的“圣人之道”。

而另一考场流传下来的苏轼、苏辙和曾巩的论题是《刑赏忠厚之至论》。

“牛榜”进士

第三场所考策论五道，考查考生对朝政的论说水平，尤其是事关时务的对策，以“问”与“对”的形式，向朝廷献计献策。《试策五道》的第一道材料题考的是《礼记》的内容，“问”的是夏商周时期国家怎样施行“养老之礼”，诸如，养的有谁？养在何处？穿什么衣服？享受什么礼仪？一年有几次？题目是：“《礼》曰：凡养老，五帝宪，三王有乞言。厚人伦之义也。是以鳏寡孤独皆有养。后世则不然，教化之不明，衣食之不足，黎民老而不得其养，饥寒转死于沟壑者，往往而是。今将考古养老之礼而行之，惟帝尧而上，不可闻已，虞、夏、商、周之时，其所养何老？所处何学？所衣何服？所食何礼？一岁凡几行之？宜诵所闻，悉著于篇。”

程颢既回答了夏商周养老制度的知识性问题，又提出了自己的看法：老吾老以及人之老，幼吾幼以及人之幼，此纯王之心。认为当下应该效法“纯王之政”，即仁政，建立健全社会养老制度，使老有所养，儿童有学可上②。

策论第二道题考的是《春秋》，“问”道：唐朝陆淳师从啖助、赵匡学习

---

①（宋）程颢：《南庙试佚道使民赋》，《二程集》，中华书局1981年版，第463页。

②（宋）程颢、程颐：《二程集》，中华书局1981年版，第465页。

《春秋》，简单列举几条他们“新春秋学”的得失。

“对”答时，程颢援引孔孟名言，阐发其“攘异端，开正途，功亦大矣”“要其归，以圣人之道公，不以已得他见而立异，故其所造也远，而所得也深”等要点。意即陆淳、啖助、赵匡三人，依据圣人的思想阐释大公，不拿自己的见解标新立异，因此他们的研究境界高、旨趣远，为研究儒家经典开辟了一条“义理”新路。又说，孔子的经典《春秋》与王道息息相关。他答道：“《春秋》何为而作哉？其王道之不行乎？孟子有言曰：‘春秋，天子之事’是也……”①

策论第三道题是应用题，直接问政考生，考察其治国能力，要求考生借古鉴今，为当朝的官府机构体制改革提出对策。考题提供了关于国家政治制度，即官府机构设置内容的一段文字材料后，提问：“官之有属，犹身之有臂，臂之有指也。自建官以来，未有无属焉者也。举今之官，则治其小者有属，治其大者无属。……请悉陈前古治大有属之法，可施于今者，皆何名？何选？何职？古何以有？而今何以无？古何以可？而今何以不可？详之于说，以究当今之便。”

程颢答道：治天下就像盖房子，大的架构需要栋梁，还需要檩条和椽子做辅助。朝廷机构的设置亦然，三公、诸侯、郡府设置官吏才能执行政事。当今郡县官府机构健全，但事关国土安全的边疆重镇，反倒机构设置简单。针对这种大小、轻重的颠倒的现状，他着重提出了对于政府机构有必要进行改革的主张。

策论第四道题也是一道应用题，直接问考生国家经济问题，考题通过列举国家开支大、收入少、农业不景气等问题，要求考生提出对策，问：“今欲使财无匮，农无困，文无密，以拯斯民之残，敢问何策之为先？何修而后？可勿陈勿泛，以直所论。”

面对北宋王朝面临的重大难题，程颢通过援引东晋史学家干宝《晋纪·总论》之“夫天下，大器也；群生，重畜也”名句，重点阐发了“群生重畜”、兴利除弊的经世济时之策。文中说：“夫水利之兴，屯田之制，府兵之复，义仓之设，皆济时之大利。顾缙绅议之熟矣，惟不以为旧说之迂而忽之，则财以丰，食以足，货利可宽，文法可损矣。虽旱干水溢之变，系乎岁数之常，亦吾有备焉尔。”②

策论第五道题考的是治国效率问题。问道：孔子当年说“苟有用我者，三年有成”，又曰“善人为邦百年”，而圣明君王二十几年就能治理好国家。圣人、

① （宋）程颢、程颐：《二程集》，中华书局1981年版，第466页。

② （宋）程颢、程颐：《二程集》，中华书局1981年版，第469—470页。

善人、王者三种人为什么治国效率不同？要求考生以史实为依据，对三者治国的效率进行实证分析。

程颢答道：圣人是天才，治国从不得过且过，必然会立竿见影，三年大见成效。善人治国之所以百年见效，是因为善人没有掌握圣人之道，故效率不高。王者掌握了圣人之道，因需要慢慢教化百姓，诸如从周文王、武王、成王、周公制礼作乐，到天下大治需要一定时间，因此他们治国比圣人慢，但比善人快。他还援引《孟子》论述圣人治国与王道仁政，其要点如下：

圣人之道，无所苟而已矣。以圣人之才，施于天下，其易矣，犹必曰三年而有成也。……

夫王者之仁，其道可见矣，复请以前代已然之迹而明之。孟子曰：“小国七年，大国五年，可为政于天下。”此圣人之效也。……而周公作礼乐焉，此必世后仁之效乎①！

从以上三份答卷不难看出，程颢以其丰富的学识，以儒家经典为据，联系北宋现实，直抒胸臆，其学术思想初露端倪。诸如《佚道使民赋》中对圣政的论述，《九叙惟歌论》中对“圣人之道”的分析，《策五道》中对“纯王之政”“圣作之蕴”“圣人之才”的分析，始终贯穿着探寻“圣人之道”的理想。而《佚道使民赋》中的“蠢尔农俗，陶乎教风”，《九叙惟歌论》中的“教之以德，节之以政”，《策五道》中的“盖礼乐者，虽上所以教民也，然其原则本于民，而成于上尔”等观点，都显现出他对教化的重视，这也是他创建天理学说的动因。

程颢与所有考生答卷完成后，先由弥封人员将考生的姓名、籍贯等密封起来，再由誊录员将每份试卷内容如实誊录，然后将誊录的试卷交考官评阅。考官评卷时，对考生的姓名、籍贯、字迹等无从知晓。这就是宋代为杜绝徇私舞弊，确保考生公平竞争，建立的糊名（又称“弥封”或“封弥”）和誊录制度。

经过激烈竞争，程颢在春闱中脱颖而出。参加另场省试的苏轼、苏辙和曾巩等也进入殿试，只是他们的五策试题为《禹之所以通水之法》《修废官举逸民》《天子六军之制》《休兵久矣而国用益困》与《关陇游民私铸钱与江淮漕卒为盗之由》等。刘几因其太学体诗“天地轧，万物茁，圣人发……”而被黜落。

阳春三月初五，程颢一行参加了宋仁宗在崇政殿主持的廷试。仁宗钦定的三道考题为诗题《鸾刀诗》、赋题《民监赋》与论题《重巽命论》，仁宗是临时将大臣事先拟定的诗题《民监》改作赋题的。

---

①（宋）程颢、程颐：《二程集》，中华书局1981年版，第471页。

本来，宋初殿试实行淘汰制，但宋仁宗于嘉祐二年宣布：殿试原则上不再淘汰考生（个别特例除外），所以这一年参加殿试的388名进士科举人全部被录取。程颢连捷解试、省试与廷试，摘取了进士功名。

殿试录取的进士分为五甲三等：第一、二甲赐进士及第，其中第一甲又分三名：第一名为状元，第二名为榜眼，第三名为探花；第三、第四甲赐进士出身，第五甲赐同进士出身。嘉祐二年章衡夺得状元（其叔父章惇是同科进士）；窦卞为榜眼；罗恺被点探花。第四、五名分别是郑雍、朱初平。程颢、张载与苏轼等同为第四甲。

“二三十年间多为名卿才大夫。”在388名新科进士中，后来走出了程颢与张载、苏轼、苏辙、朱光庭、吕大钧、曾巩、曾布、吕惠卿、章惇、王韶等一批享誉古今的文星武将。这年进士榜因此被誉为“千年科举第一榜”或“廷试最牛榜”。他们对后世的文学、思想、政治乃至军事都产生了深远影响，也是他们将北宋文化的繁荣推向了巅峰。

诗文改革难免出现阵痛。进士放榜后，那些年轻气盛的太学体落第士子们，将心中的所有怨气一齐发泄到主考官欧阳修身上。他们竟然对上朝途中的欧阳修群起而攻之，有人甚至写了《祭欧阳修文》扔进欧阳家……欧阳修泰然处之，坚持自己的改革理念，终使“场屋之习，从是遂变”。

“时体为之一变，欧阳之功也。”（沈括《梦溪笔谈》）阵痛过后，欧阳修倡行的文道并举的诗文改革扭转了多年的积弊，令北宋的文风与政风一新。曾在省试中黜落的太学举人刘几，痛定思痛后洗心革面，改名刘煇，两年后闯入殿试。阅卷官欧阳修看到其赋“静以延年，独高五帝之寿；动而有勇，形为四凶之诛”，颇为欣慰，力荐之，刘被点为状元，传为佳话。

这一年的同科进士，最引人注目的并非状元，而是众多杰出的进士，其中包括唐宋八大家中的苏轼、苏辙、曾巩，三位著名哲学家程颢、张载、朱光庭，以及后来成为朝廷重臣的王韶、郑雍、梁焘、吕惠卿、苏辙、林希、曾布、张璪、章惇等九人。进士中的24位后来被载入《宋史·列传》，包括程颢、张载、苏轼、苏辙、章衡、章惇、朱光庭、窦卞、罗恺、邓考甫、王回、王韶、王无咎、吕惠卿、刘库、刘元瑜、郑雍、林希、梁焘、曾巩、曾布、蒋之奇、杨汲、张璪等，被誉为“千佛名经”中的传奇人物。

八、识仁定性

二程与表叔张载在京师邂逅，从此莫逆于心。二十多年间，他们利用多种形式交流学术心得，彼此的代表作《定性书》《西铭》，就是他们谈经论道的结晶。

著名诗人绿原题裴高才著《程颢程颐传》

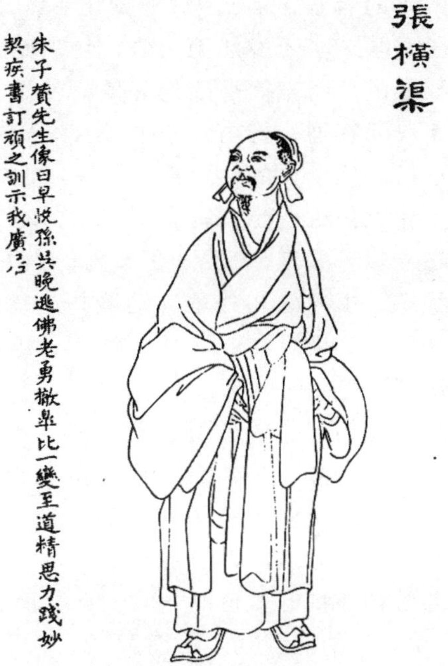

关学创始人张载之朱子赞画像

纵论“定性”

北宋的选官制度基本上沿袭了唐代，面试录用官员概括起来大抵有四条标准，称为“身、言、书、判”等“四才”。《新唐书·选举志》诠释“四才”云：身，体貌丰伟；言，言辞辩证；书，楷法遒美；判，文理优长。四才皆可取，则先德行。

程颢中进士后，于嘉祐三年（1058）外放到陕西路（永兴军路）京兆府鄠县（今陕西省西安市鄠邑区）任主簿，相当于现在的副县长。

鄠县是程颢从政的起点，也是他的哲学思想初步形成期。他的第一部理学代表作《定性书》或《定性篇》就在这里问世，奠定了其理学基础。

上任未几，程颢收到了正在祁州（今河北安国）任司法参军的表叔张载的一封信，提出了“定性”这一儒学的境界问题，认为“定性”必须与“外物”隔绝，否则就会因外来因素干扰而不得不“动”。

张载与程颢虽是同科进士，但张载是长辈，所以，程颢在回信中首先表达礼敬之意：“承教，谕以定性，这是贤者考虑之事，小子安敢造次！”

表叔既然提出了问题，程颢又必须回答。所以，他情理交融地以540字阐发自己的不同看法，指出：“所谓定者，动亦定，静亦定，无将迎，无内外。……故君子之学，莫若廓然而大公，物来而顺应……”①

程颢的这封言简意赅的复信，就是一篇哲学论文。他提出“定者，动亦定，静亦定；无将迎，无内外”的论点，是全文的总纲，阐发了他对“性”这个概念的理解。他所说的“定性”就是“定心”，或者说“不动心”是关键，下文就对这个论点作进一步解释。

在一般人看来，“性”在心内，“物”在心外。“性”有“运动”和“静止”两种状态。由内心和外境，动境与定境的“二分”法，自然就有了自我和他人之分，也就产生了私心。程颢认为，这样一来人们本有的智慧就会被遮蔽，故不能适“道”——“天理”。

此时此刻，程颢想到了庄子把“圣人”的心比作镜子，有什么东西，便照出什么样的影像……他就用庄子的“无将迎”来对“定”进行概括性描述。换言之，程颢形象地用镜子来比喻“性”的作用。性与镜的共同点就在于，照物的功能永远不会消失，恒定在那里，只是外物来来往往，动静变化而已，并且，镜像会随着外物的变化而一同变化，而镜子仍然保持不变，即“不住”。这样一来，“动静”的问题就迎刃而解了。

那么“内外之分”又如何解释呢？程颢进一步阐发道，如果把“性”作为“内”，“物”作为“外”，那么外物诱惑来了，你的心念随着外物一起游走，好比见到美女，你没有“定律”，就会想入非非，此时的状态便容易被理解为“性”刚刚还在心内，现在又跑到外面去了。

如果“性跑到外面去了”，那么此时心内就没有“性”了吗？正因为没有理解“性不分内外”，所以会采取隔绝的手段来修行，比如说退隐山林与鸟兽为伍，以达到“性”持久地留在心内的目的。有人采取静坐入定的方式，似乎能够做到，但那也是短暂的，人不可能不迎事接物。一遇事便乱，如何说是

① （宋）程颢：《答横渠张子厚先生书》，《二程集》，中华书局1981年版，第460页。

“定”呢①?

程颢形象生动地明确表达了对“定”的看法，有动静、将迎、内外这三种情况的任何一种，都不能称之为“定”。既然认为“性”是定的，那么就不要采取隔绝或逃避的方法。

在程颢看来，张载之困惑，在于如何摆脱物欲“外物”的干扰，最后达到“性”之“定”。“定”之所以能定，不在于强制本心，也不在于驱逐外诱，只要随顺天理，则“时行则行，时止则止”，无分于内外动静而无所不定。而要达到这一境界，关键在于能否实现“廓然而大公，物来而顺应”之功夫。

如果能“廓然大公”，便没有内外、动静之分，动也是定，静也是定，犹如镜子一样。这也就是王阳明所讲的“此心不动，随机而动”。这个时候的心犹如大圆镜，不将不迎，物来则应，物去不留。概括起来，程颢的“定性”揭示了三个秘诀。

首先，廓然大公，视天地万物为一体。廓然，典出《礼记·檀弓上》：“练而慨然，祥而廓然。”司马光在《送伊阙王大夫歌》亦云：“拨去虹霓汛扫氛浊矣，廓然乃得睹夫朝曦。”刘向的《说苑·君道》：“廓然远见，踔然独立。”清朝乾隆皇帝亲笔为圆明园御制《廓然大公》诗，即圆明园四十景诗之第三十七首，诗眼即提到“程夫子”之“廓然大公”。诗云：

有山不让土，故得高巇巇。
有河不择流，故得宽弥弥。
是之谓大公，而我以名此。
偶值清晏间，凭眺诚乐只。
识得圣人心，闻诸程夫子。②

其次，喜怒不系于心，当喜则喜，当怒则怒；效法“圣人之常，以其情顺万物而无情”。

再次，向天地学习，情顺万物。即“夫天地之常，以其心普万物而无心”。

程颢与张载探讨“定性”的这封信，与《识仁篇》成为程颢理学“双璧”。这一“定性”理论，继承和发展了孟子的“不动心”思想，也吸取了佛、道二教的心理修养经验。换言之，只有做到“内外两忘”③，超越自我，才能使内心始终保持安宁与平静，不受外部事物的干扰。

---

① (宋) 程颢：《答横渠张子厚先生书》，《二程集》，中华书局1981年版，第460页。

② (清) 弘历：《圆明园四十景诗其三十七 廓然大公》，《清高宗御制诗集》二集卷五十七，文渊阁《四库全书》电子版。

③ (宋) 程颢：《答横渠张子厚先生书》，《二程集》，中华书局1981年版，第460页。

圆明园之廓然大公画

同时，《定性书》问世前后，程颢确然已归宗于儒家的价值观，已经进入“返诸六经而后得之”的时期。因这一阶段也是他刚刚出入释、老而返诸六经不久，所以《定性书》也用佛、老之语。

在整个宋明道学运动中，《定性书》享有崇高地位。《宋元学案》云："明道功夫醇熟，于《定性书》可见其造诣之深。宋明学者，论定性功夫，多本此篇。"章太炎在《检论·通程》中也认为，明道之学，是以《定性书》为主。

程朱理学列为官方哲学后，官吏们对二程顶礼膜拜，奉为宗师。身为明嘉靖年间太宰，胡松（号柏泉）曾亲自在京师向全国五千余名文武官员讲解《定性书》，他分四个层次解读天地、圣人、君子与吾人的“定性”。

不可否认，程颢曾有过非难诗艺的言论，但其诗作却表现出超凡脱俗之意象。他做梦也没想到，自己吟咏的《春日偶成》竟然成为千古绝唱，被收入蒙学教材《千家诗》卷首而走进千家万户。诗云：

云淡风轻近午天，傍花随柳过前川。
时人不识余心乐，将谓偷闲学少年。

这是一首从生生之机中体味“天理流行”之乐的诗，是一首反映其“生”的哲学及理学之游戏精神的诗。乍一看，这首诗是通过描写淡云、轻风、红花、绿柳加上近午的日光、长流的河水，来抒发春日郊游的愉快心情。其实，诗中蕴含着陶然若醉，进入“孔颜之乐”的崇高境界。

主簿鄠县期间，程颢吟咏的《游鄠县山诗十二首》反映其归宗于儒家的过

裴高才摘录程颢《秋日偶成》诗句

程。从《游紫阁山》中的“吏纷难久驻，回首羡渔樵”，还能看到佛、老的思想印迹，而在《下山偶成》中的“不是吾儒本经济，等闲争肯出山来”①，已准确无误地传达“吾儒”的使命在于经邦济世，而不能以出世来逃避责任。

“洛关”互动

按照北宋新科进士及第释褐授官之制，程颢、张载等可直接授官。据《宋会要辑稿选举》之《进士科》载，第四甲进士可授“判司主簿尉”衔。因司法参军职须有仕宦经历、有政绩等，因此有过仕宦经历的张载于嘉祐二年（1057）被任命为祁州（今河北安国）司法参军。而初出茅庐、无仕宦经历的程颢，在嘉祐二年（1058）才主簿鄠县。

鄠县是古都长安故地，又是程颢的祖母娘家，加之与表叔张载之间有着密切的交往和深厚的情谊，他们便通过书信就“定性”的问题进行了深入的交流。这一书信往来，继他们在开封的面对面交流之后，成为了他们学术探讨的第二阶段。

十年后的熙宁二年（1069）二月，王安石领衔设置三司条例司，推行变法，程颢与苏辙于次月为属官；八月，程颢作为监察御史，多次上书提出变革须以“尚德”为本②。

① （宋）程颢、程颐：《二程集》，中华书局1981年版，第476页。

② （宋）程颢、程颐：《二程集》，中华书局1981年版，第450页。

同年冬，经程颢联袂吕公著举荐，张载被召入朝任崇文院校书[①]，总管昭文馆、史馆、集贤院等。同时，张载之弟张戬也任监察御史，与程颢同事。他们叔侄因此在京师再次议政、论学。

程颐曾说，张载、张戬与程颢同在京师“相见且请熟议”[②]。三人讨论道学中的相关问题，热议“王安石变法”。

性格刚直的张戬秉承监察御史职责，屡次上书反对王安石变法，还在朝堂上与之针锋相对。结果遭到王安石的残酷打击，先后被贬为江陵公安县令、夏县转运使等。

由于弟弟遭受无情打压，张载也于熙宁三年（1070）主动辞官归里。随着张载返回横渠从事教学和著述，他与程颢之间的学术交流也步入了新的阶段——通过书信进行深入的讨论和交流。

程颐侍父治汉州（今四川省广汉市）之余，也经常与张载鸿雁传书讨论学术问题。程颐先后作《答横渠先生书》《再答书》，既肯定了张载严谨的治学态度，也指出了他们在修养论问题上的差异。

回到横渠，张载开始著《正蒙》。《西铭》是张载的另一哲学代表作，后来二程门人的入门功夫就是先读《西铭》。二程认为，《西铭》是《孟子》以后一部划时代力作。程颢说，他早就懂得《西铭》所阐发的道理，就是没有如此雄健的笔力。

其实，《西铭》并非原作本名，而是程颐见张载将所撰《砭愚》和《订顽》分别悬挂于书房的东、西两牖作为自己的座右铭，于是他建议将《砭愚》《订顽》改称《东铭》《西铭》，被采纳。《西铭》宣扬儒家的“仁孝”思想，受到二程和朱熹的推崇。程颐说：“孟子之后，只有《原道》一篇……若《西铭》则是《原道》之宗祖也。”[③] 程颢评价道：

> 《西铭》之为书，推理以存义，扩前圣所未发，与孟子性善养气之论同功。[④]

张载的大多数作品都亡佚了。他熙宁九年（1076）完成代表作《正蒙》，次年入京时将其传授给京师的高足范育[⑤]。范育，字巽之，中进士后历任泾阳县令、崇文校书、监察御史等。

---

① （宋）程颢、程颐：《二程集》，中华书局1981年版，第456页。

② （宋）张载：《张载集》，中华书局1978年版，第596页。

③ （明）黄宗羲、全祖望：《宋元学案》，中华书局1986年版，第771页。

④ 张岱年：《孔子百科辞典》，上海辞书出版社2010年版，第592页。

⑤ （宋）张载：《张载集》，中华书局1978年版，第4页。

二程与张载的第四阶段交流在熙宁十年（1077）。这年三月，经吕大防再次举荐，张载重返京师出任礼官。他需要国家这样一个平台来实现自己的政治主张①。岂料，张载此次就任太常礼官期间，为恢复礼教作出的种种努力，均是自讨没趣。他为此于当年七月再次提出辞职，决意归邑潜心研学与授学。其门人吕大临在《横渠先生行状》中所说“知道之难行”既是说他抱病归途一路难行，更是感叹他推行礼教之道的艰困。当年，孔夫子践行其道，迷路如丧家犬；屈子上下求索，最终投江殉道……而张载此次履职痛心疾首的是教化之道渐远，自己孤掌难鸣！

熙宁十年秋冬间，张载“引疾而归”路过洛阳时，再次与二程讨论哲学与时政，这也是他们最后一次当面切磋学问。张载弟子苏季明详细记录，编成《洛阳议论》一书。此书因朱熹极力推崇，编入《二程遗书》后风行于世。

“洛阳议论”主要讨论“穷理尽性以至于命”的问题。张载通过注解《论语》的“三十而立”章对“穷理尽性以至于命”有所分析，强调为学工夫的阶段性，既注重外在的穷理，又重视内在的尽性，二程则认为不需要那么多的曲折。

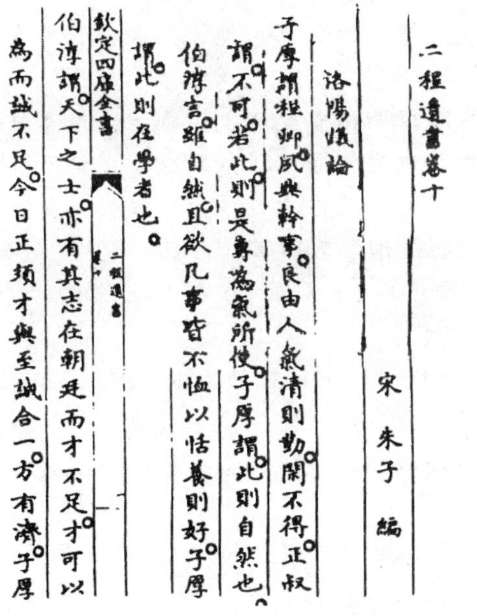
二程遺書卷十
洛陽議論　宋　朱子　編
子厚謂程卿夙興幹事良由人氣清則勤閑不得正叔謂不可若此則是專為氣所使子厚謂此則自然也伯淳言雖自然且欲凡事皆不恤以恬養則好子厚謂此則在學者也
欽定四庫全書　二程遺書
伯淳謂天下之士亦有其志在朝廷而才不足才可以為而誠不足今日正須才與至誠合一方有濟子厚

《二程遗书》卷十载二程与张载“洛阳议论”

赵孟頫书张载《西铭》

① 吕大临：《横渠先生行状》，《张载集》附录，中华书局 1978 年版，第 383 页。

二程对“三十而立”章解释道，从四十岁开始彻底明了善的根源，五十的时候通过自思反省而知道天命，六十的时候达到不思而得的境界，七十的时候一切可以随顺自然。也就是说，一旦豁然贯通，则众物之表里精粗无不了解。指出：

十有五而志于学，三十而立，四十而不惑，明善之彻矣。圣人不言诚之一节者，言不惑则自诚矣。五十而知天命，思而知之也。六十而耳顺，耳者在人之最末者也。至耳而顺，则是不思而得也，然犹滞于迹焉。至于七十从心所欲不逾矩，则圣人之道终矣。此教之序也。①

张载临别时表示，他回到横渠后，将继续传道与著述。二程希望他保重身体，来日他们再与表叔一同论道。

文祭子厚

告别二程后，心力交瘁的张载继续西行归里。熙宁十年（1077）十一月十七日傍晚，他与外甥行至临潼下榻馆舍后，因旅途劳顿便早早入睡。孰知，急火攻心的张载当夜就永远睡过去了，享年 58 岁。

惊悉表叔张载病逝于临潼，二程的心情十分悲痛，他们与表叔二十多年倾心沥胆的交流交往，仿佛就发生在昨天。

二程不会忘记，他们与表叔的学术观点有诸多交集，二程十分推崇张载的道德学说，他们的教育思想、民本思想等也是相通的。张载继承了儒家孔孟的说教，就道德修养问题发挥唯心主义的尽心、成性立论，为理学教育奠定了基石。现存的《经学理窟》就是张载的重要的理学教育著作，其《周礼》《诗书》《宗法》《礼乐》《气质》《义理》《学大原上》《学大原下》等十三篇收入《张载集》传世。当然，他们有些观点也不尽相同。

同时，二程也关注张载与弟子一直倡行“以躬行礼教为本”的理念与实践。从张载到吕大忠、吕大钧、吕大临、范育、苏炳，皆先“正礼文”“学古道”，以期一则变化气质，修己成德，二则礼渐成俗，风化社会，最终达到经世治国之目的。

在重礼化俗方面，陕西蓝田吕氏制定并推行的《乡约》《乡仪》颇具特色。吕氏“一门四进士”吕大忠、吕大防、吕大钧、吕大临昆仲活跃于北宋政坛、文坛。吕大防曾官至宰相，吕大忠、吕大钧、吕大临则先后从学于张载、二程，学有专精。

---

①（宋）程颢、程颐：《二程遗书》卷九，上海古籍出版社 1992 年版，第 83 页。

治平三年（1066），张载与二程一同在关中讲学。吕大临首次聆听二程讲学后，十分景仰。张载百年之后，吕大临转学于程颢，后跻身“程门四先生”。吕大临此间记录汇集的二程语录《元丰己未吕与叔东见二先生语》，后收入《二程遗书》传世。

换言之，创立关学的领袖和思想支柱无疑是张载，而关学的政治经济支柱则是蓝田四兄弟。而且诸吕著述宏富，他们的行状因此收入《宋史》列传。同时，关学重礼化俗，不能不影响到洛学。二程舅父之孙侯仲良又师从二程，“如坐春风”即他所记，难怪二程曾发出“洛俗恐难化于秦人”的感叹。

二程前往关中吊唁表叔时发现，张载晚年十分悲凉，他逝世后入殓的棺木，还是从长安赶来奔丧的门人凑钱买的。翰林院学士许诠一行奏明朝廷，乞加赠恤。神宗皇帝下诏按崇文院三馆之职的标准下拨丧葬费，支出了丧事费用“半”数。张载的遗属也十分窘困，其妻郭氏衣食不足，只得携幼子同往河南，寄居在娘家为生。

元丰元年（1078）三月，张载葬于横渠大振谷其父张迪墓南，与弟张戬墓左右相对。在哭灵现场，程颢触景生情，如泣如诉地吟咏了《哭张子厚先生诗》。诗云：

叹息斯文约共修，如何夫子便长休！
东山无复苍生望，西土谁共后学求？
千古声名联棣萼，二年零落去山丘。
寝门恸哭知何限，岂独交亲念旧游。①

二程与张载关系密切，在学术上相互影响，既各具特色，又有相通之处。正如史学家侯外庐所说，张载提出的一些命题，经二程的扩充、发展，成为理学思想体系的最基本的、最重要的命题。

关学是由张载始创，后由他的弟子及南宋、元、明、清的后继者一脉相承，成为在关中地区流行的一个理学学派。

它和周敦颐的“濂学”、二程的“洛学”、朱熹的“闽学”，共同形成了宋朝理学的四大学派。

二程与张载的这段学术交往，曾一度传为佳话。在理学各派中，张载的思想颇具特色。其关学代表作《正蒙》成书时，洛学的《伊川易传》等还未出现，故而关学主要出于张载自得。只是张载逝世后，关中诸弟子无所从，后多转归程门，其中，程颐于宋仁宗元丰三年（1080）应邀前往关中讲学期间，亦有意

---

①（宋）程颢：《哭张子厚先生》，《二程集》，中华书局1981年版，第485页。

收拾关学残局。

观鸡识仁

如果说孔子是“述而不作”的话，那么程颢则是以“述”为主，其传世代表“作”仅有理学双璧《定性书》与《识仁篇》，当然还有其激情吟咏的诗词及上书的札子等。

其实，《识仁篇》是程颢口述、弟子吕大临（字与叔）记录的言论。那是宋神宗元丰二年己未（1079），38岁的吕大临一路朝东，前往扶沟县师从48岁的县令程颢。

程颢欣然接过表叔的接力棒，首先给弟子讲授了哲学教育问题。吕大临聚精会神聆听，认真做笔记，其记录稿开篇的三句话就开宗明义，云：“学者须先识仁。仁者，浑然与物同体，义、礼、智、信皆仁也。识得此理，以诚敬存之而已，不须防检，不须穷索。”①

在吕大临看来，程颢不仅学养丰富，又有着“和乐”的精神境界。于是，吕氏就“识仁”逐字逐句地向程颢请教，他问道，先生所说的“学者”，是否有所特指？“识”“仁”又怎样理解？

程颢说，此“学者”即立志学做君子、成圣贤的人；君子须学以致其道，忧道不忧贫；“识”就是我们常说的德性修养的基本方法，“仁”则是以恻隐之心，普遍地关爱他人。正如《礼记·中庸》云：“仁者人也，亲亲为人。”

《论语》《墨子》《庄子》将“仁”诠释为爱人或仁爱。那么，如何证明“仁”是天所赋命呢？程颢的回答是，需要先“识仁”，认识了，了解了，感悟了，体验了，证明了，然后你就会当下承当。宇宙万物的生生之意、春意、感通意最可以识仁、观仁：万物之生意最可观，此元者善之长也，这就是仁②。

那么，坊间传闻“明道喜观鸡雏”③，“子厚喜闻驴鸣”，是不是“观天地生物气象”？

程颢作了肯定回答。他素来喜欢看新生的小鸡仔，新生的小鸡仔代表着生命的初生，而驴子的叫声则体现着生命的澎湃，异曲同工。同时，新生的小鸡虽然有此生命力，却又是脆弱的，需要呵护照料。新生事物亦然，如果没有人去呵护照料，就可能中途夭折。而为政者就有照料百姓生计的责任。

同时，程颢明确指出，“观鸡雏识仁法”并不是一定要通过观小鸡来识仁悟

---

①（宋）程颢、程颐：《二程集》，中华书局1981年版，第17页。

②（宋）程颢、程颐：《二程集》，中华书局1981年版，第120页。

③（宋）程颢、程颐：《二程集》，中华书局1981年版，第59页。

著名书法家萧耀龙集程颢句为裴高才《二程夫子》题：道通天地，思入风云

道，可以依此类推，诸如观小桥流水、冰融雪化、小草抽绿、小树发芽、鸟飞鱼跃等，皆可识仁，皆可参悟创造不息之大德，生生之不已之“生德”。

换言之，仁是本性，心是本心，需要学者察识、体践，存养勿失。正因为如此，宋以后的儒学转而以心性论为其核心，重视实践力行的存养工夫。这是因为孔子、孟子之后，两汉经学家只重视末节小道，而二程等诸儒的崛起，才真正切入儒家成德之学的要旨，阐发心性义理之精微。

如何理解第二句“仁者，浑然与物同体”？程颢指出，真心关爱他人的仁者，它与万物是完整不可分割、浑然一体的；正所谓，天人本无二，不必言合①；须是合内外之道，一天人②。此即先秦儒家天人合一的思想。

这就是说，天人原本就是息息相通的同一整体，自然感通，痛痒相知。从万物的春意、生意中最可观解天地之仁。而“义、礼、智、信”这四种品德，都是“仁”的作用发挥。

一言以蔽之，程颢把“仁”从五种德目中单独列为“本体”，而把“义、礼、智、信”四种德目只当作“发用”，从而凸显本体“仁”的重要性，旨在说明美好德行都是出于至善的本体。人之所以不仁，就是因为人与物分离（己自己、物自物），天人不同体。难怪当代哲学家冯友兰说“浑然与物同体”是程颢对于宇宙、人生的理解。换言之，万物本来是一个整体，它们之间有着休戚相关的内部联系。学道学要首先明白这个道理。但道学并不是一种知识，所以仅仅识得此理还不行，要实在达到这种境界，要真实感觉到自己与物同体③。

“识得此理，以诚敬存之而已，不须防检，不须穷索。”这里的“诚”，就是单纯的善念持续不间断；“敬”则是一心都在天理上。有了“诚”与“敬”的工

① （宋）程颢、程颐：《二程集》，中华书局1981年版，第81页。

② （宋）程颢、程颐：《二程集》，中华书局1981年版，第59页。

③ 冯友兰：《三松堂全集》，第10册，河南人民出版社2000年版。

夫，就能保障“仁”这个本体自觉地、能动地、无阻碍地发挥其作用。所以，就不需要我们去冥思苦想了。

程颢在讲学时，经常发挥自己广泛阅读的优势，又善于运用比喻的方法，譬如他列举中国医学经典里将手足痿痹视为不仁的典故，进行申说；指出医家言四体不仁，最能体仁之名①。

朱熹认为，程颢的《识仁篇》乃“地位高者之事，故《近思录》遗之”②。黄宗羲称，明道之学，以识仁为主。所以，他将《识仁篇》单列收入《宋元学案·明道学案》。

二程殚精竭虑，把孔孟之道的“义理”及其所体现的道德、纲常伦理用之于修身治国。同时，又吸取佛、道学说中的一些思想成果，及其思维方法于理学之中，用以丰富和发展儒家学说，并使之更具有理论思维的色彩，从而大大增强了儒学对读书人的吸引力。

宋明理学之所以能长期独尊于百家之上，不仅仅是靠统治者的青睐与强力推行，而是它本身具备了征服人们思想的精神力量。理学家和佛家治学的路数不相同。佛家认为人生就是苦，所以，它以真实世界为虚幻，教人从世俗世界中解脱出来，本质上是“出世”的宗教；而理学家则从宇宙演化的角度将此天道注入人心，再用心统情性的方法，教人将自己的思想感情与礼、分、名相合，故而与佛家比，其优越性在于“入世”。

---

①（宋）朱熹：《河南程氏遗书》，商务印书馆1981年版，第132页。

②（明）黄宗羲、全祖望：《宋元学案》，中华书局1986年版，第541页。

九、为民请命

在地方治县与担任监察御史数十年，程颢始终以清、慎、勤三字为从政的“官箴”，践行以民为本思想。他以法律为依据，考订原始证据，又核年辨奸，明断疑案，为民做主。有两个案例收入宋代的刑侦宝典《折狱龟鉴》传世。

《二程全书》中之程颢像

收入程颢明断疑案的《折狱龟鉴》(道光刻本)

主簿鄠县

嘉祐三年（1058），程颢进士及第后被外放到京兆府鄠县就任主簿（相当于副县长)。他领旨谢恩后，怀着满腔热情走马上任，准备在任内大显身手，实现自己为民请命的理想。

宋代的一般县衙只设县令、县尉，长安古城的鄠县是千户以上的大县，依律增设主簿一职。程颢所任主簿，是县衙的“第二把手”，协助县令管理文书与户籍，监管全县的财税，可以和县尹等共坐一堂之上断案。

程颢初出茅庐，县令以为他只是一位纸上谈兵的书生，故没有重用他。以至于他常常干一些与本职工作无关的事。他回忆，到任两年间，中间被符移奔走，外干时间占三分之二。剩余时间才干簿书期会、仓廥出入等本职工作①。但他悉心观察，踏实做事，努力把自己分内的事情办好。

正在这时，县衙受理了一宗民事案件，久拖未了。原住户明氏曾借用其兄的房屋居住，二十年过去后，他在自家住宅的地窖里发现了一笔相当可观的钱币。当房东——也就是他的侄子——对此表示质疑时，明氏却理直气壮地声称，这些钱币是他本人所藏，因此自然应归他所有。房东气愤地说："你穷得叮当响，无家可归，是家父同情你才租房子给你住，你怎么会有那么多的钱币？这钱币分明是家父生前所藏。"

继而，明氏要房东拿出藏钱的证据；房东要明氏说出钱币的来源。两人公说公有理，婆说婆有理，闹得不可开交，只好到鄠县县衙打官司。县衙受理此案后，反复研究，迟迟不能结案。

程颢也想助县爷一臂之力，只是一时未有良法。一天，他向夫人咨询有关包公断案的案例，夫人就给他讲述了"包拯审石擒凶手"的传说。他深受启发，便开始对明氏钱币案进行微服私访。

不日，该县接到京兆府文书，说钦差大臣近期要前来巡视。知县因此在案前急得团团转。这时，程颢突然进来请示工作，县太爷便随口对他说："程主簿，你来得正好，本县为这一宗疑案，剪不断，理还乱，到如今诉讼双方都没有证据说明钱币为谁所藏。钦差大臣马上要到本县巡视，你有何妙法，能将此案尽快了结?"

程颢见县令在那里干着急的样子，觉得自己显身手的机会到了，他当即说："县爷，颢到此已有一些时日了，一直没有什么建树。对于此案虽然眼下拿不出很好的断案办法，但为老爷分忧是下官的本分；尽管颢未直接参与处理此案，但也非一无所知，既然县爷集思广益，颢愿谈一管之见！"

"是吗？不妨谈谈你的想法。"刚开始，县令觉得这个青年人是一时冲动，并不相信他真能破案。但听他几句体贴的话，说得入情入理，所以县太爷也就愿闻其详了。

"在下斗胆，县爷大可不必为此烦恼，您不如在大处着眼，规定一个期限，让下官小处着手，具体处理相关事务。如果下官不查它个水落石出，届时愿向

① (宋) 程颢、程颐：《二程集》，中华书局1981年版，第476页。

县爷引咎辞职！”

县令听了程颢的一席话，似乎找到了救命稻草，心想：“既然他态度如此坚决，自己又无计可施，此案若久拖不决，被钦差大臣问罪，自己政治前程不就完了？不如顺水推舟地将此案交给程颢处理，若及时断案，皆大欢喜，万一不能破案，他便是自己的替罪羊了。”于是县令欣然答应了程颢的要求。

程颢之所以敢主动请缨，是因为他经过一番暗访后，对侦破此案已胸有成竹。他觉得县爷断案的方式不对，以致破案毫无进展。但由于他初入仕途，不敢直言相告，只好伺机而动。

所以，程颢领命后，立即围绕着案情的三大重点：钱币的铸造时间、埋藏时间，以及房屋借住时间，进行开庭质询。

举证断案

那天，是程颢莅任后的第一次升堂，他很兴奋，也很紧张，但他抑制住自己的激动心情，以镇定自若的态度应对。

县令悄悄地坐在公堂帷幕后面，但见程颢正襟危坐，双目炯炯有神，有条不紊地开始了案件的审理。

首先，程颢不慌不忙地说：“今天由本官主审钱币缠讼案，原告、被告双方对自己说的每一句话，均会记录在案，都是断案的重要依据。希望双方如实回答本官的问话，答非所问，未问抢答，均视为藐视公堂。”

接着，程颢问原告：“房东，这钱币到底是谁人所藏，藏在何处？如实给本官讲来。”

“回大人。这些钱币是家父生前惨淡经营的血汗钱，乃家父埋藏在现在出租给被告的房子里。”原告答道。

“大，大人，他，他在说谎！”被告生怕原告言辞对自己不利，迫不及待地抢着说。

“被告，我问你了吗？”程颢瞪了被告一眼。

“大人对我不公平，钱币系我亲手挖出，且我的年龄比他大，为何只问他，不问我？”被告仍不死心，企图与年轻的程颢斗法，竭力抢到首先答问权。

“本官讯问不分先后，我会给你机会的。被告必须遵守公堂纪律，否则，本官将以藐视公堂论处！”

被告抢答被驳回后，觉得这个官老爷虽然轻言细语，但其问话简单明了，条理清晰，难以对付。于是心里盘算着：既然他答应会给我机会，我一定要注意他问房东的每一句话，着重在“死无对证”上下工夫，与这位年轻的主簿大人赌一把。

程颢继续问原告："房东，你能说出钱币埋藏的具体时间吗？"

"回大人的话，这些钱币已经四十余载了。"

"呵，那么被告借住你这所房子多少年了呢？"

"也有二十多年了。"

"有何凭证？"

"有租房契约在此。"房东连忙将契约递交上去。

"本官问案至此，暂时休庭！"程颢看了契约后，当庭宣布。

"大，大人，您，您还未问我哩！"这时，被告见程颢离席，一时急得如热锅上的蚂蚁，连忙叫喊起来！程颢头也不回离开了审判台。

被告被带到班房后，在那里哭闹不止，心里说：这可怎么办？是不是主簿大人发现了什么破绽？难道让煮熟了的鸭子飞了不成？于是，他继续在班房叫喊："冤枉，冤枉呀……"

一个时辰之后，程颢重新开庭。

"大，大人，小人冤枉呀……"被告在公堂上仍然呼喊不止。

"被告，你有什么冤枉呀！本官问你，你租住房东的房子多少年了？"

"大，大人在上，草民租住二十多年了。但这、这些钱币的确是草民所藏……"

鄠县（今西安鄠邑区）钟楼新貌

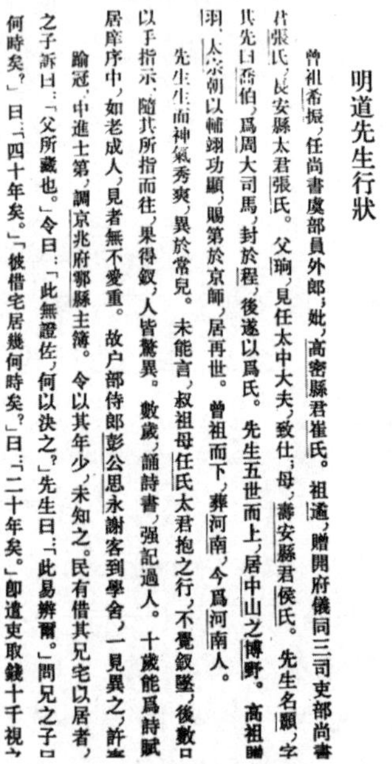

明道先生行状

曾祖希振，任尚書虞部員外郎，妣，高密縣君崔氏。祖遹，贈開府儀同三司吏部尚書，君張氏，長安縣太君張氏。父珦，見任太中大夫，致仕；母，壽安縣君侯氏。先生名顥，字伯淳。其先曰喬伯，爲周大司馬，封於程，後遂以爲氏。先生五世而上，居中山之博野。高祖贈羽，太宗朝以輔翊功顯，賜第於京師，居再世。曾祖而下，葬河南，今爲河南人。

先生生而神氣秀爽，異於常兒。未能言，叔祖母任氏太君抱之行，不覺釵墜，後數日方求之，先生以手指示，隨其所指而往，果得釵，人皆驚異。數歲，誦詩書，强記過人。十歲能爲詩賦。居庠序中，如老成人，見者無不愛重。故户部侍郎彭公思永謝客到學舍，一見異之，許妻以女。踰冠，中進士第，調京兆府鄠縣主簿。令以其年少，未知之。民有借其兄宅以居者，發地中藏錢，兄之子訴曰："父所藏也。"令曰："此無證佐，何以決之？"先生曰："此易辨爾。"問兄之子曰："爾父藏錢幾何時矣？"曰："四十年矣。""彼借宅居幾何時矣？"曰："二十年矣。"即遣吏取錢十千視之

《明道先生行状》载鄠县断案

被告看到县衙的案台上，放着贴有封条的几罐钱币，他的两眼已经发直，手指着钱币结结巴巴地说。

“是吗？你藏了多少年？”

“藏了二十年。”

“你没记错吧？”

“千真万确！”

“原告、被告，你们都上前辨认一下，这几罐钱币的封条，是不是本官与你们一起签名封贴的。”

“是的，大人。”两人趋前查看后，异口同声地回答。

“来人呀，启封！”启封后，程颢随手从几个罐中随机取出一串串钱币，仔细观察了钱币的铸造时间，都清楚地标明“大中祥符六年”（1013），正好与断案的嘉祐三年（1058）相隔45年。于是，他立即将令牌一掷，大声喝道：“来人啦，把被告给我拿下！”

“大，大人！这可是天大的冤……枉哇！”被告虽然吓了一跳，但仍然鸭子死了嘴巴硬。

“刚才你说埋藏了二十年，这些钱币起码埋了四十年，你有何冤枉？”

“我，我人上了年纪，记忆力不好！”被告张口结舌地狡辩。

“看来，你是不见棺材不流泪了！本官清楚地告诉你，如今官府铸钱，不到五六年就流行于全国了。试问，这些钱币都是四十年前铸造的，难道你在没借房子前，就去把钱币埋藏在人家的房屋里吗？”

被告虽然吓得出了一身冷汗，全身直哆嗦，但仍不认罪。

“来人，再让被告看看罐底上所铸之字。如此铁证如山，难道你还想抵赖不成？”被告做梦也没想到，在装钱币的罐底，竟赫然铸有原告父亲的名字。

面对程颢如此有理有据的讯问，被告无言以对，只好连声谢罪，供出了他挖钱币的始末。

原来被告与兄长分家时，都有一笔钱财，其兄精打细算，善于经营，成为附近的一大财东；而被告却成天游手好闲，花天酒地，结果坐吃山空，连栖身的房子也被变卖还了赌博债。兄长在世时，看在兄弟的情分上，不仅多次借钱给他，还让其借住在自己的房子里。兄长猝然病故后，工于心计的被告认为，其兄富甲一方，很有可能将钱币埋藏于宅第之内而来不及告诉自己的儿子。所以，他每天深夜，在宅内挖地不止，果然挖出了几罐钱币。

年轻的侄儿发现后，找被告理论，被告以侄儿拿不出证据为由，企图将这些钱财占为己有。虽然侄儿一状告到县衙，却迟迟没有结果。是程颢的睿智，才识破被告的骗术。被告当场表示服从判决，除他挥霍掉的钱财外，愿将其余钱财归还给侄儿。侄儿当场也显示了大度，放弃了对被告所挥霍钱财的追讨。这时，程颢一锤定音，原告、被告心服口服，也赢得了旁听百姓的阵阵喝彩。

程颢不费吹灰之力就查清了久拖未决的疑案，为县衙争了光。县太爷立即从幕后走向前台，向程颢致贺。

房东见程颢帮他讨回了公道，专程敲锣打鼓给县衙送去了“为民做主”的大红匾额。那天正好是钦差大臣前来视察，钦差大臣表示，回朝后，一定会奏明皇上，嘉奖县太爷和程颢。

后来，南宋郑克撰著法学著作《折狱龟鉴》，将此案作为民事财产争讼案的范例收入卷六《证慝》之《程颢辨钱》。同时，加上按语云：

旁求证左，或有伪也；直取证验，斯为实也。彼言地中藏钱是其父所藏者，取钱验之，皆古钱也，又岂能选择古钱藏之耶？以此为证，妄诉明矣。是故其人不敢不服也。

程颢断案崭露头角后，县令也对程颢刮目相看了。每遇县内的重大决策问题，县爷都要倾听他的意见；若是县衙遇到什么难题，也让程颢独当一面处理。

有一年，京兆府遭受特大洪涝灾害，县太爷就派程颢带队前往救灾。

由于程颢治洪前仔细勘察了当地地形，听取了有经验的人的建议，通过采取多种方法防止了瘟疫的发生，不仅出色地完成了任务，而且没有发生治洪人员伤亡事故。而其他的县，却时有伤亡事故发生。

核年辨奸

无独有偶。在宋英宗年间，程颢任晋城县令时，也遇到了一宗疑案。

当时，富户张生刚给父亲张老三办完丧事，一天，突然一位不速之客敲开了他的大门。张生开门一看，原来是与自己素昧平生，长得骨瘦如柴的一位老叟。

老叟一进门就对张生痛哭流涕地说：“孩子，我就是你的亲生父亲啊！你一定要原谅我和你母亲呀！当初家里确实穷得叮当响，没办法，只好把你送到张家寄养啊！你母亲在弥留之际留下遗嘱，一定要我前来相认……”

老叟的一席不着边际的话，说得张生丈二和尚——摸不着头脑。张生觉得很蹊跷，因为他父亲生前一直未曾提过他还有一个生父之事。他多次与老叟沟通，希望老叟放弃此念头，老叟非但不同意，反而四处放话，说张生是一个不孝之子。没办法，他听说县太爷程颢善于断案，就专程前往县衙，请程颢做主。

程颢在县衙接受了张生报案，他让张生放宽心，县爷定会秉公办案。

经过一番认真调查后，程颢升堂，传讯老叟，让其陈述事情经过。

“我的青天大老爷，请您一定要为草民做主呀！草民系游医出身，由于出远门行医谋生未归，妻子一人在家生育了孩子，因家里一贫如洗难以养活，她只好将孩子送给了张家。可是，如今亲子却不能相认……”老叟说着说着，不禁哽咽。

“老叟，你可曾有人证，说明你所陈述的情况属实?”

“哎呀，我的青天大老爷！可惜当年的人证，现在均已作古了……”老叟一边回答，一边窥视程颢的表情，但见程颢浓眉大眼，气宇轩昂，身着官服端坐大堂，更是威武无比。忽然，程颢与老叟四目相对，老叟立即显示出一副尴尬相。

“既然如此，张财东在世时，你为何不去相认呢?”程颢觉得老叟神情不对劲，立即对此提出质疑。

“内人当时与张财东有君子协定，只有在张财东身后才能相认！”

“是口头协定，还是书面契约?”程颢目不转睛地注视着老叟。

“回大老爷，是书面契约。”老叟心里说，我就是怕你不问契约，如今，我契约在手，你县爷难道能助长张三儿不认生父？于是，他一边胸有成竹地回答，一边随手从怀中取出早已准备好的契约。

老叟把契约递上去后，只见上面清楚地写有“庆历六年三月初一，抱儿与张三翁家”的字样，程颢一眼就看出了破绽。

不过，他没有立即把老叟拿下，而是与老叟来一个猫捉老鼠的游戏。他继续发问道：“这契约真的是你与张老三订立的吗?”

“是的，大人，那还有假！”老叟得意忘形地回答道。

“大胆刁民，你刚才不是说是你内人与张老三订立的，怎么前言不搭后语！”程颢以严肃的神情质问老叟道。

“大……大人恕罪，小人该死，刚才是小人口误，契约确为内人与张老三所订！大人恕罪！”老叟顿时乱了方寸，连忙磕头请罪。

“本官问你，当时张老三春秋几何?”

“大……大约……四十来岁吧！”老叟屈指算了算后回答道。

“这次再没记错吧！”

“小人愿用项上人头担保！”

程颢见到了火候，将令牌“啪”地掷下，厉声喝道：“好一个伶牙俐齿的刁民，竟敢在公堂上藐视王法，拿一张伪造的契约欺诈本官！你知罪吗?”

老叟顿时吓得出了一身冷汗，但他还想顽抗下去，便连忙故作镇定地说：“县……县老爷在上，草民不……不敢……”

收入程颢断案的《折狱龟鉴》
（光绪刻本）

《疑狱集　折狱龟鉴》校释
（复旦大学出版社 1988 年版）

“你休得狡辩，刚才你还说张财东当年不过四十来岁，怎么会在契约上称其为‘翁’呢?”对于这种违背事实、不符合常识与情理的证据，经他这么一质问，连炮制者也不能自圆其说。老叟满以为死无对证，凭借此伪造契约便可分得一笔可观的财产，哪知到头来是竹篮打水一场空，只好跪在地上叩头不止，连声谢罪。这正是机关算尽太聪明，差一点赔了自己的老命。

程颢一字断案史称“核年辨奸”，再次作为刑法折狱的典型案例，收入南宋刑侦宝典《折狱龟鉴》卷六《核奸》篇之《程颢校年》。书中附按语云：

凡为巧诈，必有缺漏，推核已至，奸欺自露。如检户籍以视孤女所冒之非，校年齿以验老父所记之妄，皆此术也。唯尽心者，则能之耳。

自宋代以来该书多次再版，还收入《永乐大典》与《四库全书》。改革开放后，上海古籍出版社、警官教育出版社均出版过该书。

抗洪堵口

再说程颢在鄠县抗洪救灾有了治水的经验，后来他又在黄河堵口上再立新功。

那是宋神宗熙宁三年（1070），刚刚由太子中允改任签书镇宁军节度判官的程颢，获悉澶州曹村的堤防决口，人民的生命财产和京城开封安全受到严重威胁。可是，然而，澶州官吏对于是否立即堵口的议题争论不休，程颢心急如焚！

直至深夜，皇帝赵顼还在崇政殿同大臣们焦急地商议对策。王安石正安抚着赵顼："只要曹村之堤不决，京师不至于危险，皇上不必过于心急。"

文彦博出列奏道："请陛下先回宫安抚两宫太后，陛下放心，微臣宁死也不会让开封城有危。"

奉召进宫议事的吕公著听说曹村之堤还没有决口，心里稍稍放心。入秋以来，先是永济一带决堤，大水淹了几个县，然后是两浙水灾，要不是王安石的农田水利法，现在只怕后果不堪设想。

澶州可以说是开封府的前线，澶州如果不保，水只怕真的会淹到开封城下。曹村决口又直接威胁着澶州，故曹村堤防的安危是此次抗洪的关键所在。

却听冯京说道："刚刚接到曹村急报，报急文书是澶州知军刘涣发出来的，称他已经不顾禁令，亲自带着厢兵去堵堤了，若有闪失，当自请处分。"

王安石朗声说道："这时候管不了什么处分不处分，事急从权。当务之急，一方面急遣禁兵去抗洪，一方面派探马流星传报，万一事有危急，则请皇上和两宫太后登龙舟以避大水，我辈和开封军民上城墙，以保京师安全。"

这时，众官齐声称是。唯吕公著主动请缨："皇上，臣愿亲赴曹村堵口。"

"卿懂得治水吗?"赵顼大喜，忙问道。

"臣虽然没有治水经验，但略知一二，且具有治水经验的程颢任镇宁佥判，更有精通水利的沈括，有二人相助，事必可为。"

哪知，王安石长子王雱却抢奏道："皇上，吕大人其心可嘉，臣以为却没有这个必要。禁军已经紧急调动，如果曹村之堤不决，则禁军足以抵御；若万一不幸，则吕大人必遭不测。臣愿皇上为天下爱惜人才计，不能让吕大人前去冒险。"

老臣文彦博则嘀咕道："他说得好听，其实是不愿意吕公著前去立功而已。"

吕公著此时也没有心情和王雱计较，只是眼巴巴地看着皇帝。赵顼想了想，倒觉得王雱说得在理："卿不必去了，这几日就陪朕侍读吧。"

吕公著想了想，也无可奈何，只好请求道："皇上，沈括对水利颇精通，可否让他协助主持开封府的防洪?"

"卿所言极是，准奏。"

吕公著又提醒群臣，切勿泄露曹村告急之事，以免人心浮动。王安石和冯京不约而同地向吕公著投过赞赏的目光。王安石厉声说道："官员敢让自己的家眷收拾物品避难的，以投敌论处；散布谣言者，无论官职大小，一律严惩不贷。"

开封府韩维当下立下了军令状："请皇上放心，臣以人头乃至全家性命担保，誓与京师共存亡，确保开封府一切如常。"他一回家，马上就命令准备搬家的家人把物品重新摆置好。

朝议刚散，忽然又大雨如注，且越下越急，群臣的心则七上八下。几天来中书省通宵达旦都有宰相执勤，皇帝一夜三惊，开封府也增加了逻卒，来往的信使不绝于道，群臣算是亲身体会了发大水的感受了，特别是浑州决堤的消息传到京师，更让人心惊肉跳……

再说澶州知军刘涣（998—1078）接到京师的快报后，也是心急如焚。他历任邢、恩、冀、泾、澶五州知州，治平年间，河北闹灾荒，然后又发生地震，人们没有粮食吃，往往非常便宜地卖掉耕牛，来艰难地活下去。时任澶州知州的刘涣，断然用尽府库银子来购买了一批耕牛。第二年地震平息，逃亡的人们纷纷回来，没有耕牛来耕地，但是耕牛的价格却涨了十倍。刘涣又把所买的耕牛按原价卖给人们。因此河北一带，只有澶州没有人流离失所。

后来刘涣历任秦凤、泾原、真定、定州路总管，再次调入镇宁军时，又遇到洪水暴发。防汛如救火。在千钧一发的紧急关头，程颢毅然挺身而出，自告奋勇地对刘涣说："知军大人，曹村决口，十万火急，京师的安全堪忧！颢以为，做臣子的本分，就是用身子去堵住决口，为皇上分忧，为百姓造福。如果大人信得过程某，就请将全部厢兵（泛指士兵。宋代划分京城地区为若干厢，对厢军、禁军的统称为厢兵或厢军）交给我指挥，迅速投入到封堵黄河决口的战斗中去。"他一番情真意切、慷慨激昂的讲话，博得了全体官兵的拥护，大家纷纷表示，愿听从程颢的指挥。

刘涣知道程颢曾经多地治县，执政爱民，是最恰当的人选，于是，他当着众官的面，把镇守的大印交给了程颢。

程颢为不辱使命，立即带领厢兵直奔决口而去。

程颢果然心怀大计，指挥若定。首先，他让善于泅水的水手游过决口，在决口两岸拉上了数条大绳，帮助其他人渡过去。随后，命两岸的骑兵组成人墙，抛巨石、筑沙包，同时并进。

经过几天惊险的战斗，他们终于降服了洪魔，合上了决口。接连几昼夜不眠不休的程颢，这才露出了微笑。有《明道先生行状》为证：

会曹村扫决，时先生方救护小吴，相去百里。州帅刘公涣以事急告，先生一夜驰至。帅俟于河桥。先生谓帅曰："曹村决，京城可虞。臣子之分，身可塞亦为之。请尽以厢兵见付。事或不集，公当亲率禁兵以继之。"帅义烈士，遂以本镇印授先生，曰："君自用之。"先生得印，不暇入城省亲，径走决堤，谕士卒曰："朝廷养尔辈，正为缓急尔。尔知曹村决则注京城乎？吾与尔曹以身捍之。"众皆感激自效①。

---

①（宋）程颐：《明道先生行状》，《二程集》，中华书局1981年版，第635页。

程颢有一名弟子邢恕，字和叔，考取进士后，历任馆阁校勘、历史馆检讨、著作佐郎等职，熙宁年间曾是王安石变法大员。此次成功堵口后不久，邢恕专程前往曹村采访村民。其记录编入《明道先生门人朋友叙述》，并由程颐亲笔作序附于《明道先生行状》之后。南宋时，又被朱熹收入《二程遗书》附录，文中写道：

河间邢氏恕曰：先生德性绝人，外和内刚，眉目清峻，语声铿然。……先生为澶州幕官，岁余罢归。恕后过澶州，问村民，莫不称先生，咨嗟叹息。盖先生之从政，其视民如子，忧公如家。其诚心感人，虽为郡僚佐，又止岁余而去，至使田父野人皆知其姓名，又称叹其贤。①

① （宋）程颐：《门人朋友述序》，《二程遗书》附录，上海古籍出版社 1992 年版，第 256 页。

十、“视民如伤”

“视民如伤”是程颢治县的“官箴”。得知不法之徒利用“龙池”蛊惑人心，愚弄百姓时，便派人断然捕杀“龙池”，还在县衙前举办“龙池”宴，百姓见县太爷亲口尝“龙池”，再也没人相信那骗人的把戏了。

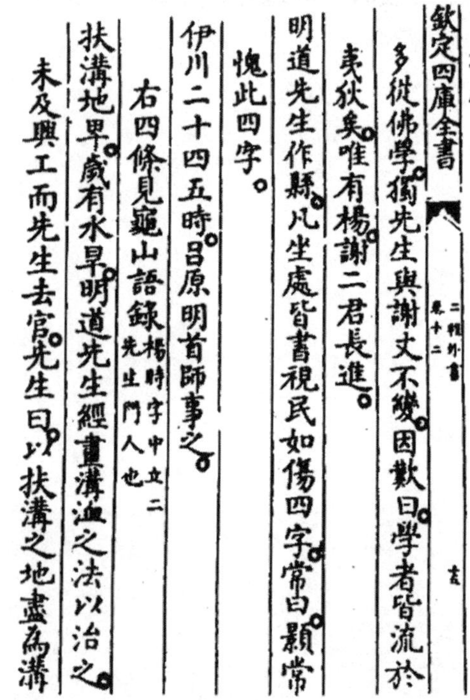

欽定四庫全書　二程外書　卷十二

多從佛學獨先生與謝丈不變因歎曰學者皆流於夷狄矣唯有楊謝二君長進

明道先生作縣凡坐處皆書視民如傷四字常曰顥常愧此四字

伊川二十四五時呂原明首師事之

右四條見龜山語錄楊時字中立二先生門人也

扶溝地卑歲有水旱明道先生經畫溝洫之法以治之未及興工而先生去官先生曰以扶溝之地盡為溝

《二程外书》载程颢画像及作县凡坐处皆书“视民如伤”的记载

平均赋税

北宋官吏的任期一般为三年，程颢在鄠县干了三年后，于北宋嘉祐五年(1060)调往江宁府上元县（今江苏南京）继续担任主簿。

江南富庶，当地民众理应富裕安闲。可是，程颢主簿上元之初，却积压了不少田税不均的案子。他通过微服私访发现：与江宁府靠近的良田，大都为权贵攫为己有。由于官官相卫或权钱交易，这些良田的赋税都很轻。相反，一般百姓远郊耕田的赋税则重得惊人。这样一来，造成两极分化，民不聊生，不少百姓不堪重负只好背井离乡，以致大量的远郊耕地被撂荒。

按照文案处理必须自下而上的规则，举凡“狱讼赋役、簿书期会、文谍所移”，都要先由主簿阅办，然后次第呈送县令。

程颢发现上元县违背义理的惊人内幕后，他把“存心于爱物”“与人必有所济”作为做人与做事的准则，并决定向邪恶势力开战。他帮助县令筹划了一套平均赋税的计策，即授民以田、平均田赋，合理安排农民生产的主张。

“天生蒸民，立之君使司牧之，必制之恒产，使之原生，……此为治之大本也。”程颢对县令说，百姓无业可守，就会“苟度岁月”“人用无聊”，这就极容易产生“奸宄之心”。

县令采纳了程颢的意见，并要求他具体负责实施平均赋税方案。由于平抑赋税直接损害了为权贵者的利益，立即引起强烈反弹，权贵者上蹿下跳，搞得县令有点招架不住。

面对这股来势汹汹的反对浪潮，程颢面呈县令晓以大义，希望不要向邪恶势力让步，做到令出必行，有什么麻烦由他当挡箭牌。

接下来，尽管有人以种种卑劣的手段，对程颢进行威逼利诱，程颢就是不吃那一套。经过一番较量，最终邪不胜正，拔掉了一个个软钉子，平抑赋税在全县平稳地展开。

朝廷得知上元县成功地推行均税制后，决定在其他地方推广上元县的经验。

程颢治县期间，一直奉行“救民获罪，所不辞也”的精神。

宦官王中正到各地巡视保甲制度时，一路上，他耀武扬威，气焰极为嚣张，搞得一些州县官员疲于应付，不堪重负。有的州县为了取悦这位宦官，以奢侈的帷帐迎接他，用重金买其一笑。

程颢的下属得知此事后，将各地接待的情况如实相告，希望程颢早作准备，不要得罪了那位王大人。但程颢对待这位不顾百姓死活、狐假虎威、胡作非为的朝廷命官，没有表现出丝毫的奴颜婢膝。他语气坚定地说：“我们县如此贫穷，不可能仿效其他县份的做法。老百姓是我们的衣食父母，岂能从他们那里索取？而且这既与自己毕生所追求的大丈夫精神相悖，也是国法所禁止的！作为朝廷命官，岂能知法犯法！”

有人将程颢的态度告诉王中正，王唯恐自讨没趣，便绕道而行。

教化县民

程颢是坚持法治与德治相结合的理论构建者。在他看来，要治理国家，根本的出路在于对老百姓施以教化。对于罪大恶极的犯罪分子，一定严惩不贷；对于一般县民的“小过”，则通过“拷其足，灭其耻”，让其改过自新。

在治县的过程中，程颢将教化与刑法放在同等重要位置，尤其强调教化的化风易俗作用。他一方面力倡以善恶荣辱“励世风”化民俗，以使其知耻而改，另一方面主张以罪量刑，做到“小者惩戒，大者诛戮”，不可采取“悬民”“威民”“强民”“欺民”的愚昧政策，而代之以“明民”“教民”，加强教化和引导。

对于失足青年，程颢具体运用儒家“仁者，爱人”的思想，加以教化。治扶沟县之初，他调查发现县境内的广济河、蔡河本是两条黄金水道，但因为沿河一带聚集了一批游手好闲的河霸恶少，巧取豪夺过往的船只，甚至出现烧毁民船事件，造成水路交通瘫痪或半瘫痪，导致全县经济萧条。

程颢重拳出击，首先抓捕了一个经常寻衅滋事的恶少头目。经讯问，那恶少供出了同伙。程颢便对这伙人进行集中教育，用理义来教化他们。经过一段时间的教化，这批问题少年终于有了悔改之意。程颢不仅宽恕了他们的过去，还让他们返回家中，还设法为他们在不同地方找到了工作机会，使他们能够通过拉纤这一劳动方式自食其力，重新融入社会。

程颢还采取“以毒攻毒”的办法，让改过自新的少年监督举报干坏事的人。程颢这招果然奏效，从此扶沟境内再也没有发生烧船抢劫的事件了。同时，社会治安的好转也促进了当地经济的发展。

不仅如此，程颢还善用理学规范来约束县民破坏生态平衡的行为。有一次，他到乡村巡察，看见乡人多用胶竿取鸟，使得当地飞鸟濒临绝迹。他认为，此类事件有悖于天人合一的天理，若不制止，将殃及全县或邻县。于是，他勒令把所有的胶竿全部折断，并对当事人进行训斥。并下令在全县禁止打鸟扰鸟，加强督察。

事隔不久，程颢再到该地巡察，发现这里生态已经得以恢复。欣喜之余，他又深入到民间现身说法，巩固天人和谐的良好局面。

程颢在实践中逐渐形成了“一天人”“仁者以天地万物为一体”的“天人一理”的哲学观，强调人与自然环境的同一性，主张人与自然和谐相处。

到了熙宁二年（1069），程颢又上疏宋神宗《论十事札子》，专论保护山泽等自然环境之事，提出了具体的环境保护措施和环保思想：“人与天地一物”，即把人视为天地自然界的一部分，强调“人在天地之间，与万物同流，天几时分别出是人是物”。

慕豆贷民

嘉祐七年（1062），上元县太爷去职时，由程颢代行其职。

当时的上元县诉讼每月不下200起，以往的官员终日忙于文案，没有认真去做实事。程颢代掌县印后处官有方，对于民众关心的重大案件，他亲自以最短的时间审结，并在全县公布破案结果。对于一般案件，则交由县衙其他官员，分头处理。结果，他上任不到一个月，诉讼案件减少大半①。

上元县盛产水稻，是江宁府的著名粮仓，其稻田全靠陂塘蓄水灌溉。所以，陂塘蓄水是稻谷丰收的保障。而上元也是洪灾频发地段，因水利设施年久失修，一到汛期，陂塘常遭决口，急需调动民工堵堤、塞口，以及疏浚渠道。

可是，宋朝法律规定，征调民工需要县衙报告府衙，府衙报告漕司，待漕司批准后，才能调动民工，计功修堤堵口。程颢认为，如果按照如此程序层层报告，公文往来，没有几个月是不能付诸行动的，届时堤破水流尽，禾苗早已渍死。

于是，程颢当机立断，宁愿自己"救民获罪"，也要搏一搏。一方面，他动用县令的权力迅速组织民工修堤堵口，疏浚排涝，抢险救灾，把洪灾危害降到最低限度；另一方面他到处问计，寻求生产自救良方。长期担任知县的父亲得知后，告诉他"募豆贷民，种豆代谷"的经验。

原来，程珦治徐州时因长期下雨，稻谷受涝，几乎颗粒无收。他想，生产自救季节不等人，若等渍水完全排尽再耕种就来不及了。于是，他广泛动员民众，从富户人家募得了豆子数千石，随即贷放给农民，迅速播种于水田中。结果水还没有尽干，豆子已经发芽了。这一年，徐州虽然遭受水灾，谷子歉收，但没有闹饥荒，是及时种豆子立了大功！

所以，程颢也效法父亲"募豆贷民，种豆代谷"的办法，指导受灾农民在已经渍死的稻田里改种豆子。结果上元农民灾年欣获豆子丰收。

在农闲时节，程颢按正常渠道报批，组织民工兴修水利设施，从而使长期未得到治理、百姓怨声载道的洪涝灾害得到根本治理，粮食接连丰收，百姓笑逐颜开。他为地方办了一件造福百姓的大好事②。

江宁府濒临长江黄金水道，水运十分发达，但船工的生存状况却让人揪心。程颢在走访船工的过程中发现，船工一旦生病，往往是留在"小营子"里休息。由于供应食品手续繁琐，导致每年有数百名病号不是病死，而是饿死在"小营子"。

程颢听在耳里，看在眼里，伤在心里，于是他毅然前往漕司面呈利害，称"一命之士，苟存心于爱物，于人必有所济"，要求漕司先把船工所需食品贮存

---

①（宋）程颐：《明道先生行状》，《二程集》，中华书局1981年版，第631页。

②（宋）程颐：《明道先生行状》，《二程集》，中华书局1981年版，第631页。

在“小营子”，以杜绝饿死人的事件发生。漕司采纳了程颢的建议，从而维护了船工的生存权益①。

实施“伍保”

在百姓心中，程颢是一位敢于破除迷信的父母官。

那是他治上元县期间，上元茅山盘踞着一种五彩的蝎蝌动物，当地的巫婆说它是神龙再世，于是坊间神乎其神地称其为“龙池”。一些不法之徒，则以此蛊惑人心，浑水摸鱼，愚弄百姓，滋生事端。

程颢得知此事后，专门派捕快到茅山上将“龙池”捕杀，并在县衙前举办“龙池”宴，百姓见县爷亲口尝“龙池”，再也没有人相信以“龙池”骗人的把戏了。自此，民心稳定②。

“民志定，然后可以言治。”③ 宋英宗治平元年（1064），程颢调泽州着知晋城县事。他在重教化方面，又出奇制胜。

程颢到任后，首先以点带面，将儒家的政治理念运用于县治之中，在全县实施了“伍保”制，以保一方平安。所谓“伍保”制即把全县的老百姓五家编为一伍、十伍成为一保，让他们有劳务互相帮助，有患难互相救护。

凡没有父母兄弟或残废病弱的人，责成其亲戚或邻居照顾，让他们不致流离失所。出门在外途经本地的，生了病都能得到医治。这一系列的村民互助自保政策的实施，使百姓生老病死均有保障。

在实施“伍保”制的过程中，程颢始终自觉坚持“专尚宽厚，以教化为先”的施政纲领，而且其工作十分细腻、周详而全面。他经常抓，抓经常，从一点一滴做起，教民知孝悌忠信。

“入所以事父兄，出所以事长上。”程颢的教化方式，不是居高临下的训斥呵责，而是交心谈心，润物细无声。对于来县衙办事的老百姓，他常常与其拉家常，自然而然地给县民传授孝悌忠信等儒家礼教，指导他们在家奉养父兄，善待弟妹，爱护妻子，出门尊敬师长，和睦邻里，遵纪守法。

经过一段时间施行“度乡村远近为伍保”，晋城终于实现“力役相助，患难相恤，而奸伪无所言”“孤茕残废者，行旅出于途者，疾病皆有所养”。这样一来，社会风气日益好转，人民生产生活秩序井然，全县出现了路不拾遗、夜不闭户的太平景象，县民的生活水平也不断提高。

---

①（宋）程颐：《明道先生行状》，《二程集》，中华书局 1981 年版，第 631—632 页。

②（宋）程颐：《明道先生行状》，《二程集》，中华书局 1981 年版，第 632 页。

③（宋）程颐：《伊川易传》卷一《履》，《二程集》，中华书局 1981 年版，第 750 页。

社会的安宁和稳定的前提，就是要保障老百姓基本的生活需要。程颢说："百姓安业，丰衣食足，知孝悌忠信之教，率之易从，劳之不怨，心附于上，固而不可摇；法德并举，化解奸宄盗贼之患，民安居乐业。"

理财富民

宋王朝曾实行一种科买制度。由于晋城土地贫瘠，百姓生活窘迫，而官私科买物品，导致物价波动剧烈，在这种情况下，百姓不得不以高昂的价格购入物品，随后又不得不以低廉的价格将其出售给官府，这种经济上的双重打击使得民众生活更加艰难，难以承受。

程颢对症下药，推出了“常度所需”的办法，即县府选出一些信誉好的富商预先储备当年官府所需之物，到朝廷征收时由县府合理定价卖出。这样，既平抑了物价，减轻了百姓赋税负担，又妥善地解决了县、乡两级政府的财力不足问题，而富商照样可收取可观的利息。如此一举三得，官、商、民无不拍手称快①。

明代著名文学家冯梦龙天启六年（1626）编纂《智囊全集》时，将程颢事功收入第二部《明智》篇，指出，任用富民而不过分剥削他们，实在是最佳的经世安民方法，这种理念正是程颢以廉洁和爱民之心赢得人民信任的体现。

北宋时的山西太原以北是边关，因与契丹、西夏长期对峙，需要驻防重兵，储存大量军需物资。丰富的自然资源为泽州商品经济的发展提供了物质基础，但要使自然资源变成商品，需要泽州商人加工或贩运。

当时，宋廷明令泽州所辖各县，须将所需交纳的税赋，折实后送往边关，这是将赋税与劳役相结合的又一种两税加税，名目为“支移”。由于道路遥远，运输不便，运费是一笔不小的开支。若就近在边境买进，价格又昂贵。

为此，程颢选择了一些信誉好、有实力的商家作为中间商，令其预先以相对便宜的价格购粟于边郡，而后由县民到此购粮交赋，或以款抵粮。而官方则适当对商家予以补助。这样就大大节省了用费，减轻了人民的负担。

另外，程颢还在晋城利用县库储钱对平民进行补助，按照家产的多寡合理调整差役制度，让百姓得到了实惠。有清代《泽州府志·宦绩》为证：

岁有近粟，例移近边，载往则道远，就籴则价高，民以为苦，（程）颢择富而任者，预使贮粟于所以待，费大省②。

上文所说“富而任者”，就是那些慷慨捐资的“黑行与白行商人”。这些商

① （宋）程颢、程颐：《二程集》，中华书局 1981 年版，第 633 页。

② （清）朱樟：《泽州府志》卷三十三《秩官志宦绩》，山西古籍出版社 2001 年版。

人在粮食价格低廉时购买粮食，或于其他地方购买粮食运往边关，并在那里建立仓库储藏起来，等到泽州府需要交纳时，再以低于已经上涨的市场价卖给晋城县府，或经县府授权代其交纳，县衙给他们适当补偿。这样一来，商人的售价虽然不高，但由于数量大，仍可大赚一笔；而民众既可免于劳役之苦，购买价格也相当低廉。

与此同时，程颢在开源方面实施了“劝农桑”等一系列因地制宜的惠民举措。其实，改革陋俗，劝农桑是程颢的一贯主张，他认为只要把社会上的闲散劳动力有效地组织起来，让他们从事农业生产劳动，就完全可以生产出丰盈的粮食和布帛，保证民富国强。他认为，保证国库充实的根本出路就是发展农业生产①。

同时，程颢根据自己多年治县摸索的经验，向朝廷提出了使政权巩固、社会稳定的根本主张——“去三冗”（冗费、冗员、冗兵）。

《二程全书 明道像》

（日本贞享一年刊本）

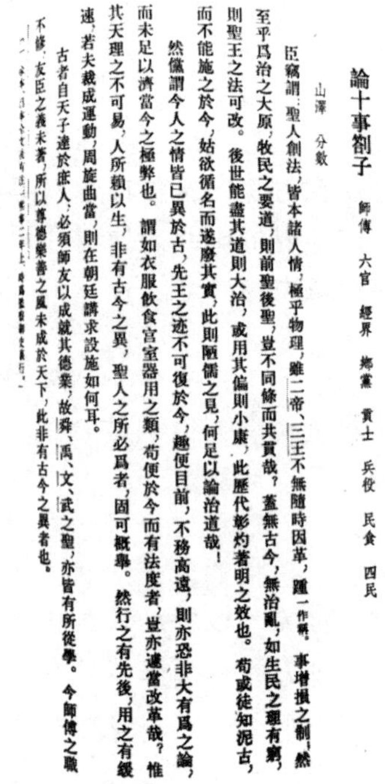

論十事劄子　師傅　六官　經界　鄉黨　貢士　兵役　民食　四民　山澤　分數

臣竊謂：聖人創法，皆本諸人情，極乎物理，雖二帝、三王不無隨時因革，踵一作損。事增損之制，然至乎爲治之大原，牧民之要道，則前聖後聖，豈不同條而共貫哉？蓋無古今，無治亂，如生民之理有窮，則聖王之法可改。後世能盡其道則大治，或用其偏則小康，此歷代彰灼著明之效也。苟或徒知泥古，而不能施之於今，姑欲循名而遂廢其實，此則陋儒之見，何足以論治道哉！然儻謂今人之情皆已異於古，先王之迹不可復於今，趣便目前，不務高遠，則亦恐非大有爲之論，而未足以濟當今之極弊也。謂如衣服飲食宮室器用之類，苟便於今而有法度者，豈亦遽當改革哉？惟其天理之不可易，人所賴以生，非有古今之異，聖人之所必爲者，固可概舉。然行之有先後，用之有緩速，若夫裁成運動，周旋曲當，則在朝廷講求設施如何耳。

古者自天子達於庶人，必須師友以成就其德業，故舜、禹、文、武之聖，亦皆有所從學。今師傅之職不修，友臣之義未著，所以尊德樂善之風未成於天下，此非有古今之異者也。

《二程集》载程颢上书《论十事札子》

---

①（宋）程颢、程颐：《二程集》，中华书局1981年版，第462页。

后来，程颢在京师任职期间，又向当朝皇帝宋神宗赵顼上书《论十事札子》，其中就师傅、六官、经界、乡党、贡士、兵役、民食、四民（即士、农、工、商）、山泽、分数十个方面，阐发自己兴利除弊的主张。他认为，各级官府只要大力实施“劝农桑”，就能从根本上解决社会上“游民”“浮民”等不良现象。否则，就会引起社会动荡。他写道：

古者四民各有常职，而农者十居八九，故衣食易给，而民无所苦困。今京师浮民，数逾百万，游手不可赀度。观其穷蹙辛苦，孤贫疾病，变诈巧伪，以自求生，而常不足以生，日益岁滋，久将若何。①

正是程颢推行了上述一系列的改良措施，在一定程度上使晋城百姓得到了实惠，所以，他“在邑三年，百姓爱之如父母”，离任那天，人们对他依依不舍，群情激动，“哭声震野”。

程颢来到晋城的第二年，写了一篇有趣的《晋城县令题名记》，他发出倡议，希望每一位继任县尹，都能够把自己任内为民所办之实事如实刊载，并将其名字依次刻在他的后面。为此，他特地请工匠雕刻了一块这样的石碑，镌刻了十几位前任县令的名字。碑文曰：

考之案牒，访之吏民，才得自李君而降二十一人，第其岁月先后而记之，俾民观其名而不忘其政，后之人得从而质其是非以为师戒云耳。②

遗憾的是，这块碑不久毁于战火。人们不禁叹息：如果这块石碑能够保存下来，即可从中看到晋城官员们美德善政的传承沿袭，实与名具，千古流芳。

到了清雍正年间，泽州终于盼来了一位有趣的知府朱樟，他居然根据程颢的文集，又重新刻了一块这样的石碑，放在明道祠中，可谓心有灵犀。同时，他编纂的第一套十六卷本《泽州府志》，收入了程颢治县的惠政。

① （宋）程颢、程颐：《二程集》，中华书局1981年版，第454页。

② （宋）程颢、程颐：《二程集》，中华书局1981年版，第461页。

十一、晋城弦歌

焕然一新的古书院赫然而立：一进三大重四合院，大门、二门、讲学堂、藏书阁、祠堂、花园等一应俱全。同时，程颢展素挥毫，亲笔题名“古书院”与“竹韵书声”。

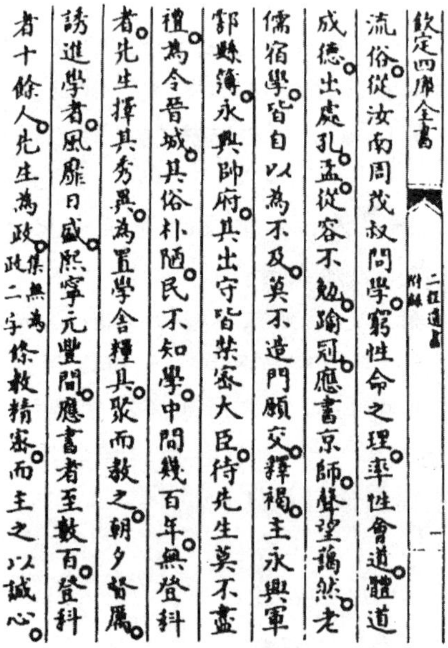

欽定四庫全書　二程遺書　附錄

流俗。從汝南周茂叔問學。窮性命之理。率性會道。體道成德。出處孔孟。從容不勉。踰冠。應書京師。聲望藹然。老儒宿學。皆自以為不及。莫不造門願交。釋褐。主永興軍鄠縣簿。永興帥府。其出守皆禁密大臣。待先生莫不盡禮。為令晉城。其俗朴陋。民不知學。中間幾百年。無登科者。先生擇其秀異。為置學舍糧具。聚而教之。朝夕督厲。誘進學者。風靡日盛。熙寧元豐間。應書者至數百。登科者十餘人。先生為政。集無為政二字條教精密。而主之以誠心。

《二程遗书》载：令晋城兴学科名鼎盛

山西晋城程颢书院故址

乡社建校

北宋开国以后，力革旧弊，昌明文治，在宋学草创期与繁荣期比较活跃的一批代表人物，如范仲淹、石介、欧阳修、王安石、张载、程颢、苏轼等，均是科举仕进的佼佼者。

同时，北宋也不拘一格、量才录用，曾四次科考不第的知名教育家孙复，落榜不落志，讲学授徒二十年，培养了著名学者、国子监直讲石介。孙复的另一高足是北宋“布衣宰相”范纯仁。孙复后出任国子监直讲，曾与胡瑗、石介并称“宋初三先生”。

另一位宋初思想家与教育家胡瑗，七次科考落榜后，创办安定书院传道授徒，经范仲淹举荐曾任国子监直讲等。而屡试不第的苏洵，却培养了苏轼、苏辙两个同科进士儿子，后经韩琦推荐苏洵得官，他们父子三人还跻身唐宋八大家……

只是，宋初有忽视兴建学校的倾向，致使宋初83年间，县学和乡学停滞不前。一些有识之士认为，只注重科举考试而不注重学校教育，就如同不问耕种而只求收获一样，都是短视行为。

程颢对晋城的了解，最初源于战国时期著名军事家吴起笔下描绘的“夏王之国”及《战国策》中的“骐骥之挽盐车，垂头于太行”的情景。晋城置县始于唐武德元年（618），长期为泽州（今山西省晋城市）州治。北宋又在此置高平郡，晋城因此为州、郡、县治所。

北宋名相、时任河东盐运使的陈尧佐，于宋真宗大中祥符八年（1015）上书《清平治太行山札子》，奏请拨款征夫，修建长达一百华里的太行山路，疏通向外运输食盐、煤炭的通道，即今天的大口路。

程颢通过深入调查获知，当时的泽州是国都开封的北部屏障，为了安边，宋廷令泽州各县将税赋折实后送往边关，名为“支移”。而晋城经商与务工者众多，商人分从事煤炭和铁业生产的黑行商人，以及从事商品生产和金融贸易服务的白行商人。大中祥符八年（1015）高平郡冶铁课税多达30万两；河东路转运使陈尧佐因此以地寒、民仰石炭为生为由，曾奏请朝廷免除其税。

北宋时，泽州商人为了牟利，贫民为了谋生，几乎千家万户从事贩运业。北宋宫廷画师宋院人曾到泽州盘山现场写生《盘山图》，描述了当时车水马龙跑贩运的景象。明人刘绩描摹并题诗，其诗见于《泽州府志·艺文》，诗云：

大车盘盘牵不住，小车碌碌推还去。
上孤下孤日千回，不离太行山侧路。
吴盐蜀米寒满箱，乌犍耳湿筋力强。
商人重货不畏虎，饭牛夜夜宿车傍。
妻孥不须念行旅，橐中有金皆乐土。
星餐露栉逐队行，但愿利多无所苦。
道傍往来多折轴，谁人肯戒前车覆？

程颢为此概括道，晋城是资源大县、经济穷县与教育落后县。之所以“几百年无登科者”，根本原因是，大部分穷人为了生存不惜让孩子充当童工；官办县学、乡学与私塾等少得可怜，想上学者也无学可上。

所以，程颢提出了治县当“以教为本”的主张，着手抓县学与乡学的基础建设。在具体措施上，采取官民结合的方式，全力筹资在没有乡学的乡村兴建、改建学校。那时实行县、乡管理体制，因行政乡所辖地域广，故下设一个村民自治的“社”(类似于现在的社区)。

晋城古书院旧址

为筹措资金，程颢除倾全县之力外，还积极争取州郡的支持；而民间筹资主要源于黑行和白行商人。同时长短结合，一方面，将现有的祠堂或庙宇改造成乡学，尽快开学授徒；另一方面，在全县大兴土木新建县、乡、社学等。他三年任内，晋城全县陆续新建或改建了乡校 72 所，社学数十所，实现了诸乡皆有校，学生都能就近上学，即使是穷乡曲巷，也闻弦诵声。

为保证乡学的持续发展，程颢还推行“学田制”，保障乡学的经费来源。全县因此出现了教授斥资为学置田、乡民捐钱买田赠学等助学典范。为解决师资短缺问题，他与幕僚垂范，挤出时间到学校兼课；或县府自聘县学教席，或由学长、优秀学生任助教。当然，一旦发现不称职的教师，便及时更换，防止误人子弟。

同时，程颢特别重视对儿童进行严格的高标准的教育，常常忙里偷闲亲自为孩子“正句读”。有《明道先生行状》为证：“诸乡有校，暇时亲至，召父老而与之语；儿童所读书，亲为正句读；教者不善，则为易置。俗始甚野，不知为学。先生择子弟之秀者，聚而教之……去邑才十余年，而服儒服者盖数百人矣。”①

书院重光

秋天，漫天飘洒着黄叶。程颢办完公务，走出府衙，看到银杏扇状黄叶满枝头，如满树的黄蝴蝶在娉婷摇曳……于是，程颢当即决定到乡间地头去体察一下民风。谁料晴日突变，飞舞的小雨轻轻落在他脸上，滋润到了心田。

不一会儿，雨停了，天气转晴，月牙也悄悄挂上树头，清溪、碧山，在秋夜月华普照之下，格外疏淡清朗。在寂寥空旷的夜色中，听着清溪水流鸣溅，看着朵朵白云掩映着怒放的红叶，心境一片澄明悠然，他信手拈来一首描绘秋天景色的《秋月》：

清溪流过碧山头，空水澄鲜一色秋。
隔断红尘三十里，白云红叶两悠悠。

程颢伫立于河畔，顿时，映入眼帘的不只是一条小河，河畔被砍倒的野草丛中，竟露出一大片长满青苔的墙砖来，引起了他极大的兴趣。这片废墟到底是什么？怎么从来没听说过？沉思片刻后，便返回府衙，想查个究竟。他与师爷翻遍所有的史料，却找不到一点记载。

天刚蒙蒙亮，程颢便带着一班人马来到离城并不远的这片郊野，直到日头快要下山，杂草异物仍未被清除完，但一排排古老的院墙残垣早已呈现眼前，这里无疑曾是一片恢宏的建筑群。它历经风雨洗礼，虽有些毁坏，但依稀可见昔日的雄伟。他忽然茅塞顿开：这很可能就是唐代的书院……

书院肇始于唐朝，文献记载的唐代书院有 34 所。宋朝开国后，有心向学之士便寄身五代遗留的书院攻读。社会上有心兴学的宿儒陆续建成白鹿洞书院、岳麓书院、应天书院，讲学之风日益兴盛。

程颢看着残垣断壁，立刻想到这不就是他要恢复的书院吗？顿时心花怒发。他换上官袍，来到县府，与执掌全县财政的主簿谈及修复书院之事。

主簿见县爷刚建成乡学，又修书院，不禁皱着眉头对程颢说：如今虽是太

① （宋）程颐：《明道先生行状》，《二程集》，中华书局 1981 年版，第 632 页。

平盛世，但每年必须上交朝廷捐税，官府存银也不多，晋城的百姓也并不富裕。要想拿出大笔的银两来修缮书院恐怕是力不从心呀！

主簿是代表朝廷监督县衙开支的，他如此一说，其余的人也跟着附和。程颢扫了众人一眼，语气坚定说：既然如此，那就用我的俸禄来修复好了！随后，匆匆赶回家与夫人彭氏商量捐资建书院之事。

夫人十分理解丈夫的难处，当即翻箱倒柜，把银票和碎银统统交给了丈夫。同时，她立即修书给父兄，希望他们联络亲友鼎力支持。

县爷个人斥资修缮书院的消息传遍晋城乃至泽州城乡，赢得了官民支持。尤其是已经在新建的乡学上学的学生家长，闻讯后陆续加入到修缮书院的队伍中，有手艺的献艺、有钱的出钱、无钱的出力。不久，程颢便筹集到了修复书院所需的银两。

书院基建初具规模后，程颢率领众多百姓来到现场慰问，他不无感慨地说道："此书院依山而建，布局严谨，气势轩昂，又碧波环抱，四周风景秀美，真乃风水宝地也！"

几位热心捐资助学的富人觉得此处潜藏着商机，也前来察看。一位巨贾李司对程颢说："县爷，书院在此修复，届时定会名师云集，学子盈门，可否在此处再修建一些为书院师生服务的民宅?"

"此议甚好！不过，书院与民宅须保持一定的距离，我回头让师爷请人作一个规划，你们到时可按规划在此大兴土木。"程颢回答道。

"好，那我们就静候县爷的佳音了！我想，一旦书院开学，周边的米行、油行、柴行等商行，也会相继开业。"富商满心欢喜地说。

"妙极了！我还强调一条，对此次捐资修复书院的富人，在同等情况下，可优先建宅。"程颢补充说。

因书院的原地基是在平地上用巨大的水磨石垒砌而成，高约一丈，坚固而完好，不费周章，工程进展很快。

两个月后，焕然一新的书院赫然而立。

书院为一进四院，大门、二门、讲学堂、藏书阁、祠堂、花园等一应俱全。只是书院缺少一个名字。程颢眉头一皱，展素挥毫，亲笔题名"古书院"，又书写了"竹韵书声"四字……

工匠们把程颢题名的"古书院"阴刻在一块巨石上，矗立于书院大门，颇有神韵。不久，富人们便按照统一规划，在书院附近相继盖起了一座座商行、书店与民宅，昔日的废墟如今俨然成为一个集镇。

程颢与大家商定，古书院定于治平三年（1066）春正式开学，院长还邀请程颢当天到书院讲第一课。岂料，前一夜里下了一场大雪，通往书院的道路被瑞雪封堵，积雪达二三尺深。可是，城乡的学生五更便起床，边清扫积雪边往书院赶……

凌晨四时许，程颢一打开门，发现室外已是一片皑皑白雪，而且天空中还在飘舞着一只只飞来飞去的“蝴蝶”，于是，他偕同家人披着斗篷、手持铁锹清理通往古书院路上的积雪。直到清晨七点，他才赶到书院，走进讲学堂竟然发现弟子们早已济济一堂。

文风蔚起

程颢每日办完公务便到书院讲学。此消息不胫而走，各地学子纷纷慕名前来求学。郝少年甚至从太原前来拜程颢为师。若干年后，郝氏后人来到晋城为“明道祠”写了一篇《宋两先生祠堂记》，后世广为传诵。

在古书院办学初见成效后，程颢又在今晋城市区的古矿门楼西侧、驿后小学创建了两所书院。清代《晋城县志》记载：古书院在清代以前，向来不列于里甲管理，不出徭役，“以大祲役之后，管有地粮”。

程颢任满离开晋城后，古书院相继更名为宗程书院、崇正书院、明道书院、南书院，泽州一带还立有许多“程子祠”。古书院实行有教无类，因材施教的原则，为朝廷输送了一批精英。自宋熙宁至元丰年间，晋城取得了“应书者至数百，登科者十余人”的骄人成绩。

书院教育人才辈出，激发了优秀学子的学习热情，也促进了晋城乡学的蓬勃发展，形成家家户户争相送子弟读书的良好风气。

北宋著名诗人黄庭坚的叔父黄夷仲曾专程前往晋城考察。当他一睹晋城浓厚的读书风气和人才辈出的情景后，写下了脍炙人口的《劝学》诗：

河东人物气劲豪，泽州学者如牛毛。
大家子弟弄文墨，其次也复挎弓刀。
去年较射九百人，五十八人同赐袍。
今年两科取进士，落钓连引十三鳌。
迩来习俗益趋善，家家户户争相高。
驱儿市上买书读，宁使田间禾不薅。
我因行县饱闻见，访问终日忘勤劳。
太平父老知此否，语汝盛世今难遭。
欲令王民尽知教，先自乡里烝群髦。
古云将相本无种，从今着意鞭儿曹。

程颢振兴晋城教育播下的种子，在晋城一带生根开花结果，而且持续时间长，宋元年间，晋城及泽州教育空前兴盛，除著名的郝经（郝天挺之孙）、元好问等百科全书式的大学者外，这里还走出了李俊民、武明甫、武天佑、武天和、赵安时、赵安荣、陈载等九位状元、上百名进士。陵川武氏一家竟然出了三位状元、一位进士，被喻为“河东四凤”，名扬华夏。

清初著名政治家、学者、《康熙字典》的总裁官陈廷敬在《午亭文编》中写道：“君子之风，得宋程明道先生遗教。”

如今，晋城仍保存着明代天启年间“古书院”石碣，古意盎然，那挺拔的柱石，那平整的条石石级，无一不透露出人们对书院文化的景仰之情。

县令办书院，书院育县令。清代顺治年间，古书院培育了一位县令马麟友，他于清顺治辛丑年（1661），在古书院修建了明道祠，后被毁。接着，晋元彦于嘉庆三年（1799）集合村中其他成员重修程子祠，耗资颇丰，临终时仍未竣工，其子继承晋元彦遗训，将程子祠修建完成。同时，他写了一首《谒明道先生祠》，诗云：

一代尊儒吏，古祠荒径通。
字应书贾相，碑自记文忠。
野处牛毛细，和声鹤唳空。
登堂怀俎豆，谁与坐春风？

时至1975年，人们在古书院花园的旧址发现了一通石碑，上书“宋晋城令程明道夫子之神位”，又一通嘉庆二十四年（1820）所刻的石碑上写道：“明道祠者，宋程明道先生讲学地也。斯地旧无居人，因就教而遂家焉，故是村特以古书院为名。”此外，笔法刚劲有力的“竹韵书声”“松风水月”等石刻，以及文昌阁至今仍保存完好，浸透出厚重的文化情怀。

振兴州学

宋英宗治平四年（1067）正月，疾病缠身的英宗英年早逝，20岁的皇太子赵顼即位。赵顼（1048—1085），即宋神宗，原名仲鍼，英宗赵曙长子，生母为高氏。他即位后，将次年（1068）改为熙宁元年。

神宗赵顼为了哀悼英宗，准备举行隆重的国葬典礼。一直反对厚葬的程颐征得时任知州的父亲程珦同意后，代父上书年轻皇帝，冀能带头推行薄葬，他在《为家君上神宗皇帝论薄葬书》中写道：“臣观秦、汉而下，为帝王者……鲜克保完其陵墓者，其故何哉？独魏文帝、唐太宗所传嗣君，……不苟为崇奢侈以循己意，乃以安亲为心，可谓至孝矣。汉武之葬，霍光秉政，暗于大体，奢侈过度，致使陵中不复容物，赤眉之乱，遂见发掘。识者谓赤眉之暴，无异光自为之，为其不能深虑以致后害也。二君从俭，后世不谓其不孝；霍光厚葬，千古不免为罪人。”①

神宗登基这一年，治县十年的程颢奉调京师任著作佐郎，由从九品晋升到有职无权的正八品寄禄官。在宋初，实行官名与职务分离制，如尚书、著作佐郎等皆有官名而不担任实职，称寄禄官；他们非有皇帝特命，一般不管本部门事务。

同在这一年，程珦知磁州（今邯郸市磁县）任满，先调任刑部司门郎中，不久又调任汉州（今四川省广汉市）知州，由于蜀道艰难，二程因此专程陪护老父亲上任。

程颢见父亲身体健康、新环境尚可，仍由程颐随侍父亲，自己返京履新。

程珦初知汉州，在程颐的陪同下，访问贤达，深入调查，探寻治州良方。次年，程珦听说闻名于仕林的进士宇文之邵（1029—1082，字公南）刚刚辞官回家赋闲。宇文氏任文州曲水县令期间，为官爱民，面对转运使擅自提价强卖轻缣行为，敢于据理直言拒绝。熙宁初年变法期间，因仗义执言，上书神宗未被采纳，官至太子中允时归隐还乡。他年未四十，常自强于学，曾受到司马光、范镇等当朝名士的推重。

为此，程珦亲自上门拜访宇文之邵，请其出任州学教授；同时，责成程颐代奏朝廷，冀大力兴学育才。程颐遂代父上书《为家君请宇文中允典汉州学书》《再书》两个奏折，指出：“往者朝廷深念其然，究思治本，诏京师至于郡县皆立学。虽未能如古之时，比屋人人而教之，可以教为士者矣。诚能教之由士始，使为士者明伦理而安德义，知治乱之道、政化之本，处足以为乡里法，出可以备朝廷用；如是，则虽未能详备如古之教，亦得其大端近古而有渐矣。”②

宇文之邵认为程珦教育兴州，自己责无旁贷，欣然主持汉州州学，学子纷纷前来求学，汉州文风蔚起。有《方舆胜览》为证，其中写道：“公（程珦）为郡（汉州）日，尝以书历请绵竹宇文之邵与学，士人从学者甚众。”

可惜，在汉州治校治学十五年后，宇文之邵于元丰五年（1082）病逝，年仅 53 岁。司马光赞曰：“吾闻志不行，顾禄位如锱铢；道不同，视富贵如土芥。今于之邵见之矣。”范镇亦云：“之邵位下而言高，学富而行笃，少我二十一岁而先我挂冠，使吾慊然。”

在随侍汉州期间，程颐还代父亲拟了考试州学士子的试题《为家君作试汉州学策问三首》，就治学之道、儒学经典要义和为政之方三个方面进行阐发。在《为家君作试汉州学策问三首》中，程颐将“明道”放在首位，提出：“士之所

---

① （宋）程颢、程颐：《二程集》，中华书局 1981 年版，第 528 页。

② （宋）程颢、程颐：《二程集》，中华书局 1981 年版，第 593—594 页。

以贵乎人伦，就在于明道”①。

《二程全书　伊川像》（日本贞享一年刊本）

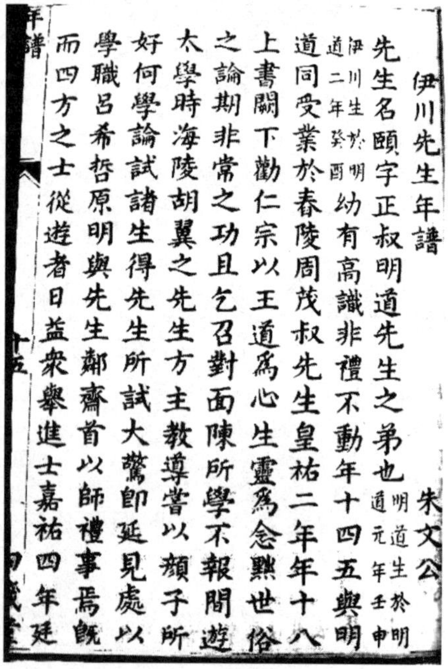
伊川先生年譜　朱文公

先生名頤字正叔明道先生之弟也明道生於明道元年壬申伊川生於明道二年癸酉幼有高識非禮不動年十四五與明道同受業於春陵周茂叔先生皇祐二年年十八上書闕下勸仁宗以王道為心生靈為念黜世俗之論期非常之功且乞召對面陳所學不報閒遊太學時海陵胡翼之先生方主教導嘗以顏子所好何學論試諸生得先生所試大驚即延見處以學職呂希哲原明與先生鄰齋首以師禮事焉既而四方之士從遊者日益衆舉進士嘉祐四年廷

朱熹《伊川先生年谱》（四箴堂《程子宗谱》，光绪二十年刻本）

关于州学文风与学风，程颐既反对文学的“华靡”“新奇”，又反对经术之学的泥执立异，独重道统。强调为学之道在修身谨行，此为儒之本。夫古人之学贵专，不以泛滥为贤。“以一郡而言，守之职岂不以养人为本？然而民产不置，何术以济乎困穷？吏繇有数，何道以宽乎力役？比闾无法，教化何由而可行？衣食不足，风俗何缘而可厚？”②

程颐指出，今之学者有三弊：一溺于文章，二牵于训诂，三惑于异端。苟无此三者，则将何归？必趋于道矣。他强调学者做学问应求大“道”，即整体性。他特别重视“儒者之学”，将其置于头等位置，而应把“溺于文章”“牵于训诂”“惑于异端”等视为“大弊”，与“儒者之学”对立起来。他担心“文以害道”，文、道分裂，崇道而斥文，走向极端。

熙宁元年（1068）五月，人生的三大不幸之一的中年丧子，降临到 37 岁的

① （宋）程颢、程颐：《二程集》，中华书局 1981 年版，第 579 页。

② （宋）程颢、程颐：《二程集》，中华书局 1981 年版，第 580—581 页。

程颢头上，他年仅5岁的次子端悫（1064—1068），竟暴病早夭了。他挥泪撰写了《程邵公墓志》，追忆其弟曾希望爱子继承学问的往事。同时，他还要劝慰痛不欲生的夫人，并在墓志中善于用其无死哪有生之天理观点，安慰亲友节哀顺变。他写道：

邵公，广平程颢之次子也，……吾弟颐亦以斯文为己任，尝意是儿当世吾兄弟之学。今则已矣，则吾之恸，亦不特以父子之亲也。夫动静者阴阳之本，况五气交运，则益参差不齐矣！赋生之类宜其杂揉者众，而精一者间或值焉。以其间值之难，则其数或不能长，亦宜矣。吾儿其得气之精一而数之局者欤？天理然矣，吾何言哉！以其葬日之迫，刊刻之不暇也，惟砂书于砖，以志其圹①。

程颢的四传弟子朱熹用理学的观点解读先师的这篇墓志指出，全文用周子《太极图说》及《通书》中意，“盖理则粹纯至善，而气则杂糅不齐”。

① （宋）程颢、程颐：《二程集》，中华书局1981年版，第495页。

十二、变法钦差

王安石变法之初，程颢与同年苏辙分别出任制置三司条例司的相度利害官与检详文字官。未几，苏辙因反对“与民争利”而请辞，退出中枢；程颢留任，被提拔为监察御史。他坚守道德，履行钦差大臣职责，为民请命。

史书中的程颢像、朱熹赞诗

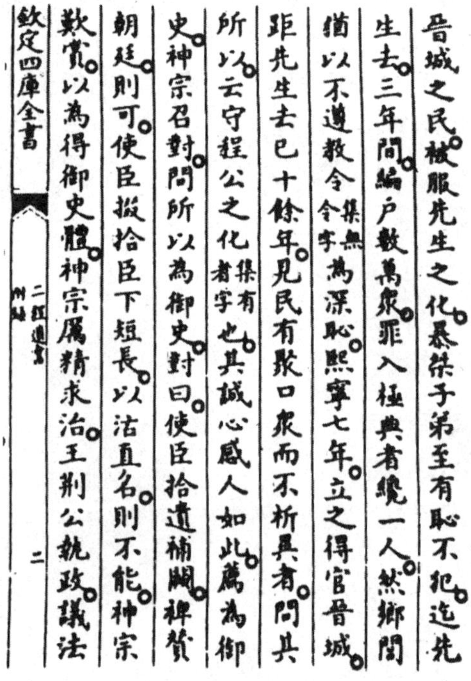

晉城之民被服先生之化暴桀子弟至有恥不犯迄先生去三年間編戶數萬衆罪入極典者纔一人然鄉閭猶以不遵教令（集無令字）為深恥熙寧七年立之得官晉城距先生去已十餘年見民有聚口衆而不析異者問其所以云守程公之化（集有者字）也其誠心感人如此薦為御史神宗召對問所以為御史對曰使臣拾遺補闕裨贊朝廷則可使臣掇拾臣下短長以沽直名則不能神宗歎賞以為得御史體神宗屬精求治王荆公執政議法

欽定四庫全書　二程遺書　二

《二程遗书》载“程颢与宋神宗召对”

兴教固本

熙宁开元（1068），是北宋划时代的一年。年初，一心励精图治、重振赵宋江山的新皇赵顼，身着英姿勃发的全副戎装前去向皇太后请安，意在表明他对文治武功的向往，对于国富兵强的渴望。

赵顼对太后说，他在治平三年（1066）十二月被立为皇太子后，就思考光复燕云十六州良策！如今登基，他决心励精图治，与时俱进。

皇太后以母亲的慈爱，希望年轻的皇儿不必激进，多向朝中重臣请教，谋定后动，为天下臣民谋福祉，切忌贪军功！

于是，雄心勃勃的赵顼怀着崇敬的心情，频繁向朝中重臣、各界贤达问计。同时，新皇昭告天下，征询治国良策。朝中大臣闻风响应，著作佐郎程颢于熙宁元年（1068）上半年上奏疏《请修学校尊师儒取士札子》，提出了“朝廷当以厚礼延聘”有德之士，考选贤能，凡公卿大夫子弟皆入学；不选于学者，不授以职等主张。他指出：“治天下以正风俗，得贤才为本。宋兴百余年，而教化未大醇，人情未尽美，士人微谦退之节，乡闾无廉耻之行，刑虽繁而奸不止，官虽冗而材不足者，此盖学校之不修，师儒之不尊，无以风劝养励之使然耳。窃以去圣久远，师道不立，儒者之学几于废熄，惟朝廷崇尚教育之，则不日而复。古者一道德以同俗，苟师学不正，则道德何从而一？方今人执私见，家为异说，支离经训，无复统一，道之不明不行，乃在于此。”①

同时，程颢直陈北宋开国百年来忽视学校教育造成的种种弊端：一是政治人才短缺，“刑虽繁而奸不止，官虽冗而材不足”；二是社会风气败坏，人心不古，“人情未尽美，士人微谦退之节，乡闾无廉耻之行”；三是思想混乱，“儒者之学几于废熄”，学校教学质量差，造成儒学正统地位动摇。所以，兴学是当下的当务之急。

这份 1 500 字札子针对性强，内容充实，颇具可操作性。首先在礼遇贤儒方面，“高蹈之士，朝廷当厚礼延聘，其余命州县敦遣，萃于京师，馆之宽闲之宇，丰其廪饩，恤其家之有无，以大臣之贤典领其事，俾群儒朝夕相与讲明正学”。

其次，学校教育，师资是关键，选择的标准是德业并举。“凡有明先王之道，德业充备，足为师表者，其次有笃志好学、材良行修者，皆以名闻。”对于天子脚下的太学，择其学业大明、德义可尊者，为太学之师；对于州郡、县学，则择其道业之成、可为人师者，使教于县之学，如州郡之制。

程颢强调，须将性行端洁、居家孝悌、廉耻礼逊、通明学业与晓达治道者，作为学校老师道德标准的必备条件。在州县之学，则先使其乡里长老，次及学众推之。在太学者，先使其同党，次及博士推之。其学之师与州县之长，无或专其私。苟不以实，其怀奸罔上者，师长皆除其仕籍，终身不齿。失者亦夺官二等，勿以赦及去职论。州县之长，莅事未满半岁者，皆不荐士，师皆取学者成否之分数为之赏罚。

---

①（宋）程颢：《请修学校尊师儒取士札子》，《二程遗书》卷一，上海古籍出版社 1992 年版，第 448 页。

在学业标准上，须学为人师，即“笃志好学、材良行修”“学业大明”，此乃一位教师最基本文化水平要求。只有这样，才能培养品学兼优的学生，不误人子弟。

再次，健全各级学校管理机制，奖优汰劣。在教育内容上，突出尊师重教、读经明理、以德为本等特色。在诸多儒家经典中，二程主张以《论语》《孟子》《中庸》《大学》的“四书”为重点，读好《诗经》《书经》《礼记》《春秋》《易经》等“五经”。在学制上，年限规定“国子自入学，中外通及七年，或太学五年”。

同时，奖罚分明：择士之愿学、民之俊秀者入学，皆优其廪给而蠲其身役。凡其有父母骨肉之养者，亦通其优游往来，以察其行；年及三十以上，所学不成者，辨而为二等；上者听授以管库之任，自非其后学业修进，中于论选，则不复使亲民政。其下者罢归①。

最后，强调广兴学校，实行德业并举、以德为本的教化。程颢指出，既一以道德仁义教养之，又专以行实材学升进，去其声律小碎、糊名誊录、一切无义理之弊，不数年间，学者靡然丕变矣。岂惟得士浸广，天下风俗将日入醇正，王化之本、帝王之道②！

神宗接到程颢上书的札子后，觉得情理交融，对策具体，不愧为“牛榜”俊杰，更加坚定了他要将“祖宗之法”与时俱进的决心。此乃后来神宗多次召程颢进宫，毕恭毕敬地倾听其建言的前因。

阅读程颢的札子，也让神宗联想到王安石的“万言书”。他为此调阅宫廷存档的相关札子，重新阅读了王安石嘉祐三年（1058）《上仁宗皇帝言事书》，他十分赞赏王安石在讲到增加吏禄而恐“财用不足”时所说：“臣于财利，固未尝学，然窃观前世治财之大略矣。盖因天下之利，以生天下之财；取天下之财，以供天下之费。自古治世，未尝以不足为天下之公患也。患在治财无其道耳。……诚能理财以其道，而通其变，臣虽愚，固知增吏禄不足以伤经费也。”③

问计元老

王安石针对北宋王朝“内则不能无以社稷为忧，外则不能无惧于夷狄”的

---

①（宋）程颢：《请修学校尊师儒取士札子》，《二程遗书》，上海古籍出版社1992年版，第449—450页。

②（宋）程颢：《请修学校尊师儒取士札子》，《二程遗书》，上海古籍出版社1992年版，第450页。

③ 刘学锴、余恕诚：《王安石文选译》，人民文学出版社1998年版，第9页。

形势，曾大胆提出全面革新的主张，但未被仁宗采纳。为此，神宗分别询问文彦博、韩琦与欧阳修多位元老，这到底是什么原因。

四朝元老文彦博首先对神宗说，早在宋仁宗皇祐初年（1051），王安石在舒州任通判期间，政绩斐然，颇受百姓爱戴。首任同平章事（宰相）的文彦博得知后，遂以王安石恬淡名利、遵纪守道，向仁宗举荐，请求朝廷加以褒奖、提拔到京城任职。经文彦博协调，此次如果王安石晋京任职，史馆、昭文馆、集贤院、秘阁这些在皇宫内院的单位由他挑。按说，这是求之不得的天赐良机。可是，王安石竟婉拒赴任。文彦博对此既感遗憾，亦对其高尚品行表示赞赏。

文坛领袖欧阳修与王安石的交集，则是先阅其文，后见其人。那是宋仁宗景祐四年（1037），王安石随父入京，同乡好友曾巩特将王安石的诗文推荐给老师欧阳修，欧阳修阅后赞叹不已！

五年后的庆历二年（1042）春，22 岁的王安石参加科考，主考官是宰相诗人晏殊，以及“别头试”考官欧阳修。此次科考，经晏殊与欧阳修等考官认真评卷、排序，觉得王安石的文章气势磅礴，无人能出其右，被列为第一名（状元）人选。王珪、韩绛名列二、三名，而曾巩则名落孙山。

欧阳修画像

王安石画像

主考官将排名人选及考生试卷呈报给仁宗皇帝，仁宗认为王安石的策论用典“孺子其朋”，有犯上与影射朝中南北党朋之嫌，遂提笔御批：“此语忌，不可魁天下!”王安石遂从状元跌落到第四名，因王珪、韩绛是官员应试，按例不能晋升状元，只有把第四名杨寘拔为状元了。史称“杨寘榜”事件。

欧阳修为此设家宴款待小老乡王安石，还亲笔题诗《赠王介甫》相赠。堂堂文坛领袖欧阳修竟称文学青年王安石的诗可与“诗仙”、唐代“翰林供奉”李白比肩，散文又能同“百代文宗”、唐代吏部侍郎韩愈媲美。诗云:

翰林风月三千首，吏部文章二百年。
老去自怜心尚在，后来谁与子争先。
朱门歌舞争新态，绿绮尘埃拂旧弦。
常恨闻名不相识，相逢樽酒盍留连?

当欧阳修举荐王安石为谏官时，王安石实话实说:京城虽好，但物价贵、薪水低，而家中父亲早逝，祖母年迈，母亲多病，妹妹也快要嫁人了，难以周济。十分惜才的欧阳修以王安石须俸禄养家为由，上奏任命其为待遇优厚、枢密院统领的群牧司(主管国家公用马匹的机构)判官。此时的群牧司中群英荟萃，“包青天”包拯是首席长官，还有同任判官的司马光。不久，王安石又出任江南富庶之地常州的知州，与周敦颐同事相知。

作为两朝顾命定策元勋，韩琦认为王安石颇具书生意气。韩知扬州时，王安石在其手下任佥判。王安石是个嗜书如命的“夜猫子”，每晚读书至凌晨三四点才休息，清晨来不及洗漱就匆忙上班。韩琦疑其不检点，夜饮放荡，对他说:“你年纪轻轻，应该认真读书。”不愿与人交流的王安石，未作任何解释，只是对人说:“韩公不知我!”

此后，宰相韩琦曾多次主动向王安石伸出橄榄枝，可是，王安石就是不领情。尽管王安石后来担任知制诰及纠察京刑狱，本应与韩琦携手合作，但两人的关系却逐渐疏远。

当时，朝廷有诏令规定:王安石这个负责给皇帝起草诏书的知制诰，只要如实录写即可，不能提出包括字词句之类的任何意见。特立独行的王安石觉得这样的规定不合理。嘉祐八年(1063)，王安石因母亲病逝辞官回江宁丁忧两年，此后，借故不愿回朝复职，宰相韩琦屡次征召其返京任职，他均以自己身体有病为由，拒绝入朝。

此次，当神宗谈到如果让王安石担任执政是否称职时，韩琦说，安石为翰林学士有余，处辅弼之地则不可。只有三朝宰相曾公亮说，神宗与王安石都是具有振兴大宋伟业抱负的明君能臣，此乃天降大任于斯人也。

神宗问了一圈下来，除曾公亮外，大都令他失望，反而身边的韩维的观点切合心意。原来，在神宗为皇太子时，韩维任皇太子的左右手——东宫右庶子，神宗与韩维抵足长谈时，韩维的话总能让其豁然开朗。当神宗由衷称赞他时，韩维回道：臣的这些见解，都是跟知音王安石学的。原来韩维任扬州通判时，刚入仕途的王安石为其下属扬州判官。但他们一见如故，谈读书，谈抱负，谈朝政之得失。韩维甚至向知州韩琦举荐道：安石之才不在管仲之下，未来可期。

神宗采纳韩维的建议，拟重用王安石，又恐其拒绝，于是试探性地先任命王安石为江宁知府。王安石仍以养病为由不肯奉诏，可是，当神宗任命王进京担任翰林学士时，大多数朝中大臣认为，王安石也许不会来，或者会请辞再三后上任。哪知，王安石此次没讲客套，立马谢主隆恩，走马上任。

入条例司

干了两年著作佐郎的闲职后，熙宁二年（1069）阳春三月，38岁的程颢与同科进士苏辙等人，被遴选进入北宋中央新设的决策机构——制置三司条例司（简称“条例司”）工作，跻身“熙宁变法”团队。

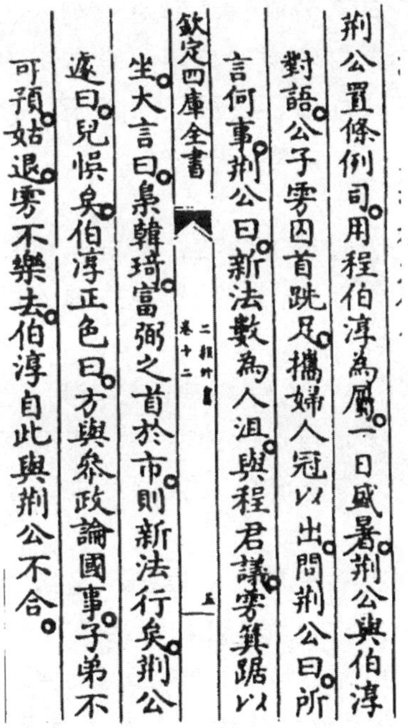

荆公置條例司。用程伯淳爲屬。一日盛暑。荆公與伯淳對語。公子雱囚首跣足。攜婦人冠以出。問荆公曰。所言何事。荆公曰。新法數爲人沮。與程君議。雱箕踞以

欽定四庫全書　二程外書 卷十二　五

坐。大言曰。梟韓琦富弼之首於市。則新法行矣。荆公遽曰。兒悞矣。伯淳正色曰。方與參政論國事。子弟不可預。姑退。雱不樂去。伯淳自此與荆公不合。

《二程外书》载程明道与王安石谈新法

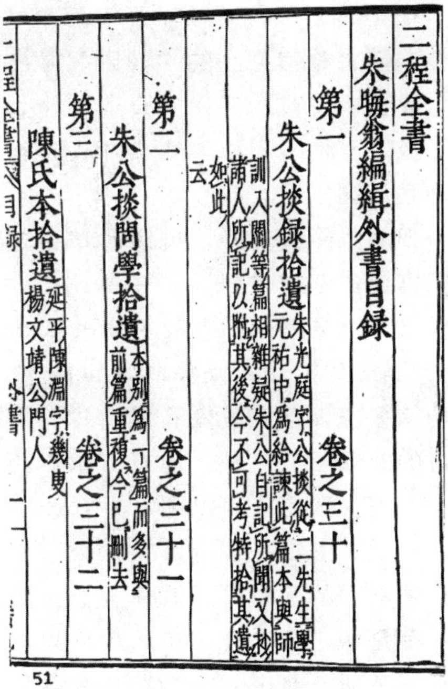

二程全書

朱晦翁編緝外書目録

第一　卷之三十

朱公掞録拾遺 朱光庭字公掞從二先生學元祐中爲給諫此篇本與師訓入闗等篇相雜疑朱公自記所聞又抄諸人所記以附其後今不可考特拾其遺如此云

第二　卷之三十一

朱公掞問學拾遺 本别爲一篇而多與前篇重複今已删去

第三　卷之三十二

陳氏本拾遺 延平陳淵字幾叟楊文靖公門人

51

《二程全书》卷三十：朱公掞录拾遗

北宋中央实行“二府三司制”，掌管政务的中书门下（政事堂、东府）和掌管军事的枢密院（西府）共同行使行政领导权，并称“二府”，为最高国务机关。即中书门下长官行使宰相权，参知政事为副宰相；枢密院长官即枢密使，

地位略低于宰相。枢密院正副长官与副宰相一起并称“执政”。财政大权由度支、盐铁、户部三司掌控。二府三司将政务、财政、军政等三权分开，相互制衡，裁决大权由皇帝掌控。

熙宁二年（1069）早春，赖神宗支持，右谏议大夫、参知政事（副宰相）王安石决定另起炉灶设置新机构，即于二月二十七日正式设立了中央政府改革决策机构——制置三司条例司，由王安石与知枢密院事陈升之同领，凌驾于三司之上，二院也不得过问。

在程颢看来，神宗对王安石充满了期待。此前，神宗诏令王安石为翰林学士，王安石于熙宁元年四月走马上任。神宗与王安石面晤时，急切地问：当今治国之道，当以何为先？

“以择术为始。”由于有上书宋仁宗的前车之鉴，初次晤面新主的王安石，在尚未摸清当今皇帝的想法时，即云天雾地与之周旋。

在稍后上书的《本朝百年无事札子》中，王安石仍将科举和吏治列入治国首位，而将神宗关注的“理财”放在最后。他首先奉劝神宗革除科举和吏治之弊，抨击以诗赋、记诵求天下之士，而无学校养成之法，农民坏于徭役、兵士杂于疲老等消极现象。后文才说道：“其于理财大抵无法，故虽俭约而民不富，虽忧勤而国不强。”①

根据程颢的观察，锐意改革的赵顼之所以大胆起用王安石，是因为他长期任职富庶的江南常州、江宁等州郡，具有地方工作经验；又是修身齐家的道德楷模；更重要的是他具有锐意改革精神，善于领会皇帝的旨意。

“当今理财最为急务，养兵备边，府库不可不丰，大臣共宜留意节用。”聆听神宗多次训示，王安石觉得这个皇帝不一般。该是自己大显身手、实现新皇抱负的时候了！于是，他对《本朝百年无事札子》中条陈的对策顺序进行了调整，极力主张变法“以理财为方今先急”。

一次，王安石告诉属官程颢，真正促使神宗决心重用他的原因，是缘于熙宁变法前夕的延和殿前翰林学士交锋，《神宗实录》称之为“延和殿廷辩”。

那是熙宁元年（1068）八月某日，神宗于延和殿召见翰林学士司马光、王安石、王珪，商议南郊祭祀及赏赐事宜。此前，宰相曾公亮代表二府大臣上奏，鉴于国库紧张，愿放弃赏赐以分担皇帝之忧。

司马光与王安石，两位翰林学士，同为朝廷文书起草与皇帝顾问，昔日好友，性情相投。司马光，学识渊博，曾九次辞让知制诰之职；王安石，才华横

---

① 刘学锴：《本朝百年无事札子》，《王安石文选译》，人民文学出版社 1998 年版，第 51 页。

溢，经欧阳修推荐，历任翰林学士、御史中丞。然而，在延和殿上，这两位昔日知己却因治国理念上的深刻分歧，围绕着皇帝的南郊赏赐，当着皇帝的面展开了激烈的辩论，双方所展现出的是治国观念上的深刻分歧。

司马光首先说，如今国家用度不足，灾害又接连而至，财政状况雪上加霜，二府大臣主动辞让南郊赏赐，陛下自当接受，以成全他们的忠君爱国之心。

王安石则慷慨陈词：我们堂堂大宋帝国乃富有四海之地，南郊赏赐体现的是皇恩浩荡，不必省几个小钱。的确，当时北宋经济发达，粮食与钢铁产量等均超过了盛唐甚至欧洲。所谓“积贫”是指财政困难，而造成国库空虚的病根是冗兵、冗官、冗费。

据李楠著《北宋王朝》载，宋朝国家财政收入是盛唐时的三倍，是明朝最盛时期的五倍。而北宋国家一年中的国库收入相当于十八世纪欧洲的总产值。宋代国土面积比汉唐小，但其垦田高达 7.5 亿亩，超过了汉唐的垦田数；亩产稻谷六七石。据孙隆基《鸟瞰中国千年史》载，熙宁五年（1072）华北钢铁业年产量 125 万吨；欧美最强大的英国 1788 年仅 7.6 万吨。

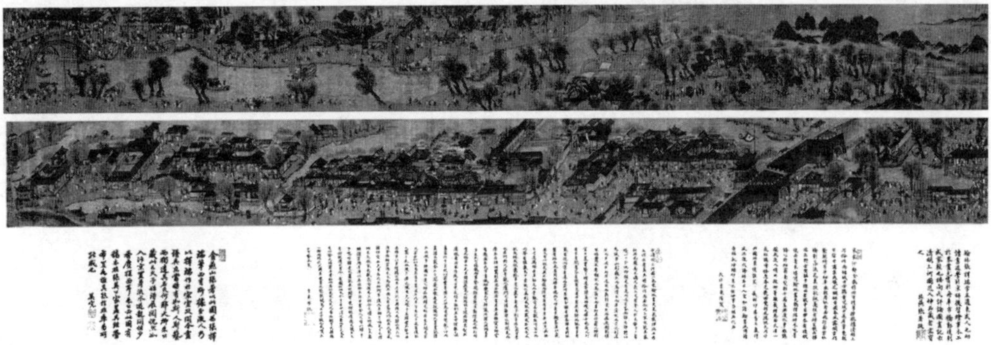

《清明上河图》

王安石说：“二府辞让赏赐，让我联想到唐朝常衮请求辞让宰相优厚午餐一事。时人称，此乃常衮自知配不上宰相高位所致；如今二府辞赏赐，似有常衮第二之嫌？而且国库空虚，非今日当务之急。”

司马光反问道：“国库空虚，从真宗末年就已经开始，积重难返，你凭什么说这不是急务呢？”

王安石从容以对：“造成国库亏空，是因为没有善于理财的能臣。”

司马光奋起反击：“王大人之所谓善于理财者，只不过是巧立名目，在百姓头上增加捐税而已。”

王安石说：“善于理财者，民不加赋而国用饶。”

司马光反问道:“岂有此理!天地所生的钱财万物,不在民,就在官。”

上述两句话反映了司马光与王安石的理财观念差异。

司马光继续说:“你所说的善于理财,说穿了就是与民争利,比增加捐税还坏。就是当年桑弘羊蒙骗汉武帝的那套说辞。”

王安石振振有词地说:“天变不足畏,祖宗不足法,人言不足恤!当朝要变法图强,有圣上明断,有你司马大人监督,难道变法会重蹈覆辙吗?”

司马光针锋相对道:“怎么不会?桑弘羊就是打着增加国库收入的旗号来骗取汉武帝的信任。他首先推行了一整套国家垄断性质的经营活动,将铸钱、冶铁、制盐、卖酒等全部收归国有,实行专卖;如果王大人变法,全盘照搬桑弘羊的做法,其后果也就可想而知了!”

王安石寸步不让说:“我所说的变法图强就是皇上要实现的富国强兵的愿景,与桑弘羊有着本质区别。时下,抚内、御外,需要充盈的国库作支撑,所以国家的当务之急是理财,而理财的当务之急是发展生产。要发展生产,就要解除生产者的疾苦,抑制兼并,变风俗,立法度,正是当今之急务。”

实际上,正是桑弘羊运用经济杠杆保障国库丰盈,为汉武帝实现霸业奠定了经济基础。桑弘羊的改革是成功的,只是他个人成为牺牲品。而长期在商业发达的江宁执政、生活的王安石,在财政方面具有理论支撑与丰富的实践经验,司马光与之相比就相形见绌了。

由于彼此在治国理念上截然相反:一个坚持变法,一个坚持“祖宗之法不可变”;一个主张开源、兴利,一个主张节流、尚德,因此二人上演了一出“巅峰对决”。

这时,王珪以满脸谦卑开口说:“二位一片赤诚苍天可鉴,最后请陛下圣裁!”

神宗看到大臣们如此为国献计献策,十分开心。他在熙宁元年冬的南郊大典上,重赏了大臣,正所谓“国有至急之费,而郊祀之赏不废于百官”。

司马光与王安石接下来朝议时,双方争论不断升级,分别以“拗相公”与“司马牛”名震一时!

其实,“司马牛”确有其人,原指孔子七十二贤人弟子之司马耕,一名犁,字子牛。

认同变法

王安石深感神宗对自己的知遇之恩,从容地将“兴利”的改革方案和盘托出。他强调“风俗、法度”的重要,并力劝神宗“诚欲用臣,恐不宜遽”。同时,神宗向四朝元老文彦博垂询意见时,文亦云,养兵备边,府库不可不丰。于是,神宗擢用王安石为右谏议大夫、参知政事。

王安石与神宗为实现富国强兵的远大抱负，一拍即合。随着设立制置三司条例司，变法的帷幕正式拉开。史称“熙宁变法”或“王安石变法”。

同时，神宗新任了“生老病死苦”五位执政大臣。“生”，当然是生机勃勃地筹措变法的王安石；“老”，即年近古稀不倒翁，推荐王安石执政的三朝宰相曾公亮；“病”指三朝宰相富弼，因反对变法称病不出；“死”是指执政唐介，因与王安石争锋，急火攻心而死；“苦”指赵抃，因反对变法又无力回天而叫苦不迭。这一执政团队，因曾公亮充当和事佬，客观上支持了王安石改革。

王安石将国家“积贫”“积弱”的社会危机，归咎于朝廷没有“法先王以政”。认为只有根据先王之政的精神实质，结合北宋的实际，实行变法革新，才能“兴利”，摆脱大宋的经济危机。所以，他以经世致用的事功之学设计改革。

熙宁变法的总目标是富国强兵，总方针是“理财”“通变”。变革的具体措施是通过推行“均输法”“农田水利法”“青苗法”“免役法”“市易法”“方田均税法”等新法，“摧抑兼并，均济贫乏”，以抑制为富不仁的地主与富商，减轻农民负担，增加国家税收，达到国富民强之目的。

“法古变今，理财足用”的变法宗旨令神宗心动。每次朝议过后，神宗总要单独留王安石面谈，往往是意犹未尽。神宗意欲为宋代的唐太宗，视王安石为诸葛亮、魏徵，而王安石竟以皋、夔、稷、契自况。难怪有人说，上有急功近名之主，斯下有矫情立异之臣，如神宗之于王安石是已。

在《初除中丞上殿札子》中，司马光向宋神宗提出君主应具备的“三德”：仁、明、武，以及治国的“六言”原则：官人、信赏、必罚。他强调，仁宗、英宗亦受此六言之献，而用人之道尤为关键。

司马光强调“用人”对国家和社会治理的重要性，用好至公至明之人是领导者治国的唯一办法。说到底，领导者只有出于公心，明察是非优劣，不以亲疏贵贱或个人喜怒好恶来做判断，才能选拔到合适的人才。

程颢进入王安石改革团队后，他将王安石改革概括为“耕”（农业）、“战”（国防）、“商”（经济与财政）三个方面的改革。“耕”“战”是效法秦朝的商鞅变法，“商”则是学习西汉时期的桑弘羊改革，即摧抑兼并，均济贫乏。

其实，程颢在江宁府上元县治县期间，为解决“水袋子”问题而兴修水利；在晋城治县时，又曾利用商品经济杠杆，在减少百姓税赋，兴建县学、乡学等方面进行了改革。所以，他总体上是支持王安石变法的，希望通过自己加入改革团队，让改革的内容与措施尽可能完善。

在程颢看来，王安石与司马光这两位大学士都主张进行财政改革，只是分别着眼于“开源”与“节流”。开源之法主要希望通过改革，达到“国用可足，民财不匮”的目的；节流之法是裁减冗费，限制君臣大肆挥霍浪费。

事实上，二程一贯主张“节流”，程颢早在参加科举考试的试卷中，就指出北宋王朝的各种开支费用“用之无节，取之无时”，造成“今财之匮，食之冗，农之困，货愈笼，文愈密者，弊虽烦”①。

作为改革大员，程颢在《论十事札子》中一针见血地指出，巧取铺张浪费，已到了竭泽而渔的地步！只有修明虞衡制度，开源节流，保护生态平衡，才是可长可久之道②。

神宗召见

熙宁二年（1069）八月，经三朝元老、御史中丞吕公著推荐，程颢担任“太子中允”权“监察御史里行”。他缘何有两个头衔？这是因为宋代实行官、职与差遣相分离的制度，即官员的品级、俸禄与实际职务相分离。程颢担任的太子中允只是享受六品官阶待遇的虚衔（寄禄官），他的实际工作是行使监察御史职能——监察御史里行。

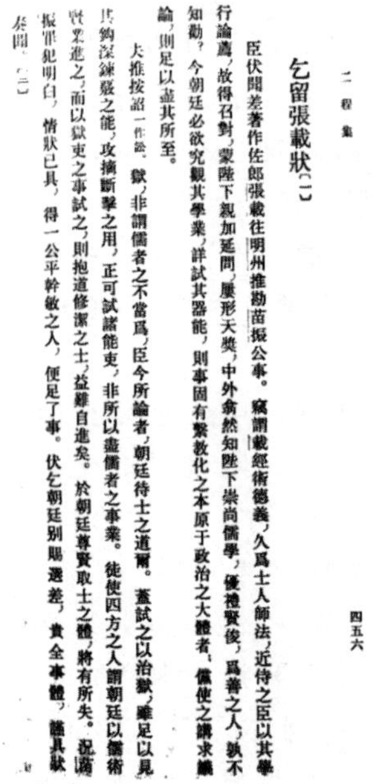

二程集　　四五六

乞留張載狀〔一〕

臣伏聞差著作佐郎張載往明州推勘苗振公事。竊謂載經術德義，久爲士人師法，近侍之臣以其學行論薦，故得召對，蒙陛下親加延問，屢形天獎，中外翕然知陛下崇尚儒學，優禮賢俊，爲善之人，孰不知勸？今朝廷必欲究觀其學業，詳試其器能，則事固有繫教化之本原于政治之大體者，儻使之講求議論，則足以盡其所至。

夫推按詔一作詔。獄，非謂儒者之不當爲，臣今所論者，朝廷待士之道爾。蓋試之以治獄，雖足以見其鉤深鍊覈之能，攻摘斷擊之用，正可試諸能吏，非所以盡儒者之事業。徒使四方之人謂朝廷以儒術賢業進之，而以獄吏之事試之，則抱道修潔之士，益難自進矣。於朝廷尊賢取士之體，將有所失。況振罪犯明白，情狀已具，得一公平幹敏之人，便足了事。伏乞朝廷別賜選差，貴全事體，謹具狀奏聞。〔二〕

《二程集》载程颢上书《论王霸札子》

程颢着官服像（英山豫洛堂《二程世谱》）

① （宋）程颢、程颐：《二程集》，中华书局 1981 年版，第 469 页。

② （宋）程颢、程颐：《二程集》，中华书局 1981 年版，第 454 页。

“宋之立国，元气在台谏。”宋代的监察机构在国家政治和行政治理中扮演着重要角色。宋代监察机关御史台直属于皇帝，下设台、殿、察三院，首长御史中丞为从三品高官。元丰年间，神宗又设置按察京师所有官府机构的“六察司”。御史官的职掌是纠察官邪，肃正纲纪。大事廷辨、小事奏弹，朝廷大小官员都在御史监察弹劾之列。

程颢就任御史后，根据义理的要求，知行合一，深得君臣信任。神宗希望多同他见面畅所欲言，所以在不长的时间内，程颢多次向神宗进言，其建言以“正心诚意，求贤育才”为主。

有一次，神宗同程颢讨论人才问题，感叹天下“人才不足”。程颢告知，当下明义理、笃行的人才很多。神宗请他推荐，他举荐了张载、程颐等各类人才数十人。他同时请神宗不可轻视天下之士，神宗谦和地表示，他岂敢那样做?

当程颢获悉张载晋京任著作佐郎期间被派遣到明州查勘苗振案时，就坦诚地向神宗进言道，张载是一位经术德义皆备的学界翘楚，这是朝廷选用他的重要因素，不应让他去处理苗振案这种一般事务。他在《乞留张载状》中写道：“蒙陛下亲加延问，屡形天奖，中外翕然知陛下崇尚儒学，优礼贤俊，为善之人，孰不知劝?今朝廷必欲究观其学业，详试其器能，则事固有系教化之本源于治政之大体者……夫推按诏狱，非谓儒者之不当为，臣今所论者，朝廷待士之道尔。盖试之以治狱，虽足以见其钩深练核之能，攻擿断击之用，正可试诸能吏，非所以尽儒者之事业。徒使四方之人谓朝廷以儒术贤业进人，而以狱吏之事试之，则抱道修洁之士，益难自进矣。于朝廷尊贤取士之体，将有所失。况苗振罪犯明白，情状已具，得一公平干敏之人，便足了事。伏乞朝廷别赐选差，贵全事体，谨具状奏闻。”①

又一次，神宗特地单独召见司马光和程颢，当问及他们如何评介王安石时，他们的回答竟不谋而合，司马光说：外人言介甫奸邪，未免过毁，只是个性太执拗而已。

在程颢看来，王安石出生于草根阶层，19岁丧父，承担一家老小的生活重担；也是一位孝子，为了赡养祖母与母亲，他放弃晋京当官的机会；又是一位长期生活在商业发达地区的优秀地方官，他提出的改革方案，与其经历息息相关。

程颢向神宗谏言，当务之急的改革是“尚德”，即以正心诚意的性命道德之学为理论基础，通过行仁政、重礼义教化，调整社会关系，缓和社会矛盾。同

① (宋) 程颢、程颐：《二程集》，中华书局1981年版，第456页。

时指出，法者，道之用；为政之始，立法居先。强调改革的根本出路在于以德治国与以法治国。

面对土地兼并导致大量“游手”“浮民”的出现，威胁着尚显脆弱的北宋政权，二程先后提出抑兼并、制民产、劝农桑、禁浮游等一系列行之有效的极富伦理色彩的经济主张。程颢先后向神宗上书了《论王霸札子》《论十事札子》《论君道》《论养贤札子》等札子，神宗感佩其良策，希望能常与他共商国是。

程颢认为，由于官官相卫，大地主官僚疯狂地兼并土地，全国肥沃良田几乎被掠夺殆尽。一方面，大地主占田过多，无力全部耕种而撂荒；另一方面，大批农民无地可耕，被迫到处流浪，导致社会生产力的严重衰退，直接减少了国家的财政收入。

土地分配不公是“国用不足”的根本原因之一。程颢坦诚上书，希望通过“酌古变今”的改革，改变土地分配的严重不公平现象，逐步实现“均多恤寡”。他甚至提出了以口授田、正经界与均井地等一系列改革主张。

在《论十事札子》中，程颢向神宗提出了尊师、官治、民生、治安、选贤、兵役（即师傅、六官、经界、乡党、贡士、兵役、民食、四民、山泽、分数）等十个方面的建议。首先，他开宗明义指出：“圣人创法，皆本诸人情，极乎物理。虽二帝、三王不无随时因革，踵事增损之制；然至乎为治之大原，牧民之要道，则前圣后圣，岂不同条而共贯哉?”

继而，他罗列出如下重点：一、兴尊德乐善之风；二、正纲纪，以百度修而万化理；三、治民恒产，天生烝民，立之君使司牧之，必制其恒产，使之厚生，此为治之大本也；四、重视乡村政教，古者政教始于乡里，其法起于比闾族党，故民相安而亲睦，刑法鲜犯，廉耻易格；五、兴学校，庠序之教，先王所以明人伦、化成天下；六、兵农合一，克骄兵耗匮之患；七、针对耕者少、食者众、京师浮民逾百万之弊，提出均田务农、均多恤寡、渐为之业；八、针对用之无节、取之不时、斧斤焚荡、暴殄天物之弊，提出：尊圣人奉天理物之道……山虞泽衡，各有常禁，故万物阜丰，财用不乏；针对礼制未修、奢靡相尚之弊，提出定礼制以检饬人情、定名数以旌别贵贱，使财用易给，民有恒心。札子摘要如下：

古者自天子达于庶人，必须师友以成就其德业，故舜、禹、文、武之圣，亦皆有所从学。今师傅之职不修，友臣之义未著，所以尊德乐善之风未成于天下，此非有古今之异者也。

王者必奉天建官，故天地四时之职，历二帝、三王未之或改，所以百度修而万化理也。至唐，犹仅存其略。当其治时，尚得纲纪小正。今官秩淆乱，职业废弛，太平之治所以未至，此亦非有古今之异也。

古者政教始乎乡里，其法起于比闾族党、州乡酂遂以联属统治其民，故民安于亲睦，刑法鲜犯，廉耻易格，此亦人情之自然，行之则效，非有古今之异者也。

庠序之教，先王所以明人伦，化成天下。今师学废而道德不一，乡射亡而礼义不兴，贡士不本于乡里而行实不修，秀民不养于学校而人材多废，此较然之事，亦非有古今之异者也。

古者府史胥徒受禄公上，而兵农未始判也。今骄兵耗匮，国力亦已极矣。臣谓禁卫之外，不渐归之于农，将大贻深虑；府史胥徒之毒遍天下……不更其制，则未免大患。此亦至明之理，非有古今之异者也。

古者民必有九年之食，无三年之食者，以为国非其国。臣观天下耕之者少，食之者众，地力不尽，人功不勤，虽富室强宗，鲜有余积，况其贫弱者乎？或一州一县有年岁之凶，即盗贼纵横，饥羸满路。如不幸有方三二千里之灾，或连年之歉，则未知朝廷以何道处之，则其患不可胜言矣。岂可曰昔何久不至是，因以幸为可恃也哉？固宜渐从古制，均田务农，公私交为储粟之法以为之备。此亦无古今之异者也。①

程颢在《论养贤札子》中，道出了问题的关键是如何招贤养才。此前，他在《请修学校尊师儒取士札子》中提出的方法是一个从上到下、从下到上的全面方法。而《论养贤札子》提出的是在国家高层养士的方法，程颢建议朝廷设置一个机构“延英院”，作为招揽天下贤士、培养贤士的场所：

凡公论推荐及岩穴之贤，必招致有礼，视品给俸，而不可遽进以官，止以应诏命名；凡有政治则委之详定，凡有典礼则委之讨论，经画得以奏陈而治乱得以讲究也。俾群居切磨，日尽其材，行其志，使政府及近侍之臣，互与相接，陛下时赐如对，诏以治道，可观其才识器能也。察以累岁，从品益分，然后使贤者就位，能者任职，或委付郡县，或师表士儒，其德业优异，渐进以帅司之任，为辅弼，为公卿，无施之不称也。②

神宗认为，程颢对养贤和选贤的建议，高瞻远瞩，超出了科举选拔人才的方法；二程反对豪强兼并，企望耕者有其田、缓解贫富差距的“均多恤寡”愿景，亦切实可行。只是，其“尚德”主张不能立竿见影，难以尽快解决现实经济问题。

钦差大臣

“爆竹声中一岁除，春风送暖入屠苏。千门万户曈曈日，总把新桃换旧符。”

① （宋）程颢、程颐：《二程集》，中华书局 1981 年版，第 452—455 页。

② （宋）程颢、程颐：《二程集》，中华书局 1981 年版，第 455 页。

王安石的这首《元日》，借描述江南春节新气象，表达自己实施变法迎来“新桃换旧符”的愉悦心情。

熙宁变法实施后，引起强烈反响。朝中大臣中，主张改革派大都来自南方商品经济发达地区，如王安石长期在江南任职，吕惠卿（1032—1111）来自外贸发达的泉州；而反对者多来自北方黄河流域。

作为变法最初的参与者，程颢见证了条例司的诞生及其机构官员构成与职能。在人员组成上，除神宗与陈升之各自推荐少数人外，大多数皆为王安石推荐，且这些人长期担任变法具体运作之职。

改革团队成员几乎囊括了当下年富力强的精英，除程颢、苏辙、吕惠卿、章惇四人为变法大员外，还有北宋名将王韶。

条例司的官员设置分检详文字官与相度利害官两类。检详文字官员的编制二至八人，包括激进者、缓进者，允许大家各抒己见，在政令主张的研讨和推行中，也时有抵牾。其职责主要是参与变法方案之研议及文字起草的拟定。

熙宁二年初，吕惠卿自真州（今属四川）推官秩满入都，任集贤殿校勘，因多次与王安石纵论经义而相知。于是，王安石向神宗推荐吕惠卿、苏辙与王子韶等任检详文字官。王安石所涉变法奏章，大都出自吕氏手笔。

条例司中另一名干将章惇是程颢的同科进士，还有一干臣曾布，则是程颢的另一同年曾巩之弟。凡是王安石的奏请，当朝臣提出异议时，曾布就上疏引经据典，逐条辨析，以坚定宋神宗任用王安石的信心。坊间传闻，王安石信任曾布，仅次于吕惠卿。

改革之初，条例司连续发布的“均输法”“青苗法”“农田法”等法律条文，均由吕惠卿起草，他还为役法的变革确定了“使民出钱雇役”的基本原则。

程颢亲眼目睹，吕惠卿与苏辙讨论新法时常常争论不休，最终由王安石从中斡旋。一次，王安石曾手持《青苗书》草案来到苏辙办公室，说：若有不便之处，请直言相告，不必疑虑。由此说明在变法之初，王安石对于“异论”总体上是容许并给予尊重的。

如果说检详文字官是变法政策的审拟和制定者的话，那么条例司“相度利害官”，则由中央派往巡察地方，对新法实施情况予以监督和反馈。在相度利害官中，既有在治县时就推行改革的程颢，又有胡瑗门下高足、水利专家刘彝、侯叔献，还有谢卿材、卢秉、王汝翼、曾伉、王广廉等人。

熙宁二年四月，程颢会同水利专家侯叔献、刘彝等八名大员，作为钦差大臣分别巡视全国各地，访查农田水利、赋税、科率、徭役利害等，以便从对现实情况的了解中制定切实可行的政策，以兴利除弊，变而通之。他们基本上摸清了基层的真实情况。回朝后，程颢将自己在民间的所见所闻一分为二地分别向赵顼和王安石作了汇报，同时也介绍了他在晋城治县时的相关经验，希望于熙宁变法有所借鉴。

王安石听了程颢的一席话，深受启发，联想到范仲淹的庆历新政，于是，王安石决定汲取从政改入手易陷入被动的教训，首先重点对经济领域进行改革，开源节流！这就是他于熙宁二年七月颁行的第一个新法——均输法。

均输法就是把中央所需物资由地方供奉改为中央政府采购。其根本原则与具体办法是“徙贵就贱，用近易远”，目的是协调供需关系，提高财政收支效率，撙节购买、运输等开支，减轻农民负担，打击商人操纵市场的兼并行为，即“便转输、省劳费、去重敛、宽农民”。

北宋京师必需的粮食、茶、盐等物资，主要由江南地区供应，不良富商乘机牟利，农民困于租税。而均输法规定扩大运使职权，总握东南九路的财赋，主管茶、盐、酒、矾税收和坑冶、市舶之入。又自内藏库中拨出500万贯钱和300万石米，作为发运司的籴本。通过推行此法，能够节省运输费用、降低购价、有计划地调运物资，以保证官府支出，又节省开支。

程颢在巡视中发现，有的官员实施均输法时，竟然官商勾结，大肆索取回扣，严重干扰市场正常运行。究其原因：一是均输法缺乏执行环境，导致执行政策走样；二是缺乏配套措施，没有考核监督，只注重扩大财路，没考虑对百姓的危害，好心办成坏事。

熙宁二年八月，因反对变法，苏辙与知谏院范纯仁纷纷辞职；经御史中丞吕公著举荐，程颢出任监察御史。监察御史一般从两任知县的官员中选任，宰相不得荐举，其亲故亦不得任御史。御史的任命由皇帝批准。

程颢上书《论王霸札子》《论十事札子》，其中去“三冗”、兴教等变法主张，给神宗留下了深刻印象。所以，神宗亲自召见了程颢，君臣坦诚相见，颇为投机。《宋史》载：“帝尝召颢，问所以为御史，对曰：使臣拾遗补阙，裨赞朝廷则可；使臣掇拾群下短长以沽直名则不能。帝以为得御史体……每退，必曰：频求对，欲常常见卿。”①

到了九月，王安石针对农民在农作物换季期间资金短缺的问题，为了防止他们陷入向地主和商人借高利贷的困境，推出了旨在缓解这一状况的“青苗法”。规定每年农历正月三十日与五月三十日以前，分别由农户自愿向官府借贷夏料与秋料，在夏收的五月三十日与秋收的十月三十日以前，按半年加息二分的利息纳税时还贷。

---

① (元) 脱脱：《宋史·列传·程颢》，中华书局1977年版，第12715页。

长期治县的程颢知道，“青苗法”是对旧有的常平制度的改革与完善。常平制度规定：在丰年适当抬高价格籴米，防止谷贱伤农；在荒年适量降低价格粜米，拯济百姓，粜米时价格不能低于本钱。同时，“青苗法”也借鉴了常平仓、义仓、广惠仓、惠民仓等救济形式。

王安石在皇祐五年（1053）任舒州通判时所作《兼并》诗，即已流露出痛恨兼并和关心人民疾苦的心情。他所认为的兼并包括富工、豪贾及高利贷者的兼并行为。诗中指出土地兼并给社会造成的危害，给人民带来的苦难，并对俗吏、俗儒进行了抨击，这是熙宁变法实施“青苗法”、方田均税法等的前缘。而且，王安石知明州鄞县、程颢任晋城县令期间，均试行过以有息贷款的方式，救济百姓，防止高利贷盘剥并扩大政府收入，取得了不错的效果。

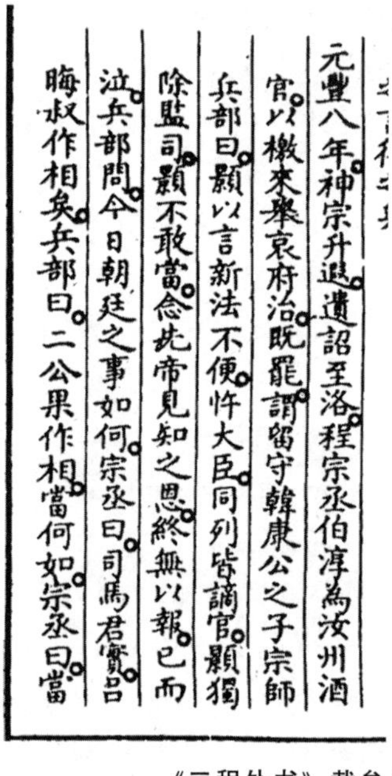
元豐八年神宗升遐遺詔至洛程宗丞伯淳為汝州酒
官以檄來舉哀府治既罷謂留守韓康公之子宗師
兵部曰顥以言新法不便忤大臣同列皆謫官顥獨
除監司顥不敢當念此帝見知之恩終無以報已而
泣兵部問今日朝廷之事如何宗丞曰司馬君實呂
晦叔作相矣兵部曰二公果作相當何如宗丞曰當

《二程外书》载参与变法后期的程颢

由于北宋时土地兼并严重，赋役不均，水利失修，田多荒废。王安石于熙宁二年（1069）九月颁行农田水利法，还奖励各地官府、农户开垦荒地、兴修水利工程，开垦荒废田地。朝廷委派各路常平官专管此事。

程颢虽认同新法的初衷，却也看到了其背后不容忽视的问题。在那个时期，王安石对异见者的意见显得不太开放，导致改革派与反对派之间的矛盾日益尖锐。程颢以坦率的态度，明确指出改革不应只聚焦于经济目标，而应更多地考虑政治实践中的一系列重要问题。他期望王安石能够广纳群言，共同应对时局的挑战。只是，王安石此时四面楚歌、心力交瘁，根本上听不进程颢的意见。

至此，程颢于熙宁三年（1070）三月四日向神宗上书了《谏新法疏》，希望朝廷关注条例司的不良倾向，严惩执行新法中的贪官污吏，不要丧失民心。文中指出："众心睽乖则有言不信，万邦协和则所为必成，固不可以威力取强，言语必胜。而近日所闻，尤为未便。伏见制置条例司疏驳大臣之奏，举劾不奉行之官，徒使中外物情，愈致惊骇，是乃举一偏而尽沮公议，因小事而先失众心。权其轻重，未见其可。"①

① （宋）程颢、程颐：《二程集》，中华书局1981年版，第456—457页。

十三、书生体国

全面实施变法，一波波政潮卷巨澜！程颢则是“肯定之中有否定”，他认为制定“青苗法”的初衷是利民惠民；而实施过程中出现的弊端，却令人发指！冀以利克弊……

肝胆相照

程颢进入制置三司条例司后，见证了王安石这位熙宁变法设计师的经济改革的来龙去脉。

熙宁二年（1069）九月，王安石推行“青苗法”后，朝野舆论大哗，纷纷指责其“与民争利”：与商人、农民争利，即由官方成立专卖机构取代商人经营，又向商人加征税收；向农民先借贷、后收取利税等。

面对明枪暗箭，王安石认为自己一心为国理财，对那些商贾加征的税收，只是他们利润的九牛一毛。因为正是朝廷的优惠政策，才让他们赚得盆满钵满，他们为富国强兵作点贡献理所应当。

表面上看，实施“青苗法”犹如政府成立的类似于“农业银行”的管理机构——“常平”，每年农民春、夏播种时节向常平借钱购买种子与添置农具，到了夏收、秋收时节还本付息。

在程颢看来，中国是农业大国，农者居其八九，但耕者少，食者多，他因此上书“劝农桑”，同时提出了正经界、均井田的办法解决土地兼并问题。而颁布“青苗法”，与程颢的主张异曲同工，颇具政治意义。即通过为农民提供农业生产资金，鼓励农民精耕细作，这既可减少游手好闲者寻衅，又可以抑制土地兼并，遏止加大贫富差距。

面对一般儒士指责“青苗法”“与民争利”，程颢诠释道，实施“青苗法”一举多得、意义深远，通过贷款发展农业生产、让农民增收，防止土地兼并，稳定全国农村；同时，通过征收微薄的农业税，可强化农民的家国情怀。而且农民基数大，积少成多，政府也可增加收入。

事实上，实施变法四五年间，国库充盈，军费充裕，程颢的同年、名将王韶因此统率大军尽收熙、河各州，拓地两千里，在河西走廊确立了三面包围西夏的有利形势。捷报频传，宋神宗大为振奋，他当着百官的面解下自己所配玉带，赐给王安石。

当然，程颢坚决反对王安石以国库空虚为由，采取由政府出卖“度牒”的方式筹措基本金。所谓“度牒”，是朝廷依法对于得到公度为僧尼的人所发给的证明文件，唐代称为“祠部牒”。僧尼持此度牒，可得到政府保障的明确身份，同时还可以免除地税徭役。唐宋时，官府通常以出售度牒来充军政费用。

在变法的关键时刻，朝臣纷纷反对变法，神宗收到郭祥正力挺变法的上书后，甚为“辨畅”！他就问王安石，邵州来的郭祥正这个人如何？

王安石向皇帝坦诚相告，过去在江东时认识此人，颇有才能，诗文也不错，相传梅尧臣曾称赞他“天才如此，真太白后身也”。但此人善于察言观色行事，心术不正，皇上不可重用！郭祥正得知此事后，觉得在此难有出头之日，就迅速辞官回家去了。程颢为此对王安石刮目相看，赵顼也更加信任王安石的忠心了。

在程颢印象里，王安石的诗文刚健爽利，内容多涉时弊，见解高远精深；那一句“浓绿万枝一点红，动人春色不须多”，简直就是王安石自信乃至自负的写照；一句“春风又绿江南岸，明月何时照我还”，又引得无数文人墨客纷纷前来考据与赏析。

程颢与王安石在处于变法漩涡时刻，也留下了耐人玩味的诗篇。王安石不仅有“新桃换旧符”的愉悦，又有七绝《北望》之“可怜新月为谁好，无数晚山相对愁”，表现出因推行新法受阻而心力交瘁、愁苦不堪的一面。而程颢则反其意而作《题淮南寺》七言绝句“南去北来休便休，白苹吹尽楚江秋。道人不是悲秋客，一任晚山相对愁”①，诗中既表达了诗人对王安石的怜悯之情，更有诗眼“一任晚山相对愁”展现出经历惊涛骇浪之后的坦然，悟得人生真谛的达观。

一次，程颢与王安石谈到了他们青年时期赞赏的周敦颐。王安石不禁感慨万千地说，年轻时，他曾三次登门拜访周敦颐，均被其拒之门外。于是，他愤然发誓自学六经。从百家诸子之书，到医书、小说无所不读，对释老书，也作深入钻研，最终形成自己的思想体系，为他后来主编《三经新义》《字说》，创建新学打下了良好的基础。

嘉祐五年（1060）六月，周敦颐与王安石方在京师邂逅。王安石对周敦颐充满了崇敬，相见恨晚，以至与同周敦颐握别后，他仍在书房静静地回味着、感慨着……

熙宁三年（1070），王安石在全国范围内全面推行新法运动。自熙宁二年七

① （宋）程颢、程颐：《二程集》，中华书局1981年版，第477页。

月起，他以经济与农业改革为突破口，相继实施了“均输法”“青苗法”“市易法”“免役法”“方田均税法”“农田水利法”，收到了立竿见影的效果。一年后，“青苗法”“市易法”和“免役法”各增加到了300万贯、150万贯和800万贯的收入。三项叠加，政府收入较前一年增长了20%。国库不断丰盈，为强军战略提供了经济基础。

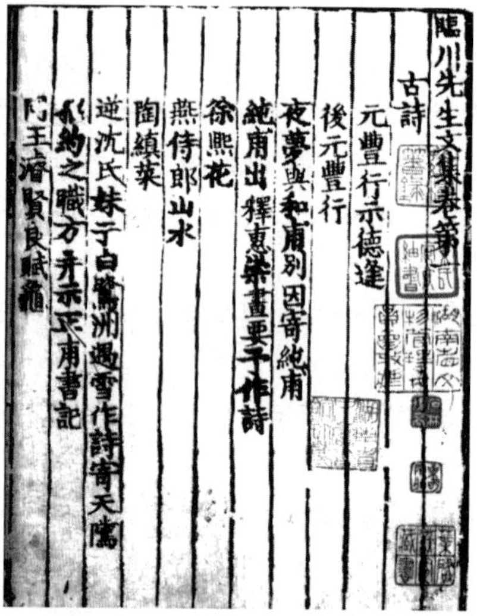
臨川先生文集卷第一
古詩
元豐行示德逢
後元豐行
夜夢與和甫別因寄純甫
純甫出釋惠崇畫要予作詩
徐熙花
燕侍郎山水
陶縝菜
逆沈氏妹于白鷺洲遇雪作詩寄天騭
約之職方并示正甫書記
王濬賢良賦龜

《临川先生文集》卷第一（宋刻本）

王安石为改革军事体制，相继推行了“置将法”“保甲法”“保马法”等，大办“民兵师”，实行征兵制，改变了兵员素质。“保马法”规定河北、河东、陕西、京东、西五路及开封府界诸县保甲养马，养马户可减免部分赋税，以此解决当时骑兵的马匹问题。

可是，王安石万万没想到，自己竟然走入了前所未有的困境。朝中大臣对他的猛烈批评从来没有停止过。有人甚至将王安石看成是当年的王莽、董卓，骂他“比莽、卓过矣，但急于功利，遂忘素守”。

这些反对派中，包括庆历新政的元老富弼、韩琦，昔日好友司马光与范纯仁，同僚副宰相赵抃，以及苏辙、苏轼等青年朝臣。但王安石任尔东南西北风，仍然力排众议，坚持推行新法，而一批反对派包括原有的改革团队成员，不是被罢贬，就是主动请辞……

那天，程颢奉旨赴中堂议事，宋神宗与执政大臣曾公亮、陈升之与司马光等讨论变法事宜。面对众人的激烈反对，宰相王安石愤然反驳，情绪激动。他指责大臣们只知纸上谈兵，顽固不化！程颢以平和之气提出冷静体会的建议，有效避免了矛盾的激化。

“中允大人，真是岂有此理！我呕心沥血地效忠皇上、为百姓谋福祉，竟遭到他们如此的非难?”王安石仍然怒气未消对程颢说。

“下官以为，作为臣子，大家有责任为国家大事在朝堂之上坦诚发表自己的意见，而不是背后说长论短，更不是对你的家里私事说三道四，故没有什么大惊小怪的。”程颢等王安石发泄一通后，便轻言细语地道出了自己的不同看法：“宰相大人今天既然是召集大臣们议事，就得心平气和地倾听他人的意见！否则，不仅会闭塞言路，而且会增大变法的阻力。”

“天下事非一家私议，愿平气以听。”王安石早就听说程颢的资质超过一般人，充实和修养内心有方法，平和纯粹的气质，充分显露在外表上，学生和朋友跟随他多年，也未曾见到过他愤怒严厉的面容。遇事善于处理，即使遇到紧急的事，也不动声色。经程颢善意劝解，王安石这才意识到自己失态，顿感几分愧意。

王安石心里明白，如果不是程颢当场提议和事后坦言忠告，真不知道如何收场。于是，他立刻向程颢致意，口头表示将继续与大臣们心平气和地共议变法大计。

自从这次事件以后，王安石更是对程颢恭敬有加了。

君臣相敬

神宗赵顼目睹了程颢在朝堂上调和大臣矛盾，而且程颢从未在公开场合反对王安石变法。于是，特地召他进宫面谈。

程颢早就听说，青年皇帝赵顼还是太子时，就十分好学，读书或者研讨学问时，常常废寝忘食，宋英宗皇帝不得不派内侍去制止他。赵顼此前曾收到过程颢的多份札子，赞叹其学识过人，又颇富地方治县经验，为人和怡，所以他再次听取他的治国治学意见。

程颢利用天赐良机，不卑不亢，坦诚建言；他引经据典，陈述自己的政治见解，劝神宗预防尚未滋生的私欲；他请皇上不要轻视天下的读书人，充分实践了他“以正心窒欲，求贤育才为先”，“以至诚仁爱为本”的主张。

作为宋代的士大夫，程颢一直秉持儒家的政治理念，即人文、人伦和道德教化政治。不论是同神宗当面的建议，还是在多份上书中，程颢均谈及广义的教育、教化方面的内容。这既是为了培养政治人才，又是为了改变世风日下的社会风气。

程颢历来主张，要建立良好的社会秩序，端正风俗与获得贤才是两条至关重要的根本途径。而要端正风俗、获得贤才，就要充分尊重儒者和发展教育事业。宋代建立百余年，教化和人才之所以仍很薄弱，就是因为“师学不正”。如何兴教化、育贤才？程颢提出了自下而上的教育兴国规划。

宋神宗赵顼像

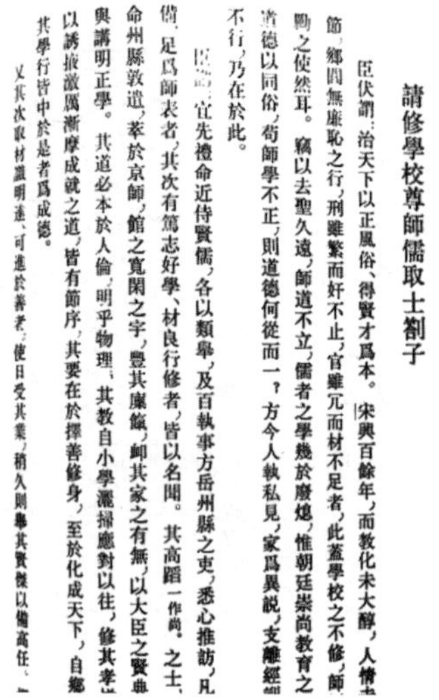

請修學校尊師儒取士劄子

臣伏謂：治天下以正風俗、得賢才爲本。宋興百餘年，而教化未大醇，人情未
節，鄉閭無廉恥之行，刑雖繁而奸不止，官雖冗而材不足者，此蓋學校之不修，師
勵之使然耳。竊以去聖久遠，師道不立，儒者之學幾於廢熄，惟朝廷崇尚教育之
道德以同俗，苟師學不正，則道德何從而一？方今人執私見，家爲異說，支離經
不行，乃在於此。

臣謂宜先禮命近侍賢儒，各以類舉，及百執事方岳州縣之吏，悉心推訪，凡
儒，足爲師表者，其次有篤志好學、材良行修者，皆以名聞。其高蹈一作尚。之士，
命州縣敦遣，萃於京師，館之寬閑之宇，豐其廩餼，衈其家之有無，以大臣之賢典
與講明正學。其道必本於人倫，明乎物理，其教自小學灑掃應對以往，修其孝
以誘掖激厲漸摩成就之道，皆有節序，其要在於擇善修身，至於化成天下，自鄉
其學行皆中於是者爲成德。

又其次取材識明達、可進於善者，使日受其業，稍久則舉其賢傑以備高任。一

程颢上书《论修学校尊师儒取士札子》

程颢学问报国的情怀，令神宗动容，二人每次会晤赵顼均以师礼相待。听完程颢的真知灼见后，赵顼则彬彬有礼地俯着身子，连声说：“当听卿言而警惕之。”临别时，赵顼必定说：“朕真想经常见到卿！希望以后尽可能多地抽出时间听取您的高见。”

又一次君臣会晤，赵顼再次与程颢倾心交谈，赵顼从容不迫地提出了一系列问题，程颢则滔滔不绝地逐一作了回答，彼此谈得十分投机，不知不觉时间已到了正午，报时官前来催促，程颢才急步退出。

内廷太监特地提醒程颢：“御史大人，你的高论的魅力可真不小哇，竟让皇上忘记了用膳！不过，皇上的龙体要紧，你今后可得适时而止！”①

尽管赵顼十分敬重程颢，但由于有的激进派背后诋毁程颢，把他说成是一位迂腐先生。赵顼因此未能将程颢的建言与王安石变法有机结合后付诸实施。

当神宗谈到“青苗法”时，程颢从理学的道德规范出发，结合他到全国各地了解观察的结果与自己治县的实践，既肯定颁布此法的初衷与正面意义，同时坦诚向赵顼进言：万万不可有继续“卖祠部度牒作常平本钱”的做法。否则，会助长官员的功利意识；还有一些不良官员在执行过程中徇私枉法，让“青苗

① （元）脱脱：《宋史·列传·程颢》，中华书局 1977 年版，第 12715 页。

法”事与愿违。

随后，神宗专门就“卖祠部度牒作常平本钱”询问王安石，王安石振振有词地回答：程颢是一位迂腐先生，今度牒所得，可让国库收入粟 45 万石。一旦荒年人贷 3 石，可成全 15 万人……如此惠及百姓之大好事，何乐而不为?

急于求成的赵顼，听到王安石振振有词地道出如此巨大的改革红利，让他兴奋不已。他觉得程颢建言虽好，但远水难解近渴，此后召见程颢少了，对他的进言也不太重视。王安石与程颢也渐行渐远。

“得天理之正，极人伦之至者，尧舜之道也。”不管神宗是否采纳自己的进言，程颢始终以虔诚之心，一如既往地进谏，先后撰写了《论君道》《论王霸札子》等奏疏，表达了自己对治国安民的政治主张。其《论王霸札子》就阐发了君王推行改革，当行王道，要得天理之正。他指出：“或谓人君举动，不可不慎，易于更张，则为害大矣。臣独以为不然。所谓更张者，顾理所当耳。其动皆稽古，质义而行，则为慎莫大焉，岂若因循苟简，卒致败乱者哉?自古以来，何尝有师圣人之言，法先王之治，将大有为而返成祸患者乎?愿陛下奋天锡之勇智，体乾刚而独断，霈然不疑，则万世幸甚!”①

程颢平时与大臣们论及国家大事，包括论及王安石主持的熙宁变法，他都以十分谨慎的态度对待王安石的“功利”，从不随意发表议论，即“未尝一语及于功利”。

仗义执言

程颢虽然是王安石变法团队成员，但他与反对派有着特殊的关系。一位是推荐程颢为太子中允权监察御史里行的三朝元老、御史中丞吕公著，他不仅在朝堂上向王安石公开叫板；作为御史台长官，他还断然拒绝了神宗拟任王安石的铁杆“粉丝”吕惠卿为监察御史里行的要求。结果遭到打压，吕公著于熙宁三年（1070）四月初八贬为颍州知州。

另一位是程颢的小表叔、年长他两岁的张戬（张载之弟），20 岁进士及第，与他同为监察御史。当神宗问张戬治理国家之道时，他坦诚建言：上者要勤政爱民，以身垂范。受到皇帝首肯。对于王安石变法，他直言：题目虽正，问题很多，特别是引进小人、借机渔利，扰害百姓。他陈诉利弊，请皇上罢黜条例司。

张戬除三番五次上书神宗外，甚至亲自前往宰相府，与王安石针锋相对地

① （宋）程颢：《论王霸札子》，《二程集》，中华书局 1981 年版，第 451—452 页。

辩论。王安石用扇子掩着面孔嘲笑他，他则反唇相讥说："天下人都在嘲笑你固执，你大概不知道吧！"随后扬长而去！

张戬与王安石叫板后，自知会遭到无情打击，就在家等待处分。果然，不日其御史职务被罢免，还一贬再贬……张戬则从容以对，在基层致力于为民请命。张载自豪地对程颢说："吾弟德性上的优点是吾所不及的。他勇于任事，处身正道直行以及不屈不挠的精神，可与孔子门人中子夏相媲美。有这样的弟弟，吾辈之道将得以发扬光大，有什么可忧虑的呢？"

吕公著、张戬和孙觉等大臣的前车之鉴，让程颢明白：神宗不可能终止宰相王安石实施"青苗法"，当务之急是对"青苗法"采取补救措施，兴利除弊。诸如撤换、惩治那些在推行新法过程中浑水摸鱼的不法官吏等。

熙宁三年（1070）三月四日，面对新党、旧党就"青苗法"在朝堂上争辩不休，神宗也没有明确支持哪一方。这时，程颢上书《谏新法疏》，他并未全盘否定"青苗法"，只是要求停止"卖祠部牒"、硬性摊派贷款和预先扣除利息等不合义理的做法。

"外汰使人之扰，亟推去息之仁。"① 同时，程颢大声疾呼，要求迅速撤回督促新法施行、扰乱地方行政的提举官，以及不当牟利的做法，代之以"去息"的仁政；扬长避短，以期尽可能地减少对国计民生的危害。

当神宗宣布改日再议新法，众人退出崇政殿后，程颢不动声色地对世交司马光说道："窃以为，凡事过刚易折，刚柔相济，方更显难能可贵。何况若以'青苗法'而论，其弊虽让在下顾虑良多，然而如果措施得力，其利委实惠民。更何况荆公箭在弦上，若能以利克弊，岂非幸事？"

听了程颢的这一番话，许多旁听的官员也在一旁暗暗点头，司马光这才恍然大悟，他笑着对程颢道："想不到你有此等胸襟，真乃高见也！"

程颢此次上疏之后，一批元老重臣亦纷纷向神宗进谏，奏劝取消新法。在文彦博看来，先帝制定的律法很好，根本不用改，如果更改，便会失去人心。神宗就对文彦博说："士大夫都反对改革，但这些法令如果能落实到位，大多都是有利于百姓的呀？"

老于世故的文彦博直白地告诫年轻的皇上："陛下，你是和士大夫共治天下，而不是和百姓共治天下。"言下之意，国家机器是为统治阶级服务的，不论法治如何改，都要先顾及士大夫的利益，百姓的利益和你皇帝有直接关系吗？文彦博的这一席话，让神宗陷入深思。

---

①（宋）程颢、程颐：《二程集》，中华书局1981年版，第457页。

正在这时，贬任河北安抚使的三朝宰相韩琦，再次上疏请罢“青苗法”。因韩琦是忠心拥戴宋英宗继承皇位的功臣，是调节两宫关系，稳定朝堂秩序的三朝元老，他在神宗面前往往是一言九鼎。所以，神宗在朝廷上不禁叹息道：始谓“青苗”等法，可以利民，不料害民如此矣！乃谕辅臣道：“青苗法”既不便行，不如饬令罢免。

王安石见圣上思想动摇，不禁回想起自己在江南治下实行“青苗法”，曾大受百姓欢迎，他不信如今“青苗法”真的会遭到百姓反对。他担心自己的变法会毁于一旦，于是，一方面对皇上以称病不朝软抗，另一方面速令自己的亲信返京，汇报南方推行“青苗法”的情况。

王安石有一个亲信李定，曾为秀州（今嘉兴市）判官，为王安石弟子，自秀州被召，入京时遇到宰相府的右正言李常。李常问道：“君从南方来，不知百姓对“青苗法”的反应如何?”好大喜功的李定答道：“百姓十分赞成，万户受惠!”

李常愕然，果真吗?反对变法的一方均称“青苗法”不便民，怎么唯独他称颂“青苗法”?

李定觉得自己升迁的机会到了，即去谒见王安石，并投其所好地禀告道：“青苗法”很是便民，为何京师传言不便?王安石大喜道：好!改日入朝，你须要明白上陈，舌战群臣。

结果，李定在朝堂上口若悬河，大赞实施“青苗法”取得了良好的效果。王安石趁机排斥异己，并说，程颢从义理的角度出发，也许有几分道理，而从具体实施情况来看，他的上疏显然是杞人忧天。

此时的神宗当然不会采纳程颢的建言，居然还将附会王安石的李定擢为监察御史。王安石如此一意孤行，程颢虽然感到失望，但他决定进行最后一搏。

熙宁三年四月十七日，程颢再次奋笔疾书，给神宗上书《再上疏》，指出王安石偏听偏信“一二小臣实与大计，用贱凌贵，以邪防正”①，让那些追求功利的臣子，侥幸取得一点小成绩，就一天天受重用；而崇尚道德的风气，则一步步遭到破坏。

最后，他强调指出，当权者在政治上思考与处理问题要顺民心，要以理服人，不能以势压人、盛气凌人，独断专行等等。

这样一来，程颢便把“尚德”与“兴利”的对立关系，演化成“公心”与“私心”、“天理”与“人欲”、“王道”与“霸道”的对立关系。

---

①（宋）程颢、程颐：《二程集》，中华书局1981年版，第457—458页。

程颢知道，自己上疏中的“用贱凌贵，以邪干正”，“兴利之臣日进，尚德之风浸衰，尤非朝廷之福”等言辞，虽然切中要害，但却会激怒王安石及其亲信。然而，他更在意自己的人格，有话决不藏着掖着。

当程颢看到自己中肯的意见得不到重视，他便毅然提出辞呈。

大臣们之所以反对王安石“与民争利”，是因为他们大都认为当前的要务是大幅度削减各种不合理的开支。司马光说“国用不足在于用度太奢”；曾巩说“理财之要在于节用”；苏辙曾上书神宗指出，“丰财”之道并非“求财而益之”，而是废除那些“害财”的“冗吏、冗兵、冗费”……

一直“视民如伤”的程颢与李常一道，断然弹劾王广渊“抑配掊克，迎朝廷旨意以困百姓”，鱼肉百姓而不问！但由于有王安石为王广渊撑腰壮胆，甚至指责河北转运使刘庠破坏新法，导致弹劾案无疾而终。

此消息不胫而走，激起了一批中央和地方官员的强烈愤慨，时任地方官的韩琦、欧阳修、刘庠、姜潜、富弼等大佬，纷纷上书，坚决拒绝执行“青苗法”。但王安石依然我行我素。

程颢见王安石如此固执己见，如果任其发展，势必造成全国动荡，贻害百姓。于是，他也由参与变法改革，公开转向批评变法了。只是，他对新法不是全盘否定，而是持建设性的批评态度，有选择性地反对其弊端。

上疏请辞

熙宁三年（1070）四月中下旬，在程颢上书《再上疏》并请辞后，他与张戬两位监察御史同时去职。

生性耿直的张戬被下贬到偏远县，职务一降再降。但他始终以恻怛之心深切关怀人民的疾苦，所到之处总是先调查了解一县的风俗人情，发现重大问题立即认真研究解决办法，尽力去做。史称他爱民以诚，济济有术。不幸，天不假年，46岁时就英年早逝了。

程颢公开请辞后，王安石的亲信拟追究他以言犯上，按宋朝律例，上书皇上黜逐之。当他们向王安石禀报后，王安石认为，程颢只是政见相左，但其笃诚忠信令人敬重。

的确，与其他激进的反对派相比，程颢对王安石新法的反对相对要温和得多，而且是否定之中有肯定。诸如，程颢对王安石推行的“免役法”就是认可的。

“免役法”又称“募役法”，是熙宁四年（1071）颁布。先在开封府界试行，同年十月全国实施。“免役法”废除原来按户等轮流充当州县差役办法，改由州县官府自行出钱雇人应役。雇员所需经费由民户按户分摊。原来不负担差役的女户、寺观，也要缴纳半数的役钱，称为“助役钱”。这保证了农民的劳动时间，促进了生产发展，也增加了政府财政收入。

程颢画像（英山豫洛堂《二程世谱》）

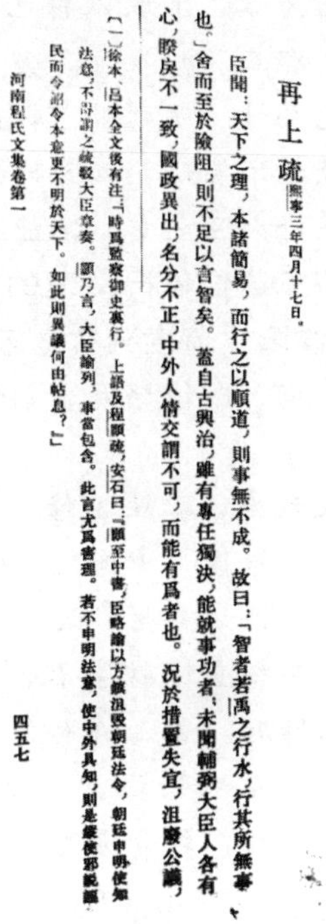

再上疏熙寧三年四月十七日。

臣聞：天下之理，本諸簡易，而行之以順道，則事無不成。故曰：「智者若禹之行水，行其所無事也。」舍而至於險阻，則不足以言智矣。蓋自古興治，雖有專任獨決，能就事功者，未聞輔弼大臣人各有心，睽戾不一致，國政異出，名分不正，中外人情交謂不可，而能有爲者也。況於措置失宜，沮廢公議，

〔一〕徐本、呂本全文後有注：「時爲監察御史裏行。上語及程顥疏，安石曰：『顥至中書，臣略諭以方鎮沮毀朝廷法令，朝廷申明使知法意，不得謂之疏毀大臣章奏。顥乃言，大臣諭列，事當包含。此言尤爲害理。若不申明法意，使中外具知，則是縱使邪說誣民，而令詔令本意更不明於天下。如此則異議何由帖息？』」

河南程氏文集卷第一

四五七

程颢《再上疏》

程颢虽然反对王安石的变法，但王安石未对他进行降职处分。而且，程颢后来也未被列入“元祐党人碑”，而其弟程颐及苏洵、苏轼、苏辙父子等则被列入“元祐党人碑”。程颐这样描述程颢与王安石的关系道：

时王荆公安石日益信用，先生每进见，必为神宗陈君道以至诚仁爱为本……数月之间，（先生）章数十上。尤极论者：辅臣不同心，小臣与大计，公论不行，青苗取息，卖祠部牒，差提举官多非其人及不经封驳，京东转运司剥民希宠不加黜责，兴利之臣日进，尚德之风浸衰等十余事。荆公与先生虽道不同，而尝谓先生忠信。先生每与论事，心平气和，荆公多为之动。①

于是，神宗采纳王安石的意见，将程颢排挤出改革智囊团，让其出去担任提点京西刑狱。在程颢看来，自己只是御史，前去主管京西路各州的刑狱监察，不是降职而是升职，于心不安，因此坚辞不受。他在《辞京西提刑奏状》写道：

① （宋）程颢、程颐：《二程集》，中华书局1981年版，第634页。

臣出自冗散，过蒙陛下拔擢，置在言责，伏自供职以来每有论列，惟知以忧国爱君为心，不敢以扬己矜众为事。陛下亮其愚直，每加优容，故常指陈安危，辨析邪正。知人主不当自圣，则未尝为谄谀之言，知人臣义无私交，则不忍为阿党之计。明则陛下，幽则鬼神，臣之微诚，实仰临照。

然臣学术寡陋，知识阔疏，徒有捧土之心，曾无回天之力。近以力陈时政之失，并论大臣之非，不能裨补圣明，是臣坠废职业。①

神宗见这位倡行义理的忠臣程颢言辞恳切，遂改任他签书镇宁军，即澶州（今河南濮阳）节度判官。宋代于各州、府、路设判官一职，选派京官充任，称为签书判官，职位略低于副使。程颢于是上书谢恩赴任。他在《谢澶州签判表》中写道：

论议无补，职业不修；国有典刑，罪在诛戮；曲蒙弘贷，仰荷鸿私；期于糜捐，莫可报谢（中谢）。臣性质朴鲁，学术空虚，志意粗修，智识无取；陛下讲图大政，博谋群材，过听侍臣之言，猥加风宪之任。臣既遭遇明圣，亦思誓竭疲驽，惟知直道以事君，岂忍曲学而阿世！屡进阔疏之论，愧非击搏之才，徒尝刳沥肺肝，曾无裨补毫发。既不能绳愆纠缪，固不愿沽直买名。岂敢冒宠以居？惟是奉身而退。自劾之章继上，阖门之请深坚。天意未回，宪章尚屈；更奉发中之诏，俾分提宪之权。不惟沮诤论之风，亦惧废赏刑之实；力形奏述，恭俟诛夷。

此盖伏遇皇帝陛下极天清明，普日照临，洞正邪之心迹，辨真伪于幽微，察臣忠诚，恕臣狂直，不忍置诸重辟，投之远荒，解其察视之官，处以便安之地。生成之赐，义固等于乾坤；涵容之恩，重益逾于山岳。臣敢不日新素学，力蹈所知，秉心不回，信道愈笃。愿徇小夫之志，不为儒者之羞；或能自进于寻常，庶可仰酬于万一。②

"颢公直，以为己所不如。"司马光在长安得知程颢被贬后，亦上疏请辞。并称赞程颢不论是政治人，抑或社会人，其人品学识都是无可挑剔的。南宋宗室大臣赵汝腾亦吟诗称赞：

从容见道，左右逢源。
面粹背盎，邪闲诚存。
教如时雨，德如春温。
使相熙宁，福被黎元。③

---

①（宋）程颢、程颐：《二程集》，中华书局1981年版，第458—459页。

②（宋）程颢、程颐：《二程集》，中华书局1981年版，第459页。

③ 赵汝腾：《明道先生赞》，英山"豫洛堂"《二程世谱》卷首第6页。

由于变法是代表皇上的意志，尽管反对势力阵容庞大，但王安石权力却进一步得到了加强，熙宁三年（1070）十二月王安石与韩绛同日晋升宰相。在得不到重要臣僚支持的情况下，王安石认为初出茅庐的新人锐意进取，没有官场习气，于是，他断然起用了一大批新人实施新法。

接下来，王安石大刀阔斧地主持制定了《畿县保甲条例》（简称“保甲法”），首先在首都开封府所属各县试行。“保甲法”规定乡村住户，每十家组一保，五保为一大保，十大保为一都保。以住户中最富有者担任保长、大保长、都保长，将基层行政管理由县级延伸到村一级，其训练民兵方式相当于当代的大办“民兵师”。这样，既解决边防兵员，又可强化基层治安，还节省了军费。

王安石的“保甲法”，试图以部分征兵制代替募兵制，裁减兵油子，补充素质良好的民兵，从编制角度出发试图缩减军费。同时，在强化各地百姓武力的基础上，借加强农村保安，也是控制农民起义的有效手段。在王安石的五年变法中，“保甲法”是涉及面最广，成效最晚、议论最多的举措之一。

李籲治陂

历史给王安石开了一个大玩笑，他变法的消极后果竟被程颢言中。

在程颢看来，“青苗法”是适合农民们需要的，特别是在青黄不接时节，更能显示其救济与援助的功效。可是，由于王安石听不进改善管理措施的意见，加上一些不法地方官吏趁机浑水摸鱼，结果事与愿违。

春贷秋还，本钱一千，半年须加息二百，年息达四百，农民不堪承担；而且贫苦之家借贷须以田里的青苗为信用担保或者抵押。更有不法官吏对不愿借者强令贷钱，勒令摊派，失信于民。

风调雨顺时，农民尚可负担；一旦天灾人祸，借贷双方同时陷入恐慌之中。官府为了减轻自己的损失和责任，逼迫农民还本付息。农民只好变卖家当还债。有的甚至卖房卖地、卖儿卖女。最后，导致农民流离失所。

变法开始后不久，各地连续数年旱、涝、蝗灾不断。在不法官吏的追逼之下，许多受灾农户倾家荡产、妻离子散……

王安石起用的一批新人也纷纷翻船。他们由急功近利变为投机取巧，进而不择手段，堕入下流。王安石的助手邓绾竟厚颜无耻地说：“笑骂由人笑骂，好官我自为之。”

所有这些事件，均构成了王安石在熙宁七年（1074 年）首次被迫离职的关键原因。然而，这也是宋神宗为了保护王安石，让其暂时退避，以便未来能够再次起用的一种策略。

果然，“倒王”风潮告一段落后，熙宁八年（1075）王安石复出，升任首辅大臣。只因改革派内部分裂，新政推行更为困难，尤其是其长子王雱英年早逝的致命一击，让王安石决意于次年（1076）告别政坛，神宗也一筹莫展。

经过历时十五年的变法与阵痛，改革总体目标基本实现。据《宋史・安焘传》载："熙宁、元丰之间，中外府库，无不充衍。小邑所积钱米，亦不减二十万。"《续资治通鉴・宋神宗元丰四年》亦云："熙河民兵，惟西关最得力，又地接皋兰，岁入特厚，刍粟充衍，人马骁勇。"

有人说，商鞅与桑弘羊以个人生命的代价，换取改革成功；王安石及其改革则双赢，他基本上实现了富国强兵改革目标！而其文学成就及清廉操守得以千古传颂。梁启超甚至说："王安石为盖世英雄，却一直蒙天下之诟，可见国人素来苟且，不恤国事，遂使千年如长夜。要尽早结束这漫漫长夜，就应当弘扬王安石的改革创新精神。"

有人说，王安石的变法失败了！他大奸似忠，大诈似信，扬言"天变不足畏、祖宗不足法、人言不足恤"，可谓万世罪人；其变法后被"元祐更化"全面推翻。其亲信吕惠卿、章惇、曾布均被列入《宋史・奸臣传》。

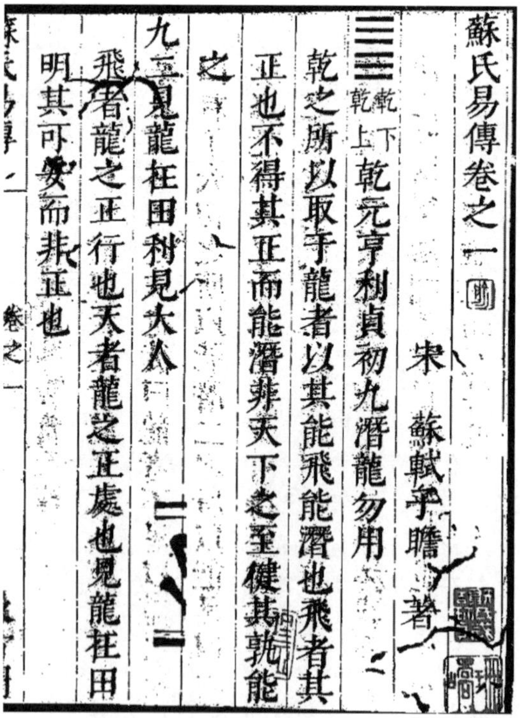
蘇氏易傳卷之一 宋 蘇軾子瞻 著
乾下乾上 乾元亨利貞初九潛龍勿用
乾之所以取于龍者以其能飛能潛也飛者其
正也不得其正而能潛非天下之至健其孰能
之
九二見龍在田利見大人
飛者龍之正行也天者龍之正處也見龍在田
明其可安而非正也

苏轼《苏氏易传》

变法期间，程颢的同年进士苏轼因反对变法于熙宁四年（1071）被贬知湖州，元丰二年（1079）七月又陷入“乌台诗狱”案。因太皇太后竭力呵护，神宗顺水推舟，苏轼才于元丰三年（1080）出狱，被贬黄州团练副使。

“五年一梦南司州。”那时的黄州辖黄陂、黄冈、麻城三县，而且黄州府的前身南司州治所始设于黄陂，直到隋开皇三年（583）黄州府治才迁往黄冈。苏轼到黄陂采风后欣然赋诗，与诗友贾收（即贾耘老）唱和《次韵答贾耘老》，诗云：“五年一梦南司州，饥寒疾病为子忧。东来六月井无水，仰看古堰横奔牛。”

那是元丰六年（1083）十二月，苏轼得知好友滕达道（元发）拟从安州（今安陆）路过黄陂北上入朝，他为此专程从黄州前来黄陂，欲于岐亭（今属麻城）与滕达道相会。岂料，滕氏已由信阳路北上。恰巧此时雨雪纷飞，苏轼下榻一座庙宇，夜读《前汉书·戾太子传赞》，爱不释手；直到天放晴后，始从阳逻江上放舟返回黄州。①

无巧不成书。正在此时，苏轼的同科进士程颢的得意门生李籲（字端伯）就任黄陂县令。受恩师程颢的委托，李籲前往黄州探视了落难的苏轼。苏轼与之一席谈，顿觉相见恨晚，后生可畏。他在与当年父子同科、决事明敏的同年进士，历任监察御史与转运史的蔡景繁（承禧）的书信中写道：“黄陂新令李籲到未几，其声蔼然；与之语，格韵殊高。”② 元祐中，李籲改任秘书省校书郎。

接下来，应李籲之邀请，苏轼前往黄陂一游。他得知二程生长于黄陂、学于斯十四五年，遂专程来到二程幼年读书的望鲁台，正在他吟诵程颢的《春日偶成》时，程颢早年刻在台上的半边联（上联），一下子闪入了他的眼帘……

苏轼看了半天，认不出开头的两个字。善于对绝对的他眉头一皱，有了：第一个字是“碧”，第二个字是“空”，合起来为“碧空云间神仙府”。于是，苏轼立即提笔续题了下联：“险峡山中隐士家。”

时至元丰八年（1085）六月十五日，程颢猝然仙逝，李籲特在黄陂捐资兴建“清远亭”纪念“明道”先师；亭名取《爱莲说》之“香远益清”，意在让先师的道学清香四溢。

到了南宋，二程的四传弟子朱熹应好友、黄州知府李訦之邀题写《二程祠记》时联想到此亭此联，遂拟一联赠李訦，冀先师二程夫子悬弧故地风调雨顺，五谷丰登。联云：“水云长日神仙府；禾黍丰年富贵家。”

---

① 孔凡礼：《苏轼年谱》中卷，中华书局 1998 年版，第 589 页。

② （宋）苏轼：《与蔡景繁承禧》（六），《苏东坡黄山谷尺牍合刊》，大达图书供应社 1945 年 4 月版，第 102 页。

十四、书院传道

二程长期在北宋政治、文化中心洛阳广交友，兴书院，办学校，诠《易经》，批异端，阅历丰富，二程理学终于在百家争鸣中异军突起，玉汝于成。顿时，名门相交游，桃李满天下。

伊川书院旧址内程颐所植刺柏

化解兵变

履新半年的隆冬时节，突传噩耗，程颢的岳父、户部侍郎彭思永于熙宁三年（1070）冬月二十六日在金陵驾鹤西归。程颢不禁回想起自己十岁时，吟咏《酌贪泉》“中心如自固，外物岂能迁”① 后，引起彭公青睐，亲临现场考察，在赞赏之余，遂将自己的三女与程颢订下娃娃亲……一篇情景交融的祭文也涌向笔端，文中忆道：

昔我稚齿，为公所器；教之诲之，实妻以子。二姓之欢，畴可伦拟？逾二

① （宋）刘立之：《门人朋友叙述》，《二程遗书·附录》，上海古籍出版社 1992 年版，第 256 页。

嵩阳书院正门

十年，顾爱终始。①

程颢夫人彭氏亦回忆，父亲常常言传身教，“每谓人曰：吾不为他学，但幼即学平心以待物耳；常教其子弟曰：吾数岁时，冬处被中，则知思天下之寒者矣！”②

“风谊传于后人，事业存乎国史。”三朝元老彭思永，字季长，江西庐陵人，天圣五年进士，历任州郡地方官与转运使、御史中丞，以户部侍郎退休。他既与欧阳修、刘沆同乡，又和韩琦、文彦博同年，还与富弼分别是晏殊的女婿与侄婿，或曰彭思永和富弼是“友婿”或“僚婿”关系。

在程颢心中，岳丈是一位仁厚诚恕，嫉恶如仇，深受百姓爱戴的大丈夫。他在《故户部侍郎致仕彭公行状》中这样写道：

抚宗族有恩意，外甥孤女，收视之如己子，为择善士而嫁之。守常一，不妄迁习。与朋友交，尽信义，始卒无移改。廉洁纯俭，本之天性。居母丧，贫甚，乡人争馈之，皆谢去，风俗为之化。后居显仕，自奉养不改其素。平生无声色奇巧之玩。其气宇高爽，议论清澹，而端庄恭谨，动必由礼，未尝有惰慢之色，戏侮之言，见者皆知畏重。然襟度夷旷，不可澄挠，与人处，虽终岁莫见其喜怒之变。遇事明白，不事襮饰，接人无贵贱高下，一以忠信，动无疑忌，即之温然，有大雅之德。③

① （宋）程颢、程颐：《二程集》，中华书局1981年版，第507页。

② （宋）程颢、程颐：《二程集》，中华书局1981年版，第494页。

③ （宋）程颢、程颐：《二程集》，中华书局1981年版，第493页。

在程颢的视域里，“民为邦本”是通过“民”之历史作用体现出来。他将“民”视为国之前提和基础，社会稳定的调节器，同时将儒家爱民、保民的传统概括为“视民如伤”四个字，并在治县中努力践行。《程氏外书》载：“明道先生治县，凡坐处皆书‘视民如伤’四字，常叹息曰：‘颢常愧对此四字。’”①

宋代地方一级的行政区划包括州、府、军、监四种，程颢所任镇宁军签书判官是幕职官，职责是辅助长官处理政务。虽人微言轻，但在面对国家大事和百姓安危之时，程颢依然勇于挑重担，敢作敢为。

熙宁四年（1071）夏，曹村连降暴雨，黄河决堤，危及开封。程颢自告奋勇跳入决口指挥堵堤，顿时众志成城！曹村的危急解除，京师安然无恙。刘涣大将赞叹道：不愧为真义士！

当时，主管河北路河防水利的中央特派员程昉受王安石之命贯彻“水利法”，治理黄河，征用澶州厢兵八百人，夜以继日地赶工。时值严冬，大雪不止，寒风刺骨，厢兵们饥寒交迫，不堪忍受，程昉则大发淫威，虐待士兵，士兵不堪忍受就集体逃回澶州城下。

是否开城门，澶州官员犹豫不决。若让厢兵进来，就是违抗程昉命令；不放他们进城，则可能酿成兵变。逃兵们气愤地表示：我们抗洪拼尽全力，后又遭受非人虐待！我们回家看望亲人，却被拒之门外！如不打开城门，我们就开始攻城了！

在这千钧一发之际，程颢当机立断地对城内的官吏们说：“士卒们擅自临阵逃跑，固然罪在不赦，但事出有因，如果此时不让他们进城，势必酿成士兵哗变，届时事态扩大便不可收拾。士卒们毕竟是我澶州子弟，我主张立即放他们进来，然后再对他们晓以利害，我会说服他们的。如果程昉大人追究起责任，一概由我程颢来承当！”

众官同意放士兵进城后，程颢迅速带人前去开城门，士兵们欢喜跳跃着进了城。程颢在安抚慰劳士兵的同时，晓之以理，动之以情，希望他们重返岗位。士兵们将程颢与程昉两相比较，最终一致同意程颢的建议。

宰相采纳了程颢的建议，决定不再追究这些士兵的责任。

三日后，回家休整的八百士卒，听到不被追究的消息后，也信守诺言，全部回工地继续服役去了。程颢这一力排众议的举动，既挽救了八百士卒的生命，又保证了水利工程的顺利进行，足见他过人的胆识、魄力与担当精神。

可是，程昉却一直对程颢耿耿于怀。不久，程昉经过澶州时，竟耀武扬威，

① （宋）程颢、程颐：《二程集》，中华书局1981年版，第429页；（宋）程颢、程颐：《传闻杂记》，《二程外书》，上海古籍出版社1992年版，第59页。

在澶州官员面前大摆臭架子，说什么澶州士兵的溃逃事件，很有可能是程中允唆使的，回到京师后一定要弹劾他。

同僚得知后，恐程颢遭程昉暗算，便提醒程颢早加防备。程颢不禁淡淡一笑说：“我不会有事的。程昉是故意虚张声势，他怕我弹劾他，想给我一个下马威。我料定他不敢怎么样！”

果不出程颢所料，程昉回朝述职时，没说程颢半个“不”字。

嵩阳过化

“望而忤时者，悉投闲于此。”熙宁四年（1071）冬，65岁的程珦厌恶官场，以病为由申请告老还乡，程颐陪父从汉州北归。朝廷安排程珦到西京管理洛阳东郊嵩山脚下的崇福宫（今属河南登峰市）。

崇福宫原为道教道场“万岁观”。汉武帝元封元年（公元前110），汉武帝刘彻率群臣到此登山，听到山谷中三呼万岁之声，遂称此山峰为“万岁峰”，复敕建万岁观。唐高宗时，在万岁观内建太乙祠，因祈雨灵验而更名“太乙观”。

宋真宗时将太乙观提升为道家“崇福宫”，成为北宋皇室避暑的离宫；陆游在《洞霄宫碑记》中称，嵩山崇福宫与洞霄宫为宋代天下宫观之首。崇福宫的管理者一般为大儒高官，由皇帝钦定，主管给皇帝祈福事宜。

古代嵩阳书院院址鸟瞰

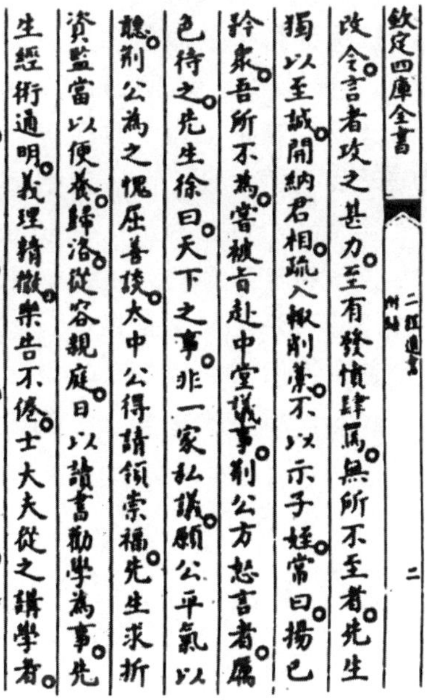

欽定四庫全書　二程遺書　二

改令。言者攻之甚力。至有發憤肆罵。無所不至者。先生獨以至誠開納君相。疏入輒削藁。不以示子姪。常曰。揚己矜衆。吾所不為。嘗被旨赴中堂議事。荆公方怒言者。厲色待之。先生徐曰。天下之事。非一家私議。願公平氣以聽。荆公為之愧屈。善拔。太中公得請領崇福。先生求折資監當以便養。歸洛。從容親庭。日以讀書勸學為事。先生經術通明。義理精微。樂告不倦。士大夫從之講學者。日夕盈門。虛往實歸。人得所欲。先生在御史。有南士游

《二程遗书》载程颢“归洛从容亲庭”

熙宁三年（1070），崇福宫管勾官成为一批享受高官待遇的闲差。那些不愿在朝里任职者可呈请，经皇帝批准任命。许多达官文人、历代大德道长、著名学者纷纷在此传教与治学。司马光、富弼等均曾在此挂职。司马光的《资治通鉴》有多卷本曾在此完成。

宋朝实行以孝治天下，朝廷命官实行籍贯或亲属回避制度，家中有年迈或多病的父母长辈例外，或有祖坟需要看守亦可就近任职。至和三年（1056）春，程珦在洛阳履道坊定居后，这里就成为二程的家了。

熙宁五年（1072）冬，朝廷举行郊祀时，程颢因曹村抗洪有功，被免除贬谪。他呈报朝廷调入洛阳监局任职（即京西抽税竹木务监），以就近照顾年迈的父亲，获准。随后，他们父子三人得以在洛阳团聚。刘立之记述云：

太中公得请领崇福，先生求折资监当以便养。归洛，从容亲庭，日以读书劝学为事。先生经术通明，义理精微，乐告不倦。士大夫从之讲学者，日夕盈门，虚往实归，人得所欲。①

"渭川千亩竹，皆与千户侯。"程颢任洛阳司竹监的全称是监京西抽税竹木务，相当于千户侯。宋代地方行政区有府、州、军、监四种。监为管理国家经营的矿冶、铸钱、牧马、制盐、竹木与海关等特种资源而设立的州县经济特区，兼理民事。只是级别不一，少数与州府同级，大都是与县同级隶属于府州。那时，竹林是一种重要的经济资源，用于建筑和家具制造等。司竹监负责管理竹林资源，保证竹子的质量和供应及其税收。类似于今天的林特产局或海关总署。

《宋会要》载，京西抽税竹木务，在汴河上锁东南，掌管陕西水运竹木，南方竹索，及抽算黄、汴、惠民河商贩竹木。其运作机制是征收各地竹木材料运抵官府设置的竹木场，由三司相关部门登记在案，再统一进行调配。

程颢作为司竹监的正七品长官，下辖副监一人、丞二人；录事、典事等四十余人。曾经与程颢同为监察御史的小表叔张戬，也曾任过凤翔府的司竹监。

古都洛阳是北宋文化中心，朝中儒士与大臣大都定居于斯，或到崇福宫交游。此时较为悠闲的程颢有时为父亲代劳，陪名士一游。天圣八年（1030），他偕当朝状元，历任翰林学士、御史中丞、宣徽北院使的王拱辰游崇福宫，并诗词唱和。其五言诗云：

---

①（宋）程颐：《门人朋友叙述并序》，《二程遗书》附录，上海古籍出版社1992年版，第256页。

睿祖开真宇，祥光下紫微。
威容凝粹穆，仙仗俨周围。
嗣圣严追奉，神游遂此归。
冕旒临秘殿，天日照西畿。
朱凤衔星盖，清童护玉衣。
鹤笙鸣远吹，珠蕊防晴晖。
瑶草春常在，琼霜晓未晞。
木文灵像出，太一醴泉飞。
醮夕思飙驭，香晨望绛闱。
衰迟愧宫职，萧洒自忘机。①

二程常常陪同父亲寄情山水，偕同子孙畅游人文景观，让其尽享天伦之乐。程珦偕二程游寿安山时曾以诗纪事，诗云：

藏拙归来已十载，身心世事不相关。
洛阳山水寻须遍，更有何人似我闲。②

二程父子归洛的消息不胫而走，自熙宁五年（1072）起，学人纷纷前往履道坊求学。嵩阳书院山长（即院长）特地登门拜访并邀请二程到嵩阳书院讲学，二程愉快地接受了邀请。

因程颐先北上东京开封，在那里收游酢（定夫）为徒，所以由程颢单独前往讲学。自此，嵩阳书院成为两程夫子过化之地。《嵩阳书院志》中说，两程子置散投闲与群弟子讲学嵩阳书院。

那天，程颢乘轿前往嵩山。嵩阳书院坐落于嵩山南麓，背靠峻极峰，面对双溪河，因其位于嵩山之阳，故名嵩阳。此处北魏初名嵩阳寺，为佛教道场。隋唐为嵩阳观与行宫，五代后唐清泰年间（934—936），进士庞士开始在嵩阳观聚众讲学，后来，柴荣将其更名为太乙书院，从此成为儒学活动中心。直到北宋景祐二年（1035），方改称嵩阳书院，并由宋仁宗赐院额：嵩阳书院。意即汲嵩山之毓秀，纳峻极之灵气。书院设山长掌理院务。

程颢步入书院内，山长首先向他介绍了唐天宝三年（744）刻立的大唐嵩阳观纪圣德盛应之颂碑。碑制宏大高达 9 米，雕刻精美；碑首分三层；正面额心内阴刻篆书“大唐嵩阳观纪圣德感应之颂”十二个大字，由河南尹、工部尚书裴迥所题。额文两边分列双龙与麒麟浮雕。

程颢走近细看，唐碑的通篇碑文主要叙述了嵩阳观道士孙太冲为唐玄宗李

① （宋）程颢、程颐：《二程集》，中华书局 1981 年版，第 482 页。

② （宋）程颢、程颐：《二程集》，中华书局 1981 年版，第 652 页。

隆基炼丹九转的故事。由李林甫撰文、裴迥篆额，徐浩书丹，为唐代隶书的代表作。

裴迥题额：大唐嵩阳观纪圣德感应之颂碑

在嵩阳书院讲学期间，二程深入探讨了教育的途径与方法，并明确提出教育的核心目标是培育具有圣贤品德的人才。他们特别推崇《礼记》中的《大学》与《中庸》两篇，将《大学》视为孔子学说的传承之作，是初学者步入德行之门的关键读物。二程以《论语》《孟子》《大学》《中庸》这四部书籍（合称“四书”）作为教学的核心内容，辅以《诗经》《尚书》《礼记》《易经》《春秋》等五部经典（合称“五经”），构建了一个以阐释义理、深入探索事物本质和仁德为核心的教育思想体系。

唐代韩愈、李翱曾表彰《大学》《中庸》，司马光著《大学广义》为《大学》别出单行之始。而二程将“四书”作为嵩阳书院的主要教材，精研细读，进而深入“五经”。其教学法由弟子传承并广泛推广。朱熹编纂的《四书章句集注》成为科举官方教材，影响了清代以前的教育。

二程在嵩阳书院的教育实践，以孔孟学说为核心，融入佛道修养之精髓，对儒学进行了创新性改造，开启了理学的新篇章。他们倡导教育应培育“仁义礼智信”的德行，旨在培养具有理想人格的“圣人”。

同时，二程在教学之余，特别注重学员的品德修养，他们言传身教，一言一行以义理为准则，还利用参加适当的礼仪活动，激发学生对先贤明大德、守公德、严私德的景仰之情。二程在嵩阳书院的一系列讲学活动和成果，是对儒学的一次历史性的发展和完善，世人称之为“洛学”。

二程的教育教学思想与实践，促进了嵩阳书院规范化建设。据《嵩阳书院

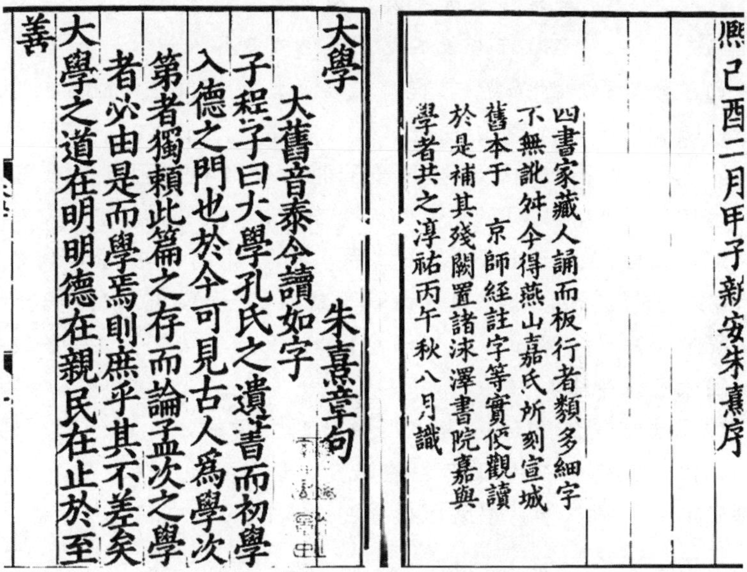
熙己酉二月甲子新安朱熹序

四書家藏人誦而板行者類多細字不無訛舛今得燕山嘉氏所刻宣城舊本于　京師經註字等實便觀讀於是補其殘闕置諸泳澤書院嘉與學者共之淳祐丙午秋八月識

大學　　朱熹章句

大舊音泰今讀如字

子程子曰大學孔氏之遺書而初學入德之門也於今可見古人爲學次第者獨賴此篇之存而論孟次之學者必由是而學焉則庶乎其不差矣

大學之道在明明德在親民在止於至善

《四书章句集注》（南宋淳祐丙午刻本）

志·祀典》载，书院每年于仲春、仲秋季节，由山长率领全体师生举行祭祀，在先圣殿和先贤祠祭祀时，还要宣读祭告文书，表达崇高的敬意。通过礼仪和祭祀活动，进行模范教育，以便学生在实践中效仿，达到劝诫规励、见贤思齐的目的。嵩阳书院也因此成为理学传播基地与“新儒学”的发祥地之一。

二程在嵩阳书院培养的学生大多成为传播理学的主要力量，据嵩县程村二程祠中《二程门人名单碑》记载，二程一生中培养出的有名学者 88 人，其中，对二程理学南传起重要作用的杨时、游酢、谢显道，将洛学传播到江南广大地区，在二程和朱熹之间起到了承前启后的作用，世称“程氏正宗”。

康熙初年，以耿介为代表的学者普遍地意识到振兴洛学之必要。窦克勤在《嵩阳书院记》中阐述了耿介兴复嵩阳书院的宗旨：其学务以洛闽为宗旨，孔孟为要归，其教人务以主敬为根本。

这里也是儒、佛、道三学的重镇，除嵩阳书院本身是由佛、道的道场演进而来之外，中岳嵩山附近有禅宗祖庭、“天下第一名刹”的少林寺，中原地区最大的道教圣地中岳庙，它们共同形成了一道“三教荟萃”的独特风景。

二程在嵩阳书院讲学期间，变法政潮汹涌澎湃，反对派大佬纷纷定居洛阳，二程与他们议论朝政，同时探究学术、传道授业。那天，程颐游嵩山不禁触景生情，吟咏《游嵩山诗》抒怀。诗云：

鞭羸百里远来游，数日阴云暝不收；

遮断好山教不见，如何天意异人谋。①

诗的首句“鞭羸百里远来游”，描写二程政坛失意向往名山的心情，表达写他跨马扬鞭，跋涉百里，向嵩山进发。第二句写他入山之后，天不作美，整天是阴云密布。“阴云暝不收”也暗指王安石把持朝政犹如阴云笼罩着朝廷一般，似乎老天爷也任其摆布，表现了作者的无可奈何心情。

这一时期，二程的天理学说初成体系。程颢此前完成理学代表作《定性书》，开始讲授《识仁篇》，还作有《论霸王疏》《论十事疏》《论养贤疏》《谏新法疏》等；程颐也写了《颜子所好何学论》《试汉州学策问》《答张载书》，随后又写了《与吕大临论中书》……

同时，二程理学受到朝廷达官显贵文彦博、司马光、吕公著、韩绛、韩维等人的推崇，再加上弟子在大江南北的推介，理学因此异军突起，全国各地的儒生纷纷慕名前来拜师求学，书院因此跻身北宋的四大书院之一。

批评新学

程颢的担心出现了，王安石的新学逐步上升为官方推崇的哲学思想。在皇权的支持下，通过推行《新法》，新学成为国家教育的主导，呈现出排挤其他学派，确立其独尊地位的趋势。为此，程颢利用其影响力，会同弟子们与志同道合的簪缨缙绅一道，将主要精力放在理学的研究、传播与推广方面，做了一些颇具开拓性的工作。

熙宁三年（1070）三月，王安石开始改革科举，进士殿试废止诗、赋、论三题，而改试时务策。次年二月，颁新贡举制，废明经，专以进士一科取士，另设“明法科”，考察律令和断案；十月，王安石在太学里创立“太学三舍法”，标志着教育改革的《三舍法》开始实施。

熙宁六年（1073）春，王安石在国子监内设立修撰经义所，将新学塞进太学教科书。通过修订太学教科书，系统地向太学生传授新学，旨在从思想层面上促进学生对变法的认同，统一其思想道德观念，以此作为“变法”理论支撑的基石。

为修订教科书，王安石与长子王雱筹备了数年，从儒家经典里选出了《毛诗》《尚书》与《周礼》三经作为载体，用新党的思想进行解读，名曰《三经新义》：《新经毛诗义》《新经尚书义》《新经周礼义》。

---

①（宋）程颢、程颐：《二程集》，中华书局1981年版，第590页。

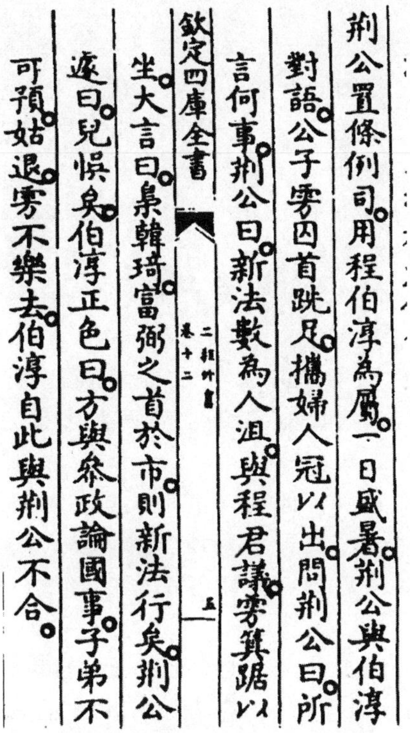
荆公置條例司。用程伯淳為屬。一日盛暑。荆公與伯淳
對語。公子雱囚首跣足。攜婦人冠以出。問荆公曰。所
言何事。荆公曰。新法數為人沮。與程君議。雱箕踞以
欽定四庫全書　二程外書　卷十二　五
坐。大言曰。梟韓琦富弼之首於市。則新法行矣。荆公
遽曰。兒悞矣。伯淳正色曰。方與參政論國事。子弟不
可預。姑退。雱不樂去。伯淳自此與荆公不合。

《二程外书》载：程明道与王安石谈“新法”、王雱插话

《三经新义》方案形成后，神宗立即下诏设置经义所，专修《诗》《书》《周礼》三经义，并命王安石领衔修撰。王拟让亲信吕惠卿、长子王雱修撰。

王安石曾是“学霸”，曾列为状元人选。他执政后，以科举积弊多为由，成立经义所，以经义论策取代诗赋、帖经、墨义等取士，即太学生“三舍法”。并将《三经新义》颁行学官，列为学校、科举蓝本，所有先儒传注，一律搁置。

在文彦博看来，王安石的经义所即是推行新学的御用机构。于是，他立即与枢密副使吴充商议，请他联袂举荐程颢进入经义所修撰《三经新义》，让程颢以其理学精义与新学分庭抗礼。

吴充早年与王安石均为群牧判官，还是儿女亲家。但吴充数次上书称王安石新法不便于民。于是，吴充与文彦博联名奏请皇帝令程颢主修《三经新义》。而王安石长子王雱则联袂吕惠卿分别上书，竭力阻止程颢入选。

神宗收到双方的奏折后，不免想起了与程颢相处的日子，认为程颢的学问与为人的确是修撰经义的合适人选。所以，神宗有意采纳文彦博和吴充的建议，拟由程颢进入经义所视事①。

王雱获知消息后，立刻联想到一次王安石在家里会晤程颢的情景。当王抱怨满朝文武反对新法，向程颢问计时，王雱从内室出来插话说："很简单，把韩琦、富弼这些老顽固绳之以法！"程颢严肃批评道："我和执政商量国是，后生不要插嘴！"王雱因此耿耿于怀。

于是，年轻气盛的王雱急不可耐，他次日上朝竟长跪不起，甚至不惜以辞职相谏：若陛下坚持让程颢入经义所，请陛下准许臣退出新义修撰工作。赵顼见王雱无休止地纠缠，又怕伤了王安石的和气，只好取消了让程颢入经义所的计划②。

其实，熙宁变法的负面影响刺激了二程发展理学（即道学）的决心。在"治道"上，二程与张载都明确地认识到"格君心之非"是治世的根本，而变法则偏离了王道方向。

程颢与经义所擦肩而过后，他利用洛阳聚集着礼簪冠缨之族、钟鸣鼎食之家，又远离京都，受干扰少，便于宣扬理学的优势，与同司马光、吕公著、张载等志同道合的名流，效法魏晋名士相互品题的形式，煮酒论诗评时政，批评王安石的新法与新学。

这些名流汇集于此，俨如一个在野内阁，他们策谋计议，争取士大夫，俟机而动。如司马光"居洛十五年，天下以为真宰相"，富弼"在洛阳，多以手疏论天下大利害，皆大臣之所不敢言者"。

据其弟子邢恕追述，程颢"居洛几十年……在仕者皆慕化之，从之质疑解惑；闾里士大夫皆高仰之，乐从之游；学士皆宗师之，讲道劝义……于是先生身益退，位益卑，而名益高于天下"③。

随着二程的声望与日俱增，全国各地的学生纷至沓来。一批批弟子自觉不自觉地形成了宣扬理学的统一战线。

在二程的著作中，涉及王安石的新法与新学近四十多处。在评论王安石治《易》时，二程肯定了王安石治《易》的方法，称其为百家争鸣中的一家，又对其《易义》中的诠释多持批评态度，抨击王安石的"道分为二"的思想。

二程指出，理便是道。王安石把道分为天道与人道，就不成其为道。二程通过在洛阳的讲学活动，逐步建立了与王安石新学相抗衡的洛学。朱熹后来将

---

①（宋）程颢、程颐：《二程集》，中华书局1981年版，第635页。

②（元）脱脱：《宋史》，中华书局1977年版，第12715页。

③（宋）程颐：《门人朋友叙述并序》，《程氏遗书》附录，上海古籍出版社1992年版，第256页。

二程言论编纂为《二程遗书》《二程外书》传世。

显道去“矜”

书院教育始于唐，盛于宋，二程理学就是书院绽放的一朵奇葩，由此播下绵延千年的书院文化并对中国社会产生了深远影响。

早在至和三年（1056），初出茅庐的“二程讲经于（开封）繁塔之左”与相国寺；治平四年（1067）程颢任晋城县令时，创建了古书院；在熙宁、元丰年间，二程于洛阳周边创建与讲学的书院有程氏书院、嵩阳书院、大程书院、伊皋书院、春风书院、龙门书院等。

二程独立创办的公立大程书院与私立伊皋书院，是创立理学体系的学术基地，“程门四弟子”均在此间受业。

元丰元年（1078）至元丰三年（1080）期间，程颢于京畿开封府扶沟县治县。三年间，他既以“视民如伤”为官箴，勤勉治县，又办学、治学与讲学。元丰二年（1079），他还实行“乡必有校”的教育兴乡良策，并推荐“其资可以进道”的福建建阳青年学者游定夫为扶沟县教谕。

清代重修的扶沟县大程书院一角

游定夫（1053—1123），本名游酢，先得程颐赏识。熙宁五年（1072），20岁的游酢被乡里举荐到京师开封参加礼部考试未被录取，但补上太学生的名录。他巧遇了刚刚从汉州（今四川广汉）返京的程颐。经一番交流，程颐惊叹后生可畏，所以，他特地把游酢推荐给兄长振兴县学。

游酢果然表现不俗，他密切配合程颢在扶沟乡村陆续建成了一批平民学校，又在县城兴建书院（大程书院的前身），程颢任命游酢为山长。同时，在县公署后面还专门筑“易亭”供书院师生游憩。

此间，游酢直接受程颢熏陶，毅然放弃辞章之学而改学二程理学。为提升书院教学质量，程颢不但亲自拨冗前往讲学，还让程颐来扶沟讲学数月，“聚邑之优秀子弟而教之”。

游酢师事二程，他“问学日进”得“理学正宗”，尽得二程真传，程颐赞他能于言外得意，对他非常器重。游酢学有专攻，成为福建闽北最早接受洛学的学者。

二程在扶沟讲学期间，全国各地的士人学者前来拜师求学络绎不绝，一时扶沟文风大盛，成为二程理学的集散地。

“良佐去矜”的故事就发生于斯。那是元丰元年（1078），29岁的蔡州上蔡（今河南省上蔡县）学人谢良佐（1050—1103，字显道），慕名前往扶沟县以师礼拜见程颢。刚开始，程颢以为他是访客，遂以客人之礼相待。没想到，谢竟然恳切地表示，自己是来拜师求学的。

“学者要学得不错，须是学颜子。”① 程颢见谢良佐如此虔诚，就中肯地告诫他要追求颜回那样一箪食、一瓢饮的“孔颜之乐”境界，将他安排在一间四壁透风、房顶漏雨的破旧民房居住。时值寒冬，晚上没有籽油灯照明，又没有炭火取暖。谢良佐在这样的环境中勤思苦学了一个多月。

谢良佐白天认真听老师讲学，晚上整理听课笔记，还每天写日记，通过观察老师的言传身教，反思自己的日常言行，终于悟出自己修身的最大障碍就是“矜”，而刚愎自用、自欺欺人、骄傲自满都是由“矜”引起的。他感悟到，克制自己就要从本性中最难的地方着手。

起初，程颢“述而不作”，谢良佐则将老师的精句记录下来。在《谢显道记忆平日语》中，他真实地记录了程颢师从周敦颐的言论，程颢对他说：“诗可以兴。某自再见茂叔后，以吟弄月以归，有吾与点也之意。”②

在程颢看来，谢生学识过人，尤其强记博闻，称引前史不差一字。他克服修身最大障碍“矜”之后，自律甚严。一次，聆听了程颢讲述“玩物丧志”后，他不禁背汗面赤；同时，他自称对于势利，已经打透此关有十余年了；又说自己之所以断绝色欲二十多年，就是为了身强体壮，胜任治学传道！

在书院，谢良佐前往聆听程颐授课。程颐问他在扶沟学习、生活一年有何

---

①（宋）程颢、程颐：《二程集》，中华书局1981年版，第62页。

②（宋）程颢、程颐：《二程集》，中华书局1981年版，第59页。

收获？他从容地回道：“唯去得一‘矜’字。”程颐听后高兴地捋着胡须对他说，此乃独立思考，修身究学取得的初期成果了。自此，“良佐去矜”的故事就不胫而走了。

元丰八年谢良佐进士及第，后奉命南下湖北应城县，他兴建书院与二程祠，亲自到书院讲理学，创立了上蔡学派，成为心学的奠基人、湖湘学派开山，跻身“程门四先生”，人称上蔡先生或谢上蔡；著《论语集解》，其事迹载《宋史·道学传》。因其倡行“人须先立志，立志则有根本”，故朱熹称道：“上蔡高迈卓绝，言论宏肆，善开发人。”

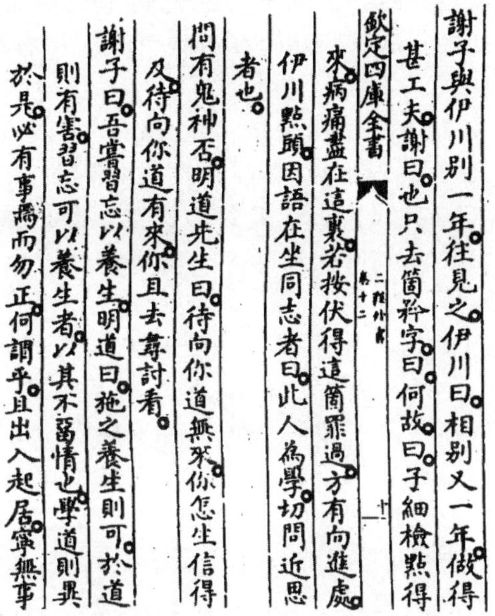
謝子與伊川別一年往見之伊川曰相別又一年做得
甚工夫謝曰也只去箇矜字曰何故曰子細檢點得
欽定四庫全書　二程外書　卷十二　十
來病痛盡在這裏若按伏得這箇罪過方有向進處
伊川點頭因語在坐同志者曰此人為學切問近思
者也
問有鬼神否明道先生曰待向你道無來你怎生信得
及待向你道有來你且去尋討看
謝子曰吾嘗習忘以養生明道曰施之養生則可於道
則有害習忘可以養生者以其不留情也學道則異
於是必有事焉而勿正何謂乎且出入起居寧無事

《二程外书》载谢显道受学程颢去“矜”

书院迎来的第二位高足，是陕西蓝田学人吕大临（1042—1090），字与叔。吕原是张载的弟子，张载与程颢在关中讲学时，吕就景仰程颢。张载作古后，他料理了老师的丧事，就于元丰二年（1079）前往扶沟拜二程为师。《元丰己未吕与叔东见二先生语》中记载了吕氏求学的经过，二程关于“理”或“天理”的论断，以及著名的《识仁篇》即载于其中。程颢说：“学者须先识仁。仁者，浑然与物同体。义、礼、知、信皆仁也。识得此理，以诚敬存之而已，不须防检，不须穷索。”①

① （宋）程颢、程颐：《二程集》，中华书局 1981 年版，第 16、17 页。

程颢在扶沟推行书院教育开启了当地学脉，扶沟县历代传承其文化精神。元代时，扶沟将“易亭”改设明道祠，明代移建县衙内，更名“化民台”。嘉靖二十五年（1546）知县陈轹改建于南街西巷，易祠堂为明道书院，于书院后复筑化民台。后来，知县吴溶倡捐修复，继任知县杨烛改名“大程书院”。现存大程书院为清康熙二十八年（1689）重建，位于扶沟县城内书院街。进入新时代，大程书院仍保存完好，2019年10月7日被国务院列为第八批全国重点文物保护单位。

“伊流洛水环紫宫，广轮千里天地中。”熙宁六年（1073），游酢的建安（今福建建瓯）同乡学人林志宁，与福建将乐学人杨时一同赴礼部考试均落第，但被补太学生。元丰四年（1081）的一天，他们问学三朝元老文彦博，文彦博推荐他们拜师二程，并让他们联系福建同乡游酢引荐。林志宁就找到游酢当向导，前往颍昌谒见二程。

林志宁找到同乡好友游酢说明来意，并介绍了好友杨时（1053—1135，字中立，号龟山，学者称龟山先生）。杨时自幼在将乐县城含云寺和杨希旦“西斋”读书，于熙宁九年（1076）进士及第。次年，杨时被授予汀州司户参军，他却以病为由没有赴任，专心研究理学。一番攀谈后，大家联袂同往颍昌（治所属今许昌市）拜师程颢。

游酢虽然亲炙程颢比杨时要早九年，但并未正式拜师。于是，他与杨时、林志宁等一起向程颢行拜师礼。《龟山语录》记载拜师的过程，云：“明道在颍昌，先生寻医，调官京师，因往颍昌从学。明道甚喜，每言曰：杨君最会得容易。及归，送之出门，谓坐客曰：吾道南矣！先是，建安林志宁，出入潞公门下求教。潞公云：某此中无相益。有二程先生者，可往从之。因使人送明道处。志宁乃语定夫及先生，先生谓不可不一见也，于是同行。时谢显道亦在。”①

元符年间，学者大多从佛学，但杨时却只服膺理学，所以程颐十分感叹：现在做学问的人都泛泛空谈佛道，只有杨时和谢显道有长进②！

元丰五年（1082），游酢进士及第，任越州萧山县（今属浙江）县尉。县衙内有积案十年得不到判决，他迅速予以结案。后被知府范纯仁推荐为颍昌府学教授。杨时在家重读《春秋》，并致函程颢求教，通过程颢函授，后写成理学巨著《春秋义》。

二程随父寓住颍昌，是颍昌知府韩维的安排。韩维乃性情中人，其父韩亿曾是仁宗时副宰相。韩维既是神宗任太子时的好友，又是王安石的密友，对二程也十分友善，常常与之谈佛论道，诗词唱和。程颢百年之后，韩维亲笔题写

---

①（宋）程颢、程颐：《二程集》，中华书局1981年版，第428、429页。

②（宋）程颢、程颐：《二程集》，中华书局1981年版，第429页。

的《明道先生墓志铭》中，追忆他们在颍昌的那段时光。文曰："先生之罢扶沟，贫无以家，至颍川而寓止焉。大夫（指明道父）以清德退居，弟颐乐道不仕。先生与正叔，朝夕就养无违志。闺门之内，雍肃如礼。家无儋石之储，而愉愉也。予方守颍川，遂得从先生游。……先生于书无所不读，自浮屠、老子、庄列，莫不思索究极，以知其意。"①

是时，学人李端伯专程前来从学于二程，并在《端伯传师说》中记录了二程与韩维的对话，还被收入朱熹编定的《二程遗书》卷首。

伊皋传道

在颍昌小住了一段时间后，程颢于元丰四年（1081）辞官居洛阳，与弟弟一起全身心地讲学布道。随着弟子增多、学舍窄小，于是，程颐与程颢商量，决定筹建书院。

元丰五年（1082）的一天，程颐在洛阳城南郊外二十里地的龙门山胜德庵上方寺附近，发现一片荒芜之地，他拟就一函《上文潞公求龙门庵地小简》，求助于三朝元老文彦博。后来，程颐的孙子程晟于南宋绍兴二十六年（1156），竖立了一块《上文潞公求龙门庵地小简碑》，上面镌刻着程颐与文彦博的往返书信。

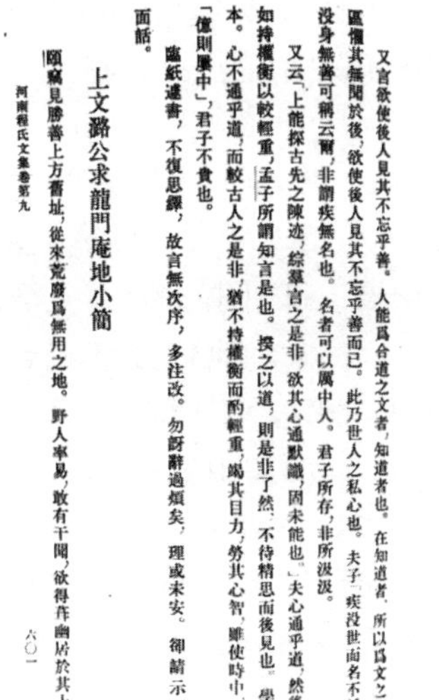
又言欲使後人見其不忘乎善。人能爲合道之文者，知道者也。在知道者，所以爲文之心，乃非區區惟其無聞於後，欲使後人見其不忘乎善而已。此乃世人之私心也。夫子「疾沒世而名不稱」焉者，疾沒身無善可稱云爾，非謂疾無名也。名者可以厲中人。君子所存，非所汲汲。

又云「上能探古先之陳迹，綜羣言之是非，欲其心通默識，固未能也」。夫心通乎道，然後能辨是非，如持權衡以較輕重，孟子所謂知言是也。揆之以道，則是非了然，不待精思而後見也。學者當以道爲本。心不通乎道，而較古人之是非，猶不持權衡而酌輕重，竭其目力，勞其心智，雖使時中，亦古人所謂「億則屢中」，君子不貴也。

臨紙遽書，不復思繹，故言無次序，多注改。勿訝辭過煩矣，理或未安。卻請示下，足以代面話。

上文潞公求龍門庵地小簡

頤竊見勝善上方舊址，從來荒廢爲無用之地。野人率易，敢有干聞，欲得作幽居於其上，以避冷著

河南程氏文集卷第九　六〇一

《二程集》程颐《上文潞公求龙门庵地小简》

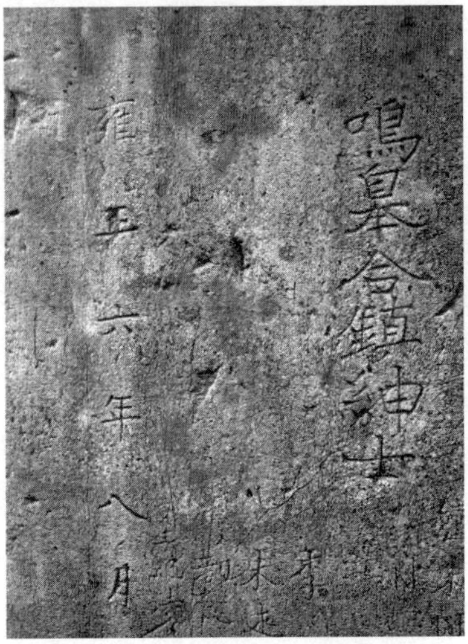

清代雍正年重修伊川书院残碑

① （宋）吕祖谦：《宋文鉴》卷一百四十三，中华书局 2012 年版，第 1203 页。

此碑最初镶嵌在原伊阙县程村二程祠启贤堂的墙壁上，后来存放于道学堂。程颐在信函中写道：“颐窃见胜善上方旧址，从来荒废，为无用之地。野人率易，敢有干闻。欲得葺幽居于其上，为避暑著书之所。唐王龟构书堂于西谷，松斋之名，传之至今。颐虽不才，亦能为龙门山添胜迹于后代，为门下之美事。可否?”①

文彦博（1006—1097）与二程之父同岁，早年进士及第，历仕仁、英、神、哲四位皇帝，荐跻二府，七换节钺，是出将入相长达半个世纪的四朝元老。其自取室名：伫瞻堂，司马光曾作《伫瞻堂记》。宋神宗《赐太师文彦博》赞曰：“四纪忠劳著，三朝闻望隆。……西都旧士女，白首伫瞻公。”

《宋史·文彦博传》也记载，太尉文彦博家庭富贵，尊德乐善，与二程、邵雍十分要好。元丰五年（1082），文彦博收到程颐上书后，愿将自己名下的一处庄园赠给程颐。他在复信中写道：“先生斯文己任，道尊海宇，著书立言，名重天下。从游之徒，归门甚盛。龙门久芜，虽然葺幽，岂能容之？吾伊阙南鸣皋镇，小庄一址，粮地十顷。谨奉构堂，以为著书讲道之所，不惟启后学之圣迹，亦当代斯文之美事。无烦赐价，惟简是凭。”②

古代所置伊川县，隋并入洛阳县，宋初又置伊阳、伊阙二县，熙宁时废伊阙县为镇，并入伊阳县。故文彦博信中的“伊阙县鸣皋镇”为伊阳县鸣皋镇。鸣皋典出《诗经》之“鹤鸣九皋”，九皋山主峰有鹤鸣观。古人把九皋山看作是离天最近的地方。

九皋山是洛阳南边的屏障，今为洛阳市伊川、嵩县、汝阳三县交界处，兼具泰山、华山、黄山之雄、险、奇。唐人《鹤鸣九皋》赞曰：胎化呈仙质，长鸣在九皋。排空散浦泪，映日委霜毛。万里思廖廓，千山望郁陶……

一天，二程沿着形如天梯的小路攀登九皋山主峰，他们登顶极目远眺，顿时陆浑河水宛如一面宝镜，伊阙故县龙门似天室之门，三色池秀丽风光尽收眼底。《古嵩志》载：“北宋大理学家程明道先生云：九皋山巅有三池，相距各数武，水分紫、白、黑三色，冬夏不涸，悬崖石洞中，白蝙幅大如鸭。”③

沿着小溪下山踏上归程，正值一轮秋月挂在天空，程颢吟咏《秋月》来抒发内心的超脱尘世与闲适自在，流露其追求光明磊落的情怀。诗曰：

清溪流过碧山头，空水澄鲜一色秋。
隔断红尘三十里，白云红叶两悠悠。

---

①（宋）程颢、程颐：《二程集》，中华书局1981年版，第601页。

②（宋）程颐、文彦博书简，参见河南省嵩县两程祠碑文。

③《嵩县志》，清乾隆三十二年刻本。

二程俯瞰九皋山下的酒后村，想起了当年秦始皇“焚书坑儒”，孔子九世孙孔鲋避难于此，使孔子著作得以保存下来的典故。

同时，二程还拜谒了北宋前宰相张齐贤（942—1014）的墓地，浏览《宋司空张文定公墓神道碑》碑文。原来，张齐贤辞官回到洛阳后，就住在唐代宰相裴度（765—839）的庄园故址午桥庄，交游儒士，创办和乐书院，亲自讲学，人才辈出。可惜，他于大中祥符七年（1014）鹤归道山。二程伫立于此，思考着如何将书院教育传承创新。

程颐发现，这里绿满千层皋山秀，碧平万里伊水明，远离尘嚣，可避免物质引诱，得以潜思力学，涵养德性。师生在此山明水秀、鸟语蝉鸣的幽静环境中，可收变化气质之效。

于是，程颐决定在文彦博所赠庄园建立书院，取名“伊皋书院”，并请文彦博亲笔题名。几经努力，一个拥有 12 个房间的书院建成。正房 5 间为讲堂，东西厢房各 3 间为弟子居室。另有宅田 10 亩、粮地 10 顷，作为学田及生产基地。

鉴于程颢在政界、学界的影响力，由他担任山长，程颐为执行院长。自幼在黄陂就喜欢植树的二程，还在院内手植柏树，松树……历经千年风雨，程颐手植古柏仍树干挺拔、三人合抱，树高 16 米，东边树梢似蛟龙腾空，西端树梢如凤正鸣，当地村民称之为龙凤呈祥。

二程按照学校是兴国治邦之本、养贤育才之地、移风易俗之所的教育理念，精心打造，伊皋书院逐步从传统私学的窠臼中脱离出来，在讲学、藏书、祭祀、教学管理、课程设置等方面趋于制度化、正规化，呈现出如下特色：

秉持有教无类原则，增加平民享受教育的机会，只要有心向学，不论年龄长幼，均可入院就学；修业年限，不作规定。同时，继承孔子文、行、忠、信的教育思想，教材内容以“四书”为主、“五经”为辅，兼以政法、史书、训诂、音释等。

“教亦多术矣。”程颢主张教育方法的多样性与灵活性，在长期的办学实践中，二程探索出养正于蒙、因材施教、穷经致用、循序渐进、由博及约、愤悱而发、穷追善问、默识心通、立志于学等行之有效的教育教学方法。

在教学教法与治学方式上，二程不拘一格，不是与邵雍、张载、司马光“五星聚奎”“洛阳议论”；就是与谢显道、杨时等诸多弟子巧问妙答。如“穷理识仁”“如坐春风”等典故，都是门人以“二先生语录”的形式记录下来，后由朱熹收入《二程遗书》《二程外书》传世的。

十五、“五星”灵魂

“五星聚奎”原为太阳系的金、木、水、火、土五大行星聚于二十八宿之奎宿。此处借指二程、张载、司马光与邵雍五人洛阳论道，又将他们比作仁、义、礼、智、信五个德目。程颢则是“五星”中的灵魂人物。

右起史家张岱年收藏的程颢、程颐画像

邵雍题跋像

和风甘雨

伊皋书院教学通常采用讲演式，主讲登席讲授经文，敷陈经义；还有个别问答式。

一般地，鸣鼓升堂，二程行礼入座，学生按名排坐。有讲堂讲座式、问答讨论式、随机启发式、高徒代讲式和内省顿悟式等多种教学方式，还有抚琴歌赋、徐步观瀑等活动，深受学子欢迎。于是，二程“讲《易经》、授理学”，求教者日夕盈门，“学者出其门最多，渊源所渐，皆为名士”。大家切磋学问，探求理学真谛，针砭时弊，挥斥方遒。伊皋书院因此一跃成为中原三大书院之一。

在书院中，二程常常以理义严格规范自己的行为，为人师表，把学生当作自家子弟来看待，如师如友，并能观察入微地了解每个学生的优点给予激励；对于带共性的问题集中加以引导与劝诫，对于个别问题尽量采取一对一的促膝谈心方式解决。

同时，二程把关心弟子们的德性学业放在首位，教导学生从扩展知识到懂得必须达到至善境界，从“意念真诚”到“平治天下”，从洒水扫地和有礼貌地回答长者到“穷尽万物之理和充分发扬善良本性”，循序渐进。

程颢强调指出，大道之所以不被人们认识，是被异端邪说妨害。即使是高才大智，一旦被异端邪说所束缚，自己也觉察不到。这些异端邪说是遍布在正确道路上的荆棘，设立在圣人门户前的障碍，只有痛加驳斥才能进入尧舜之道。

二程讲易学、授理学，求教者盈门，门下聚集了朱光庭、谢良佐、吕大临、杨时、张绎、邵伯温等名儒。据《二程门人名录碑》记载，88 位弟子自全国四十余州县，包括福建、浙江、江西等地慕名而来①。后来做官的有 30 多人，有的官至监察御史、吏部尚书和宝文阁学士。朱熹曾赞程颢曰：

扬休山立，玉色金声；
元气之会，浑然天成。
瑞日祥云，和风甘雨；
龙德正中，厥施斯普。

二程对弟子关怀备至，施教有方，孜孜不倦；弟子则恭敬受教，言行举止，礼节周到。程颐常常向弟子灌输正确的学习方法：必须先使心里有明确的认识，知道所要修养的是什么，然后努力实践以求达到目标，这就是《中庸》所说的“从明确的认识而达到至诚的境界”。

二程刻苦自励，深入钻研，尤其是程颐，他在此传道授业二十余载，勤奋著述。程颐曾自述道：

吾四十岁以前读诵，五十岁以前研究其义，六十岁以前反复演绎，六十岁以后著书。②

程颐为人师表的刻苦治学精神，对弟子起到了良好的示范作用。不少弟子在离开书院后有所成就，或居高位时，仍对二程执弟子礼。他们师生关系深厚，既似父子般亲密，又如朋友般坦诚，纯粹基于道义，情感真挚，成为师生情谊的楷模，树立了师生伦理的典范。朱熹曾赞伊川云：

规圆矩方，绳直准平；
允矣君子，展也大成。
布帛之文，菽粟之味，
知德者希，孰识其贵。

二程传道授业，桃李满天下。正是二程师徒世代致力于理学的传播与推广，

---

① 卢连章：《程颢、程颐评传》，南京大学出版社 2001 年版，第 21 页。

② （宋）程颢、程颐：《二程集》，中华书局 1981 年版，第 314 页。

为理学一举击败新学成为正统创造了条件。也正是二程及其弟子们的努力，使理学成为中国思想发展史中的一个重要阶段，成为中国宋、元、明、清时期占统治地位的意识形态，理学也成为儒学发展史上的一个重要环节。

程颐肖像（朱熹诗赞）

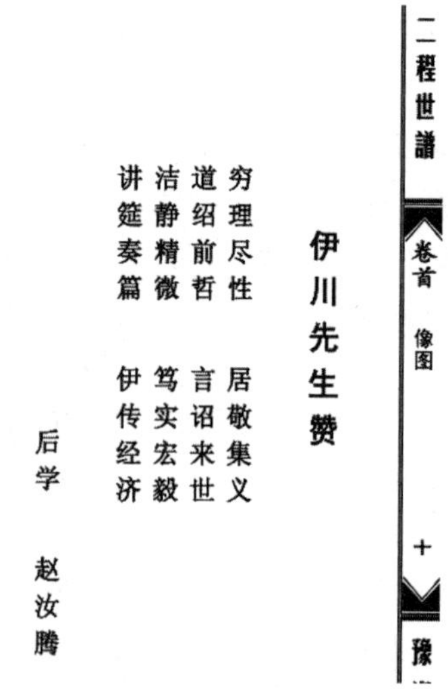

赵汝腾《伊川先生赞》(英山《二程世谱》)

值得一提的是，经二程嫡传弟子杨时二传给罗从彦，罗氏三传给李侗，李氏四传给朱熹，历代赓续，不仅将二程学说南传，而且朱熹将二程理学集大成为“程朱理学”。到了南宋末年元代初期，程朱理学开始成为官学哲学，自此历四朝七个世纪。有诗为证：

南岳悠悠伊水长，紫星朗照惠风堂。
鹤鸣皋岭贯河洛，马过龙亭惊汴梁。
意浸阴阳穷伦理，神通日月定纲常。
程门立雪传佳话，寸草春晖万古芳。

“五星”聚奎

从唐代的韩愈、李翱起，经过宋初的胡瑗、孙复、石介等理学先驱者之衣钵相传，至北宋开始形成体系，程颢、程颐与周敦颐、邵雍、司马光、张载等人都是理学的代表人物，但真正使理学成为一个丰富的思想体系，包括哲学观、历史观、认识论、人性论以及伦理道德思想、社会变革论等各个方面，则是从二程开始，而且程颢是“五子”的中心人物。

二程以独到的思维能力和开创学派的聪明睿智，善于继承和总结前代与同代儒学大师的成果，从而开创了理学的新纪元。

由黄宗羲草创，其子黄百家及全祖望师生续修的《宋元学案》，在86个学案中，以程颢为首的《明道学案》，以程颐为首的《伊川学案》，以张载为首的《横渠学案》等都用两卷的篇幅详述，显示出理学在学界的突出地位。

黄百家以神秘的天命观解释这一现象道：宋乾德五年，五星聚奎，占启文明之运、逮后景德四年、庆历三年复两聚，而周子、二程子生于其间。二程与周敦颐、张载、邵雍五子并生，又知交相好，聚奎之占，可谓奇验。

理学的兴起也是中华学术思想，尤其是儒学思想长期发展的必然产物。它与庆历之后儒家义理之学的兴起密切关联。所以，又有将五星或五子与仁、义、礼、智、信五个德目相媲美的。

二程除通过书院教育，研究、开发理学资源外，还广泛交游，博采诸子百家之长，他们少年从学于周敦颐，吸取其道统的合理成分；青年时与张载双向交流，使洛学与关学相得益彰；还出入于释老，汲取佛、道的修养功夫……《宋史》之《道学一》开篇对二程概述道：

仁宗明道初年，程颢及弟颐实生，及长，受业周氏，已乃扩大其所闻，表章《大学》《中庸》二篇，与《语》《孟》并行，于是上自帝王傅心之奥，下至初学入德之门。融会贯通，无复余蕴。①

二程的知己好友、另一位理学代表邵雍（1011—1077，字尧夫，谥康节），北宋初年常在百泉湖畔的苏门山上太极书院（明代更名为百泉书院）讲学。文人士子纷纷到这座始建于五代的书院受学，以“显身扬名，居官从政”。

二程与张载等也应邀到太极书院讲学，他们因此和邵雍相交相知。邵雍对程颢推崇备至。邵雍的“象数”之学，以元、会、运、世、皇、帝、王、伯等范畴，建立了一套囊括自然、社会、人生的体系。与一般术数家不同的是，邵雍力图找到贯穿这个庞大体系的最高法则，也就是“理”。唯其如此，邵雍才称得上是理学的创立者之一。

二程对邵雍学问中的“义理”部分给予了充分的首肯，尤其是对邵氏的“推数及理”极为赞赏；在“理”与“数”的关系问题上，二程与邵雍完全一致。

但二程却批评其“《易》之义起于数”的观点，程颐说：“有理而后有象，有象而后有数，《易》因象以明理，由象而知数。”所以，当邵雍主动提出愿意

① （元）脱脱：《宋史》，中华书局1977年版，第12715页。

将其“象数”学无偿地传授给程颢时，程颢唯恐薄这位“风流人豪”的面子，就借故婉言拒绝了。

邵雍一生未涉足政坛。尽管王拱辰、吕公著、祖无择、吴充、富弼等多次推荐，朝廷也曾授予他监主簿等职，后又补授颍州团练使，但他均以病为由婉拒，终其一生未仕。这是因为他以隐逸的身份居住洛阳有其特殊的便利，他经常奔走于豪贵之门，甚至“其家妇姑妯娌婢妾有争竞，人人皆得其欢心”。

邵雍以隐士自居，又与王安石之弟王安国为友，希望在党争中明哲保身。但在熙宁党争中，他也曾与反对派一起激扬文字讥讽新学。邵雍曾作《安乐窝中好打乖吟》，和诗者就有富弼、王拱辰、司马光、程颢、吕希哲等七人。程颢指出，“打乖非是要安身，道大方能混世尘”“时止时行皆有命，先生不是打乖人”。程颐称他：“其心虚明，自能知之。”

邵雍毕生著述颇丰，有诗文集《皇极经世》《观物内外篇》《渔樵问对》《伊川击壤集》等。同时，他颇有人缘，沉疴不起时，二程与司马光一行轮流值守。据《宋史》载，临终前夕，邵雍得知大家正在商量治丧事宜，他特别将儿子伯温叫到床头告诫道：一定要让程颢为其撰写墓志铭。

邵康节（雍）先生墓

程颢不负老友所托，亲笔为其作《邵尧夫先生墓志铭》，并称赞“雍之道，纯一不杂，就其所至，可谓安且成矣”。《邵尧夫先生墓志铭》写道：“熙宁丁巳孟秋癸丑，尧夫先生疾终于家。洛之人吊哭者，相属于途，其尤亲且旧者，又聚谋其所以葬。先生之子泣以告曰：‘昔先人有言，志于墓者，必以属吾伯淳。’噫！先生知我者，以是命我，我何可辞。……先生有书六十二卷，命曰《皇极经世》；古律诗二千篇，题曰《击壤集》。先生之葬，附于先茔，实其终之年孟冬丁酉也。……呜呼先生，志豪力雄。阔步长趋，凌高厉空。探幽索隐，曲畅旁通。在古或难，先生从容。有《问》有《观》，以饫以丰。天不慭遗，哲人之凶。鸣皋在南，伊流在东。有宁一宫，先生所终。”①

问答《中庸》

北宋理学诸子二程与周、张、邵并起。二程与邵雍认为，宇宙人生的真谛并非纯粹的名言所能表达，而诗歌能够表现人类心灵深处与环境世界接触相感时的波动，因此许多哲人和诗人认为哲学的最高境界就是诗。

张载（横渠）、邵雍（康节）肖像（元代郑氏积诚堂刻本）

北宋中期，诗歌与哲学开始了加速融合过程。就理学家而言，不少人依赖感性直观来阐述抽象的哲思，将吟诗作为讲学的补充，由此形成了理学诗派。邵雍堪称理学诗派的先驱之一。他的哲理诗所包含的统摄万物、赋予万物以灵性的宇宙意识和寄寓社会理想的人文情怀，也是构成高深艺术境界的重要元素。南宋被称为“邵康节体”。

程颢也是理学诗派的开山之一，从《明道文集》卷一的《秋日偶成》，又可体味到他哲理诗的另一番韵味，诗云：

① （宋）程颢、程颐：《二程集》，中华书局1981年版，第502—504页。

万物静观皆自得，思入风云变态中；
富贵不淫贫贱乐，男儿到此是豪雄。①

有些人批评邵雍通过吟诗作赋过分卖弄其乐。程颢却不以为然，他在《首尾吟》中说："尧夫非是爱吟诗，诗是尧夫语道时。"邵雍也以诗《思程氏父子兄弟因以寄之》抒怀，诗云：

年年时节迈中秋，佳山佳水曼烂游。
此际归期为君迟，伊川不得久迟留。

理学正是因为有包括诗歌在内的多种表现形式，才丰富多彩，流传久远。二程与司马光友善，程颢曾写诗《赠司马君实》：

二龙闲卧洛波清，今日都门独饯行。
愿得贤人均出处，始知深意在苍生。②

邵雍一生穷困不仕，司马光为他购房，邵雍名之曰安乐窝。搬家之日，邵雍作《安乐窝中打乖吟》，司马光、程颢也与之唱和，先后有《和尧夫首尾吟》《和邵尧夫打乖吟二首》《和尧夫西街之什二首》等，程颢的《打乖吟》云：

打乖非是要安身，道大方能混世尘。
陋巷一生颜回乐，清风千古伯夷贫。
客求墨妙多携卷，天为诗豪剩借春。
尽把笑谈亲俗子，德容犹足畏乡人。③

一日，程颐、朱光庭前往邵雍的安乐窝论道，但见室内狼藉。程颐戏称道："此桌安在地上，不知天地安在何处?"

司马光与二程是世交。早年，程珦与司马光的哥哥司马旦同属洛阳"同甲会"成员，与司马光交谊亦深。后来，司马光与程颢先后在嵩阳书院、伊皋书院讲学，还同侍过仁宗、英宗与神宗，交情莫逆。

司马光在创作《中庸解》时，于不尽融通之处，常暂付阙如，以待程颢前来解答。程颢与之举茶论《中庸》，一番巧问妙答之后，司马光常常赞叹道："伯淳之公直，光不如也。"

程颢十分欣赏司马光的为人处世与品行道德，他们的史学思想基本相同，常常知无不言，言无不尽。程颢曾不客气地说："君实之能忠孝诚实，只是天资，学则元不知学。"意即司马光的学术思想没有形成自己的体系。

一天，司马光问程颢："吾修《资治通鉴》至盛唐，在评价帝王将相时，窃

---

①（宋）程颢、程颐：《二程集》，中华书局1981年版，第482页。

②（宋）程颢、程颐：《二程集》，中华书局1981年版，第485页。

③（宋）程颢、程颐：《二程集》，中华书局1981年版，第481页。

以为，应以他们对社会发展的贡献大小为重。不知汝意下如何?”

“当以礼仪名分制度为重，以维护‘三纲五常’的秩序!”程颢回答说。

“正叔，汝是如何评说唐太宗的呢?”

“窃以为，唐太宗乃弑兄篡位之徒。乱三纲坏五常之举，严重地背离天理，罪孽深重！如此乱伦，唐肃宗也如法炮制，贻害无穷。所以对此人宜抑而非扬也。”程颐亦直言相告。

“不然，唐太宗正是顺应了历史的潮流，以天下兴亡为己任，为建立强大繁荣的唐帝国立下了不朽的功勋！而李建成乃碌碌无能，理应遭到历史的淘汰。李世民顺天意，得民意，继承皇位乃历史使然。”

“恕我也不敢苟同先生的观点。”程颢也表态说。

“那么你们又是如何评价魏徵的呢?”司马光接着问。

“此人罪应当诛！他先事太子李建成，后又事李世民，如此反复无常、不忠不义之徒。”程颐道。

“魏徵事李建成时，建议其早除秦王，这是对主子之忠；李世民当国后，他将此事和盘托出，李世民非但不加害，反而重用他，他因此对其披肝沥胆，为社稷鞠躬尽瘁，为民请命，岂能获罪！”司马光进一步说明。

“非也！那是后世人以其功掩其罪，如此颠倒是非，理应矫正！”程颐说。

“至于易主之事，历史上不胜枚举。名垂千古的一代贤相管仲不也是先事公子纠、后事公子小白吗?”司马光引经据典地说。

“魏徵岂能与管仲相提并论?二者情形天壤之别，不可类比!”最后，还是程颢收场，司马光这才转移话题。

十六、临危受命

司马光居洛十五载，天下以为真宰相，田夫野老皆号为司马相公，妇人孺子亦知其名。而苏轼自登州召还，缘道人相聚号呼：“寄谢司马相公，毋去朝廷，厚自爱，以活我。”

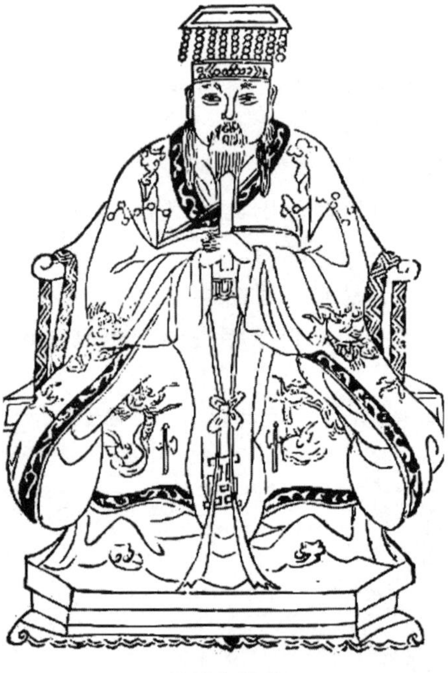
程颢章服像

司马光题跋像

一言九鼎

王安石退隐后，神宗赵顼亲自走向前台推进改革，承受各种压力，心力交瘁，以至于元丰八年（1085）二月，连继承人尚未选定，就病入膏肓，一度出现立嗣危机。

当时，有人力主策立神宗二弟、雍王赵颢或四弟曹王赵頵。而宰相王珪与副相章惇等决议立神宗长子、十岁的延安郡王赵佣（1077—1100）为皇太子，即后来的宋哲宗，更名赵煦，在内东门继承了皇位，实际由太皇太后高氏垂帘听政。

随着改朝换代，众多的朝野耆老大臣把消除王安石变法影响的希望，寄托在反对派的精神领袖司马光的身上。政坛宿将司马光则认为，这是一个烫手的山芋。所以在宋神宗治丧期间，他以足疾为借口，在洛阳闭门谢客。

曾任监察御史、又与反对派交谊颇深的程颢同寓洛阳，他因此临危受命前去说服世交司马光。阳春三月十七日，程颢走进了独乐园，叩开了钓鱼庵的板门。司马光闻声急忙扶椅而起，设坐斟茶，高声相迎！

请安后，程颢声情并茂地说："先生，太师文公彦博、朝议大夫王老尚荣等，相继于前日赶赴东京开封志哀了，您怎么还无动于衷呢?"

"长者先行，光之所企盼也，光安敢僭越而与其一同前往。再说，光足疾缠身难行啊！"司马光漠然回答。

"恕我直言，先生是心病大于足疾！资政殿学士韩维三天前也由许州抵达京都了。您曾是先帝的重臣啊！"

"知我者，伯淳也！光系贬逐之臣，怎敢与持国学士攀比而行。"

"先生谦逊谨慎，恐锋芒大露而遭忌，难道就不怕人言可以致灾吗?"

程颢话音未落，司马光神情震惊。程颢见时机成熟，索性和盘托出说："先生居洛十有五载，朝廷上至太皇太后，下至百官群吏，无一日忘却先生；现处斗转星移之时，暗流涌动，风暴将至，独乐园篱笆疏稀，远非绝尘之境。若蔡确、张璪之辈以'怨恨在怀，情无哀悼'八字谤论先生，将何以作答?"

司马光突然神情大骇道："经伯淳一番提醒，光委实计小失大矣！"

"现在该是先生下定决心的时候了！以个人计，先生与颢乃世交；以社稷计，先生乃国家柱石；当下实为千钧一发时刻，诚望先生以社稷民生为念，三思而后行，但愿颢这一趟没有白跑！"程颢随即起身，向司马光深深一揖告辞。

司马光听取程颢建议，于阳春三月十七日午时，偕弟子范祖禹、儿子司马康策马直奔开封。

洛阳至开封，驿卒快马奔驰一昼夜即可抵达。因司马光身患足疾，所乘又是劣马，所以，他们走了两天两夜，于元丰八年三月十九日午时才走进了开封城下的南薰门。

一波三折

"司马相公来了！……"在开封街头，不知是谁发现了多年不见的司马光而情不自禁地惊呼。顿时，追逐者，呼喊声，十里御街成为沸腾的海洋，仿佛整个城市都在以最热烈的仪式迎接司马光的归来。

少顷，嘈杂的呼喊声变成了有节奏的请求："司马公请勿归洛，留京辅佐天子，拯救百姓！"

突如其来的场景，让本想低调的司马光全然懵了！他正想打道回府，而行前程颢的提醒仿佛在耳边回响。他只有强打起精神，望着四周叠足聚观，拱手面对声浪暖心的黎庶！继而掩面伏鞍、泣咽落泪，吩咐继续前行。

"诸君，请借过！"面对熙熙攘攘的人群，范祖禹、司马康高高拱手，高声请求！直至皇城司巡街，几十匹铁骑开路，司马光一行才走出人群。

司马光觉得春官居驿馆太显眼，正欲吩咐范祖禹和司马康悄悄换一家旅馆，邢恕突然来访。

邢恕是程颢的门生，此时投靠了右相蔡确。蔡确恐司马光复出，自己的大权旁落，便利用司马光与程颢的交谊，吩咐程颢的门生、司马康的朋友、曾有着强烈反对"变法"特殊经历的邢恕，深夜光顾春官居，探摸司马光的底细。

邢恕以其特有的乖觉和机巧的辩才，谈起恩师程颢在教学中"执简忘路面碰壁"、如醉如痴于"理、气、道、性"的治学趣闻，引得司马光欢笑而叹："果若伯淳，邢郎知其师啊！"

"公无归洛，留相天子，活我百姓！"忽然，春官居门前传来人群的呼喊声，打断了邢恕与司马光的交谈。

"民心沸腾，惊扰宫阙，乱由我起，祸缘我生！我不该来到这京都啊！"少顷，司马光仰天呼号！随即，他吩咐范祖禹和司马康收拾行囊，星夜赶回洛阳。邢恕顿时心花怒放，他为主子蔡确立了头功。

接着，邢恕迅速帮助司马光打开春官居后门，避开前门的人山人海，朝着洛阳独乐园奔去。

"懿旨到！"元丰八年（1085）三月二十二日入夜，司马光刚刚回到洛阳家中泡脚，准备入睡，宦官梁惟简送来了太后懿旨。司马光怅然长叹，长跪谢恩道："请梁公转奏太皇太后：光病魔缠身，神识衰耗，已无力效忠朝廷！光愿以'广开言路'四字呈奉太皇太后。"

梁惟简只好带着惆怅回去复命！太皇太后无奈地于四月十四日发出一道诏令：以资政殿大学士吕公著为侍读，以资政殿学士司马光为陈州知府。

同年四月二十日深夜，司马光翻来覆去睡不着，便起床再拟上疏稿：在论述"广开言路"的重要性的同时，结合太皇太后对"广开言路"可能抱有的疑虑——着重把神宗的改革精神与王安石的刚愎自用严格区分开来：肯定神宗皇帝赵顼励精图治的"天纵英明"和高于周成王、齐桓公、燕昭王、蜀主刘备的"英主地位"，肯定"变法"的必需，肯定群臣们先后参与"变法"的这段历史；同时，不点名地对王安石及其追随者、朝廷一些重臣进行抨击。

说服司马

司马光拟就《乞开言路状》后，于元丰八年（1085）四月二十二日清晨交给弟子范祖禹，范祖禹骑马急赴京都，将这份文书直接呈递至朝廷设立的专门接收百姓上书的机构——登闻鼓院。

四月三十日，司马光登上马车，在儿子司马康的陪伴下，向千里之外的陈州赴任去了。

五月四日午时，司马光乘坐的瘦马布车驶近榆园。突然，八名大内禁卫跃上官道，堵住了去路。原来是邢恕同内臣张茂直奔而来，他们奉太皇太后诏令"诏资政殿学士知陈州司马光过阙入见"。

这时，弟子范祖禹匆匆来到司马光面前，报告了他所呈递的"广开言路"之奏章遭遇的阻碍，这些阻碍均出自右相蔡确之手。司马光的《乞开言路状》虽然已经通过登闻鼓院递交上去，太皇太后也有意开放言路，然而蔡确却上书《求谏诏书》，在其中进行了诽谤。在太皇太后的召见中，司马光亲眼见到了蔡确的《求谏诏书》，他刚毅肃穆、神情慷慨地陈词，太皇太后深受感动，不禁拍案而起："善哉！司马光，老而弥坚啊！梁惟简宣示诏令吧！"

梁惟简宣读诏令道："太皇太后陛下、皇帝陛下诏曰：因尚书左仆射兼门下侍郎王珪染病卧床，特命资政殿学士司马光为门下侍郎……"

哪知，司马光却来了个三辞门下侍郎职位的大动作。一时间，急煞了朝野。大臣们再请程颢前去游说，程颢则让司马光的哥哥司马旦亲自出马。

那天，太皇太后再次颁诏："先帝新弃天下，天子幼冲，此何时而君辞位耶！君实不助，朝廷何倚！"司马光只好将"手书"转呈给司马旦，请其为自己拿主意。司马旦览"手书"后而低语："皇恩浩荡，亘古少有，汝平生诵尧舜之道，思致其君，今时可而违，非进退之正也。君子交有义，不必常相从。你放开脚步，走自己的路吧！"经哥哥鼓气，司马光方持"手书"面阙谢恩："臣将以死报陛下知遇之恩！革故鼎新壮举，当从'求谏诏书'开始……"

随着司马光的复出，任尚书左仆射兼门下侍郎，吕公著、李清臣、吕大防、李常、范纯仁等人，进入了权力中心，蔡确之流失宠。朝中群臣由昔日"以介甫马首是瞻"，一下变成"以君实马首是瞻"了。

身在洛阳的程颢，见自己与司马旦终于说服司马光北上，执掌新政，在聊以自慰之余，对司马光寄予了厚望。

鹤归道山

司马光执政后，二程等一批反对变法的人士相继复出。元丰八年（1085）六月，经司马光、吕公著推荐，太皇太后颁诏任命程颢为宗正寺丞。

程颢在洛阳领旨谢恩后，觉得又可为国为民出力了，他打算全力配合司马光与吕公著两位恩公，在政治舞台上一展抱负。

天有不测风云。程颢正准备北上京城走马上任，元丰八年六月十五日竟突患急病，猝然驾鹤西归了。

程颢历任江宁、晋城与扶沟县令，奋不顾身投身澶州抗洪抢险；任监察御史期间，他一身正气，仗义执言，就连王安石也为他喝彩！又在晋城、伊川、扶沟兴书院、教书育人，桃李芬芳。他猝然仙逝，令社会各界震惊，更让士大夫们悲伤不已。

最悲恸的是八十高龄的程珦，长子出师未捷身先去，让他白发人送黑发人。他为此在自撰墓志中亲笔抒怀，后来由程颐定名《先公太中家传》，文中写道：

“年八十，丧长子，亲旧以其慈爱素厚，忧不能堪。公以理自处，无过哀也。”①

洛阳伊川程园之程明道墓

① （宋）程颢、程颐：《二程集》，中华书局 1981 年版，第 652 页。

治丧期间，四朝元老、太师致仕的潞国公文彦博采纳大家的意见，在程颢的墓碑上题名为“大宋明道先生程君伯淳之墓”。这里的“明道”一语双关，意指程颢生于宋仁宗明道元年，又举起了“道学”（指理学或洛学）的旗号，为昌明理学有开山之功。

惊悉导师鹤归道山，弟子们纷纷以不同形式志哀。程颢的得意门生杨时获知恩师仙逝的噩耗后，他自设灵位、寝门大哭，又连夜写成《哀辞》寄往洛阳表达哀思。

作为亲如手足的同胞兄弟，程颐在《明道先生墓表》中，结合官员、学者的意见，对“明道先生”这个称号进行了阐释。文中写道：周公去世，圣人的大道不再实行；孟子远行，圣人的学术不再流传。大道不实行，百代没有好的政治；圣人的学术不流传，千年没有真正的儒者。没有好政治，儒士还可阐明走向好政治的途径，以教育好别人；没有真正的儒者，则没有人知道该走向哪里去，人欲横行而天理灭亡了。

在孟子之后一千四百年间，明道从遗留下来的经典中，学到了已经失传的学术，以振兴儒家文化传统为己任，识别异端，驳斥邪说，使圣人的大道薪尽火传般地再次为世人所认识，恐怕从孟子以后，只有这样一个人而已。然而学者对于大道如果不知道有所向往，则谁能知道这个人之所以是有功的呢；不知道如何才能达到大道，则谁能知道这个称号是否符合实际情况呢?！他感叹：“山可夷，谷可湮，明道之名亘万世而常存。”①

对程颢在道德、文章等方面的造诣，程颐在《明道先生行状》中有一段十分精彩的描述：“先生资禀既异，而充养有道：纯粹如精金，温润如良玉；宽而有制，和而不流；忠诚贯于金石，孝悌通于神明。视其色，其接物也，如春阳之温；听其言，其入人也，如时雨之润。胸怀洞然，彻视无间；测其蕴，则浩乎若沧溟之无际；极其德，美言盖不足以形容。”②

程颐对程颢的这一评价，给后人了解与进一步认识程颢的道德哲学，提供了参考。

程颐把程颢之“学”明确地称之为“道学”，他说：“今之学者，歧而为三：能文者谓之文士，谈经者泥为讲师，惟知道者乃儒学也。”将程颢的“为学”概括为：明于庶物，察于人伦。知尽性至命，必本乎孝悌，穷神知化，由通乎礼乐。辨异端似是之非，开百代未明之惑。秦汉而下，没有人达到如此炉火纯青的境界。

---

① （宋）程颢、程颐：《二程集》，中华书局1981年版，第639、640页。

② （宋）程颢、程颐：《二程集》，中华书局1981年版，第637页。

至于程颢的“行己”特色则是内主于敬，而行之于恕；见善若出于己，不欲无施于人；居广居而行大道，言有物而动有常。赞赏“先生之言”：平易易知，贤愚皆获其益，如群饮于河，各充其量。

程颢的教书育人可概括为学为人师、行为世范，即，自致知至于知止，诚意至于平天下，洒扫庭对至于穷理尽性，循循有序；教人而人易从，怒人而人不怨，贤愚善恶咸得其心，狡伪者献其诚，暴慢者致其恭，闻风者诚服，睹德者心醉。

最后谈到程颢“为政”，则是治恶以宽，处烦而裕；专尚宽厚，以教化为先，虽若甚迂，而民实风动；视民如伤，未施信而民信①。

程颐又作《明道先生门人朋友叙述序》，并将其附于《明道先生行状》后，与行状互为补充。程颐写道：“先兄明道之葬，颐状其行，以求志铭，且备异日史氏采录。既而门人朋友为文，以叙其事迹、述其道学者甚众。其所以推尊称美之意，人各用其所知，盖不同也：而以孟子之后，传圣人之道者，一人而已，是则同。文多不能尽取取，其有补于行状之不及者数篇，附于行状之后。”②

上文所说的“道学”，即道统，指继承孔子儒学的正统。程颢曾说“道南行”，后来程颐在为门人李端伯所写的悼文《祭李端伯文》中亦云：“自予兄弟昌明道学，世方惊疑，能使学者视效而信从，子与刘质夫为有力焉。”③

这里，程颐明确要求别人“信从”其教义……接下来，他成为“布衣帝师”后，又“以道学辅人主”的儒师自况：“臣幸得之于遗经，不自度量，以身任道。天下骇笑者虽多，而近年信从者亦众。”

在学人眼里，程颢去世后，程颐成为唯一有权威谈论道学价值观之人。正像他在悼念门生刘绚（字质夫）的《祭刘质夫文》中所写：“圣学不传久矣。吾生百世之后，志将明斯道，兴斯文于既绝！”④

---

①（宋）程颢、程颐：《二程集》，中华书局1981年版，第639页。

②（宋）程颢、程颐：《二程集》，中华书局1981年版，第639页。

③（宋）程颢、程颐：《二程集》，中华书局1981年版，第643页。

④（宋）程颢、程颐：《二程集》，中华书局1981年版，第643页。

十七、布衣帝师

帝师程颐竭诚对少年皇帝赵煦严格训练。一天课余，赵煦突然对窗外的垂杨发生兴趣，便站在栅槛上顺手折断了一根枝条。程颐当场严肃批评道：皇上的言行一定要符合理学规范，给万民做表率！说得少主面红耳赤。

布衣帝师程颐

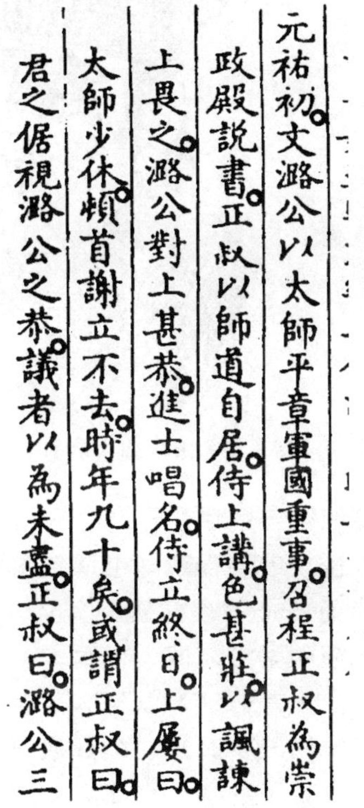

元祐初。文潞公以太師平章軍國重事。召程正叔為崇政殿說書。正叔以師道自居。侍上講。色甚莊以諷諫上畏之。潞公對上甚恭。進士唱名。侍立終日。上屢曰。太師少休。頓首謝立不去。時年九十矣。或謂正叔曰。君之倨視潞公之恭。議者以為未盡。正叔曰。潞公三

《二程外书》载程伊川尊严师道

布衣受诏

坊间相传，《二程全书》河南程氏家刻本上的二程画像，兄程颢黑发黑须，意即他“生而知之”，满腹经纶，故而春风得意，永葆青春！而弟程颐“白了少年头”，是因为“学而知之”，读书刻苦，学白了头发与胡须，才有了渊博的

学识。

其实，兄程颢壮年早逝，只活了 54 岁，加上其性格开朗，显得青春常驻，当然是黑发黑须；而弟程颐在“人活七十古来稀”的年代，高寿 75 岁，故而是白发老翁。换言之，不论具有什么样的天资，只要刻苦努力，终能获得大学问成就大事业。

《二程全书》河南程氏家刻本上的二程画像（伊川直系二十九世孙程德祥提供）

按照今天的说法，如果说程颢是高考“状元”的话，那么程颐则是落榜不落志的佼佼者。程颐毕生博览群书，几乎终生与书本打交道。他曾写道：40 岁以前读诵，50 岁以前研究其义，60 岁以前反复演绎，60 岁以后著书立说。

程颐的学术以诚为根本，以《大学》《论语》《孟子》《中庸》为宗旨，而通向六经。一言一动都以圣人为师，不修养到圣人的境界不停息。张载称赞他们兄弟从十四五岁时起，就超脱一切只想学圣人，所以终于学到了孔子、孟子那套已经失传了的学术，而成为诸儒的先导。

至和三年（1056）春，程颐初出茅庐游太学，吕公著、胡瑗均器重他，既授予学职，又让吕希哲拜师程颐。程颐虽终生尊崇信仰孔孟儒学，但并不汲汲于仕进。他于嘉祐四年（1059）廷试不中以后，曾信誓旦旦地表示，终生不再参加科考，以读书求道为事，甘当布衣。

本来，程家世代为官，高祖程羽、祖父程遹，族伯父程琳、父亲程珦均享有荫庇子弟的特权。而程颐却不愿吃祖宗的老本，每次任子恩，他均让给了他人，自己长期以处士的身份潜心于孔孟之道的研究。即使是程颢举荐他当官，他也以“学之不足”为由谦逊地谢绝了。

治平元年（1064），吕公著主政国子监时，曾亲自登门诚邀程颐为学正。北宋国子监设置学正与学录二职，掌执行学规、考校训导等。不料程颐婉言谢绝，吕引为憾事。他在《谢吕晦叔待制书》中写道：

窃以古之时，公卿大夫求于士，故士虽自守穷闾，名必闻，才必用；今之时，士求于公卿大夫，故干进者显荣，守道者沉晦。颐虑乎今之世，才微学寡，不敢枉道妄动，虽亲戚乡闾间，鲜克知其所存者，矧敢期知于公卿大夫乎？伏承阁下屈近侍之尊，下顾愚陋仰荷厚礼，愧不足以当之。

噫！公卿不下士久矣。颐晦于贱贫，世莫之顾，而公独降礼以就之。非好贤乐善之深，孰能如是乎？幸甚幸甚。愿阁下持此好贤之心，广求之之方，尽待之之道，异日登庙堂，翊明天子治，以之自辅，以福天下，岂不厚与！鄙朴之人，不善文辞，姑竭其区区，少致谢恳。①

治平三年，吕公著再次上奏对程颐“不次旌用”，程颐仍然推辞。神宗时，程颐虽是在野的布衣学者，但在政治上已享有很高声望，文彦博、富弼、司马光、吕公著和范镇等都看重他。

程颐是一位颇有个性的学者，也是一位心无旁骛、终身献身理学研究的典型代表。由于以学识与品行名噪海内，四方之士从学者众。直到程颢仙逝后，程颐才走上仕途。

那是元丰八年（1085），司马光、吕公著、韩绛一起上疏，表彰程颐的德行：“河南处士程颐，力学好古，安贫守节，言必忠信，动遵礼义，年逾五十，不求仕进，其儒者之高蹈，圣世之逸民。伏望特加召命，擢以不次，足以矜式士类，裨益风化。”②

重臣们希望破格提拔程颐这位布衣大儒，从而鼓励知识分子，使之以程颐为典范，进而形成良好的士风。于是，太皇太后颁诏，先让程颐担任西京国子监教授。按说，一个没有功名的“老童生”，定会感激涕零地领旨谢恩。哪知，程颐却极力推辞不就。

第二年，司马光、吕公著、韩绛等旧党显要，再次共同上疏推荐程颐，以布衣受诏任秘书省校书郎、为崇文殿说书，即教少年皇帝赵煦读书的“帝师”。

当时的赵煦年仅十岁，司马光等极力推荐程颐为帝师，其目的是根除后患，让新皇不再奉行神宗的变法。而程颐执意坚守“不愿仕”的底线，先后两次上表婉拒。

---

①（宋）程颢、程颐：《二程集》，中华书局 1981 年版，第 593 页。

②（元）脱脱：《宋史》，中华书局 1977 年版，第 12720 页。

太皇太后知道程颐的学品与人品，觉得他是一位难得的帝师，于是她决定亲自出面聘请程颐。可是，程颐同司马光一样，当面拒绝了高氏的要求。

元祐元年（1086）闰二月十八日，经北宋“三元”榜首、侍御史王岩叟举荐，任程颐为承奉郎，后又任宣德秘书省校书郎，掌管校对典籍等。二十四日，程颐上《辞免馆职状》希望见君谢恩。其实，当年的官样文章都是如此，一道任命诏书下来，往往均是一谢二辞三不受地进行一番公文游戏，并非所谓不识抬举。

三月十四日，经王岩叟斡旋，太皇太后召见了程颐，面谕程颐为崇政殿说书，辅导年幼的宋哲宗。程颐面辞，并连写三道奏章，论辅养圣德之道，认为己才不足用。

接着，程颐又屡次上疏《乞再上殿论经筵事札子》《论经筵第一札子》《论经筵第二札子》《论经筵第三札子》表达自己的心迹。第一道奏章说，古代周公辅成王，幼而习之，所见必正事，所闻必正言，左右前后皆正人，故习与智长，化与心成。欲乞朝廷慎选贤德之士，以侍劝讲①。

第二道奏章提出：“人君必有师、传、保之官。师，道之教训；传，传其德义；保，保其身体。后世作事无本，知求治而不知正其君，知规过而不知养德，传德义之道固已疏矣，保身体之法复无闻焉。……传德义者，在于防见闻之非，节嗜好之过；保身体者，在乎适起居之宜，存畏惧之心。臣欲乞皇帝左右扶持只应宫人内臣，并选年四十五已上厚重小心之人；服用器玩皆须质朴，一应华巧奢靡之物，不得至于上前；要在侈靡之物不接于目，浅俗之言不入于耳。”②

第三道奏章写道：“辅养圣德莫先寅恭，动容周旋，当主于此。岁月积习，自成圣性。臣窃闻经筵臣僚侍者皆坐，而讲者独立，于礼为悖。欲乞今后，特令坐讲，不惟义理为顺，所以养主上尊儒重道之心。”③

面对程颐再三婉拒，御史中丞刘挚认为，如此反复推辞，太不像话，于是奏请太皇太后别用那个书呆子程颐。但在司马光的竭力举荐下，太皇太后并未放弃。而程颐却仍然上书《辞免崇政殿说书表》《再辞免状》。

太皇太后看了三通札子之后，觉得程颐虽然有点古板，但也是对幼皇的一片赤诚，她只好答应其要求，程颐这才“领旨谢恩”北上担任秘书省校书郎；随即召对，授崇政殿说书，八月又差兼判登闻鼓院。

程颐为什么能享有那么高的盛誉，而屡次为名公巨卿们所推荐呢？除程颢的人缘与二程的学术地位外，还有一个不容忽视的因素：对宰臣们来说，他们

---

①（宋）程颢、程颐：《二程集》，中华书局1981年版，第537页。

②（宋）程颢、程颐：《二程集》，中华书局1981年版，第538页。

③（宋）程颢、程颐：《二程集》，中华书局1981年版，第539页。

能给天子找到这样一个刚正纯粹的大儒，是尽自己的职责，为太平盛世增光添彩。对程颐来说，既然自己是因为刚正纯粹，被朝野看重，就应进一步彰显自己不遗余力地宣扬“圣王之道”和以“帝王之师”自任的本色。

其实，在重功名的宋代，像程颐这样以布衣身份平步青云者是极其罕见的。这说明旧党对他的殷切期望。有起用诰词为证：

孔子曰：举逸民，天下之民归心焉。吾思起草茅岩穴，以粉饰太平，……故加以爵命，起尔为洛人矜式。

只是，程颐为人端庄严谨，过于迂腐，常常与人较劲。早在 18 岁时，他代父上疏《上仁宗皇帝书》，陈述了当时的社会弊病，提出了“勿徇众言，以王道为心，以生民为念，黜世俗之论，期非常之功”的变革主张，却迟迟没有得到仁宗的批复。他因此感到无以“罄陈所学”。但他并不灰心，后来多次自己单独或代人上书。

程颐就任帝师后随即上疏指出：习惯与智慧一起培养，变化与心性一起形成。现在陛下年轻，余下时间还很充裕，虽然从天生资质中获得了聪明圣哲的优点，然而辅导培养的办法不可不极为周到。幼皇在一天之中，接触贤明士大夫的时间多，亲近宦官宫女的时间少，气质就会变化。希望能挑选大儒入宫在身边劝导讲解，讲完后留在宫里分别值班，以供随时咨询，偶或有小过失，随事贡献意见进行规劝，时间长了，必定能养成圣明的品德。

程颐深知自己肩上责任重大，他忠于职守，常借给赵煦皇帝讲书的机会，阐发义理，议论时政。希望自己以言传身教来影响幼皇。所以，他每次进讲，脸色很庄重，接着便委婉地劝谏。

当他听说赵煦在宫里盥洗时，看见地上蚂蚁，为不伤生，便避开蚂蚁而行。程颐便循循善诱地发挥道：只有把这样的爱心推广到四海去，才是做帝王最重要的方法！

主祭司马

司马光复出任宰相八个月，因积劳成疾于元祐元年九月初一日（1086 年 10 月 11 日）溘然长逝，享年 68 岁。宋哲宗追封其为太师、温国公，谥号文正，赐御碑：忠清粹德，从祀孔庙，可谓极尽哀荣。京师开封居民为之罢市往吊，鬻衣以致奠，巷哭以过车者，盖以千万数。

为悼念一代名相，太皇太后高氏颁旨，两位帝师苏轼与程颐各有分工，因程颐与司马光是世交，由程颐主持司马光的治丧工作。

当时，程珦尚健在，而程珦与司马光兄弟有旧谊，所以程颐代父撰写了祭文《代家君祭司马温公文》，称颂其诚贯天地、行通神明，祭文云：

诚贯天地，行通神明。徇己者私，众口为容于异论；合听则圣，百姓曾无于间言。老始逢时，心期行道；致君泽物，虽有志而未终；救弊除烦，则为功而已大。何天乎之不吊，斯人也而遽亡！溥天兴殄瘁之悲，明主失倚毗之望。如其可赎，人百其身。死生既极于哀荣，名德永高于今古。藐兹羸老，夙被深知；抚柩恸哀，聊陈薄奠。①

司马光是著名政治家、史学家与文学家，其鸿篇巨著《资治通鉴》流芳百世。另一位帝师、翰林侍读学士苏轼受命执笔《司马温公行状》《司马温公神道碑》，比较客观地概述了司马光的一生。在《司马温公行状》中，苏轼简述了司马光勇于向王安石提出忠言的轶事，云：

以书喻安石，三往反，开喻苦至，犹幸安石之听而改也。且曰："巧言令色鲜矣仁。士之忠信者，于公当路时，虽龃龉可憎，后必徐得其力。谄谀之人，于今诚有顺适之快，一旦失势，必有卖公以自售者。"对宾客，辄指言之曰：覆王氏者，必惠卿也。其后六年，而惠卿叛安石，上书告其罪，苟可以覆王氏者，靡不为也。

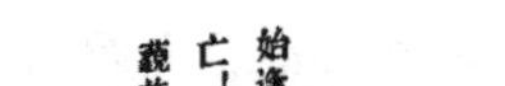
爲家君祭司馬温公文

嗚呼！公乎！誠貫天地，行通神明。徇己者私，衆口或容於異論，
始逢時，心期行道，致君澤物，雖有志而未終，救弊除煩，則爲功而已大
亡！溥天興殄瘁之悲，明主失倚毗之望。如其可贖，人百其身。死生
藐兹羸老，夙被深知，撫柩興哀，聊陳薄奠。

河南程氏文集卷第十一

《河南程氏文集》载程颐《为家君司马温公文》

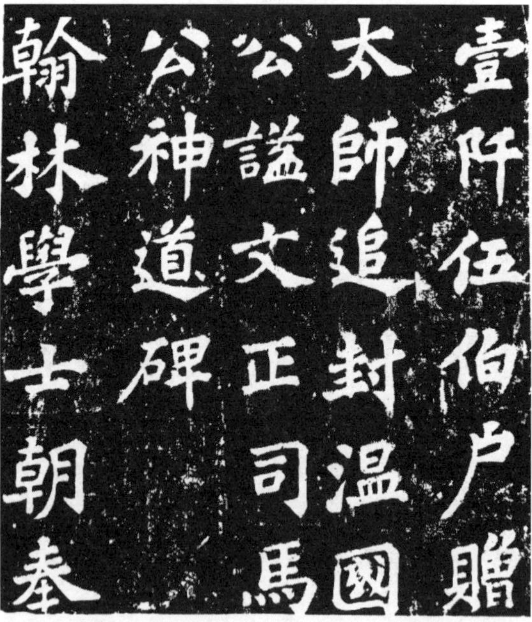

苏轼书《司马温公神道碑》

① （宋）程颐：《代家君祭司马温公文》，《二程集》，中华书局 1981 年版，第 641 页。

苏轼用中楷书题写的《司马温公神道碑》，成为名帖流传。他以诗纪事，记录了司马光偕子弟进京时，万人空巷的盛况，以及晚年疾病缠身忘我工作的情景。诗云：

其相惟何，太师温公。公来自西，一马二童。万人环之，如渴赴泉。孰不见公，莫如我先。二圣忘己，惟公是式。公亦无我，惟民是度。民曰乐哉，既相司马。尔贾于途，我耕于野。士曰时哉，既用君实。我后子先，时不可失。公如麟凰，不鸷不搏。羽毛毕朝，雄狡率服。为政一年，疾病半之。功则多矣，百年之思。知公于异，识公于微。匪公之思，神考是怀。天子万年，四夷来同。荐于清庙，神考之功。①

另一方面，程颐虔诚地按照孔子之古礼，主持公祭司马光大典。治丧期间，苏轼率朝中官员参加了祭祀司马光的明堂落成庆典，又带着祭文去相府吊唁司马光，却遭到了主祭官程颐的极力阻拦。

程颐根据庆、吊不同日的古礼，板着面孔说："诸位，《论语》云'是日哭则不歌'，你们既然参加了庆典就不该再来吊丧了，这不符合古礼！若传扬出去，岂不贻笑大方？请大家暂且回去，明日再来吧。"

孔夫子说"是日哭则不歌"，并不代表"歌则不哭"呀！大臣中有人反唇相讥。苏轼不拘小节，素来不喜欢古板的旧礼，又常常是口无遮拦，听了程颐的话不禁冷笑，便引经据典对程颐说："我的程夫子，你所说的只不过是烂泥坑里爬出来的叔孙通所制的怪礼。"

本来，苏轼与二程是同年又是同事，并无根本利害冲突。但苏轼当着众多官员如此嘲讽同为帝师的程颐，让程颐及其在场的弟子们十分难堪。因苏轼提到的叔孙通是西汉谋士，颇有讥讽意味：司马光生前曾指责叔孙通，认为其制订的礼乐使古礼失传；又认为他对汉惠帝建原庙的建议是教导汉惠帝文过饰非。

我行我素的苏轼说罢，便目中无人地带着这班大臣前往相府吊唁司马光。早就对程颐不满的苏轼弟子们，也趁机起哄，对程颐的做法进行了无情的嘲讽，顿时引起一群朝臣冷笑，令程颐骑虎难下。

程颐认为，自己受命以古礼公祭司马光名正言顺，而恃才傲物的苏轼是有意藐视自己，竟然把自己比作烂泥坑里爬出来的叔孙通。于是，他一不做、二不休，用自己的身子堵住相府大门，就是不准这班大臣进去吊唁。

在场的洛学门人朱光庭、贾易一行，更是为"洛党"领袖程颐鸣不平；而苏轼是四川人，其门人自然为"蜀党"。洛、蜀之间遂生嫌隙，继而发展至洛、

---

① （宋）苏轼：《司马温公神道碑》，湖南美术出版社 1996 年版。

蜀门人之间的激烈斗争，史称“洛蜀党争”。

对二程有知遇之恩的吕公著，身为宰相仍然十分看重程颐的意见，凡有所疑，必请教伊川；而程颐以一个尽职尽责大臣的一片赤诚之心，议论褒贬，无所顾忌。

这样一来，一方面使程颐的名声越来越大，吸引了许多读书人纷纷向他拜师问学；另一方面他以一位儒学大师与帝师的身份，不讲情面地对大臣们指手画脚，引起了一部分朝臣对他的强烈不满。

尊严师道

程颐不管风吹浪打，始终践行义理为上的理念。宋神宗的丧期尚未除服的冬至那天，百官对小皇帝上表致贺，程颐严肃地说：“节气变换，此时皇上对神宗的思念正深切，请求改祝贺为安慰。”本来，宋代以孝治天下，人所共知。但有的大臣则指责程颐有意借题发挥。

神宗丧期结束后，几名主事官员请求皇上，是否开始奏乐设宴。在一旁的程颐又居高临下地训示：丧事结束后奏乐设宴，岂不是把丧事当喜事来办了？

程颐如此坚守义理，不讲情面，说得主事官员面面相觑。

程颐治学、讲学、办学与做官，毕生坚持在天理面前人人平等。在经历、见证了王安石变法、司马光“元祐更化”的风风雨雨之后，程颐认为“天下治乱系宰相，君德成就责经筵”；同时，他深知自己作为帝师的责任，“每当进讲，必宿斋豫戒，潜思存诚，冀以感动上意”。

在出任崇政殿说书之前，程颐曾上书太皇太后阐明有关教育方式方法的问题。出任帝师后，他尽职尽责，不厌其烦地劝导皇帝：要达到至诚境界，关键在于对道的信仰深厚，对道的信仰深厚行动就会果决，行动果决对道的遵守就会牢固。仁义忠信的准则不离于心，这些准则匆忙紧急的时候必定在心里，颠沛流离的时候必定在心里，出门、在家、说话、沉默的时候必定在心里，久久而不丧失它，它就能安稳地停留在心里，动作和仪容都符合礼的规范，而邪恶的思想就无从产生了。

少年皇帝哲宗毕竟是儿童，又生长于宫中的温床之中，他哪里受得了程颐如此严格的说教，他们的关系因此渐渐变得微妙起来。

元祐二年（1087），按照惯例，盛夏时节给赵煦皇帝放暑假。程颐对此深为不满，他先于三月二十六日上书太皇太后高氏《乞就宽凉处讲读奏状》，认为不应给皇帝放假，建议将侍臣讲读的地方由迩英阁移到崇政殿或延和殿等其他宽敞凉爽处。

看不惯程颐言行的朝中大臣顾临，毅然站出来与程颐唱对台戏，他上书高氏，明确提出反对程颐的意见，并严正指出在崇政殿或延和殿上讲读十分不妥。

程颐得知后，十分恼火，于四月份再次上书太皇太后，引经据典地对顾临进行了义正词严的反驳。

太皇太后与哲宗不得已，遂下令修复迩英阁。程颐认为此举奢侈，坚决上书反对并提出辞职。同时，还要求把赵煦在宫中的一切衣、食、住、行、言都向他报告，以便他有的放矢地施教。在程颐看来，自己如此执着敬业，是为皇上和江山社稷的未来着想。哪知，终因大臣们的指责，他的这些要求几乎全部落空。

不仅如此，程颐对自己分外之事亦毫不含糊，往往不给人留情面。

一日，程颐前往经筵给皇帝说书，他等了半天未见哲宗踪影，一问方知赵煦因患疮疹而未到迩英殿。同时见太皇太后坐在那里，让其给她讲书。通常太皇太后应垂帘听讲书，程颐讲书后，便前去质问宰相说：太皇太后不应当单独坐在迩英殿召见百官；主上有病，大臣们理应问安！

宰相们唯恐程颐这位老学究较真，第二天，他们便率领百官奏请问候皇上的病情。程颐也因此招致大臣非议，这为他日后运乖时蹇埋下了伏笔。

自仁宗以来，皇帝的说书官都是侍立讲读，但程颐却以维护师道尊严为己任，始终坚持坐着讲读。难怪明道生前说：

异日能使人尊严师道者，吾弟也；若接引后学，随人材而成就之，则予不得让焉。①

当时年已八旬的文彦博以太师身份任宰辅，对小皇帝十分恭敬，常常侍立终日。哲宗多次请太师坐下，但文彦博仍侍立。

有一日，程颐去探望生病的哲宗，发现八旬高龄的太师文彦博恭立在哲宗身边。有人问程颐如何看待文彦博的恭敬态度，并说：“文潞公贵为宰辅，对皇上尚且如此恭敬，你为何倨傲呢?”

程颐称，自己并非是维护布衣尊严，而是为了感化少年天子尊师重道，他说：“潞公虽然是四朝老臣，但他毕竟以臣事幼主，不得不恭。吾虽然只是布衣，但却是皇上之师，师徒之间有师道尊严，岂敢不自重?”

程颐同皇帝较真，也与其个性相关。虽然不少大臣觉得他是对圣上大不敬，圣上也日益对其不满。但他的独树一帜，被四朝元老文潞公文彦博称赞道：“此乃真侍讲也！”

---

①（宋）朱熹：《伊川先生年谱》，《二程集》，中华书局1981年版，第346页。

洛蜀交恶

元丰八年（1085）三月，哲宗嗣位，太皇太后高氏临朝听政。以司马光为首的旧党，历时九年致力于清除王安石变法影响、恢复祖宗旧制的工作，成为北宋新旧党争爆发的一个转折点，史称“元祐更化”，亦称“元祐党争”。

支持熙宁变法的政治派别，时称“元丰党人”；反对变法一派，时称“元祐党人”。大宋王朝政治陷入党争的泥沼，不能自拔。“元祐党人”内部也爆发了“洛蜀党争”，且愈演愈烈。

“洛蜀党争”的核心人物是程颐与苏轼两位帝师。元祐元年（1086）二月，布衣学者程颐为通直郎、充崇政殿说书，成为哲宗皇帝的老师；牛榜进士、文豪苏轼，则担任翰林学士侍读，亦为帝师。两位出身迥异的学坛泰斗，同侍少年哲宗皇帝。

二程长期在洛阳传道授业，其道德、学问名满天下。程颢仙逝后，程颐以维护道统为己任，且治学严谨，他任帝师期间的精诚之心、敬业精神深受元老重臣的信赖。同时，因程颐与苏轼性格不合，由此他们之间产生了在政治上的互相猜疑和诋毁。

程颐在经筵，归其门者甚众；而苏轼在翰林，亦多附之者，遂有洛党、蜀党之论。二党道不同，互相非毁。

程颐为人行事，多用古礼，苏轼谓其不近人情，深忌之；苏轼认为，“道”是顺应人们自然感情的原则，而不是强制性的“勉强力行”。尤其是苏轼和程颐在皇帝面前或朝臣之间争宠斗胜之争，最后导致了洛、蜀门人之间的斗争。

洛党以程颐为领袖，以朱光庭、贾易、尹焞、张绎等为羽翼；蜀党由苏轼、苏辙挂帅，吕陶、孔文仲、孔平仲等为干将。此外，还有刘挚、梁焘、王岩叟、刘安世等的朔党，依违于洛蜀之间。于是，贾易、朱光庭等联合朔党反击苏轼及其蜀党。

元祐二年（1087），蜀党接二连三地发动了对洛党的强势反攻。苏轼甚至写奏状称：“臣素疾程颐之奸，未尝假以辞色。”谏议大夫刘安世指称程颐与欧阳修之子欧阳棐、毕仲游、杨国宝、孙朴为“五鬼”，谏议大夫孔文仲则在奏疏中称程颐为“五鬼”之魁，他说：

污下俭巧，素无乡行；经筵陈说，僭横忘分；遍谒贵臣，历造台谏；腾口间乱，以偿恩仇。致市井目为五鬼之魁。请放还田里，以示典型。①

疏中多夸大贬抑之词，企图置洛党于死地，但亦非空穴来风，而是多有实指，具有很大的煽动性。结果，洛、蜀之争造成两败俱伤。元祐二年（1087）八月，在蜀党的攻击下，程颐被罢崇政殿说书之职，回到洛阳去管理西京国子监，继续讲学生涯。

就在蜀党欢庆胜利时，不料苏轼也于元祐四年（1088）被逐出朝廷，外放杭州任知州。经朱熹考订，孔文仲上书攻击伊川并非完全是其本意，而是受到蜀党的怂恿；后良心发现，抑郁而亡。朱熹在《伊川先生年谱》中引述孔文仲传载吕公著之言曰："文仲为苏轼所诱胁，其论事皆用轼意。"吕氏家传亦载：

文仲本以伉直称，然蠢不晓事，为浮薄辈所使，以害忠良，晚乃自知为小人所绐，于元祐四年愤郁呕血而死。②

由此看来，元祐时代的洛党、蜀党，并无根本的利害冲突，只是旧党豪贵内部依地方势力而结合的互相倾轧的集团。洛、蜀党争也反映为洛学与蜀学的学术宗派之争。

当然，洛、蜀党争和新旧党争有所不同，他们都明确反对新党及其政策。"二苏"均因对抗王安石新法被贬；旧党取得政权后，同时召入，任翰林学士。苏轼于元祐时任兵部尚书；苏辙权吏部尚书，使契丹还，为御史中丞。

元祐五年（1090）庚午春正月十三日，在程颐政治上失意之际，其父程珦于西京洛阳国子监公舍寿终正寝，享年85岁。程颐告假在家丁忧。丁忧期间，他整理了其父七十岁时自拟之墓志，作《书先公自撰墓志后》，概述其家世与生平简历，意在让子孙在他身后不要请人写墓志。程珦生前的公文一般均由程颐代拟，此文是难得一见的文字。现摘录如下：

程姓，珦名，伯温字。……考，赠司空，讳遹。妣，孝感县太君张氏，长安县太君张氏；追封赵国太夫人张氏，冀国太夫人张氏。

予性质颛蒙，学术黯浅，不能自奋，以嗣先世。天圣中，仁宗皇帝念及祖宗旧臣，例录子孙一人，补郊社斋郎。历黄州黄陂、吉州庐陵二县尉，润州观察支使。由按察官论荐，改大理寺丞，知虔州兴国县，龚州，徐州沛县。监在京西染院，知凤、磁、汉三州事。熙宁中，厌于职事，丐就闲局，管勾西京嵩山崇福宫。岁满再任，遂请致仕。官，自大理寺丞十三迁至大中大夫。勋，自

① （宋）程颢、程颐：《二程集》，中华书局1981年版，第343页。

② （宋）程颢、程颐：《二程集》，中华书局1981年版，第343页。

骑都尉至上柱国。爵，永年县伯。食邑，户九百。

程珦章服像（《二程世谱》）

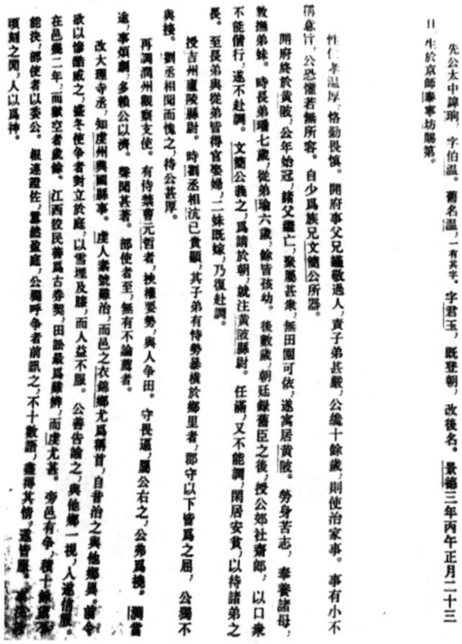

先公太中家傳

先公太中諱珦，字伯溫。舊名溫，一有其字。字君玉，既登朝，改後名。景德三年丙午正月二十三日，生於京師泰寧坊賜第。

性仁孝溫厚，恪勤畏慎。開府事父兄謹敬過人，責子弟甚嚴，公纔十餘歲，則使治家事。事有小不稱意旨，公恐懼若無所容。自少爲族兄文簡公所器。

開府終於黄陂，公年始冠，諸父繼亡，家屬甚衆，無田園可依，遂寓居黄陂。勞身苦志，奉養諸母，教撫弟妹。時長弟曄七歲，從弟瑜六歲，餘皆孩幼。後數歲，朝廷録舊臣之後，授公郊社齋郎，以口衆不能偕行，遂不赴調。文簡公義之，爲請於朝，就注黄陂縣尉。任滿，又不能調，閑居安貧，以待諸弟之長。至長弟與從弟皆得官娶婦，二妹既嫁，乃復赴調。

授吉州廬陵縣尉。時劉丞相沆已貴顯，其子弟有恃勢暴横於鄉里者，郡守以下皆爲之屈，公獨不與接。劉丞相聞而愧之，待公甚厚。

再調潤州觀察支使。有侍禁曾元皙者，挾權要勢，與人爭田。守長道，屬公右之，公弗爲撓。潤當途，事煩劇，多賴公以濟。聲聞甚著。部使者至，無有不論薦者。

改大理寺丞，知虔州興國縣事。虔人素號難治，而邑之衣錦鄉尤爲稱首，自昔治之與他鄉異。前令欲以慘酷威之，盛冬使爭者對立於庭，以雪埋及膝，而人益不服。公嘗告諭之，與他鄉一視，人遂信服。在邑踰二年，而獄空者歲餘。江西俗民善爲古券契，田訟最爲繁辨，而虔尤甚。旁邑有爭，積十餘歲不能決，部使者以委公。根逐證佐，纍紲盈庭，公獨呼爭者前訊之，不十數語，盡得其情，遂皆服。[illegible]頃刻之間，人以爲神。

程颐作《先公太中家传》（《二程集》）

娶侯氏，赠尚书比部员外郎道济之长女，封寿安县君，先三十八年卒，追封上谷郡君。男六人：长应昌，次天锡，皆幼亡；次颢，承议郎宗正寺丞，先卒；次颐，今为通直郎；次韩奴，蛮奴，皆夭。女四人：长婆娇，幼亡；次适奉礼郎席延年；次冯儿，幼亡；次适都官郎中李正臣。孙男五人：端懿，蔡州汝阳县主簿，监西京酒；次端中，治进士业；次端辅，早亡；次端本，治进士业；次端彦，郊社斋郎。孙女八人：长适宣义郎李偲，次适假承务郎朱纯之，次适安定席彦正，次未嫁而卒，次为李偲继室，次适清河张敷，次幼亡。曾孙六人：昂，昪，昺，易，旻，暈。曾孙女一人……①

同时，程颐还以史家的笔触，客观地概述了程珦一生的行状——《先公太中家传》，以文人特有的方式追思父亲的一生。文中写道：

先公太中，讳珦，字伯温，旧名温，字君玉。……性仁孝温厚，恪勤畏慎。开府事父兄谨敬过人，责子弟甚严，公才十余岁，则使治家事。事有小不称意旨，公恐惧若无所容。自少为族兄文简公所器。……

① （宋）程颐：《书先公自撰墓志后》，《二程集》，中华书局 1981 年版，第 645、646 页。

公慈恕而刚断。平居与幼贱语，唯恐有伤其意，至于犯义理，则不假也。与人接，淡而有常。不妄交游，于所信爱，久而益笃。……

河南伊川程珦（伯温）墓碑

不为皎皎之行，平生不亲附权势，而请谒常礼，亦不废也。至于亲旧之贵显者，既不与之加亲，亦不示之疏远。……

年八十，丧长子，亲旧以其慈爱素厚，忧不能堪，公以理自处，无过哀也。颐时未仕，阖门皇皇，不知所以为生，公不以为忧也；及颐被召，叨备劝讲，人皆庆之，公无甚喜也……①

程珦去世时，太师文彦博、西京留守韩缜、左丞苏颂等九人上呈《奏程珦葬事》，曰："今其父之亡，窘于襄事，伏望圣慈特赐矜悯，优以赙恤，以周其急。"② 朝廷为表彰其清节，赐帛二百匹，命有司供其葬事。程珦的灵柩在家中暂厝三个月后，于元祐五年四月十日与夫人上谷郡君合葬于伊川先茔。③

① （宋）程颢、程颐：《二程集》，中华书局 1981 年版，第 646—652 页。

② （宋）文彦博：《文潞公集》，山西人民出版社 2008 年版，第 309 页。

③ （宋）程颢、程颐：《二程集》，中华书局 1981 年版，第 650 页。

十八、潜心治《易》

不管风云如何变幻，程颐始终潜心治《易》。同时尊严师道，留下了“程门立雪”的千古佳话；后又将《伊川易传》传授于高足尹焞、张绎。阐发先有理而后有象，有象而后有数。《易》因象以明理……

程颐画像

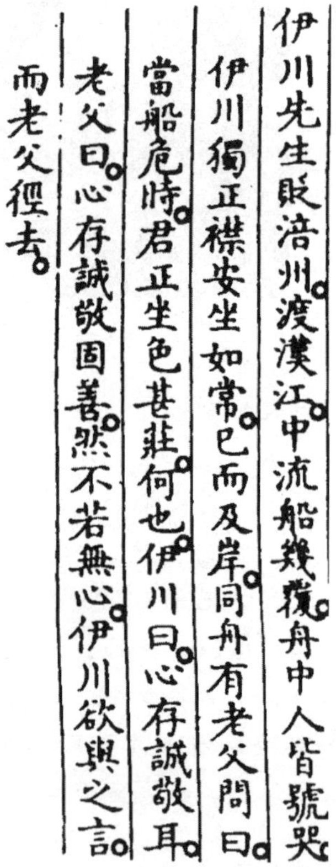

伊川先生貶涪州。渡漢江。中流船幾覆。舟中人皆號哭。伊川獨正襟安坐如常。已而及岸。同舟有老父問曰。當船危時。君正坐色甚莊。何也。伊川曰。心存誠敬耳。老父曰。心存誠敬固善。然不若無心。伊川欲與之言。而老父徑去。

《二程外书》载程颐贬涪州

程门立雪

元祐年间的洛蜀党争，属于书生意气之争，程颐虽被贬官，但并未遭到太大的迫害，反而少一些政争烦恼，一心治学与讲学。

经过此次晋京的是是非非，程颐厌恶了官场习气，决心潜心治学。他为此数次上书辞职，请求归里，皆未得到允许。

元祐七年（1092），程颐为父亲丁忧期满，礼部侍郎兼侍讲、曾与司马光同修《资治通鉴》的弟子范祖禹，屡次向皇帝进言，赞扬程颐的道德、学识，恳请皇帝让程颐进朝中复以学职，结果因蜀党党首苏辙阻挠而未果。其后，又因监察御史董敦逸弹劾，程颐遂被授管勾崇福宫。

尽管在政治上遭受打击，但程颐并未放弃自己的追求，仍坚持穷理、著述与授徒。元祐八年（1093），福建学者杨时在同乡好友游酢的陪同下，不辞辛苦，踏上了北上的征程。

其实，在游酢的引导下，杨时早已前往颍昌，向当时在那里的程颢行拜师之礼。辞行时，程颢目送弟子杨时与游酢，不禁感慨道：吾道南矣！

元丰八年（1085）夏，程颢受司马光推荐，被太皇太后高氏召为宗正寺丞。遗憾的是，程颢未及弟子杨时前来饯行，便匆匆离世。杨时闻此噩耗，悲痛万分，他发誓要将先生的学问和理念发扬光大。

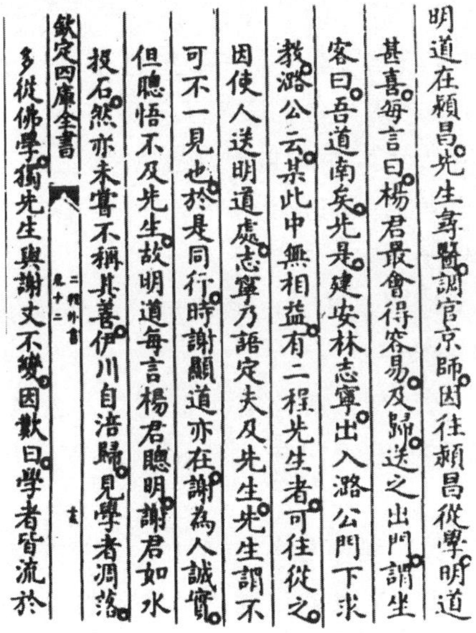
明道在穎昌先生尋醫調官京師因往穎昌從學明道
甚喜每言曰楊君最會得容易及歸送之出門謂坐
客曰吾道南矣先是建安林志寧出入潞公門下求
教潞公云某此中無相益有二程先生者可往從之
因使人送明道處志寧乃語定夫及先生先生謂不
可不一見也於是同行時謝顯道亦在謝為人誠實
但聰悟不及先生故明道每言楊君聰明謝君如水
投石然亦未嘗不稱其善伊川自涪歸見學者凋落
多從佛學獨先生與謝丈不變因歎曰學者皆流於

欽定四庫全書　二程外書 卷十二

《龟山语录》载明道在颍昌见杨时

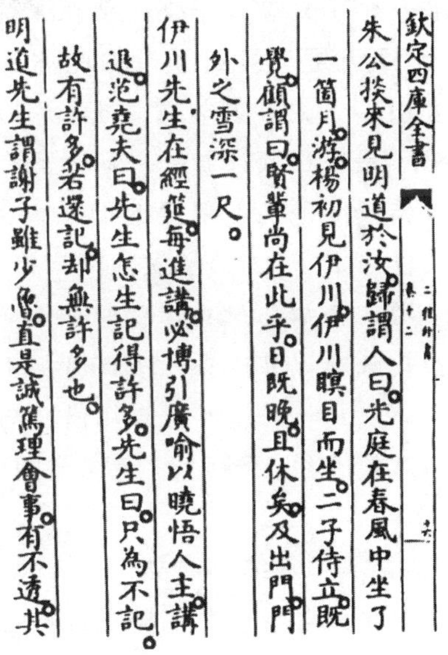
欽定四庫全書　二程外書 卷十二

朱公掞來見明道於汝歸謂人曰光庭在春風中坐了
一箇月游楊初見伊川伊川瞑目而坐二子侍立既
覺顧謂曰賢輩尚在此乎日既晚且休矣及出門門
外之雪深一尺
伊川先生在經筵每進講必博引廣喻以曉悟人主講
退范堯夫曰先生怎生記得許多先生曰只為不記
故有許多若還記卻無許多也
明道先生謂謝子雖少魯直是誠篤理會事有不透其

《二程外书》载“如坐春风”“程门立雪”

为了掌握理学的精髓，杨时与游酢商定再度北上洛阳，拜程颐为师。此间，尽管宋徽宗下诏禁止程颐进行教育和讲学，并要求委监司举察，必罚无赦。但程颐仍然坚持在伊皋书院讲学，学子纷纷慕名前来拜师求学。

元祐八年（1093），游酢与杨时来到洛阳，天已经黑了，他们在一家小店住下。当晚，杨时和游酢很晚才睡，把需要请教的几个问题整理出提纲，写在纸上，第二天，他们沐浴后，换上整洁的衣裳，奔伊皋书院而来。

也许是老天爷要考验一下他们求学的诚意，一路上，刮起了大风，很快又飘起了鹅毛大雪。

洛阳城外，茅屋竹窗深锁，柴门轻闭，四周静寂。天空压抑得像有厚重的棉被裹住胸口，寒冷冻僵了杨时的手脚。

他们赶到伊皋书院的程颐住所时，正巧程颐在案头打盹。杨时和游酢生怕惊醒老师，就恭恭敬敬地侍立于程颐身旁，静候老师自然醒。

风越刮越急，雪越下越大。

不知过了多久，当大雪已经一尺多深时，程颐才慢慢醒来，他惺忪地对侍立的弟子说："天色已晚，弟子还没走吗?"

"先生好！弟子有礼了！"游酢、杨时立即走到程颐跟前，行叩头拜师大礼。夫子连忙扶起他们，随后推开门，但见大雪压青松翠柏，银装素裹，青松翠柏犹如一个个大雪人一样，平地深雪一尺多。

"今天是个好日子！如此冰天雪地，你们千里迢迢前来弘扬道学，快哉！"程颐被弟子诚心求学的精神深深打动，亲自倒热水为他们暖身子。

于是，程颐让游酢、杨时留在伊皋书院治学，并将自己毕生所学，毫不保留地传授给他们，希望他们在宣传与推广理学上大有作为。程颐的表弟（二程舅父侯可之子）、弟子侯仲良《传闻杂记·侯子雅言》中记述：

游、杨初见伊川，伊川瞑目而坐，二人侍立，既觉，顾谓曰：贤辈尚在此乎？日既晚，且休矣。及出门，门外之雪深一尺。①

《龟山年谱》《游定夫年谱》与《宋史·杨时传》等均有类似记载，大意是，元祐八年五月，杨时、游酢年四十一，以师礼见伊川先生于洛，录有伊川先生语。

"春风和气纯乎纯矣；烈日秋霜正者正也。"嵩县程村道学堂的这副对联是对二程两人迥异个性的概括性描述。"纯""正"是赐谥程颢为"纯公"，程颐为"正公"。"春风和气"说的是程颢讲学时，和颜悦色，与师生们相聚一堂，自由讨论，妙趣横生，被弟子们誉为"如坐春风"。

程颐的教学，则注重师道尊严，他庄重严肃地坐在堂上，也要求学生毕恭

---

①（宋）程颢、程颐：《二程集》，中华书局1981年版，第429页。

嵩县程村程颐传道之道学堂

毕敬地听他传道，否则，你就会尝到他“烈日秋霜”的厉害，当年他对宋哲宗的严肃批评即可见一斑。

二程的高足杨时和游酢尊师敬友，勤学好问，潜心研究，后来都成为厚学之士。他们不负恩师的重托，以振兴理学为己任，在武夷山合力开辟了八闽理学的先河。杨时相继创办了荐山书院、豸山草堂和皖山书院等，传承开新形成了独家学派，世称“龟山先生”。

杨时一生著作颇丰，其传世之作有《校正伊川易》《三经义辨》《列子解》《解字说》《礼记解义》《毛诗辨疑》《龟山语录》《二程粹言》《春秋孟子义校正》等，有《杨龟山先生集》42 卷。

游酢于元符二年（1099）在武夷山五曲接笋峰下筑水云寮，作为著书立说之所，撰《易学》《诗二南义》《论孟杂解》《中庸义》等，有《游廌山文集》。正是杨、游“载道而南”，虔诚地传道授业解惑，一时学者翕然从之，尊为正宗。

杨时在传道授业的同时，还效法程颢的哲理诗笔法，吟咏了《游武夷》《武夷纪游》等诗篇。其中，《游武夷》淋漓尽致地描写了武夷山水的神奇诡谲，及归隐武夷的经历，还巧妙地深寓着理学的玄机。长诗开篇这样写道：

函关崎岖走秦鹿，天下共逐争群雄。

扶云翻空折鳌足，黔黎窜伏如寒蛩。

武夷山深水清泚，避世合有高人踪。

长诗从秦末群雄角逐中原，高人雅士避祸武夷等虚构情节谈起，然后逐步展现这座名山拥有的新特景观：九曲清溪，娉婷玉女，玄妙的道观，清澈的井泉尽在他笔下——

龙泓东注海波涌，玉女翠拥秋云松。

赤霄真骨写虚壁，通泉凡笔嘶非工。

《太平寰宇记》载，武夷山有"悬棺数千"。杨时曾亲临架壑"船棺"现场探幽，并以诗纪事；郭沫若进行田野考古后也感叹"船棺真个在"。杨时诗云：

藏舟浮梁跨绝壑，隐见似与天河通。

当时鸡犬不复见，空岩依旧烟霞笼。

此外，创建于北宋政和元年（1111）的无锡东林书院，是杨时长期传播理学之所。他在东林书院讲学前后达十八年，培养了一大批学者。他是闽学的直接开创者，又影响了南宋理学的其他学派，故世称"南渡大师"。

痛悼弟子

屋漏偏逢连夜雨，船迟又遇打头风。

程颐遭受无情打击期间，原来师从兄长的学人，纷纷转学于程颐。正在他们潜心传承道统之际，二程的几个得意弟子刘绚（质夫）、李籲（端伯）、吕大临（与叔）、杨国宝（文应）、朱光庭（公掞）等，接二连三英年早逝，几乎给程颐以致命打击。

元祐二年（1087），正处于洛蜀党争漩涡的程颐，得知六月十二日刘绚（字质夫）猝然谢世。他与李籲先后撰写《祭刘质夫文》与《刘博士墓志铭》，寄托无限哀思，他赞赏其"信之笃、得之多、行之果、守之固"。程颐写道：

呜呼！圣学不传久矣。吾生百世之后，志将明斯道、兴斯文于既绝，力小任重，而不惧其难者，盖亦有冀矣。以谓苟能使知之者广，则用力者众，何难之不易也？游吾门者众矣，而信之笃、得之多、行之果、守之固，若子者几希。方赖子致力以相辅，而不幸遽亡，使吾悲传学之难，则所以惜子者，岂止从游之情哉？兹焉归葬，不克临穴，姑因薄奠，以叙其哀。①

① （宋）程颢、程颐：《二程集》，中华书局1981年版，第643页。

同年八月，程颐被贬任西京洛阳国子监。十二月间，又传来高足李籲英年早逝噩耗。李籲，字端伯，洛阳人。早年中进士，历任黄陂县令、秘书省校书郎等。曾记二程语录《端伯传师说》，朱熹赞其所造尤深、所得尤粹。程颐在《祭李端伯文》，称赞李籲与表兄弟刘质文是力倡道学的中坚。祭文曰：

呜呼！自予兄弟倡明道学，世方惊疑，能使学者视效而信从，子与刘质夫为有力矣。质夫于子为外兄弟，同邑而居，同门而学，才器相类，志尚如一。予谓二子可以大受，期之远到，而半年之间，相继以亡，使予忧事道者鲜，悲传学之难。呜呼！天于斯文，何其艰哉！官制有拘，不克临穴，寄文为奠，以叙其哀。①

同门师兄弟吕大临也在《祭李校书端伯文》中写道："予求友于四方，顾所得之几希，志或同，而才之不足，才或高而志与之违。子敏且强，予心子契，谓其有年，以立斯世。"

与二程如师如友的朱光庭（1037—1094，字公掞），堪称二程政治上的盟友、学问上的知音。其实，朱光庭比程颐出道早，又与程颢是同榜进士，知潞州时享有"明镜"的美誉。

那是元丰六年（1083）九月，程颢调汝州酒税官员，朱光庭慕程颢的道德、学问，专程来汝州拜师问学，成为程颢在理学方面的弟子。在汝州学习一个月，让朱光庭心花怒放，他逢人就夸老师讲学的精妙，说：听先生讲授，如同在春风中坐了一个月。朱熹曾在《伊洛渊源录》《二程外书》中引二程之表弟侯师圣（仲良）记述云："光庭在春风中坐了一月。"② 后人曾在汝州（今河南宝丰）建春风书院传理布道。

元祐初年，朱光庭成为朝廷高官后，多次举荐程颐。洛蜀党争白热化期间，朱与贾易等冲锋陷阵，坚定地支持程颐而双双被贬，可谓患难见真情。元祐八年（1093）九月起，降职守亳与潞州。次年三月，潞州发生旱灾，他长跪祈雨而死，终年 58 岁。程颐因此如泣如诉地写道：

道既不明，世罕信者。不信则不求，不求则何得？斯道之所以久不明也。自予兄弟倡学之初，众方惊异，君时甚少，独信不疑。非夫豪杰特立之士，能如是乎？笃学力行，至于没齿；志不渝于金石，行可质于神明；在邦在家，临民临事，造次动静，一由至诚。上论古人，岂易其比？蹇蹇王臣之节，凛凛循

① （宋）程颢、程颐：《二程集》，中华书局 1981 年版，第 643 页。

② （宋）程颢、程颐：《二程集》，中华书局 1981 年版，第 429 页。

吏之风，著见事为，皆可纪述。谓当大施于时，必得其寿，天胡难忱，遽止于此。呜呼哀哉！不幸七八年之间，同志共学之人，相继而逝（刘质夫、李端伯、吕与叔、范巽之、杨应之相继而逝也）。今君复往，使予踽踽于世。忧道学之寡助，则予之哭君，岂特交朋之情而已？邙山之阳，归祔先宅；思平生之深契，痛音容之永隔。陈薄奠以将诚，庶英灵兮来格！①

在政治上遭受无情打击，再加上多位得意门生相继凋零，让程颐心痛不已。可是仍有弟子前来拜师，其中，二十岁的尹焞(字和靖) 于元祐五年 (1090) 前来问学，聊慰其心。

那是尹焞取得了举人功名之后，经苏昞(字季明) 引荐前往洛阳拜师程颐。当尹焞向程颐请教为学之方时，程颐回答说，要知学，须读书。书不必多看，要知其约；多看而不知其约，书肆耳。自己因少时读书贪多，如今多忘记了。须是将圣人言语玩味，入心记着，然后力去行之，自有所得。

随后，尹淳遂与杨时、谢良佐、游酢等一起，继续从事传经布道的事业。在谈及他如何研习“五经四书”时，尹淳引述老师的话说，伊川先生常说：《中庸》乃孔门传授心法②。

同时，尹淳也是追寻伊川知行合一的践行者。元祐九年 (1094) 三月，尹淳在京师参加进士考试，当他看到策论试题诋毁司马光元祐之政时，他不禁叹息道：怎么可以为了仕禄而屈节！于是，他毅然退出考场。

回到书院，尹淳对程颐说：老师，我永远不再参加科举考试了！程颐冷静地对他说：你志向可嘉，但是难道你不为令堂考虑吗？遵师命，尹淳回去将想法禀告母亲，其母说：我只知用善来养你，而不知用利禄来养你。程颐听说后，不禁赞叹道：贤哉母也！

形势发展得愈来愈严峻。元祐八年 (1093) 九月，高太后去世，哲宗亲政，次年改国号“绍圣”。新皇帝早已把昔日老师程颐的话忘得一干二净，竟然再次起用章惇、蔡卞等人，恢复变法新政，严酷打击元祐党人，前后历时六年。

接下来，程颐这位老儒的境遇就更惨了。绍圣四年 (1097) 十一月，他被流放到涪州“编管”。宋代对官员的流放，最重即编管，即在指定之地，受地方官管制，无人身自由。当时的涪州属夔州路，州治涪陵，辖三县。

圣旨下达后，时任西京知府李清臣唯恐牵连自己，于当天就奉命遣送程颐，

① (宋) 程颢、程颐：《二程集》，中华书局 1981 年版，第 644 页。

② (宋) 程颢、程颐：《二程集》，中华书局 1981 年版，第 411 页。

连程颐提出回家告别叔母也不允许。不过，临行前，李氏见程颐如此寒酸，乃赠送他一百两银子，遭到了程颐的断然拒绝。程颐先从旱路到山城重庆，再沿长江下行120公里，到达涪州的小山城涪陵。

涪州治《易》

放眼望去，程颐注意到这个山水环绕的小城对岸，坐落着一个名为北山坪的山岩。出于好奇，他们一行特意从涪陵城的江畔登上过江小船，渡过长江。随着木船划破晨雾，北岸的景象渐渐显露，紫气缭绕，山岩在朦胧中时隐时现。靠近岩岸，岩壁上数十幅古代摩崖石刻闪入眼帘。原来，这里从唐代开始便兴建了一批佛寺和书院。上岸后，他们沿羊肠山路向上攀登，约一个时辰才爬上了山岩。

在砂岩上竟有一座石窟！程颐背靠岩壁，面向长江眺望，草枯叶黄，凄风阵阵，心中不免有点感伤。不过水落石出，江心的白鹤梁显现出来，而江对面小城周围古木参天，郁郁葱葱，倒有不少趣味。

涪州（今重庆市涪陵区）的弟子谯定获悉65岁的老师程颐被流放到此后，立即前往拜会恩师，他精心挑选了涪州的普静寺作为讲学之地，陪伴老师继续传授学问，培养后学。原来，谯定早年游学开封时，慕名前往洛阳伊皋书院从学程颐，程颐诲人不倦，与谯定如师如友，谯定学业精进，直到深谙程颐易理精髓归涪。《宋史》《宋元学案》载，谯定易学得之程颐，授之胡宪、刘勉之。

一天，谯定一行陪程颐游览北山坪采风散心，这里高松蔽日，百鸟翩跹，又有一段数百米长的砂岩石壁，悬瀑飞洒，脚下是奔涌不息的长江。程颐不禁产生奇想：若是夏天站在这里，眺望夕阳下滚滚东逝水，可体会“子在川上曰，逝者如斯夫”的意境，又可激发起治学灵感；若是有朝一日能在如此的仙境治《易》，岂不快哉！于是，程颐向谯定道出了自己的想法；谯定当即与随行人员将石壁中段的一处天然石洞稍加整理，又搬来简易用具，不日程颐开始在此治《易》，并取名“点易洞”。

接下来三年里，程颐孜孜不倦地在“点易洞”中著述。他深情地写道，农夫辛勤劳作，播种五谷，我可以拿来吃；百作工匠，制作器物，我可以拿来用；兵士枕戈待旦戍边，我能平安无事。我只有整理圣人遗书，或许对别人有些裨益吧。

这时，稍早贬谪涪州的通判、著名学者与书法家黄庭坚闻讯，专程前往慰问程颐，并取《周易·系辞》之“钩深致远”，亲笔挥毫为程颐讲学处题名“钩深堂”，表达对程颐治学精神的崇敬之情。

涪陵点易洞

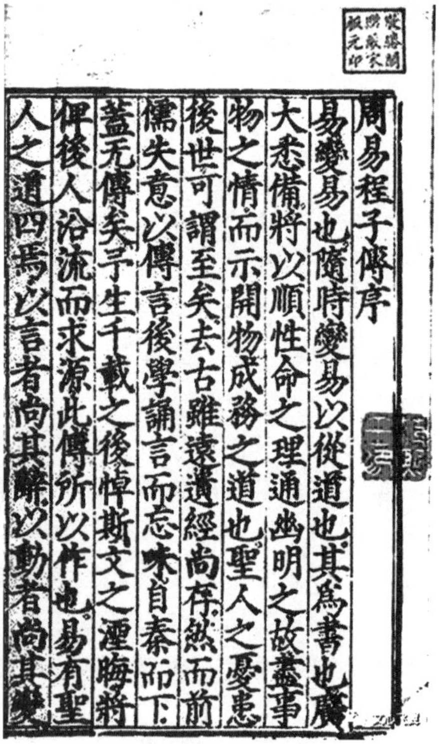

周易程子傳序

易變易也隨時變易以從道也其爲書也廣大悉備將以順性命之理通幽明之故盡事物之情而示開物成務之道也聖人之憂患後世可謂至矣去古雖遠遺經尚存然而前儒失意以傳言後學誦言而忘味自秦而下蓋无傳矣予生千載之後悼斯文之湮晦將俾後人沿流而求源此傳所以作也易有聖人之道四焉以言者尚其辭以動者尚其變

《伊川易传》(宋刻本)

程颐不负众望，数年如一日，以诚敬之心，在这里心无旁骛地写作《伊川易传》《春秋传》等巨著。元符二年（1099）正月，其传世之作《伊川易传》终于脱稿，后成为理学体系的一座里程碑。

《伊川易传》继承了王弼的性理传统。他在《易传》序言中指出：易，变易之意也，随时变易以服从道的意思。我出生在千年之后，为这些人文内容的湮没不彰而悲伤，要使后人溯流而上找到源头，这就是我写作《易传》的原因①。

自绍圣四年（1097）十一月流放涪州，到元符三年（1100）四月遇赦还洛，程颐在涪陵讲学、治学达四个年头，钩深堂一时名流咸集，桃李芬芳，享有“文风齐两蜀，仙洞接三都”之誉。程颐因此成为洛学“涪陵学派”的启蒙人物。而涪陵学者谯定得其治《易》真传，并结合当地特色，在此传播洛学精髓，

① （宋）程颢、程颐：《二程集》，中华书局1981年版，第689页。

后成为洛学“涪陵学派”开山。

宋代著名理学家尹焞、罗从彦、陆游、朱熹、范成大等，纷纷追寻先师足迹，或传道授业，或笔走龙蛇并将手迹镌刻于石壁之上。程颐的四传直系弟子朱熹在此凭吊先师时，辞以情发，挥毫题诗云：

渺然方寸神明舍，天下经纶具此中。

每向狂澜观不足，正如有本出无穷。

有人甚至发出慨叹：一代帝师，不幸晚年莫须有地被流放涪陵，却又是涪陵的大幸。

程颐的《伊川易传》大功告成后，宋哲宗在一些宠臣的怂恿下，竟下令“焚书坑儒”，企图销毁程颐的全部著作。

事实上，程颐的著作是理学的精华，对于巩固北宋王朝统治有益无害，经朝中某些重臣授意，在其门人的保护之下，人们只是象征性地做了做样子，其著作大都被保留下来了。

元符三年（1100）正月，24岁的宋哲宗病死。宋徽宗赵佶继位，由讨厌新政的向太后垂帘听政。于是，她再次起用元祐党人，废除变法新政。九个月后，向太后患病，宋徽宗正式亲政。

同年四月，程颐遇赦还洛，复任宣德郎。十月，复职通直郎，掌管西京国子监。此时，四方来学者又渐渐增多，如张绎、张厚等。其中，罗从彦先后师从二程与杨时，这次不惜卖掉田产，自福建千里迢迢北上向程颐问《易》。

后来，罗从彦在沙县洞天岩颜乐斋讲学，著《中庸说》《豫章文集》，后成为洛学闽学化的关键人物。他效法程颢以诗言道的特色，常常吟咏哲理诗，谈诗论道。其《观书有感》云：

静处观心尘不染，闲中稽古意尤深。

周诚程敬应粗会，奥理休从此外寻。

这首诗将周敦颐与二程并列，即以“周诚程敬”为学者探寻“奥理”之立足点；在《自警》诗中，以明道《定性书》为周子“孔颜乐处”之扩张，阐发濂溪及明道、伊川一脉融贯云：

性地栽培恐易芜，是非理欲谨于初。

孔颜乐地非难造，好读诚明静定书。

元祐“余官”

宋徽宗继位后，改年号为“崇宁”，意即继承宋神宗推行的“熙宁变法”。遂封蔡京为宰相，创立讲义司，利用中央特权对思想学术进行专制统治。

这样一来，元祐学术、政治的重要代表人物程颐，自然被列为打击的重点目标。崇宁二年（1103）四月，宣德郎范致明上书，将洛学说成是“私议”“邪说”，并要求像孔子诛杀少正卯那样处置程颐。程颐因此被戴上“乡原”“奸民”的莫须有帽子。

同年四月三十日，圣旨下，程颐被“追毁出身以来文字，除名，其入山所著书令本路监司常切觉察”。同时，剥夺程颐治学、讲学的权力，勒令其解散学馆，不许他再行聚徒讲学。此后，朝廷又多次下令烧毁元祐学人的书籍版印。

为了保护同仁，程颐只得迁居到伊阙之南，还遣散了四方学者。不过，他并没有让学生们放弃自己的理想和学术，只是暂避风头，减少无谓的牺牲。朱熹在《伊川先生年谱》中写道：

崇宁二年四月，言者论其本因奸党论荐得官，虽尝明正罪罚，而叙复过优；今复著书非毁朝政。于是有旨追毁出身以来文字，其所著书，令监司觉察。先生于是迁居龙门之南，止四方学者曰：尊所闻，行所知可矣，不必及吾门也。①

崇宁初年，蔡京专权，把元祐、元符年间的所有旧党人物，诸如司马光、文彦博、苏辙、苏轼、黄庭坚、秦观、程颐等列为奸党，由朝廷颁布了元祐党人的姓名，并刻石碑。同时规定，皇家子女亦不得与此名单上诸臣之后代通婚姻，倘若已经订婚，也要奉旨取消。意在把旧党一网打尽，赶尽杀绝。

时隔千年，我们在广西现存的两块残碑《元祐党籍碑》《元祐党籍》的“余官”名录上见到程颐与黄庭坚等同列。此碑始刻于崇宁初，屡立屡毁。现存二碑均为南宋翻刻，其中桂林龙隐岩碑刻，为元祐党人梁焘之曾孙梁律于庆元四年（1198）据家藏旧本重刻。碑距地丈余，额书隶书“元祐党籍”。尽管久经风雨侵蚀，但仍可辨认。另一元祐党人碑则在广西融水苗族自治县的真仙岩，由元祐党人沈千的曾孙沈暐沿用蔡京楷书手迹版本重刻于嘉定四年（1211）。

《元祐党籍碑》本是北宋官方所刻，元祐党人后裔缘何在南宋翻刻此碑？那是南宋高宗赵构登基后，为了给元祐党人平反，遂将“元祐党籍”改称“元祐忠贤”。从而让遭受迫害的“元祐党人”后裔扬眉吐气。于是，他们将当年蔡京炮制的“奸党”名录当作一种荣耀认证，遂重新翻刻此碑传世。有明人在桂林龙隐岩的题跋为证，诗云：

元祐由来五百秋，党人姓字此间留。
中衰宋室匡攸定，贝锦谗言谮不休。
岩石坚刚胜竹帛，薜萝掩覆若金瓯。
贤良自是流芳远，追贬徒劳奸佞谋。

---

①（宋）朱熹：《伊川先生年谱》，《二程集》，中华书局 1981 年版，第 345 页。

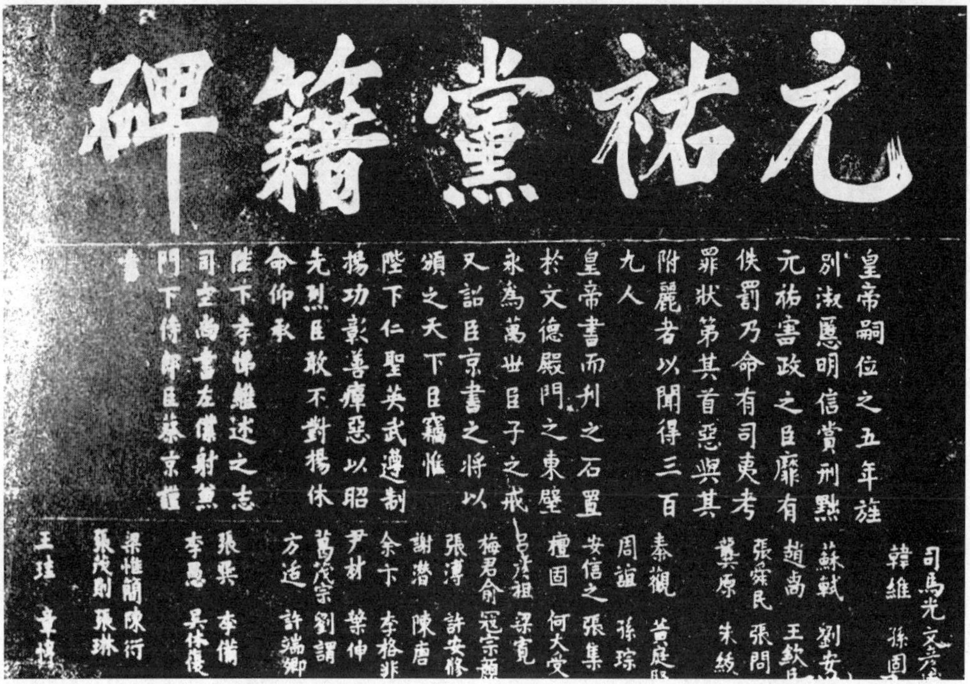

蔡京书《元祐党籍碑》上半部（广西融水苗族自治县真仙岩摩崖石刻）

《元祐党籍碑》共有三种，一是崇宁元年（1102）由徽宗御笔正书，刻于内府端礼门，未几即毁。列入名单 98 人；二为崇宁三年（1104）六月蔡京书，勒令诸州据以刊石，次年亦奉诏毁。有 309 人上榜，即把元符末（1100）和建中靖国元年（1101）的“奸党”“上书低讥”一并纳入元祐籍，不分邪上尤甚、邪上与邪中三等；三是崇宁三年（1104）刻于朝堂。正书无书人姓名，崇宁五年正月，因彗星出现，徽宗下诏毁碑。《元祐党籍碑》碑文云：

皇帝嗣位之五年，旌别淑慝，明信赏刑，黜元祐害政之臣，靡有佚罚。乃命有司，夷考罪状，第其首恶与其附丽者以闻，得三百九人。皇帝书而刊之石，置于文德殿门之东壁，永为万世臣子之戒。又诏臣京书之，将以颁之天下。臣窃惟陛下仁圣英武，遵制扬功，彰善瘅恶，以昭先烈。臣敢不对扬休命，仰承陛下孝悌继述之志。

司空尚书左仆射兼门下侍郎蔡京 谨书

在三种党人碑中，程颐均名列其中。其中，第一通碑上的 48 名“余官”中他位列第 23 名。后面的两通党人碑分文臣、武臣、内臣与为臣不忠曾任宰臣四类。其中，文臣包括曾任宰臣执政官、曾任待制以上官与余官三类，程颐列入数量最多的“余官”。

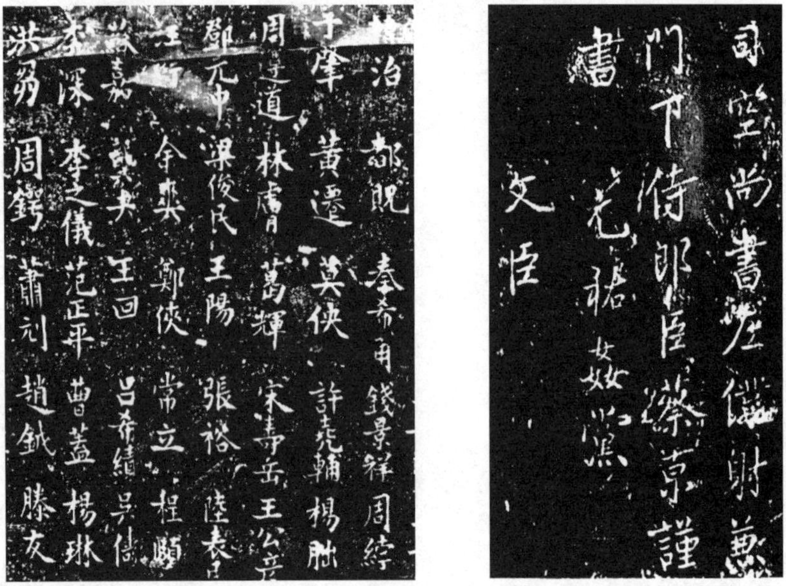

《元祐党籍碑》上的“程颐”与蔡京签名款识（广西融水苗族自治县真仙岩摩崖石刻）

在徽宗崇宁五年（1106）正月，天空出现了彗星，在文德殿东墙上的元祐党人碑突遭雷击，破而为二。徽宗听说此是上天降怒！顿时惊恐不已，相传有二说：一说是他勒令毁碑；一说他碍于宰相反对，便让人深夜把端礼门的碑毁坏。

在风声鹤唳中，程颐仍笔耕不辍。其理学代表作《书解》《诗解》《春秋传》《论语解》《改正大学》《伊川易传》等，都在此间完成或修订。他因为圣人的志向不能被后人理解而哀伤，所以作《春秋传》，《春秋传》虽尚未穷尽圣人蕴藏于书中的深奥道理，大体上还能使学习者获得一个了解《春秋》的途径。原文云：

《春秋》，鲁（国）史记之名也。夫子之道既不行于天下，于是因鲁《春秋》立百王不易之大法。……孟子曰：王道之迹息而《诗》亡，《诗》亡然后《春秋》作。①

① （宋）程颢、程颐：《二程集》，中华书局 1981 年版，第 1086 页。

传授《易传》

崇宁五年（1106），程颐自伊阳鸣皋迁往陆浑山。他担心其《伊川易传》失传，乃扶病躯将此书传授于爱徒尹焞、张绎。

程颐《易传》，又叫《伊川易传》或《周易程氏传》，于涪陵脱稿。元符二年（1099）正月书成并作序。他对《易经》的研究，可说是穷尽其毕生精力。

《程氏易传》注解了《周易》经文和《彖》《象》《文言》三传。虽然他对《系辞》以下诸传未曾注解，但由于他融会贯通《系辞》，故在《二程遗书》中，他与弟子谈话的主要内容多从《系辞》出发。

程颐注《易》旨在宣传其理学的思想主张。他在《伊川易传》里系统地论述了自己的理学思想，研究程颐首先就得读懂《伊川易传》。同时，《伊川易传》是程颐平生用力最多的著作，它是程颐学术思想的代表，任何记述程颐言论的《语录》都不能同《伊川易传》相比。后来胡安国论述程颐的学术，首先提到的也是《伊川易传》。

《伊川易传》是程颐理学思想的主干，其地位与朱熹的《四书集注》同样重要。尹焞说："先生平生用意，惟在《易传》。求先生之学，观此足矣。《语录》之类，出于学者所记，所见有浅深，故所记有工拙，盖不能无失也。"

在程伊川看来，《易》是圣人摹写天理之书，"穷神"即能够做到与道相合，也就无须易书的指引了，"穷神"本身就是揭示易道的，学《易》的目的也是为了探求"天理"，进而批评"王弼注《易》，元不见道，但却以老、庄之意解说而已"① 的做法。

伊川对《易》学的贡献之一，就是以天理为易学的最高范畴。对于义与象数之间的关系，他认为"理先象后"，驳斥了象数派的"《易》之义本起于数"的观点。他在回答学者张闳中的信函中指出：

> 有理而后有象，有象而后有数。《易》因象以明理，由象以知数，得其义则象数在其中矣。②

"物极则反，事极则变，困既极矣，理当变矣。"像程颐这样充分肯定事物运动的普遍性并揭示其发展变化的规律，在古代哲学家中并不多见。前人评论《易传》，谓其"顺天命，阐儒理，切人事，明治乱，一以义理为归，而略于卜

① （宋）程颢、程颐：《二程遗书》，上海古籍出版社2000年版，第59页。

② （宋）程颢、程颐：《二程集》，中华书局1981年版，第615页。

筮象数”。这的确是程颐的《易传》的特色。

伊川发展了古代朴素辩证法思想。其《伊川易传》从物理极而必反，说明先否后泰，先危后安，揭示“泰极则否、否极则泰”的发展规律。文中诠释道：

上九，否之终也。物理极而必反，故泰极则否，否极则泰。上九否既极矣，故否道倾覆而变也，先极，否也，后倾，喜也。否倾则泰矣，后喜也。①

伊川先生画像（英山豫洛堂《二程世谱》）

《周易》文字不多，含义隐晦，程颐用自己的理学观点进行解释，使之明白晓畅。《伊川易传》通过对《周易》的阐释，表达了程颐对自然、社会、人生哲学的见解，构成了完整的理学体系。正所谓：

易，变易也，随时变易以从道也。其为书也，广大悉备，将以顺性命之理，通幽明之故，尽事物之情，而示开物成务之道也。……吉凶消长之理，进退存亡之道，备于辞。②

在自然哲学上，天地万物得天理而“长久不息、生生不已”；在社会治理上，要顺理而行，“万物之进，皆以顺道”，为政要顺，顺民心；在人生伦理方面，论证进德修业，安于义命的人生哲学。

绍圣四年（1097）六月，程颐的小叔父程琉（1023—1097）病故，享年75岁。程琉是黄陂县令程遹与孝感张氏在黄陂县城西街草庙巷程宅生育的小儿

① （宋）程颢、程颐：《二程集》，中华书局1981年版，第762页。

② （宋）程颐：《易传序》，《二程集》，中华书局1981年版，第689页。

子，两岁就丧父，由其母张氏与兄长程珦夫妇（二程父母）抚养成人，他仅年长程颐十岁，他们叔侄在一起生活的时间最长，叔侄情深。

于是，程颐沉痛地题写了《叔父朝奉墓志铭》，概括其“孝于事亲，顺于事兄；质直而好义，勤瘁以奉公”的一生。文中写道：

公天性孝友淳质，不事文饰。幼孤，事崇国能竭其力。于宗族笃恩义，爱幼稚如己生。事伯兄丘嫂如父母。与人接，倾尽心腑，信人如己，屡致欺而不变。人多笑之，而好德者重之。

年四十五，始以伯兄太中恩，补郊社斋郎，调怀州修武县主簿。秩满，受权泽州端氏县令，阅岁即真。用荐者，改大理寺丞，复四迁，至朝奉郎。积勋至上轻车都尉，赐服银绯。历河中府龙门、汝州襄城县事，权管勾西京国子监、遂致官事。公当官竭力，不择难易，尽心于爱人，故所至民爱之。尝捕蝗，徒步执彗，为众人先，其不爱力皆此类。喜求民利病，力可行者行之，不能者言之上官，虽沮却不恨。

年五十始有子，伤从兄无嗣，遂以继之。先君六得任子恩，公与二子实居其三，则公之见爱于兄，与先君之厚于弟，可见矣……

公生于天圣元年四月壬寅，终于绍圣四年六月乙酉，历年七十有五。是年十月某日，葬于伊川，祔先茔。孤侄颐号泣而铭其穴曰：

孝于事亲，顺于事兄；质直而好义，勤瘁以奉公。家无间言，仕有善效；古之所谓躬行君子，公其是乎！归全于斯，呜呼！哀哉！①

如果说程琉是寿终正寝的话，如果说程琉的去世是自然而终的话，那么在元符元年（1098）十一月，程颢之子、当时担任醴泉县令的程端本（四十一郎）的突然离世，则让程颐这位年迈的叔父承受了白发人送黑发人的悲痛。更令人痛心的是，程端本的死因是庸医误诊导致的非正常死亡，真让程颐悲愤交加。他欲哭无泪，提笔题写《祭四十一郎文》志哀，祭文云：

叔父颐令昂具酒肴致祭于侄四十一郎之灵。呜呼！乃祖乃父，世积庆善，而汝兄弟姊妹皆不克寿。天造差忒，至如是乎！惟汝资禀善和修谨，无子弟之过，期汝有成，而遽死耶？吾方以罪戾，窜絷远方，生不获视汝疾，死不获抚汝柩，冤痛之深，衷肠如割。吾知汝有未伸之志，抱无穷之恨，吾当致力，慰尔心于泉下。又汝妇盛年，自今当待之加厚，冀其安室。嗣子循良，今已可见，当教诲之，期于成立，则汝为有后矣。此外吾无以致其力矣。呜呼！吾将七十，

① （宋）程颢、程颐：《二程集》，中华书局1981年版，第656页。

望汝收我，而我反哭汝，天乎！冤哉！①

同时，程颐还致函历任中央和地方官的好友谢景温（字师直）——《上谢帅师直书》，呈请其居高一呼，依法惩治致死人命的庸医。

程颐函中的“帅”，即指北宋的中央派出机构“路”的帅司长官——安抚使，简称帅。路设有帅、漕、宪、仓四司，分别掌军事与民政、财赋与转运、司法刑狱、常平仓与贷放钱谷等。函中云：

侄子某为令醴泉，病阴证伤寒，而邑之医者乃大下之，又与洗心散，遂至冤死。今有状披诉。伏惟明公居大帅之任，操劝惩之柄，经术政事闻于天下，高识远见卓然绝俗。法之所无者，尚可权其宜而行之，况有法可依者乎？民之于令，其义最重。致令之死，而不加一毫之罪，于义得为安乎？窃闻邑中愤叹不平之声，闻于道路。岂当任者独不念之乎？重思阁下，天下吏师，诚能行之，郡县必多效之者。若使远近传之，庸医之辈皆知戒惧，不敢轻视人命，则公及人之功，岂细也哉？匪惟先兄父子怀结草之报，当获上天之祐，后昆享繁衍盛大之福。不胜哀恳，颐皇恐上诉。②

① （宋）程颢、程颐：《二程集》，中华书局 1981 年版，第 662 页。

② （宋）程颢、程颐：《二程集》，中华书局 1981 年版，第 612 页。

十九、道学南行

程颐在弥留之际，仍念念不忘传道授业。他以微弱的声音对门人说：“道，吾用便不是。”在道学南传方面，二程高足游酢、杨时等功不可没，杨时筑草堂于故乡，讲学论道于武夷山中，各地学者接踵而至。杨时门生罗从彦再传朱松、李侗，李侗、刘勉之又传朱熹，朱熹集大成为“程朱理学”。

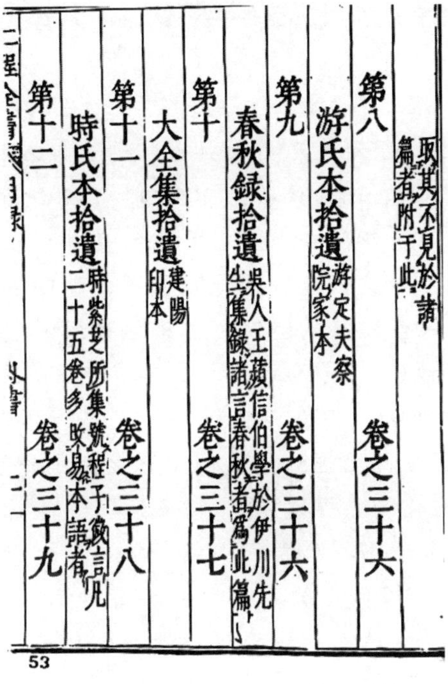
取其不見於諸篇者附于此
第八 游氏本拾遺 游定夫察院家本 卷之三十六
第九 春秋録拾遺 果人王蘋信伯學於伊川先生集録諸言春秋者爲此篇 卷之三十六
第十 大全集拾遺 建陽印本 卷之三十七
第十一 時氏本拾遺 時紫芝所集號程子微言凡二十五卷多收易本語者 卷之三十八
第十二 卷之三十九
53

《二程全书》游氏本拾遗（明徐明达校订）

杨时画像

从祀孔庙

随着元祐党人相继凋零，硕果所存无几，党禁自然开始松弛；再加上崇宁五年（1106）二月蔡京首次罢相，三月程颐也以通直郎告老还乡，由伊川书院迁往陆浑山（今嵩县陈村）居住。曾作《题陆浑乐游》抒怀，诗云：

东郊渐微绿，驱马欣独往。
舟萦野渡时，水落春山响。
身闲爱物外，趣远偕心偿。
归路逐樵歌，日落寒山上。[①]

岂料，大观元年（1107）正月，徽宗再次起用蔡京，任左丞相，党禁恢复。更不幸的是，长期颠沛流离的程颐患上了可恶的风痹症（即痛风病）。但他仍坚持与疾病作斗争，哪怕是弥留之际，还念念不忘指点学生。他十分吃力地以微弱的声音对门人说："道，吾用便不是。"

门人正准备退出，只听见"哎呀"一声，程颐便撒手人寰了。时为大观元年（1107）九月十七日，享年 75 岁。朱熹编纂的《二程外书》记录了尹焞见证程颐回光返照的情景，文曰：

尹子曰："先生年七十四，得风痹疾，服大承气汤则小愈。是年九月，服之辄利。医者语家人曰："侍讲病不比常时。"时大观元年九月也。十六日入视，先生以白夹被被体，坐竹床，举手相揖。焞喜，以为疾去。先生曰："疾去而气复者安候也，颐愈觉羸劣。"焞既还，十七日有叩门者，报先生倾殂。[②]

由于党禁阴魂不散，对于曾经列入"元祐党籍碑"的程颐仙逝，朝中的大臣们心存忌惮，不敢公开表达哀悼之情。只有程家的世交、邵雍之孙邵溥（字泽民）星夜悄悄从洛阳赶来，"素衣白马"致祭。

作为一代帝师、理学大师，程颐乘鹤西去，仅有门生张绎、范域、孟厚、尹焞四人料理丧事，草草葬于今伊川县城西 1.5 公里处的白虎山下之伊川先茔，与其父兄相邻，长眠于斯（今伊川县二程文化园之程林）。

尹焞是程颐晚年的得意门生，不仅在道德修养上表现出色，学问上也日益精进，程颐对他寄予了厚望。据《宋史·尹焞传》载，程颐生前曾对学人说，我死，而不失其正者，尹焞氏子也。后来，尹焞之女嫁给了程颐的小孙子，两家因此亲上加亲。

程颐的确有先见之明，尹焞在理学南行方面，立下了汗马功劳。靖康二年（1127），金兵攻陷洛阳，尹焞阖家被害，他死而复生，辗转于长安山谷中。

后来，刘豫建立伪朝，礼聘尹焞，尹焞闻讯后夜渡渭水，逃至四川涪州，后在武信寻找到了《伊川易传》的全本。他因此致力于理学的研究与传承。

---

① （清）施诚、童钰、裴希纯、孙枝荣：《河南府志》卷九八，乾隆四十四年刻本。

② （宋）程颐：《时氏本拾遗》，《二程外书》，上海古籍出版社 1992 年版，第 50 页。

河南伊川程颐墓碑

绍兴五年（1135），尹焞被召为崇政殿说书，至九江，时值谏官陈公辅上书攻击程学，他为维护师门声誉，拒绝这一职位，后在高宗的劝慰下勉强就职。又因反对议和，得罪了秦桧而致仕。

绍定六年（1233）宋理宗亲政，改元“端平”，端平更化使理学成为官方哲学。同年，他下令周敦颐、程颢、程颐、张载和朱熹入祀孔庙。次年，理宗采纳李埴的建议，享受入祀孔庙待遇的改为胡瑗、孙复、邵雍、欧阳修、周敦颐、司马光、苏轼、张载、程颢与程颐。

淳祐元年（1241年），理宗分别追封周敦颐、程颢、程颐、张载为汝南伯、河南伯、伊阳伯、郿伯，与原先所封的信国公朱熹同为儒学嫡传正宗，令学官列入孔庙入祀。

二程身后与其父程珦长眠在一起。宋哲宗时，太后高氏为尊崇程颢，特赐坟地祭田212亩，并建祠追祀，后历代屡有整修，形成规模。

二程创建的“天理”学说，在中国古代思想史上具有重要地位，对我国古代政治思想和哲学思想都产生了重要而深远的影响，并受到了后世历代王朝的尊崇。经四传弟子朱熹集大成为程朱理学后，列为官方哲学达七百载。

南宋嘉定十三年（1220），赐谥程颢为“纯公”，程颐为“正公”。因程颢曾在河南府府治洛阳任职，程颐长期在伊阳县伊皋书院讲学，所以在淳祐元年（1241），理宗又追封程颢为“河南伯”、程颐为“伊阳伯”，并将二程列为理学正统。

元代至顺元年（1330），分别加封程颢、程颐为“豫国公”“洛国公”。明景泰六年（1455），诏令二程祠以颜子例修建，规制比于阙里，前后殿庑斋室等房共六十余间，祭文称颂二程“阐明正学，兴起斯文。本诸先哲，淑我后人”。

明永乐十二年（1414），程颐《伊川易传》和朱熹《周易本义》合成《周易大全》，收入《五经大全》；康熙五十四年（1715），程朱二书称为《周易折中》。《伊川易传》被奉为宝典，影响中国读书人至深且巨达八百年。

此外，康熙元年（1662），诏令二程后裔流寓他方者，一概豁免杂派差徭；二程进儒为贤，位列孔子及门下，汉唐诸儒之上；康熙御赐两程祠“学达性天”匾；朝廷决定每年拨祭银四十两。乾隆十六年（1751），皇帝派使臣御祭二程，祭文称“道光丰石，功著遗经”“学本诚明，性方成大”，是百世的“真儒”“哲人”，先后拨给祭田共690亩，还让程颐第二十五世孙、五经博士程奉箴随驾到曲阜祭祀孔子。

在二程的出生地黄陂，在北宋年间便建有纪念性建筑“清远亭”，后更名为双凤亭；到了明景泰年间，又在二程昔日读书的鲁台山脚下，修建了一座形若飞鸟的建筑物二程祠，后更名二程书院、望鲁书院（学堂）和师范学堂，成为黄陂精英辈出、文风蔚起的摇篮。

进入新时代，当地政府斥资重建了二程书院建筑群，再现昔日“鲁台望道”“傍花随柳”之景观。

集大成者

杨时与寓居武夷山麓五夫里的胡安国及其子侄胡宁、胡寅、胡宏、胡宪，以及刘勉之等名贤切磋学问，交往甚密，并经常同游武夷山。杨时是这样描绘舟游九曲的情景的：

我来秋杪月既望，尚有幽菊埋榛丛。
天容洗净雨初霁，云幔四卷清无风。
掀篷进棹穷异境，注目想见流残红。

舟游之后，又杖履游圣山。杨时不禁独自嗟老叹病，归隐武夷之念油然而生。一幅绝妙的归隐图从诗中展现出来：

回舡杖履蹑幽径，松竹窈窕环琳宫。
翠琬温辞耀华衮，金榜大字缠蛟龙。
自怜病骨挂尘网，幔亭高会何由逢。
解衣归卧钓矶畔，仰看明月穿疏蓬。

作为二程高足，杨时亦将《中庸》着意标出，认为《中庸》之书，是圣学之渊源，入德之大方。《龟山先生年谱》载，杨以为圣学所传，具在此书，学者宜尽心焉，故为之训传、藏于家。

杨时对自己所撰的《中庸义》也非常看重，认为是他推进洛学的重要工作，他在《中庸义序》中指出，追述二程先生之遗训，著为此书，“以其所闻，推其所未闻者，虽未足以传先生之奥，亦妄意其庶几焉”。

“卓彼文靖公，早立程门雪。载道归东南，统绪赖不绝。”这是杨时百年之后，知名学者谢应芳纪念他的一首诗《杨龟山祠》。后人因此用“程门立雪”这个成语典故，来赞扬那些为诚心专志，尊师重道的学子。

杨时的另一大贡献就是培养了一代南宋理学家、教育家、学界称之为白水先生的刘勉之和罗从彦。

刘勉之以乡贡入太学时，蔡京禁二程书，伊洛之学不传。刘与乡人胡宪秘藏和传抄二程之书，并潜心研读，后辞离太学，拜杨时为师，筑草堂于故乡崇安五夫里读书吟诗，耕耘自给，淡泊功名，与胡宪、刘子翚讲学论道、研究理学，讲学武夷山中，各地学者接踵而至。

罗从彦的弟子朱松临终时，嘱咐儿子朱熹拜好友刘勉之、胡宪、刘子翚为师。刘勉之著有代表作《草堂文集》等，他不仅倾心教育朱熹，并以女妻之。

朱熹 19 岁中进士，24 岁赴泉州同安任主簿时，路过南平，专门拜访其父的生前好友、理学家与教育家李侗。初出茅庐的朱熹竟大讲自己研习佛学的成绩和感受。但李侗对其“悬空理会”不以为然，而是劝他多看儒学书。年轻气盛的朱熹心疑而不服。

朱熹通过反思后，曾四次到剑浦问学李侗，李侗也两度到紫阳楼面授朱熹。朱熹因此实现了从主“悟”到主“静”、而后主“敬”的转变。继而，朱熹以二程理学为本，兼取诸家之长，集理学之大成。这样，自二程到朱熹经过众多弟子的传播和发挥，终于形成了一套庞大的、具有比较严密逻辑的程朱理学思想体系。

无独有偶。“永嘉学派”也相继崛起。程颐嫡传弟子周行己与门人，以及程颐四世孙、永嘉县学官程澥，为永嘉事功学派先驱。周行己（1067—1125），字

左起程颢、程颐兄弟与朱熹组合画像

恭叔，17 岁补太学生，20 岁改从太学博士吕大临，元祐五年（1090）受业于程颐，成为程门高足。次年进士及第，后将理学南传永嘉（今温州），跻身“元丰九先生”；他的直传弟子郑伯熊（1124—1181）功成名就后，曾设书院讲理学，刊行《二程全书》；郑伯熊的学生叶适则是永嘉学派的集大成者，叶适与当时的永嘉县学官程瀚，在直接传播理学方面颇有交集。

同时，“陆王心学”成为宋明理学一大门派。陆王心学由程颢开其端，陆九渊开门庭、王阳明集大成；而程朱理学，主要继承程颐衣钵。让二程意想不到的是，在他们身后，同出一门的程朱理学与陆王心学竟然分庭抗礼。

衣被天下

北宋政和元年（1111），二程门生游酢知汉阳军期间，大力宣讲二程理学，颇有影响。南宋后期，黄干知汉阳军，将游酢从祭“四贤祠”。

杨时弟子、建宁崇安（今福建省武夷山市）人胡安国（1074—1138），谥号“文定”，学者称武夷先生。他 17 岁入太学，以程颐之友朱长文及靳裁之为师。后来，胡安国在提举荆湖北路、南路学事及晚年归隐衡山期间，均大力传播理学，并成为“湖湘派”开山。全祖望称，南渡昌明洛学之功，胡安国可与杨时媲美。

胡安国的最重要的学术成果《春秋传》，因继承自孟子至孙复、程颐的儒学传统，力倡《春秋》大义，强调儒家纲常礼教，突出“尊王攘夷”的正统观念，成为元、明、清三代科举考试的蓝本。

伊川书院故址

元代大德九年（1305），驻鸣皋镇总兵克烈士希受《二程遗书》启迪，自筹资金，募工鸠役，连续十年在伊皋书院旧址修建大成殿、立礼殿、讲书堂、九贤祠、藏书楼等建筑百余间，后其子慕颜铁木继承父亲遗志，复建稽古阁，大量藏书。延祐三年（1316）上报朝廷，敕赐“伊川书院”，聘名儒，招生徒，书院得以中兴。

如今，伊川书院遗址内的一棵相传为程颐讲学时手植的古柏，名曰“程柏”。在历代重修碑数通中，以元仁宗题额的“敕赐伊川书院碑”弥足珍贵。

元仁宗曾诏封程颐嫡传十六世孙为“世袭翰林院五经博士”，在程村立祠、建牌坊，上书“圣旨”，下写“两程故里”。康熙十八年（1679），嵩县知县徐士纳又亲自督建两程祠。乾隆年间此地又相继重修书院，兴学育人，培养了不少人才，名列伊洛名儒者众多。

明万历三十二年（1604），朝中大员顾宪成因“忤帝意”被削职返乡，成为明代无锡“东林八君子”中的领衔人物。他发起修复东林书院，与高攀龙、钱一本等定期在此讲学和集会。顾宪成、允成兄弟皆主程朱之学，各地学者、名士纷纷慕名赴会，一部分在职官吏如赵南星等也“遥相呼应”，“东林党”由此得名，顾氏成为党魁。宦官魏忠贤借机打击东林党，拆毁东林书院，迫害东林党人。

“风声雨声读书声声声入耳；家事国事天下事事事关心。”崇祯二年（1629）东林党人恢复名誉，诏修东林书院。顾宪成著有《小心斋札记》《泾皋藏稿》等，后编成《顾端文公遗书》共16种。

其实，早在北宋宣和年间，傅国华出使高丽，因高丽王问及杨时，蔡京方荐杨时为迩英殿说书。金兵包围汴京时，学术泰斗杨时任国子监祭酒。

长期崇尚程朱理学的背景下所形成的各种礼仪，成为中国传统文化习俗的一部分。诸如“天理难容”之类词语，都是二程理学的影响或造就。《朱子家礼》之制则成为不少地方的乡风民俗。

守节烈士

二程及其门人毕生倡行明礼义、不折节的气节观。程颢认为，士人尚名节，又以明礼义，此乃贤人之德业①。程颐倡行的“守节之士”包括为社稷承担大任；尊上不折节，不非理枉道②；守贫贱之乐。意即程颢诗中描述的“富贵不淫贫贱乐，男儿到此是豪雄”③ 的胸怀。

同时，程颐的“忠孝一理”思想，对后世产生了重要影响。他说：忠孝、恩义，一理也。不忠则非孝，无恩则无义，并行而不相悖④。在他看来，君臣关系、父子关系是双向的，忠孝并非不能两全。

“饿死事小，失节事大。”⑤ 程颐这一道德命题的“节”，多指精神气节，并非单纯指女性贞操。受这一命题正面价值的影响，自宋以来中国涌现出一大批爱国爱民、公而忘私、以天下为己任的志士仁人。

---

①（宋）程颢、程颐：《二程集》，中华书局1981年版，第1202页。

②（宋）程颢、程颐：《二程集》，中华书局1981年版，第786页。

③（宋）程颢、程颐：《二程集》，中华书局1981年版，第482页。

④（宋）程颢、程颐：《二程集》，中华书局1981年版，第585页。

⑤（宋）程颢、程颐：《二程集》，中华书局1981年版，第301页。

首先，程颐的长子程端中就是践行其名节观、以身殉国的英烈。他于宋哲宗年间举进士，靖康末年，随宋高宗赵构南渡，管理云安军事，兼管内营田事，推行仁政。建炎三年（1129），金军攻打六安，时任六安知军的程端中将力主投降者斩首，继而率领军队奋勇抗金，大败敌军后又追赶了二百多里。

抗金英烈程端中之墓（全国重点文物保护单位）

程端中画像（英山《二程世谱》）

可是，程端中返程至金寨摸云山下，敌人突然杀了回来，他一马当先，浴血奋战，结果被敌军斩首，壮烈牺牲。宋高宗赵构感念其功节，特赐金头合躯而厚葬于淮西路六安军长岭胜利村（安徽金寨县长岭乡撞畈村）；又赐谥号：忠烈。次年，朝廷在程端中墓的左右分别建了左圣寺和忠烈祠。程端中墓现为全国重点文物保护单位。为彰其功，明代翰林院编修、清代工部侍郎、湖北孝感直系裔孙程正揆特撰《端中公赞》，载入程氏宗谱。诗云：

粤维知军，经常韬略。
理学薪传，忠义云薄。
衡霍峥嵘，灵昭冥漠。
燕贻天经，千秋炳烁。①

无独有偶。朱熹三传弟子文天祥则留下气壮山河的《过零丁洋》：“人生自古谁无死，留取丹心照汗青。”二程后学张拭及岳麓书院诸生奋勇抗击侵略，东林诸贤以理抗势、以身殉道等，都集中体现了中华民族的重操守、讲气节的传

① 程正揆：《端中公赞》，英山豫洛堂《二程世谱》卷首第 14 页。

统美德。

另外，程颐并未完全反对妇女再嫁。因为程颐的甥女、侄媳都曾改嫁。程颐在《先公大中家传》中记载其父操持外甥女再嫁之事是慈于抚幼，并赞扬帮助妇女再嫁行为。盛赞父亲“嫁遣孤女，必尽其力”。

在涉及男女婚姻家庭方面，程颐基本上秉持“男女平等”观。他曾劝士大夫男子不当再娶，并不是绝对反对女子再嫁、男子再娶。强调若男子再娶，必须孝顺父母、主持家务等。他指出：

大夫以上无再娶礼。凡人为夫妇时，岂有一人先死，一人再娶，一人再嫁之约？只约终身夫妇也。但自大夫以下有不得已再娶者，盖缘奉公姑，或主内事尔。如大夫以上，至诸侯天子，自有嫔妃可以供祀礼，所以不许再娶也。①

可是，程颢之子、程颐侄儿程端本被庸医误诊致死后，侄媳竟然被端本的连襟章某纳为妾。程颐认为有失体统，对此耿耿于怀，视章为“罪人”，便以“饿死事小，失节事大”之说，抒发心中的不快。

在程颐看来，这种情况下提倡名节、贞操，对于继承民族传统、振奋民族精神、改变社会风气，无疑是大有必要的。这是对传统的“杀身成仁，舍生取义”“宁为玉碎，不为瓦全”等思想观念的承继与弘扬。

程颐的观点在宋代并未产生多大影响。以对待妇女丧偶再嫁的态度而言，与他同时的士大夫大都是宽容的。比如，他的外甥女丧夫之后，他怕姐姐过度悲伤，就把外甥女接到家中，然后再醮。

朱熹也曾赞扬过女人新寡再嫁。他在与吕祖谦共同编写的《近思录》中，曾引用程颐在《先公太中家传》中介绍其父取甥归嫁一段，编入“家道”一章，表明其对孀妇再嫁的同情与理解。《先公太中家传》云：

嫁遣孤女，必尽其力。所得俸钱，分赡亲戚之贫者。伯母刘氏寡居，公奉养甚至。其女之夫死，公迎从女兄以归。教养其子，均于子侄。既而女兄之女又寡，公惧女兄之悲思，又取甥女以归，嫁之。②

程颐之所谓“贞节”说，真正产生副作用是在明代。当时，整个社会对女性的封建教化很重视，朝野先后编撰了《内训》《闺范》《温氏母训》等用于女子教育，在县志与宗谱中专列“贞节”名录。清朝强调贞节犹有过之。不少家庭、特别是有家室的男人们，极力要求女子守节殉节。

---

①（宋）程颢、程颐：《二程集》，中华书局1981年版，第303页。

②（宋）程颢、程颐：《二程集》，中华书局1981年版，第651页。

换言之，“饿死事小，失节事大”之说，首起于程颐、再倡于朱熹，又完全契合统治者的礼教精神，它因此大行于世了。

双凤长归

二程在世时，黄陂县令、二程的高足李籲，广兴学，倡行恩师道学，文风蔚起，深受二程与苏轼赞赏。程颢仙逝后，李籲于元丰八年（1085）秋在黄陂领衔捐建“清远亭”；亭名取《礼记·玉藻》之“视若清明”及《爱莲说》之“香远益清”，旨在让道学清香四溢、影响深远。

此后，除官方兴办书院传道授学，修祠祭祀，立坊旌表外，二程裔孙、弟子们还出版专著传世。最具影响者有，二程嫡传弟子杨时编纂印行的《二程粹言》；二程的四传弟子朱熹汇编《二程遗书》《二程外书》，辑录二程与门人的原始资料。

同时，黄陂在鲁台山重建“双凤亭”，取程母“双凤投怀”之兆。明清《黄陂县志》载，双凤亭在鲁台山巅，以程母侯氏夫人梦双凤投怀，遂生二程。[①] 又补叙道：

孟子之“愿学”去圣人之世百有余岁矣。程子之望鲁，则生于一千四百年之后者也。士君子生于后世，而景仰前徽，讲明圣学，其笃生岂偶然哉？世传二夫子之生，有双凤投怀之兆；殆与元鸟之降，履武之祥，尼山之祈祷，有先后相似者[②]。

这里的“尼山祈祷”，典出明万历十四年（1586）进士何乔远编纪传体史书《名山藏》。大意是，孔子将生，有麒麟吐玉书于阙星（今山东曲阜），圣母以绣系麟之角。而程母之梦“双凤投怀”生二程，与孔母之尼山祈祷“麟吐玉书”而诞孔子，遥相呼应：一位是创造儒学的圣人，一位是新儒学（即理学）开山。

宋代的双凤亭造型为一层六角亭，由于天灾人祸，双凤亭屡毁屡修。清代道光二十七年（1847）重建时，其建筑风格为现在的“重檐三层，六角攒顶”造型。“三”与“六”特指二程祖孙三代在黄陂生活了六十载，又与佛教的吉祥数字三、六、九契合。而底座的十二根石柱，所表达的是黄陂对乡贤二程夫子的十二分诚敬。

南宋时，黄州知府李讫（1144—1220）在黄州府衙兴建二程祠，纪念属县黄

① （明）李河图：《山川 名迹》，《黄陂县志》，嘉靖三十五年刻本，第28页。

② （清）刘昌绪、徐瀛：《二程志》，《黄陂县志》，同治十年刻本，第131页。

陂走出二程，并请好友朱熹题写《黄州州学二程先生祠记》。其文末点明：

今太守李侯，乃能原念本始，追诵遗烈，立二夫子之祠于学宫，以风励而作兴之①。

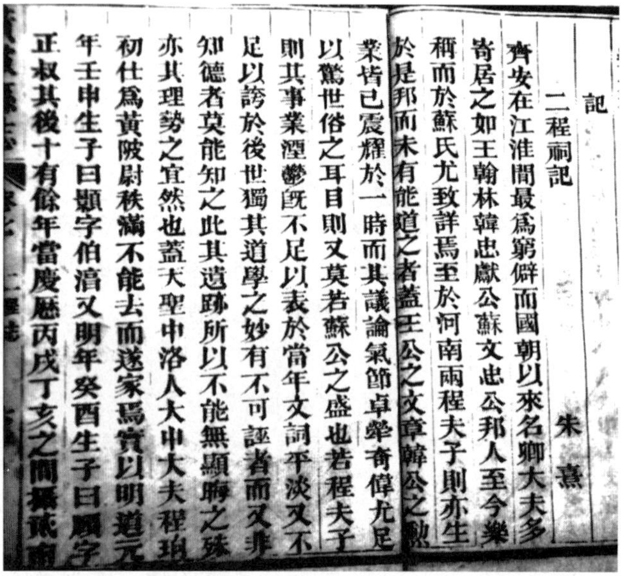
記

二程祠記　朱熹

齊安在江淮間最爲窮僻而國朝以來名卿大夫多寄居之如王翰林韓忠獻公蘇文忠公邦人至今樂稱而於蘇氏尤致詳焉至於河南兩程夫子則亦生於是邦而未有能道之者蓋王公之文章韓公之勳業皆已震耀於一時而其議論氣節卓犖奇偉尤足以驚世俗之耳目則又莫若蘇公之盛也若程夫子則其事業湮鬱旣不足以表於當年文詞平淡又不足以誇於後世獨其道學之妙有不可誣者而又非知德者莫能知之此其遺跡所以不能無顯晦之殊亦其理勢之宜然也蓋天聖中洛人大中大夫程珦初仕爲黄陂尉秩滿不能去而遂家焉實以明道元年壬申生子曰顥字伯淳又明年癸酉生子曰頤字正叔其後十有餘年當慶歷丙戌丁亥之間

明清《黄陂县志》载朱熹《黄州州学二程先生祠记》

李讫是福建晋江人，系兵部侍郎兼直学士院李邴之孙，幼承家学，颇富文名。成人后初以祖上荫庇得职，历任仙游县丞、漳州通判与黄州知府。李讫初抵黄州时，正遇洪涝与干旱的侵袭。他采取以短补长、以工代赈的措施，既救济了饥民，又开挖水利渠道与塘堰，标本兼治。

南宋淳熙（1174—1189）中，李讫于黄州学宫设二程祠，祀二程夫子②。而此时二程的四传弟子朱熹已经崭露头角，李氏认为作《二程祠记》非朱莫属。同时，他们此前在漳州交游时，朱熹曾为李讫改名。朱熹于绍熙元年（1190）春在《李存诚更名序》中透露，李讫原名棐忱，正是朱熹的建议，他才正式更名：李讫，字存诚或诚之。

① （宋）朱熹：《黄州州学二程先生祠记》，《晦庵集》（卷八十），文渊阁《四库全书》本，上海：上海古籍出版社、合肥：安徽教育出版社2002年版，第1145册第663页。

② （明）杨凤梧：《二程书院记》，《黄陂县志·艺文志》，嘉靖三十五年刻本，第130页；《湖北通志》，商务印书馆1921年版，第1501页。

绍熙三年（1192）秋，朱熹在《二程祠记》中介绍了立二程祠的意义，指出：

今太守李侯，……非其自信之笃，而不以世道趋舍动其心，其孰能兴于此。李侯名訦，字诚之。其为此邦勤事爱民，固多可纪，特于此举充足以见其操行之不凡，而非众人之所能及。是以因其祠记而具论之，以告来者，使有考焉。①

“吾陂南北当其冲，鲁台兵火荒芜久。”随着刀兵火燹，双凤亭屡塌屡修。明代天顺七年（1463），按察司佥事沈靖复建双凤亭于鲁台山麓之二程祠内；嘉靖六年（1522），楚府典膳、邑人王守仁再修；嘉靖二十八年（1549），知县石巨川领衔重修。

历经沧桑，清初双凤亭与二程祠仅存断垣残壁。康熙初年，江苏武进（今常州）名士杨廷蕴就任黄陂县令时，前往鲁台山上踏访，才发现双凤亭石碑与朱熹所题二程祠残碑。杨氏在《重修二程祠记》中写道：初登鲁台山，见一古碣横卧山间，拂拭视之，则为考亭，朱子二程碑记。益知二夫子常读书此山，筑台望东鲁。黄州初建祠学宫，朱子记之。

康熙五年（1666）重修双凤亭时，移亭于鲁台山之巅，上下两层。嘉庆年间，城乡绅士、职员均有捐资修亭并勒石立碑之举。道光二十六年（1846）二月十九日，因龙卷风袭击，双凤亭倾塌。道光二十七年（1847），黄陂县令萧荫恩主持议定重建，次年仲冬落成。

重建后的双凤亭为三层六角攒顶的木石结构，亭身增高丈余，台阶增宽数尺，加厚阶级三层。亭下的四通麻石碑，尤以清代进士金光杰（其子金国均为文榜眼）撰、武举人周国城书，及晚清漕运总督周恒祺撰写的石碑碑文，弥足珍贵。金光杰历任监察御史、翰林院编修，他在碑文中写道：

宋，明道、伊川两夫子生于斯邑。太夫人曾梦有双凤之祥，两夫子幼即志道，城东南有山岿然，尝登其巅，筑台以望鲁。后人遂名其山曰望鲁山，台曰望鲁台焉。明景泰间，于山麓建立祠堂崇祀两夫子。天顺时，佥事沈靖建亭于台上。然读正德间给事中戚贤谒二程祠记云：进观双凤亭，开后门登望鲁台。是台在山上，亭固在祠内也。国朝康熙初，邑侯杨公廷蕴重修二程祠，始移建亭于山椒。乾隆时，邑侯邵公大业，复增修之。此后人文蔚起，科甲鼎盛。②

由于战乱，双凤亭屡遭破坏、濒临坍塌。1938 年 10 月，日军飞机对黄陂进

① （明）杨凤梧：《二程书院记》，《黄陂县志·艺文志》，嘉靖三十五年刻本，第 130 页；《湖北通志》，商务印书馆 1921 年版，第 1501 页。

② （清）刘昌绪、徐瀛：《二程志》，《黄陂县志》，同治十年刻本，第 133 页。

清道光年间重修双凤亭之碑文

行狂轰滥炸，二程书院故址望鲁小学毁于一旦；直到 1962 年春，黄陂县政府方重修双凤亭。

那时，黄陂文教局的青年干部郑贞文、游先高觉得，若能请当代文豪郭沫若为双凤亭题写匾额，定能锦上添花。但回头一想，郭老担任全国人大常委会副委员长与全国文联主席等职，日理万机，他能题字吗？于是，他们抱着试一试的心理给郭老寄去了求助信。同时，园林建筑师、做黑色筒瓦的师傅紧锣密鼓地投身重修双凤亭的工作，还在民间发现了几块条形麻石……

郭沫若收到来信后，觉得黄陂在困难时期挤出钱来修复纪念二程的文物，值得称道。于是，他来了一个特别题词：只是在来信的“郭老”二字上画了一个圈，而后在信的反面写上遒劲有力的“双凤亭”三个大字。郑贞文、游先高收到郭老题写的“双凤亭”后，迅速将其放大，并从其他资料上找到“郭沫若题”四个字和印，拼成一体带到汉口去请师傅做匾[①]。各路能工巧匠勒紧裤腰带

① 裴高才：《程颢、程颐筑台望鲁，郭沫若题写“双凤亭”》，《武汉文史资料》2003 年第 5 期第 64 页。

加班加点，仅花了4400元人民币就将这一道光风貌的古亭修葺一新。

双凤亭为木石结构，它临滠水，踞山巅，造型精工典雅，形若宝盖，规制宏整，翼角飞展，充满动感。此亭占地面积90.25平方米，亭上为楠木和梓木，六角攒顶，意为“六六大顺”；下层由十二根石柱组成，表示后人对先贤的十二分敬意。

亭身通高12.5米，底座直径9.3米。此亭由12根花岗岩石柱支撑，四周有三道回廊，六角石鼓抱柱。内环柱为坚实的楠木柱、枋、梁构架。亭面为布瓦，顶部有宝顶。

石柱与木柱相衔处皆镇以巨石。翼角采用长江中下游惯用之“老嫩戗起翘”建筑手法，戗尾装“倒三鱼”瓦件，民间俗称“鱼角攀爪”。

亭中央设须弥座式四方体碑，四面均镌有碑文，碑额刻有双凤浮雕。碑额东西南北分别刻“双凤沐日”“父母教子”“及第登科”“富贵荣华”等二程故事浮雕。

古亭于浓荫中如“凤立高岗”。凭亭远眺，但见遥山叠翠，川原俊逸，人烟城郭，“皆可于一亭收之”。

同时，保存完好的清代漕运总督周恒祺、翰林院编修金光杰与周国城祖孙等撰、书之碑文按原样置于亭中。那一日在鸣炮奏乐声中，黄陂县副县长彭海清掀开了“双凤亭”匾额的“红盖头”。

二十、流风遗韵

古往今来，黄陂兴建了二程祠、二程书院、甘露书院、望鲁书院等人文设施，尤其是书院传道授业，赓续二程文化根脉，擦亮其精神标识。明清以来，黄陂功名鼎盛，人才辈出。

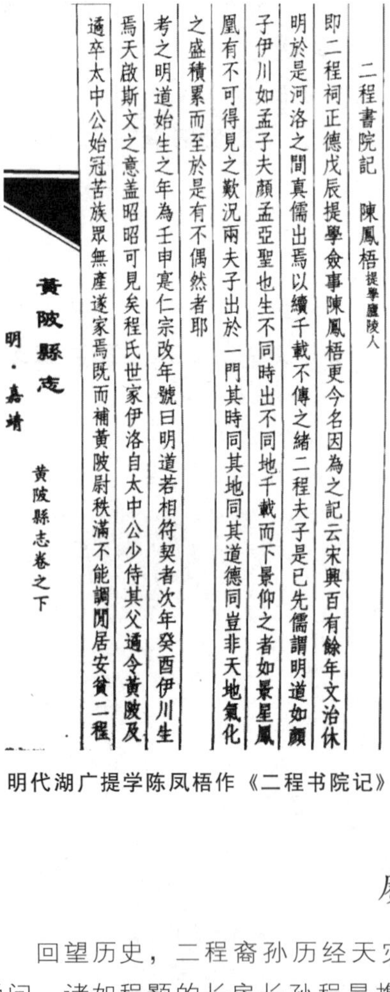

二程書院記　陳鳳梧提學廬陵人

即二程祠正德戊辰提學僉事陳鳳梧更今名因為之記云宋興百有餘年文治休明於是河洛之間真儒出焉以續千載不傳之緒二程夫子是已先儒謂明道如顏子伊川如孟子夫顏孟亞聖也生不同時出不同地千載而下景仰之者如景星鳳凰有不可得見之歎況兩夫子出於一門其時同其地同其道德同豈非天地氣化之盛積累而至於是有不偶然者耶

考之明道始生之年為壬申寔仁宗改年號曰明道若相符契者次年癸酉伊川生焉天啟斯文之意蓋昭昭可見矣程氏世家伊洛自太中公少侍其父適令黃陂及適卒太中公始冠苦族眾無產遂家焉既而補黃陂尉秩滿不能調閒居安貧二程

黃陂縣志　明·嘉靖

黃陂縣志卷之下

明代湖广提学陈凤梧作《二程书院记》

重修的二程书院

赓续根脉

回望历史，二程裔孙历经天灾人祸，始终当仁不让地继承先辈们的道德、学问。诸如程颢的长房长孙程昂携家谱南迁，三孙程昺西迁四川首次编印发行伊川著作，传承理学根脉。

程颢有三子端懿、端悫、端本。长子端懿进士及第后，历任宋蔡州汝阳县（今河南省汝南县）主簿、监西京酒税等。曾随康王赵构北巡，因支持宗泽抗金被削职，后随高宗赵构南渡迁吴门（今江苏吴县）落户。他们伉俪育程昂、程昪、程昺、程冕四子。长子程昂携家谱南迁，成为岭南程氏始祖。程昺、程昪、程冕分别迁四川道下户、江苏吴县与河南濮阳龙潭里。

程昂（1091—1178），字中立，号卓轩，岭南程氏始祖，新安三十五世，河南六世，荫恩授宣义郎。河南与广州南海鼎安坊（今西樵大桐堡）程氏旧谱有载，其墓碑碑文亦清晰可见。宗谱写道，靖康二年（1127）金人侵占开封，程氏子孙四出避乱。是年，程昂独携先谱远避。为贻谋计，挈众奔于岭南，寓居南雄珠玑巷，后定居广州府南海鼎安坊。

程昂八世孙元登、为善迁阳江，为阳江始祖；又从桂林塘迁云浮县腰古镇水东村，发展成为“岭南理学第一村”。程昂后裔分布在岭南两广数十个市县区镇村近十万人，走出了元代翰林院编修程瑜，清代监察御史程友琦等名士。

宋政和二年（1112），程颢嫡孙程昺受程颐长子程端中委托，将程颐的著作整理成《伊川先生遗文》，印行时程端中为《遗文》作序，遗文有《易传》六卷、《系辞说》《书说》《诗说》《春秋传》《改正大学》《论说》《孟说》各一卷。南宋陈振孙《直斋书录解题·易类》载有《伊川易解》六卷。伊川平生著述惟《易传》为深，而亦不解《大传》。

程颢的次子端悫（号邵公）五岁早夭。小儿子端本进士及第后任醴泉县县令，岂料为庸医误诊，41岁而亡，妣郭氏，生育程旼（早夭）、程晔（晕）二子。程晔自强不息，曾任桐庐县尹，生子克绍、克功。克绍生子淑良、淑贞、淑杰。淑良育子清。克功迁河南荥泽县（今河南荥阳市）落户，生子淑伦、淑仲。端本九世孙程德昭（淑良之后）迁湖北麻城、孝感等地，十六世程五常袭博士，封昭信校尉，十七世程作述袭父职。

程颐有端中、端辅、端彦三子绕膝。长子端中（1097—1129），举进士后曾任六安知军，以抗金英烈载入史册；次子端辅后裔为温州始祖，三子端彦举明经，为从政郎，会州（今甘肃会宁县）司户参军，后随高宗南渡池州。

程端中膝下有三子易、晃、晟。长子程易，字从道，随赵构南渡，曾任桐庐（汾宁）县令。靖康末年，程易挈家避居池州，时抗金名将、休宁人程全率军驻池州，对程易一家抚恤备至。程颐次子端彦也曾避乱池州，并与程全相互通家谱。南宋建炎三年（1129）冬月，程全抗金殉国。后来程全孙子程永正持先祖行状，请程易为先祖作墓志铭，程易作《宋故太尉程公全神道碑》，程全为左武大夫开州团练使、充池州驻扎御前诸军统制休宁县开国伯、食邑九百户、赠协忠大夫、累赠太尉。后来，程颐七世孙程荣秀过嗣于程全六世孙程围为子，即程全七世孙。

程易生育原之、厚之二子。原之曾任籍田令，厚之曾任承直郎，迁北京。原之生子沂、济、渐，渐生子叔浩，叔浩生子梅，程梅生子兴、谨，程兴生子德用、德林、德懋。谨生子德元、德超，德元后人分居山西、河南、河北、山东等地。德超的曾孙程度（字法古）明初迁河南郑县东南（今河南郑州管城区一带）。元朝时，程兴的长子德用生子光祖、绍祖、敬祖，敬祖生子良，程良在明朝洪武初年，被推举为浙江按察使佥事。程良生子仕源，仕源生子子中。明宣德六年（1431），朝廷寻找程氏后人守墓，子中作为程颐直系十三世孙中选守伊川县程园祖墓。子中生子彦彰，彦彰生子思聪，思聪生子克仁，是程颐第十六代孙，历代守墓。

次子程晃居安徽六安守墓，膝下五子分布各地：动之迁湖北德安；静之迁庐州英山；艰之迁山东曹州；本之、灵章居武穴，后人迁延津。据安徽方志与谱牒载，程晃越六世程万二，官宣教郎，又五世、伊川十二世程居，南宋德祐元年（1275）进士，历任湖广汉阳县主簿，吏部尚书等；其子程录，为大理寺丞，迁湖北英山，膝下子华迁孝感并魂归于斯①。后世作程录像赞诗云：

猗欤录公，伊川之裔，棘寺持平，民歌恺悌。肇造于英，绳绳继继，佑启后人，冠裳百世。

三子程晟，靖康之变时，曾为伊皋书院勒碑。又编纂《伊川先生文集》八卷，同时，他还创修《河南先公伊川家谱》又名《程伊川谱》一卷本。后来，程拟璋续修《伊川支谱》时，朱熹在序言中写道：

今阅程氏谱牒，上溯姓氏之原，下追继述之宗，明昭穆以尚祖也，系所生以尚嫡也，序长幼以尚齿也，列像赞以尚思也，非大忠大孝而能之乎？②

程晟有涣之、革之、损之、观之、节之五子绕膝。程涣之其子渥迁太平县，曾孙杞迁杭州武林，梓迁灵璧；玄孙应发迁兰考；程革之子渊迁宁陵，孙叔震知黄州，曾孙程荣随任，留居蕲水查尔山或浠水巴河；程损之子溶迁歙县，孙叔远迁曹县，曾孙程楷迁饶州乐平县，玄孙官宝迁唐县；程观之为光州学宾，子余迁池州，滦迁南充；孙叔元、曾孙植迁滑县，官正迁菏泽；程节之出继明道后，曾掌祀南京明道书院。

---

①《湖北孝感义门程宗谱》卷一，民国二十一年版，第78页。

② 四箴堂《程子宗谱》，光绪二十年刻本。

“四箴堂”《程子宗谱》载，程颐次子端辅，字弼同，曾随兄长南渡池州。淳熙十五年（1188），伊川四世有程澥、程沛。程沛原拟返回伊阳县，因居无定所，元末偕二子迁居西阳邑（安徽省亳州市涡阳县一带）。

圣旨敕建“旌表程奕尚义之石”

程澥(1161—1255)，号怀洛，于南宋宝庆二年（1226）南下温州，出任永嘉县教谕。他与此间形成的永嘉学派有交集。后程澥第八子程统安家温州，传至三世程宗洛（字继儒）定居驿头，是为驿头程氏肇基之祖。

明代嘉靖年间内阁首辅张璁撰《程氏宗谱序》载，驿头程氏传至十一世程韬（1415—1488）、程奕（1420—1490）兄弟，承二程义理家风，朝野称颂。明钟清撰《旌表程奕尚义碑记》云：程为邑之著姓，世传为伊洛之裔，其积善尚义之声闻名于世。明成化十六年（1480），兄弟俩为国义捐稻谷一千八百斛（约9万千克）。明宪宗于成化十九年（1483）颁圣旨嘉奖，敕建“旌表程韬尚义之门”奖励程韬，又立“旌表程奕尚义之石”奖励程奕①。

①《驿头程氏：义理祖训传承千年》，浙江省纪委省监委网站2022年4月24日：http://www.zjsjw.gov.cn/zhuantizhuanlan/qinglianwenhua/jiaguijiaxun/202204/t20220408_5893860.shtml.

程颐三子端彦，曾任会州司户参军，复从京师开封祥符施孝乡近善里南迁安徽池州团练，与池州统制程全通谱。长子程旸，历任将仕郎、德化县令。次子旻，三子暐是程颐嫡传弟子尹焞之女婿，其子于之迁徽州。端彦孙程谦之，后世居黄山长江之间。曾长孙程源历任迪功郎、朝奉郎等；其子振孙，曾任宣州通判。五世孙膝下有五子：正学曾任青阳主簿，其子祉为休宁尉；志学（休宁）；孟学（泗州）；孔学（四川盱眙）；敏学曾为迪功郎。志学生四子崇秀、荣昌、荣秀、寿田，其中程荣秀出继为程全七世孙程围，程荣秀为元代江浙等处儒学提举。

程荣秀之孙程社的长子程吉辅，文武双全。吉辅长子程杜寿，因戍边后赠兵部尚书兼大理寺卿；吉辅孙五，其长孙程晟，累赠吏科左给事中、亚中大夫与太仆寺卿；八个曾孙中，长曾孙程信，于正统七年（1442）进士及第，南京兵部尚书，为当时名臣，赠太子太保，谥号襄毅。长子程敏政（1446—1499）。

作为程吉辅的19位玄孙之一，程敏政，字克勤，中年后号篁墩。明成化二年（1466）丙戌榜眼，官至翰林大学士、礼部右侍郎，侍皇太子讲读，曾编纂《宋遗民录》《宋纪受终考》《新安文献志》史著传世；同时，对程氏宗谱有订正之功。《篁墩文集》（四库全书本）第95章后序评介道：

一代人豪也。文翰虽其余事，而抱负之宏、造诣之邃，盖将于是乎征。如万言应事一策，敷匡时之大略；宋纪受终一考，订千古之大疑；续修宋、元鉴，谨严得《春秋》之大旨；附注《心经》，考合朱、陆之道，则又深探理学之大原。

程社次子程国胜，元末御乱晋升领军先锋，率亲兵宿卫明太祖朱元璋，复为帐前管军上万户，不幸与陈友谅作战牺牲，追封安定伯、加封安定侯，谥号忠愍。程端彦次曾孙程淮，历任将仕郎、永兴令与宣州军事，膝下子叔尊曾任宣教郎，其孙程梧的一支从湖北黄陂、孝感迁英山。

程朱理学为官方哲学后，明代宗朱祁钰于景泰六年（1455）下诏录用二程后裔，比照颜子、孟子先例，授予翰林院五经博士，即教授弟子，传授儒家经学的学官。授二程后裔学职，以示朝廷对二程及理学的尊崇。程颐第十六代孙程克仁亦被授翰林院五经博士。其子继祖，于明弘治十三年袭职。继祖奏请朝廷，得以给田修理坟墓、祠宇，改民籍为贤籍、豁除丁徭。从此成为令典。

明代以来，二程后裔袭翰林五经博士的还有世宥、心传、宗孟、宗昌、佳後、佳祚、延祀、倓、秀实、广德等，共有20人。

回迁黄陂

离乱东南飞，明月迎归鸿。黄陂作为二程少年生活、学习之地，孝感作为二程祖母娘家，两地及其周边地区成为二程后裔回迁之地。据“伊洛堂”《二程世谱》载，程颐的六世孙程叔浩曾首次回迁孝感，程颐长子端中的七世孙万一、万二、万三迁英山、黄陂与黄冈等地①。而因伊川二世程晃的五世孙程居（程伊川十二世孙）历任汉阳主簿，吏部尚书，其子程禄举进士、官至大理寺丞，乃首迁英山的始迁祖，膝下程寿卿生育朝文、朝俊等六兄弟，朝俊一支迁往孝感与黄陂等地②；伊川二世程晟的曾孙程叔震曾任黄州知府，其子程荣知蕲州而定居于斯。

据清代《黄陂县志》与光绪九年（1883）创修的“四箴堂”《程氏宗族》载，二程后裔程圣与程伯贤就是奉旨迁陂，创下了程家大畈与程家墩望族，并与二程嫡传弟子杨时之族裔杨廷蕴一道，肩负供奉、修复二程祠任务。

《程氏宗族》之“四箴堂”是程颐为其子孙所订堂号，典出《论语》之《颜渊》，子曰：“非礼勿视，非礼勿听，非礼勿言，非礼勿动。”“四箴堂”辟有《二程夫子》《二程记》《二程祠记》《二程纪略》《二程道脉》③等，上面载有二程祖孙三代在黄陂的行述、遗迹等，与明清《黄陂县志》的记载相印证。

原居江西省九江府治义宁（今修水县）程家庄人程圣，于洪武二年（1369）春奉旨，率先前往湖广省黄州府黄陂县滠源乡山区火冲塔（今属武汉市黄陂区蔡店街道），他看中了此地三面环山、东西两河交汇的一片盆地，犹如金象驮印。他拟在盆地开基建房，取村名为“程家大畈”，为周边各山峰取名为源基山、太基山、永基山、统基山④。程圣定居程家大畈后，三至四代，人丁昌盛，五到六代，富贵荣华，到明朝嘉靖、万历，清朝康熙、雍正年间，俨然名门望族。

程颐第八世孙程德用（程易直系）的第十一世孙程伯贤（生于明正德三年，即1508），则迁居黄陂丰享门外长港千工堤，创建程家墩，专奉二程祠。1929年续修的《黄陂程氏续修谱新序》中写道：

---

①《原序》，《二程世谱》卷二，嘉庆二十四年刻本，第57页。

②《六英霍合修宗谱序》，《二程世谱》卷二，道光三十年刻本，第57页。

③ 四箴堂《程氏宗族》卷二，光绪九年创修本，第4—6页。

④ 程胜军：《黄陂蔡店一支程姓宗谱》，四箴堂《程氏宗族》卷一，1995年续修本，第5页；参见程氏宗亲联谊会总网2011年1月7日“谱牒世系”之“新谱连载”。

重修二程祠記
湖廣巡撫李 禎
楚爲周南南地二岳雨漬神泉氣凝神瀵澤注孕毓
於人宜出命世乃二先生產黃陂邑近符春陵建
孟氏塤唱篪和截海連鼇難弟者兄稱兄者弟內不
私胞言大而當楚之文獻視二先生二先生實宇宙
一人楚不得有何有於陂蓋其考珦尉陂時生二先
生孜史不著生地地有祠在魯臺山下卽二先生讀

明湖广巡抚李桢为重修二程祠题记

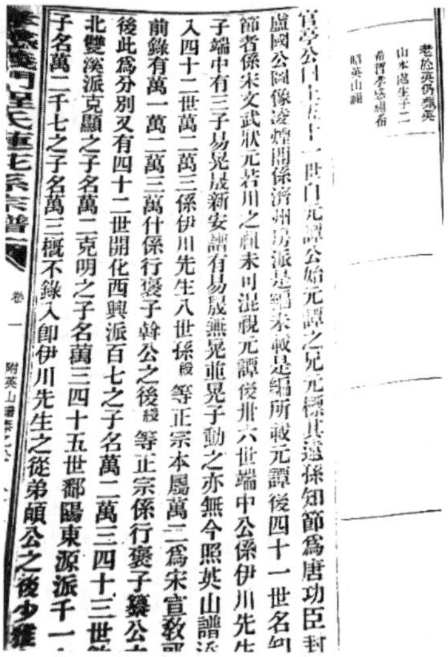
官孚公曰上溯十一世曰元譚公始元譚之兄元標其遠孫知節爲唐功臣封
盧國公圖像凌煙閣係濟州房派是編未載是編所載元譚後四十一世名
節者係宋文武狀元若川之祖未可混視元譚後卅六世端中公係伊川先生
子端中有三子易晃晟新安譜有易晟無晃並晃子勣之亦無今照英山譜添
入四十二世萬一萬二萬三係伊川先生八世孫 等正宗本屬萬二爲宋宣教
前錄有萬一萬二萬三萬什係行褒子犇公之後 等正宗係行褒子鑾公
後此爲分別又有四十二世開化西興派百七之子名萬二萬三四十三世
北豐溪派克顯之子名萬二克明之子名萬三四十五世鄱陽東源派千一
子名萬二千七之子名萬三概不錄入卽伊川先生之從弟頤公之後少
義門程氏宗譜 卷一 附英山譜

《义门程宗谱》载程颐十七世孙程朝俊率子希哲迁孝感

宋天圣中太中大夫程珦，少侍其父遹为黄州府黄陂县令，清谨卒于官。赠开府、仪同三司吏部尚书加封司空。未几，录用功臣嗣，补珦为黄陂尉，秩满不能去，遂寓居于陂邑西偏程乡坊。实以明道壬申生颢，明年癸酉生颐。二祖以道学嗣圣传后，还洛传十九世伯贤公仍迁居黄陂。以为我明道、伊川祖所生之乡，修业之处也。考其遗迹，至今有二程祠、望鲁台、双凤亭存焉。①

在程伯贤年迈之际，他就将专奉二程祠之事交于次子程尚仁打理，自己返洛养老。程尚仁遵从父命，专门考证了程氏历代诸公所著旧谱，筹划官民修复二程祠。

康熙初，黄陂程氏宗亲尚仁专程前往县衙拜访新任县令杨廷蕴，请求重修早已废颓的二程祠。二人见面后各自报家门后方知，一位是二程的后裔，一位是二程嫡传弟子杨时的裔孙。于是，在程的导引下，他们一同前往鲁台山现场踏勘，发现朱熹题写《二程祠记》的断檐残壁，于是杨氏当即拍板，于康熙五年（1666）重修了专奉“祖师爷”二程祖孙的二程祠与双凤亭等②。

程尚仁专奉二程祠，程尚仁年迈时又将护祠重任交给三子一言、二言、三

① 四箴堂《程氏宗族》卷一，1929 年续修本，第 6、7 页。

② 程浩华：《黄陂程氏家族来历的考证资料》，程氏宗亲联谊会总网 2005 年 10 月 5 日。

言分担。经历代繁衍，自程伯贤始，已经传至第十五代。目前，程家墩遗址已经列为湖北省级文物保护单位。

据黄陂、孝感、英山等地《程氏宗谱》记载，自元末明初开始，共有五支二程后裔，其中大部分为程颐后裔，纷纷回流黄陂故地，经调查统计现在黄陂的 35 个自然村的程氏后裔总数达 15000 余人①。

程颐长子程端中第十六世孙程朝俊（字廷玉）育有二子希哲、希昭，希昭落户英山，朝俊率希哲从庐阳英山（原属安徽，今属湖北）迁往湖北孝感②，后孝感有一支迁往黄陂李集赵家院一带。《孝感义门程氏莲花系宗谱》载："义门程氏"由明道、伊川到程太乙（字希哲），为伊川嫡派。元代遭乱，程廷玉率子希哲由庐阳英山徙楚黄冈中和乡，再徙孝感洪乐乡之芦林冲。希哲云：我定居于此，是因为这里是张太君（二程祖母）所生之乡；明道、伊川二祖曾在此游学③。

《二程全书 伊川像》

（明弘治十一年陈宣刊本）

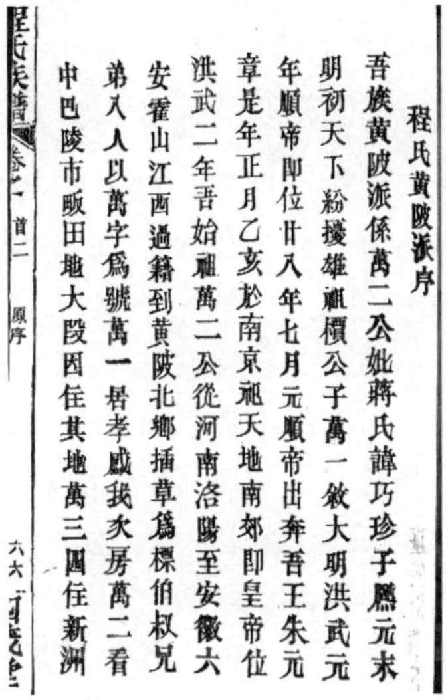

程氏黃陂派序

吾族黃陂派係萬二公妣蔣氏諱巧珍子厲元末明初天下紛擾雄祖價公子萬一敘大明洪武元年順帝即位廿八年七月元順帝出奔吾王朱元章是年正月乙亥於南京祀天地南郊即皇帝位洪武二年吾始祖萬二公從河南洛陽至安徽六安霍山江西過籍到黃陂北鄉插草爲標伯叔兄弟入人以萬字爲號萬一居孝感我衣房萬二看中巴陵市畈田地大段因住其地萬三園住新洲

首二 原序

"四箴堂"《古贤程氏宗谱》

（姚家集程家林子藏）

程希哲一脉历元迄清，人文蔚起，冠盖相望，世敦孝义。他传至五世程昂（字文轩），被明孝宗旌表"七世同居义门"，并建坊旌表。迄今分布在英山、孝

① 杨佳峰：《万余"二程"后裔分布黄陂》，《武汉晨报》2004 年 10 月 19 日第二版。

② 英山豫洛堂《二程世谱》，康熙四十一年刻本，卷二十三第 61 页。

③《孝感义门程氏莲花系宗谱》，明万历三十一年刻本，卷二第 81 页。

感与黄陂等地“义门程氏”后裔有一万余人。程颐七世孙程梧之子万一、万二兄弟，分别迁居黄陂西乡黄孝河畔与北乡姚家集。黄陂“古贤堂”《程氏宗谱》孝感《义门程宗谱》记载：

明洪武二年，吾祖万二从河南洛阳至安徽六安霍山过籍到黄陂插草为标。叔伯兄弟八人以万字排号，万一居黄孝河畔老屋湾（黄陂、孝感交界），次房万二看中巴陵市畈（今黄陂姚家集街程家林子），市畈田地大般，因住其地开基立业。万三、万四住黄冈（今新洲）等地。①

而巴陵市畈程氏公祠，清同治末年改为吉言祠，程万二为今姚家集街程家林子的程姓始祖。

二程一脉的千年迁徙之历程，他们探寻以天理为核心的哲学，他们修身齐家治国平天下的事功，也是古往今来无数中国知识分子毕生追求的精神写照。

亭园辉映

自改革开放以来，黄陂地区的双凤亭已经经历了四次精心的修缮。1981 年，双凤亭被国家文物局评为“中国名亭”，并被收入上海辞书出版社出版的《中国名胜词典》中。而且鲁台山周代古墓群与双凤亭先后被公布为省级重点文物保护单位。

千百年来，二程文化已经成为黄陂的一张人文名片。经人大代表议案，黄陂区人民政府组织专家论证，合理规划，双凤亭人文公园于 2010 年正式动工，经过两年的建设，以双凤亭文物地标为核心，扩建为占地百亩的双凤亭公园，并于 2012 年正式建成开放。如今，这里成为黄陂区治滠水两岸二十万市民早晚休闲锻炼的活动场所。

双凤公园竣工之时，恰逢程颢诞辰 980 年、程颐逝世 905 周年，笔者奉命题写《双凤公园记》纪事。全文如下：

双凤亭公园，是纪念宋代理学家、教育家程颢、程颐（世称二程）的文化公园。包括核心区双凤亭古亭与公园新景两大板块，规划总用地 126 亩，由著名书法家沈鹏题名。

进入公园，闪入眼帘的是一座二程铜像，铜像后面照壁是毛泽东草书程颢的《春日偶成》诗碑，此诗收入《千家诗》卷首后，成为旧时学子启蒙开读的第一首诗。

---

① 四箴堂《古贤程氏族谱原序》卷首之二，续修刻本 2001 年版，第 66 页。

北宋明道初年，二程生于黄陂县城草庙巷程乡坊（今黄陂前川街文教巷）。其祖父程遹、父程珦曾先后任黄陂县令、县尉，祖孙三代在陂生活了六十载。后来，二程创立了融儒、佛、道于一体的理学，再经其四传弟子朱熹集大成为“程朱理学”，成为统治中国七个世纪的官方哲学。

从诗碑拾级而上，是翼角飞展的双凤亭。此乃二程尊崇孔子，筑台遥望东鲁读书之“望鲁台”或“鲁台”。此亭始建于北宋元丰五年（1082），初名“清远亭”，意即“香远益清”；南宋时，取程母“双凤投怀”之兆，更名为“双凤亭”。恰与“麟吐玉书而降孔子”之曲阜孔庙，遥相呼应。

明清《黄陂县志》载，双凤亭历经沧桑，多次重修。明朝景泰元年（1450），人们在鲁台山麓建二程祠。祠前临聪明池，中为涵虚亭，后枕鲁台山，巅立双凤亭，还有流矢湖、理趣林与花柳前川分布于滠河两岸。双凤亭原为两层，至道光二十七年（1847）扩建为三层，即现在亭貌。1962 年县政府保持原貌重修。

人以亭趣，亭以人闻。相传历代名宿苏轼、朱熹、杨廷蕴、屠达、闻政、瞿秋白等曾相继登亭咏叹。朱熹的《二程祠记》，杨廷蕴、金光杰之亭记，当代文豪郭沫若所题亭名，与名亭交相辉映。

双凤亭公园一角

双凤亭为木石结构，形若宝盖，翼角飞展。亭身通高 12.5 米，底座直径 9.3 米。顶端金色圆葫芦，似腾云驾雾；亭面灰色筒子瓦，宛如朵朵白云。亭上之楠木和梓木，六角攒顶，亭下由12根石柱支撑。亭身系花岗岩石柱，四周则三道回廊，六角石鼓抱柱。亭中央直立四面勒碑，上刻二程浮雕、下镌名流碑文，图文情并茂。是故，双凤亭以“中国名亭”入编《中国名胜大辞典》。现为湖北省级文物保护单位。

纪昔贤之遗躅，树一邑之文风。自1508年将二程祠改为二程书院以来，滠水两岸相继建有甘露书院、望鲁书院、师范学堂、望鲁学堂、前川与双凤中学等，黄陂文风蔚起，名人辈出：文武三榜眼、一门双旗杆，中国私立大学开山、美国首任华人大学校长、中国花鸟画大师、意大利加勋爵士等，滠水后浪推前浪，这里还流传着亭兴而科名鼎盛，亭塌而文风低迷之趣闻。

进入2010年代，黄陂区人民政府集思广益，与时俱进，斥巨资将双凤亭故址拓展百亩，进行保护式扩建。工程自2010年启动，先期建成双凤亭文化墙、公园照壁、二程铜像、环园林荫石板路及文化广场等景观，粗具文化、景观与休闲功能，成为居民陶冶性情的好去处。后期将陆续兴建诗林、书院、礼园、义园、石景以及湖池水榭，形成以双凤亭为中心的一河两岸文化走廊。

园以亭生辉，亭以园重光。名亭凤立高岗，朝晖夕阴；公园烘云托月，气象万千。凭亭极目四野：盘龙古城，木兰文化生态景观，前川新姿，汉口北商贸城，皆收于一亭；滠水傍公园，一线穿南北：北枕大别而锁中原，南出长江而通吴会；绿荫掩映，公汽穿行；新旧国道，直通天河国际航空港，走向海内外。

值此程颢诞辰980年、程颐逝世905周年，并公园首期竣工之际，为勒其功，是为记。

无独有偶。作为二程祖孙三代的长眠之地——伊川程园，位于河南洛阳市伊川县城西。自北宋始建，园内有大门、二门、墓祠、山院及祠堂、明棚、厢房等建筑和石碑、石刻，还有古柏约500株。程园的山门原建于宋徽宗崇宁五年（1106），后屡毁屡修。现存山门系嘉庆十八年（1813）重建，1963年被列为河南省文物保护单位。1987年又在山门东侧重建山门。

2011年，程氏后裔程道兴捐巨资将程园扩建为占地360亩的二程文化园，2017年清明正式建成开放。新园西侧为程林祭拜区、中间为程庙纪念区、东边为书院文化区。程林祭拜区由墓冢、享殿、神道、祭坛、老祠堂等部分组成。二程文化园作为全国重点文物保护单位，主要包括：三进式院落的程庙中心区，从南至北依次为华表、崇礼门、崇理殿、授理殿和藏书楼等；两程书院区主要是将中国的儒家文化与书院文化结合起来，展示了理学发展的脉络和起源，该园兼具国学推广、学术交流功能。

书院耘心

书院是中国传统教育的重要机构。随着程朱理学成为官方哲学，明清发达的书院教育，成为大力宣扬程朱理学的重要基地。

在历史上，同二程颇有渊源的黄陂、开封与保定等地，相继兴建了冠名二程的书院，此外还有洛阳的伊川书院、扶沟的大程书院等冠名明道、伊川的书院，这些书院传播程朱理学精神并赓续传统文化根脉。

爬梳全国各地的二程书院的创建时间，黄陂的二程书院创设于明正德三年(1508)；时隔23年的嘉靖十年（1531），保定府也创办了二程书院；180年后的康熙二十六年（1687），开封也建成二程书院。

河北保定博野县程委村，是二程先祖程羽父子世居与长眠之地。保定知府徐嵩于明代嘉靖十年（1531），在保定西大街路北创办二程书院，以讲授程朱理学为主。明末，更名为金台书院（明代保定有金台郡之称）。保定所属程委村，在元代初年即建祠办学，一直延续到明清二朝。

开封泰宁坊是宋太宗赐给二程高祖程羽的官邸，是程羽祖孙故居。明天顺五年（1461），河南提学副使刘昌在开封城南薰门内兴建丽泽书院（复更名大梁书院），成化年间河南新改建书院达10所，占全国总数的八分之一。成化二十年(1484)，河南巡抚李衍将书院改为巡抚治所，迁书院于丽景门外二程夫子祠处，于讲堂祀二程。都御史、监察御史及提学副使等为之倡置学田。天启二年(1622) 巡抚冯嘉会、巡按邱兆麟两次重建书院，有讲堂、会文堂、二程木主堂、缭垣、坊表、门屏、石桥及高明楼、八角亭、碧玉泉与诸生读书号舍等，置学田120亩。明末书院没于水后，河南盐驿道张思明于康熙二十六年（1687）在大梁书院旧址上兴建二程书院。

重建的开封二程书院，祀二程及其门人。从乾隆七年（1742）到光绪二十年（1894），三度重修、增修，堂舍一新。书院上溯伊洛之渊源，以明善诚身，求所以顺亲、信友、护士、治民之道，故名“明道”。光绪间湘潭黄舒昺任山长。教学以考课为主，课程按月、季考核，内容为性理经史时务之学，间亦讲经。光绪三十三年（1907）改为中州公学。民国以来，书院改为河南中、高等农学院校园，1956年辟为工厂厂区。遗址处现立有康熙二十六年《创复二程书院碑记》与大梁书院碑残碑，碑文清晰可辨；书院尚存一古槐，每年生长新叶。

黄州府、黄陂县自北宋起始建清远亭，南宋在学宫建二程祠，明代将亭、祠、书院重建于鲁台山麓，形成三位一体的人文地标。那是明景泰年间（1450年代），黄陂县同知蔡绶建二程祠于鲁台山下，岁时俎豆，祭祀二程；成化间黄陂知县李恒、弘治间推官罗翰重建。

康熙年间开封《创复二程书院碑记》

心得之不惟足以慰三三子暨父兄師長勒石之勤
[illegible]併足以答方來源源謁拜者聞風覩德之惓切云

二程書院記　　提學陳鳳梧廬陵人

宋興百有餘年文治休明於是河洛之間真儒出焉
以續千載不傳之緒二程夫子是已先儒謂明道如
顏子伊川如孟子夫顏孟亞聖也生不同時出不同
地千載而下景仰之者如景星鳳凰有不可得見之
嘆況兩夫子出於一門其時同其地同其道德同豈
非天地氣化之盛積累而至於是有不偶然者耶考
之明道始生之年爲壬申實仁宗改年號曰明道若
相符契者次年癸酉伊川生焉天啟斯文之意蓋昭
昭可見矣程氏世家伊洛自大中公少侍其父通令
黃陂及通卒大中公始冠昔族衆無產遂家焉既而
補黃陂尉秩滿不能調閒居安貧二程夫子實以是
而相繼生其地則今日之程鄉坊是也古今聖賢之
生不必自其鄉者有矣宣聖曲阜人也而生於昌平
之陬邑文公新安人也而生於延平之尤溪蓋暫以
其先世官寓而言與程夫子實同一揆天地孕[illegible]之

明代湖广提学陈凤梧为黄陂作《二程书院记》

明代正德二年（1507），湖广提学陈凤梧走马上任后，慕名前往黄陂拜谒二程祠与双凤亭。后相继襄助黄陂县教谕杨梁在县衙前扩建文庙，又偕同黄州府与黄陂县于正德三年（1508）将二程祠改建为二程书院，院内仍祭二程夫子。

二程书院名师云集，桃李芬芳，培养了教育家黄云阖与黄彦士、黄奇士父子，榜眼裴宗范与京官裴宗德兄弟，还有监察御史蔡完、理学家蔡石麓叔侄等。二程书院不仅当地驰名，还与濂溪、石鼓、岳麓等全国著名书院并称。陈凤梧在《二程书院记》中写道：

二程夫子出于一门，其时同、其地同、其道德同，岂非天地气化之盛积累而至，于是有不偶然者耶？……二程夫子实以相继而生，其地则今日之程乡坊是也……凤梧奉明诏来典学事，行部至邑，只谒祠下，瞻慕者久之。正德戊辰，得再谒焉；顾惟是祠，实为二程倡道之所始。而后人亦借重以为藏修之地，遂易其匾曰：二程书院。得前副使、今同知、黄州谢君朝宣大书揭之，与濂溪、南岳、岳麓、石鼓诸书院并称。而祠祀如故，择士之有志者，俾读二夫子遗书。……其左廊曰：坐春，右廊曰：立雪，则今知县陈杰重构，而教谕杨梁所取名者。①

到了嘉靖十八年（1539），提学副使田顼扩建讲座厅三间，并建东、西“号房”各五间于祠后。嘉靖二十五年（1546），佥事米荣在二程祠前增修号房若干

① （明）杨凤梧：《二程书院记》，《黄陂县志》，嘉靖三十五年刻本，第129—131页。

间；本年冬，左都御史丁某再次加以扩建。黄陂及其周边知名学者多讲习于此。

时隔一百多年后，从二程书院走出教育家黄云阖，他中举后历任浙江泰顺、瑞安训导，河南济源教谕。在济源，他创建复初书院。其子黄彦士进士及第后，擢为御史，因弹劾朝廷命官铁面无私，享有“铁面黄”之誉。

万历末年（1620），黄彦士不满于东林党把持朝政，辞官归里，在甘露山买下一片山场与甘露古寺的部分房产，与弟弟南京国子监学正奇士一道，在黄陂城郊甘露山创建了甘露书院，学宗二程夫子。书院开办后，黄彦士赋诗抒怀，描写古寺清泉拨动其心弦之意境。诗云：

简命惭乘使者车，楚天北望见吾庐。
驰驱异俗经三月，采摭方言著五书。
匹马背看栖越鸟，孤帆闲伴晚江渔。
山中罗薜还无恙，古寺清泉赋遂初。①

同时，黄彦士、奇士兄弟还致力于复兴黄冈问津书院，黄奇士编纂《问津院志》与《为学宗序》时，黄彦士亲笔作序。《卜居甘露》一律描绘了他们十年间传道授业、诗词唱和，尽享孔颜之乐的境界。诗云：

结社幽栖已十年，买山近得郭东偏。
青牛定识来人气，白鹿应开住客田。
不问狐狸藏野穴，却教神物护清泉。
当时牛耳谁盟主？回首韶华倍惘然。②

其后，黄奇士任寿州（今安徽省寿县）学正期间，于天启三年（1622）创办了循理书院（今寿县一中校址）。书院取名“循理”，即以传播理学为职志。

二程书院与甘露书院德学并重，以修身为本。修身之要义是言忠信、行笃敬；惩忿窒欲，迁善改过，即传承以德行为先，求知学文为后的儒学传统。换言之，就是重视德育，培养学生高尚的志趣和道德情操，培养其心灵素质和道德素质，而不是单纯地传授知识。

二程书院与甘露书院延聘名师，教学注重讲明义理，躬行实践，注意启发学生思维，培养学生学习兴趣与学习能力，并倡导学术争辩与交流。

明末战乱，二程书院与甘露书院毁于兵燹。清康熙初，新任黄陂县令杨廷蕴，也是二程嫡传弟子杨时的族裔，于康熙五年（1666）在二程书院废墟上，

① （清）杨廷蕴：《黄陂县志·艺文志》，康熙五年刻本，第419页。

② （清）杨廷蕴：《黄陂县志·艺文志下》卷之十五，康熙五年刻本，第419页。

主持改建望鲁书院，后相继更名为望鲁学堂与师范学堂等。

正是明清之际发达的书院教育，促进黄陂文风蔚起，功名鼎盛，高中进士人数达 81 人，是全国县均人数的 2.7 倍。其中，清代嘉庆至咸丰年间中进士数 27 人，成为湖北省的亚军；随后该处不断扩建，学舍达数十间，师生可在此讲读住宿。望鲁书院不仅人才辈出，还走出了“文武三榜眼”曾大观、刘彬士、金国均；黄陂文武举人数位居全省第三。

百年弦歌

随着张之洞推行新学，黄陂亦与时俱进。清末民初教育家陈宣恺（1847—1917，号再平）、陈作毅（即陈时）父子先后在望鲁书院求学。2002 年望鲁书院改为师范学堂，1905 年复改为黄陂县望鲁高等模范小学。陈时在此亲历了书院、师范到新式学堂三种形式教育。他体认到，从书院到学堂，万变不离其宗的是“立德树人”。所以，他们父子后来创办私立武昌中华大学时，以“成德达材”为校训。著名教育家余家菊回忆道：

黄陂城河（县河）对岸，有一个望鲁书院，望鲁学校用此校址。北乡长轩岭（街南坡下田恒福支祠，分上下两堂，每堂各 60 名学生），则取明道以为名。……当时两校学风，望鲁较多经世气味，道明较多志士气味。各敛精神肩大难，书生愿作纪功篇。①

二程书院楼台一角

中华大学创始人陈宣恺

① 余家菊：《余家菊（景陶）先生回忆录》，台北慧炬出版社 1994 年版，第 96—97 页。

作为蕲州学正（相当于今文教局长或副市长），陈宣恺追随座师张之洞，亲自送儿子作毅与侄儿一起东渡留学。作毅则取名“映寰”[①] 明志：冀通过留日，将来干出一番映照寰球的惊天伟业。

1909 年，经黄兴介绍，孙中山主盟，陈映寰于东京加入中国同盟会。学成回国，继参加武昌首义之后又践行孙中山“学问为立国之本”理念，于民初创办了中国第一所私立本科大学——私立武昌中华大学。其弟子与侄儿陈庆宣为著名地质学家、中国科学院资深院士。陈时在回忆录中写道：

我一向是不满现状的，总希望有一个理想的社会出现，幼年时，最羡慕中国儒家鼓吹的大同世界。在日本留学期间，受孙中山先生“学问立国”的影响，认为只有办大学才能培养具有高深学问的建国人才。[②]

与此同时，黄陂田庆芬与范熙壬从望鲁书院考入两湖书院后，于丁酉（1897）科乡试中同科中举。接着，范氏考入京师大学堂师范馆，后留日改习法政，清末民初成为变法、立法与护法先驱；田庆芬以黄州通判（相当于今副市长）衔考进京师法政学堂深造，毕业后成为民初依法判案与行政的先行者之一。

据北京大学学籍档案载，黄陂城内东城街田庆芬长子田永谦，字牧宣，先就读望鲁学堂，十九岁从湖北省汉阳晴川中学（前身为晴川书院），考入北京大学物理甲班，于民国十二年（1923）毕业。此后，曾在私立武昌中华大学任教。

田永谦次子田长焯是美国波音公司的设计巨匠，六子田长霖则成为当代世界科坛泰斗与教坛巨匠，1990 年当选为美国首任华人与亚裔大学校长，历任中国科学院与中国工程院外籍院士，香港创新科技委员会首任主席，美国国家科学委员会首位亚裔委员等。而且，田长霖家族是一个包括亚裔、欧洲裔和拉丁裔组成的多元家庭，也是一个有 10 名博士、13 名硕士、6 名学士，3 名律师和 5 名医师的卓越之家。

望鲁书院（学堂）也是孕育当代院士的摇篮。鲁台山麓涂家大湾走出了清末翰林、教育家涂芥庵（字福田），民国驻外大使涂允檀，当代农学家、教育家与植物病理学家涂治（允治），水利专家涂允成，矿床学及地球化学家涂光炽，文学家涂光群等。其中，涂治、涂光炽为中国科学院院士，涂光炽还曾担任俄罗斯科学院院士、第三世界科学院院士。

黄陂还在木兰山麓的长轩岭兴建了一所纪念二程的道明学堂（今黄陂三

---

① 《武昌中华大学》，《湖北文献》1968 年第六期第 13 页。

② 陈时：《忠诚老实的陈述》（1951 年 4 月 14 日），华中师范大学馆藏“中华大学类”，案卷号 471。

中)。著名革命家蔡以忱，教育家余家菊、陈启天就是道明学堂毕业的高材生。而且，余家菊之子余传韬又成为台湾著名教育家。

武昌首义后，辛亥志士胡康民回乡兴办教育，继担任劝学所（今教育局)所长与黄陂教育会长之后，又发起创办了黄陂第一所中学——私立前川中学(今实验中学、曾为黄陂一中校园)。其中前川之名即取自程颢诗“傍花随柳过前川”。

抗战胜利后，胡康民哲嗣胡秋原还乡恢复前川中学，继任校长，扩建校舍，整顿发展，校誉日隆。前川中学升入全国重点大学的人数居全省前列，一批学子或一跃成为文坛、科坛巨匠，或成为一代革命精英。其中，著名的黄麻起义总指挥潘忠汝、工农革命军第七军军长吴光浩，都曾在前川中学学习过。国际原子能研究所的科学家李长庚、留德水利专家陈克诚博士等，也是从前川中学走出的名流。而胡秋原家里就出了八名留美博士与硕士。难怪民国大总统黎元洪的长子黎绍基曾经用英文向国外介绍说：

长江流域的中游，洞庭湖以北，可以找到一个面积不大、然而文风颇盛的县份，这便是我的祖籍地黄陂……①

从“鲁台望道”到“孔颜之乐”，再到“如坐春风”“程门立雪”，这些充满哲理的成语和典故不仅在中国广为流传，也在海外受到推崇，并持续激发着新的传奇故事的诞生。

中外流芳

“忽然归故国，孤想寓西陵。”唐代诗人周贺的诗句表达了国人的思乡情。十分巧合的是，黄陂古代就属西陵县境；返陂寻根的游子周允立又与诗人同姓。

那是 1985 年 4 月，从黄陂鲁台山麓走出的著名旅美学者周谦冲的夫人刘敦勤偕儿子周允立一行，应邀自美国回国讲学。他们受周谦冲之托，专程返回阔别数十年的黄陂老家省亲谒祖，并畅游了“中国名亭”双凤亭。

刘敦勤的叔父是近现代著名教育家与国学大师刘凤章。因其学宗二程夫子、践行王阳明教育思想，人称“刘阳明”。历任私立武昌中华大学学长（教务长)、湖北省立第一师范校长、民国大总统府顾问。周谦冲就是其嫡传弟子。

此次返乡，让刘敦勤心潮澎湃，她在忆文中描述道：“双凤亭处，环境美幽，树木荫翳，但探古迹寻古亭要爬山，而且山很高，接着雨又下大了，坡陡

① 黎绍基：《黎元洪的一生》，《民国大总统黎元洪》，中国文史出版社 1991 年版，第 7 页。

路滑，我不敢登，仅允立和表兄务滋，堂兄允成三人上山。好在允立身背大相机，手拿小快镜，摄取照片许多张。他告诉我：山上苍松翠柏、古木参天，风景清幽，山巅有一巨亭，高三层，势雄伟，极壮丽，惜无人导游说明，未知此亭的意义，殊感遗憾；又自愧不识中文，无由了解。”

刘氏母子返美后，将拍摄的双凤亭照片整理装册。周谦冲青年时就离家留学、治学与教学，后因公职不便还乡，此次妻子带回了照片，他遂用放大镜仔细观看，双凤亭碑文落款清晰可见：“翰林编修邑人金光杰敬撰，举人教谕邑人周国城敬书。”周谦冲不禁惊喜道，原来双凤亭碑的碑文是我祖母的祖父金光杰所作，而书写碑文的竟然是我的祖父周国城。

周谦冲出生于双凤亭附近的周教官湾，留学法国获得巴黎大学政治经济学与文学博士，后相继任武汉、中山、四川、东北、齐鲁和暨南大学教授。历任国民参政会参政员与国民党政府国民大会代表，1948 年出任中国常驻联合国顾问。

1971 年 10 月 25 日，联合国第 26 届大会第 1976 次会议通过第 2758 号决议“恢复中华人民共和国在联合国组织中的合法权利问题”，台湾代表退出联合国后，周谦冲辞去台湾公职直接转为联合国专员，定居美国。

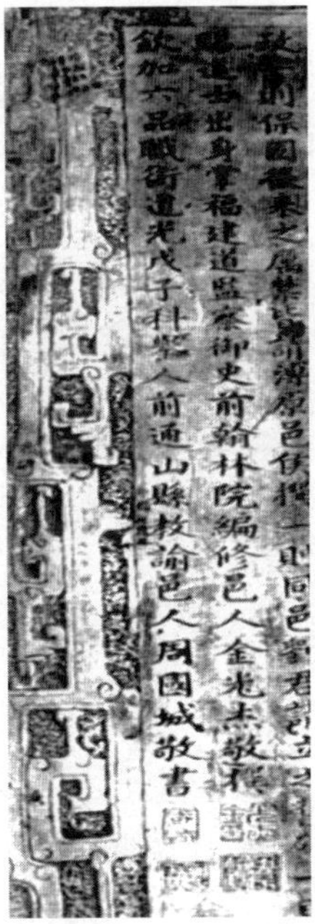
進士出身掌福建道監察御史前翰林院編修邑人金光杰敬撰
欽加六品卿銜道光戊子科舉人前通山縣教諭邑人周國城敬書

金光杰撰、周国城书

《重修双凤亭》碑尾款

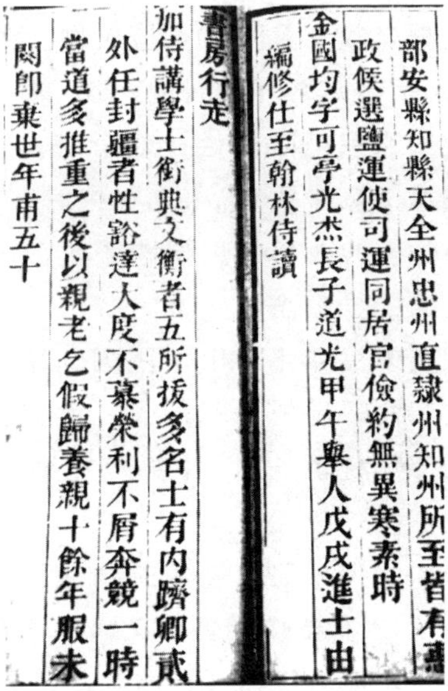
部安縣知縣天全州忠州直隸州知州所至皆有惠
政候選鹽運使司運同居官儉約無異寒素時
金國均字可亭光杰長子道光甲午舉人戊戌進士由
編修仕至翰林侍讀
書房行走
加侍講學士銜典文衡者五所拔多名士有内躋卿貳
外任封疆者性豁達大度不慕榮利不屑奔競一時
當道多推重之後以親老乞假歸養親十餘年服未
闋卽棄世年甫五十

清代《黄陂县志》载榜眼郎“金国均传略”

提起周谦冲留学，还有一段小插曲呢。当时，周家并不富裕，一时凑不齐出国经费。族人们一商量，觉得这不是一笔小数目，只有把周家唯一的祖业——烟灯山上茂密的参天大树全部卖掉，才能资助他上学。1948 年，他离开大陆前往联合国任职时，为了表达自己对族人的敬意，特地让飞机绕着周家村庄盘旋了三圈。

再说周谦冲发现了老伴带回来的照片后，立即打电话向斯坦福大学胡佛研究所与美国国会图书馆借阅《黄陂县志》，很快借到四册。县志载有双凤亭的碑文，且记述着有关人和事；其中写道：金光杰，号殿珊，黄陂人。嘉庆庚辰进士，翰林编修、监察御史，侍读与侍讲，署理兵科给事中①。任福建道监察御史，亢直敢言，不避权贵，任满告归。道光二十三年（1843）前往问津书院主鬯祭孔祀典，讲学问津，文负重名。金光杰长子金国均（1813—1869），字秉之，号可亭，六指店金家湾人。幼年贪玩，十五六岁方发奋读书，道光十八年（1838）赴南宫殿试，榜中一甲二名进士（戊戌科会试榜眼），与曾国藩同榜，时年 25 岁，授翰林编修；官至乡试主考官、钦封学政巡视秦中、侍读加侍读学士衔；其体魄魁梧，办事达旦不寐，每至鸡鸣时就寝，有“金鸡啼”的雅号。

古时，村里中了进士要竖立旗杆，金氏父子同出一门，故黄陂金氏祠堂竖有两根旗杆，一时传为佳话。金国均晚年在京编修《黄陂县志稿》（道光版），主要引经据典叙介黄陂沿革与人物。黄陂有“金家的文章、童家的字”之说。

《涂氏宗谱》之《意园传》载：周国城，字意园；先世出自涂宗，因过继周家，后复归涂宗仍以周姓；幼有奇质，12 岁在望鲁书院读书时能背诵十三经，后以全县第一名中秀才，25 岁中举。在金国均主学政期间，其女儿就读学院，能书擅诗词。此时正值周国城任教官，学政见其才识过人，便以女妻之；清末，周国城任通山县教谕。

金家清末民初还走出了民国陆军部长金永炎。他留学日本士官学校，回国参与辛亥革命，历任陆军部长，黄兴、段芝泉参谋顾问。后裔有金唯信历任台湾“财政部赋税署长”“中央信托局长”，金永炎之嫡孙金宗麟曾任台驻美“中信局”主任。

周谦冲的大哥周骥德幼时肄业于望鲁小学，考入陆军小学，后又考入保定军官学校，17 岁参加武昌首义，27 岁随黄陂籍蒙古行政长官陈毅（字士可）驻防库伦，在与白俄罗斯武装战斗中，以身殉职。

① 朱沛莲：《清代湖北鼎甲与尚侍督抚年籍考》，《湖北文献》1975 年第 36 期。

程颐次子程端辅传到三世孙程澥，举进士后任温州永嘉县学官。他务实创新，义不妨利，对今日“温州模式”的传统渊源与温州人“敢为人先”精神有开源之功。作为程颐直系第二十九世孙，又是旅美学者的程德祥，晚年旅居美国宾州小城盖兹堡。他翻译了英国汉学家葛瑞汉著《中国的两位哲学家：二程的新儒学》，名噪海内外；又多次来黄陂寻根谒祖，并认定黄陂为二程第一故里。

温州驿头程氏始祖、程颐裔孙程澥像

程颐第 29 世孙程德祥译著《二程兄弟的新儒学》

程澥的第二十六世孙程志平自 20 岁起就闯荡法国与非洲，其子让·平历任加蓬共和国新闻、水利、矿业、财政、外交与国防部长，第 59 届联合国大会主席，非盟委员会主席。1994 年他以程澥第二十七世孙、程颐第三十一世孙身份回温州认祖归宗，架设中非友谊桥梁，成为世界程氏宗亲联谊会终身会长。

作为教育家，二程倡行基础教育，以“四书”为主，以“五经”为辅，对古今中外教育作出了杰出的贡献。汉唐时，朝鲜古代教育沿袭中国以训诂和辞章为中心的传统课程。朱熹的《四书集注》传入朝鲜后，在高丽末期，通过安裕、自颐正等学者的讲授与推广程朱理学，逐步形成了一种新的教育体系：首先以“四书”为学习基础，然后依次深入研究“五经”。

海内外还云集了一批研究程朱理学的中外学者，并以多种方式传承开新。作为一个促进理学现代化、当代化、平民化、大众化的国际学术交流平台，宋学国际论坛成功在河洛举办了多届，《程颢程颐传》在第三届宋学国际（南阳）

论坛研讨。①

二程理学的形成与发展虽经历千载，但其具有的中华文明的精神标识和文化精髓均值得提炼与展示。诸如二程毕生献身理学的精神，足堪后世钦敬与师法；他们在政治上主张重民保民，在经济上倡行以农为本，在伦理上坚持以义致利与克私为公，在教育上认定教育为兴国治邦之本等精义，都具有时代价值，值得发扬光大。

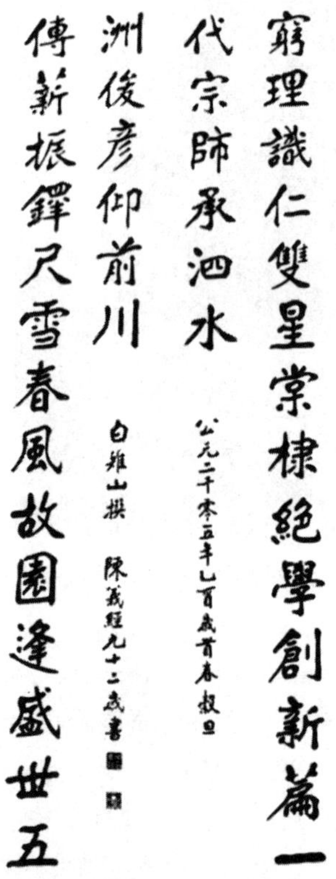

著名楹联学家白雉山撰、
著名书法家陈义经书联

涂光雍撰题裴高才嵌名联

“中华优秀传统文化有很多重要元素，比如，天下为公、天下大同的社会理想，民为邦本、为政以德的治理思想，九州共贯、多元一体的大一统传统，修齐治平、兴亡有责的家国情怀，厚德载物、明德弘道的精神追求，富民厚生、

① 裴高才：《程颢程颐传》，湖北教育出版社 2014 年版。

义利兼顾的经济伦理，天人合一、万物并育的生态理论，实事求是、知行合一的哲学思想，执两用中、守中致和的思维方法，讲信修睦、亲仁善邻的交往之道等，共同塑造出中华文明的突出特性。”① 搁笔之际，欣闻二程的理学思想精义正好契合新时代国家文化传承发展方略，特以数语，藉资永怀：

黄陂飞出二程子，穷理识仁誉圣坛。

重教英才欣辈出，遗篇盖世共薪传。

此时此刻，不禁让笔者联想起二程文化研究会成立时，著名楹联学家白雉山撰、九秩书法家陈义经书写的一副贺联，正好道出了本书的意旨。联云：

穷理识仁，双星棠棣，绝学创新篇，一代宗师承泗水；

传薪振铎，尺雪春风，故园逢盛世，五洲俊彦仰前川。

① 习近平：《在文化传承发展座谈会上的讲话》，《求是》2023 年第 17 期，2023 年 9 月 1 日。

二程简明年谱

宋仁宗明道元年壬申（1032），程颢1岁（虚岁，下同）

正月十五日子时，程颢出生于黄州府黄陂县城西草庙巷（今武汉市黄陂区前川街文教巷）程乡坊思贤堂，字伯淳，乳名延寿；世称“明道先生”①。与弟程颐并称二程。

祖父程遹(978—1024)，北宋太平兴国三年（978）生于开封泰宁坊。至道三年（997）衔命自开封前往黄州府（齐安郡）黄陂县任县令。先后娶长安张氏、孝感县张氏为妻，天圣二年殉职后，赠开府，仪同三司、吏部尚书。膝下三子长珦、次璠、幼琉。

父程珦(1006—1090)，因祖上荫庇，初授郊社斋郎（未任），历任黄陂、庐陵县尉，润州观察支史、大理寺丞，知虔州兴国、龚州、徐州沛县，知凤州、磁州、汉州，管勾西京嵩福宫，迁太中大夫；勋，自骑都尉至上柱国；爵，永年县伯；食邑，户九百。

母侯氏（1004—1052），幼年生活于黄陂城东侯家垱，名儒侯道济之女。

宋仁宗明道二年癸酉（1033），程颢2岁，程颐1岁

夏，叔祖母任氏抱程颢户外散步，不慎将头上发钗丢失；数日后经程颢以手示意坠落之地，果然发现金钗②。

八月中秋节午时，程颐生于黄陂草庙巷程宅，字正叔，又字正道。世称伊川先生③。成名后与兄程颢并称二程。

---

①（明）李河图：《二程遗迹》，《黄陂县志》，嘉靖三十五年刻本，第31页；参见《山东东阿程氏家谱》。

②（宋）程颢、程颐：《二程集》，中华书局1981年版，第630页。

③（明）李河图：《二程遗迹》，《黄陂县志》，嘉靖三十五年刻本，第31页；（清）池生春、诸星杓撰《程子年谱》卷一，咸丰五年刻本，第1页。

宋仁宗景祐元年至二年（1034—1035），程颢3—4岁，程颐2—3岁

侯氏对二程进行诗教，二程开始背诵诗歌。《明道先生行状》载：程颢数岁，诵诗书，强记过人①。

宋仁宗景祐三年（1036），程颢5岁，程颐4岁

侯氏以身示范，教育二程辨明是非，知错就改，并告诫二程：患其不能屈，不患其不能伸②。

宋仁宗景祐四年（1037），程颢6岁，程颐5岁

二程接受礼、乐、射、御、书、数"六艺"与"六经"（《易》《诗》《书》《礼》《乐》《春秋》）教育，先由侯家垱侯学究给二程传授"六经"，后由木兰将军后裔、武举人朱教头授武德武功。

宋仁宗宝元元年（1038），程颢7岁，程颐6岁

二程在鲁台山上筑台望鲁读书，台名：望鲁台。北宋元丰年间，黄陂修清远亭纪念，南宋更名双凤亭。

在望鲁台旁边还有涵虚亭、聪明泉、洗墨池等③。

宋仁宗宝元二年（1039），程颢8岁，程颐7岁

二程随父母游木兰山，在白云洞，又名黄石洞，俗称"风洞"读书问道，与佛、道住持对句④。

宋仁宗康定元年（1040），程颢9岁，程颐8岁

二程随父游河朔时，侯氏作《闻雁》启发孩子领会诗情画意⑤。

---

①（宋）程颢、程颐：《二程集》，中华书局1981年版，第630页。

②（宋）程颢、程颐：《二程集》，中华书局1981年版，第654页。

③（明）李河图：《名迹》，《黄陂县志》，嘉靖三十五年刻本，第29页。

④（清）杨廷蕴：《舆地志·山川》，《黄陂县志》，康熙五年刻本，第34页。

⑤（宋）程颢、程颐：《二程集》，中华书局1981年版，第655页。

宋仁宗庆历元年（1041），程颢 10 岁，程颐 9 岁

程颢十岁能吟诗[①]，赋《酌贪泉》曰："中心如自固，外物岂能迁？"[②]
程颐"幼有高识，非礼不动"[③]。

宋仁宗庆历三年（1043），程颢 12 岁，程颐 11 岁

程颢居庠序中，才思敏捷，深受户部侍郎彭思永青睐，许以女妻之[④]。

宋仁宗庆历四年（1044），程颢 13 岁，程颐 12 岁

祖母张氏带二程往盘龙城祭祖，登木兰山谒将军庙，游孝感凤凰台。
二程进学如老成人。

宋仁宗庆历五年（1045），程颢 14 岁，程颐 13 岁

程颢吟咏对黄陂的纪游之作《春日偶成》；[⑤] 后被南宋刘克庄编、明清王相作注的蒙学诗本《选本千家诗》列为卷首。

宋仁宗庆历六年（1046），程颢 15 岁，程颐 14 岁

程珦知虔州（今赣州）兴国县、代行南安州副职，二程随父母迁赣南。

宋仁宗庆历七年（1047），程颢 16 岁，程颐 15 岁

程珦知龚州（今广西平南），在破除迷信现场对二程现身说法。

冬季，周敦颐晋升为郴县令，程颢、程颐兄弟随之受教。"志伊尹之所志，学颜子之所学"[⑥]。程颐亲见李初平问周读书事。程颐写道："（明道）先生为学，自十五六岁时，闻汝南周茂叔论道，遂厌科举之业，慨然有求道之志。泛滥于

---

① （宋）程颢、程颐：《二程集》，中华书局 1981 年版，第 630 页。

② （宋）刘立之：《门人朋友叙述》，《二程遗书・附录》，上海古籍出版社 1992 年版，第 256 页。

③ （宋）程颢、程颐：《二程集》，中华书局 1981 年版，第 338 页。

④ （宋）程颢、程颐：《二程集》，中华书局 1981 年版，第 630 页。

⑤ （清）刘昌绪、徐瀛：《二程志》，《黄陂县志》，同治十年刻本，第 133 页。一说为主簿鄠县所作，参见程颢、程颐：《二程集》，中华书局 1981 年版，第 476 页。

⑥ （宋）程颢、程颐：《二程集》，中华书局 1981 年版，第 328 页。

诸家，出入于老释几十年，乃返诸六经而后得之。”①

宋仁宗庆历八年（1048），程颢17岁，程颐16岁

程颐到醴泉（今陕西咸阳），谒高祖程羽旧居②。

宋仁宗皇祐元年（1049），程颢18岁，程颐17岁

二程“读《论语》，当时已晓义文；读之愈久，觉意味深长”③。

宋仁宗皇祐二年（1050），程颢19岁，程颐18岁

程颐年十八，代父上书阙下，劝仁宗以王道为心，生灵为念，黜世俗之论，期非常之功，且乞召对，而陈所学。未被仁宗皇帝采纳④。

宋仁宗皇祐三年（1051），程颢20岁，程颐19岁

二程攻读儒、老、释诸家典籍。

宋仁宗皇祐四年（1052），程颢21岁，程颐20岁

二月二十八日，侯氏卒于江宁（今江苏南京），享年49岁，始封寿安县君，追封上谷郡君⑤。

程珦自龚州代还，江宁奔丧；二程丁忧。

十月，侯无可受命南征平叛，程颐作《闻舅氏侯无可应辟南征诗》⑥。

宋仁宗至和元年（1054），程颢23岁，程颐22岁

程颐作《养鱼记》⑦。

宋仁宗至和二年（1055），程颢24岁，程颐23岁

程珦知凤州（今陕西凤县），程颢随侍。池生春、诸星杓撰《程子年谱》

① （宋）程颢、程颐：《二程集》，中华书局1981年版，第638页。

② （宋）程颢、程颐：《二程集》，中华书局1981年版，第657页。

③ （宋）程颢、程颐：《二程集》，中华书局1981年版，第261页。

④ （宋）程颢、程颐：《二程集》，中华书局1981年版，第338页。

⑤ （宋）程颢、程颐：《二程集》，中华书局1981年版，第655页。

⑥ （宋）程颢、程颐：《二程集》，中华书局1981年版，第590页。

⑦ （宋）程颢、程颐：《二程集》，中华书局1981年版，第578页。

云："先生侍太中至凤州。"

宋仁宗至和三年（前八个月）、后三个月为嘉祐元年（1056），程颢25岁，程颐24岁

二程先随父居洛阳履道坊，再赴醴泉迁葬曾祖父程希振、祖父程遹的坟茔于洛阳；后二程赴京师读太学、备考。二人与吕希哲（吕公著之子）、张载等于相国寺论《易》，初露锋芒。

程颢收第一个弟子刘立之。刘立之曾写道："逾冠，应书京师，声望蔼然，老儒宿学，皆自以为不及，莫不造门愿交。"①

程颐游太学，作《颜子所好何学论》，令太子中允、天章阁侍讲胡瑗刮目相看，旋延见，聘以学职②。

二程崭露头角，吕希纯、杨国宝、邢恕等四方之士从游③。

朝中耆宿吕公著闻程颐学识过人，令子希哲师从程颐④。

农历七月，在国子监举行的太学试中，因解额减半，程颢中举获省试（礼部试）资格；程颐落第，无缘省试。

宋仁宗嘉祐二年（1057），程颢26岁，程颐25岁

二月，程颢在南庙省试中登科，有答卷《南庙试佚道使民赋》《南庙试九叙惟歌论》《南庙试策五道》传世⑤。

三月，宋仁宗御殿亲试，程颢中进士，与张载、朱光庭、苏轼、苏辙、曾巩同科⑥；程颢在《游鄠县山诗序》中写道："嘉祐二年，始应举得官。"

二程往合州（今重庆市合川区）拜访通判周敦颐。诸星杓编《程子年谱·明道先生》云："先生（程颢）再见周子于合州。"

程颐撰《与方元采手帖》⑦。

---

①（宋）刘立之：《门人朋友叙述》，《二程遗书·附录》，上海古籍出版社1992年版，第256页。

②（宋）程颢、程颐：《二程集》，中华书局1981年版，第577页。

③（宋）程颢、程颐：《二程集》，中华书局1981年版，第338页。

④（宋）程颢、程颐：《二程集》，中华书局1981年版，第338页。

⑤（宋）程颢、程颐：《二程集》，中华书局1981年版，第462—471页。

⑥（宋）程颢、程颐：《二程集》，中华书局1981年版，第472页。

⑦（宋）程颢、程颐：《二程集》，中华书局1981年版，第271页。

宋仁宗嘉祐三年（1058），程颢27岁，程颐26岁

程颢主簿鄠县（今西安市鄠邑区）。掌管文书、考核、出纳等事务，以及负责狱讼官司。

明断钱币纠纷疑案，后被南宋人郑克收入《折狱龟鉴》。

程颢与张载书面探讨“定性”问题，作《定性书》；清康熙八年，吕留良以《答横渠先生定性书》为题收入《二程全书》①。

程颢吟《秋日偶成》二首，备受哲人推崇。如“道通天地有形外，思入风云变态中”②。

宋仁宗嘉祐四年（1059），程颢28岁，程颐27岁

程颢主簿鄠县，与谢师直论《易》《春秋》③。

京兆府遭受特大洪涝灾害，程颢率队抗洪立功。

春，程颐举进士落榜，不再参加科考；《涪陵记善录》载：程颐举进士，嘉祐四年廷试报罢，遂不复试。太中公屡当得任子恩，辄推与族人④。

宋仁宗嘉祐五年（1060），程颢29岁，程颐28岁

春，程颢主簿鄠县。

二月，与贰车晁游鄠山诸胜，赋《游鄠县山诗十二首》，并作序⑤。

夏，因避亲，程颢调任江宁府上元县主簿。

宋仁宗嘉祐六年（1061），程颢30岁，程颐29岁

程颢主簿上元，不惜“救民获罪，所不辞也”，平抑田税⑥。

宋仁宗嘉祐七年（1062），程颢31岁，程颐30岁

程颢代行上元令，组织县民抗洪救灾。

---

①（宋）程颢、程颐：《二程集》，中华书局1981年版，第460—461页。

②（宋）程颢、程颐：《二程集》，中华书局1981年版，第482页。

③（宋）程颢、程颐：《二程集》，中华书局1981年版，第249页。

④（宋）程颢、程颐：《二程集》，中华书局1981年版，第338页。

⑤（宋）程颢、程颐：《二程集》，中华书局1981年版，第472—476页。

⑥（宋）程颢、程颐：《二程集》，中华书局1981年版，第631页。

程颢向漕司力陈“小营子”弊端，解除船工疾苦①。

堂叔程瑜早逝，程颢作《程殿丞墓志铭》志哀②。

宋仁宗嘉祐八年（1063），程颢32岁，程颐31岁

程颢知上元，将愚弄百姓的“龙池”捕杀，并在衙前办“龙池”宴。

宋英宗治平元年（1064），程颢33岁，程颐32岁

程颢移泽州晋城令途中，过磁州探望父亲，池春生、诸星杓在《程子年谱》中称，程颢于治平元年罢上元，过磁州省亲；原从学伊川的邢恕得知程颢抵磁州，专程以师礼来见③。

程颢治晋城，改革“科买制度”，减轻县民负担；办学兴教，三年建乡校72所，社学数十所，书院3所，乡乡有校④。

八月四日，程颢喜添爱子端悫。

吕公著判国子监，聘程颐为学正，程颐作《谢吕晦叔侍制书》谢辞⑤。

宋英宗治平二年（1065），程颢34岁，程颐33岁

程颢令晋城，实施“伍保”制。

四月，程颐代御史中丞书《代彭思永上英宗皇帝论濮王典礼疏》⑥。

八月，程颐代父书《应诏上英宗皇帝书》⑦。

宋英宗治平三年（1066），程颢35岁，程颐34岁

程颢作《晋城县令题名记》⑧。颢“核年辨奸”断案，被南宋郑克收入《折狱龟鉴》。他治县的改革实践，是他后来参加王安石改革团队的前缘。

---

①（宋）程颢、程颐：《二程集》，中华书局1981年版，第632页。

②（宋）程颢、程颐：《二程集》，中华书局1981年版，第495页。

③（宋）程颢、程颐：《二程集》，中华书局1981年版，第332页。

④（宋）程颢、程颐：《二程集》，中华书局1981年版，第632页。

⑤（宋）程颢、程颐：《二程集》，中华书局1981年版，第593页。

⑥（宋）程颢、程颐：《二程集》，中华书局1981年版，第515页。

⑦（宋）程颢、程颐：《二程集》，中华书局1981年版，第518页。

⑧（宋）程颢、程颐：《二程集》，中华书局1981年版，第462页。

九月，吕公著再荐程颐，程颐仍以“自知学不足，不愿仕”力辞[①]。

宋英宗治平四年（1067），程颢36岁，程颐35岁

程颢晋城令任期届满三年，改任著作佐郎[②]。《泽州府志》载：程颢在邑三年，百姓爱之如父母，去之日，哭声震野。

程珦知汉州（今四川广汉），二程侍行，程颢旋归洛。程颐与民间隐士讨论《易》之《未济》卦[③]。

程颐随侍父亲，时英宗卒，代父书《上神宗皇帝论薄葬书》[④]。

宋神宗熙宁元年（1068），程颢37岁，程颐36岁

五月，程颢为悼念儿子端悫早逝，作《程邵公墓志》。

程颢上书《请修学校尊师儒取士札子》[⑤]。

程颐在汉州，代父上书，并拟考试州学士子的试题《为家君作试汉州学策问三首》，所问为治学之道、儒学经典要义和为政之方；作《记蜀守》[⑥]。

宋神宗熙宁二年（1069），程颢38岁，程颐37岁

二月，王安石执政，新设改革决策机构：制置三司条例司，内设两类属官：检详文字官与相度利害官。

三月，程颢与苏辙分任三司条例司相度利害官与检详文字官[⑦]。

四月，相度利害官程颢与水利专家侯叔献、刘彝等八人，作为钦差大臣分别巡视全国各地，访查农田水利、赋税、科率、徭役利害等[⑧]。

八月，因吕公著举荐，授程颢太子中允、权监察御史里行；宋神召程颢面谈，颇为投机，有“御史不知上未食”之说[⑨]。

---

① （宋）程颢、程颐：《二程集》，中华书局1981年版，第338页。

② （宋）程颢、程颐：《二程集》，中华书局1981年版，第633页。

③ 卢连章：《程颢、程颐评传》，南京大学出版社2001年版，第13页。

④ （宋）程颢、程颐：《二程集》，中华书局1981年版，第527—529页。

⑤ （宋）程颢、程颐：《二程集》，中华书局1981年版，第448—450页。

⑥ （宋）程颢、程颐：《二程集》，中华书局1981年版，第581—586页。

⑦ （元）脱脱：《宋史·职官志》。

⑧ （宋）李焘：《续资治通鉴》卷六十六。

⑨ （宋）程颢、程颐：《二程集》，中华书局1981年版，第633页。

神宗倡推举人才，程颢荐张载与程颐等数十人；大臣亦屡荐程颐，程颐婉拒。

九至十二月，程颢参与王安石变法八九个月，“否定之中有肯定”①。

此间，程颢作《论王霸札子》《论君道》《论养贤札子》《论十事札子》等奏疏。论说君王当行王道，要得天理之正。同吕公著、孙觉及张戬等，极力论陈新法难以实施②。

程颐在汉州，作《答横渠先生书》《再答》③。

宋神宗熙宁三年（1070），程颢 39 岁，程颐 38 岁

三月四日，程颢上书《谏新法疏》④。

四月十七日，程颢作《再上疏》，力陈新法之害，程颢与王安石把“尚德”与“兴利”的对立关系，演化成“公心”与“私心”，“天理”与“人欲”，王道与霸道的对立关系⑤；程颢虽与王安石政见不合，但王安石“尝谓先生忠信”。

程颢屡次上疏不被采纳，遂请辞。

任程颢为京西路提刑，程颢因官职过高，上《辞京西提刑奏状》坚辞⑥。

朝廷改任程颢为签书镇宁军节度判官，程颢作《谢澶州签判表》就任，任上在曹村堤防决口抗洪、化解兵变中立功⑦。

十一月，彭思永在金陵逝世，程颢为岳父作《故户部侍郎彭公行状》《祭彭侍郎文》⑧。

宋神宗熙宁四年（1071），程颢 40 岁，程颐 39 岁

程颢任签书镇宁军节度判官。并开始与程颐一道，以治学为重心。

---

①（元）脱脱：《宋史·列传》，中华书局 1977 年版，第 12715 页。

②（宋）程颢、程颐：《二程集》，中华书局 1981 年版，第 447—455 页。

③（宋）程颢、程颐：《二程集》，中华书局 1981 年版，第 596—597 页。

④（宋）程颢、程颐：《二程集》，中华书局 1981 年版，第 456 页。

⑤（宋）程颢、程颐：《二程集》，中华书局 1981 年版，第 457 页。

⑥（宋）程颢、程颐：《二程集》，中华书局 1981 年版，第 458 页。

⑦（宋）程颢、程颐：《二程集》，中华书局 1981 年版，第 332、459 页；《宋史·列传》卷一八六，中华书局 1977 年版，第 12715 页。

⑧（宋）程颢、程颐：《二程集》，中华书局 1981 年版，第 489—494 页、第 507—508 页。

程颢虽与王安石不合，但王安石“尝谓先生忠信”①。

父程珦在汉州病，归朝，程颐一边随侍父亲，一边与程颢致力于创办洛学。

宋神宗熙宁五年（1072），程颢41岁，程颐40岁

程珦归洛，主管西京嵩山崇福宫。程颢以亲老求监局，罢归洛阳，居履道坊。作《代少卿和王宣徽游崇福宫》诗②。

程颐随父先至京师，又到醴泉。

程颐与兄居洛，并一同在嵩阳书院讲学。“士之从学者不绝于馆，有不远千里而至者”，这以后十余年，直到辞世，讲学是程颢的主要活动③。

宋神宗熙宁六年（1073），程颢42岁，程颐41岁

王安石推行新法，程颢“扬避新法”④。

池春生、诸星杓《程子年谱·明道先生》卷三载：居洛讲学，不补久之。

六月七日，周敦颐逝世，程颢尝曰：自再见周茂叔后，吟风弄月以归。有吾与点之意⑤。

宋神宗熙宁七年（1074），程颢43岁，程颐42岁

二程居洛讲学。

程颢监西京洛河竹木务⑥。

陈襄荐程颢，神宗认为“善之而能用”，因王安石父子反对未果。

程颐、朱光庭等同邵雍论道。

宋神宗熙宁八年（1075），程颢44岁，程颐43岁

二程居洛讲学。

程颢监西京洛河竹木务。

---

①（宋）程颐：《明道先生行状》，《二程集》，中华书局1981年版，第634页。

②（宋）程颢、程颐：《二程集》，中华书局1981年版，第482页。

③（宋）程颢、程颐：《二程集》，中华书局1981年版，第329页。

④（宋）程颢、程颐：《二程集》，中华书局1981年版，第635页。

⑤（宋）程颢、程颐：《二先生语》二上，《二程遗书》，上海古籍出版社1992年版，第18页；（元）脱脱：《宋史》，中华书局1977年版，第12714页。

⑥（宋）程颢、程颐：《二程集》，中华书局1981年版，第635页。

十月，出现彗星，程颢“应诏论朝政极切”。[①]

程颐代吕公著撰《应诏上神宗皇帝书》，一分为二谈变法。[②]

宋神宗熙宁九年（1076），程颢45岁，程颐44岁

二程居洛讲学。

宋神宗熙宁十年（1077），程颢46岁，程颐45岁

五月，以河南府尹贾昌衡诸人举荐，程颢由监西京洛河竹木务迁太常丞。

七月，邵雍卒，程颢作《邵尧夫先生墓志铭》。[③]

张载罢太常礼院归，过洛与二程多论时政，苏季明录为《洛阳议论》。[④]

八月，叔父程璠卒，程颢作《程郎中墓志》。[⑤]

十一月，张载卒，程颢作《哭子厚先生诗》。[⑥]

宋神宗元丰元年（1078），程颢47岁，程颐46岁

三月，程颢赴蒲城祈雨，作《陪陆子履游白石、万固》《下白径岭、先寄孔周翰郎中》等诗。[⑦]

冬，程颢知扶沟县，谢良佐前往拜师，《二程外书》卷十二载：“谢显道习举业，已知名，往扶沟见明道先生受学，志甚笃。”[⑧]“良佐去衿”传佳话。

程颐侍父同往扶沟，周纯明从学。

宋神宗元丰二年（1079），程颢48岁，程颐47岁

程颢知扶沟。

正月，程颐居扶沟，跋少年所作《养鱼记》。[⑨]

---

① （宋）程颢、程颐：《二程集》，中华书局1981年版，第635页。

② （宋）程颢、程颐：《二程集》，中华书局1981年版，第529页。

③ （元）脱脱：《宋史》卷四二七《邵雍传》，中华书局1977年版，第12728页。

④ （宋）程颢、程颐：《二程集》，中华书局1981年版，第110—116。

⑤ （宋）程颢、程颐：《二程集》，中华书局1981年版，第495—499页。

⑥ （宋）程颢、程颐：《二程集》，中华书局1981年版，第485页。

⑦ （宋）程颢、程颐：《二程集》，中华书局1981年版，第485页。

⑧ （宋）程颢、程颐：《二程集》，中华书局1981年版，第432页。

⑨ （宋）程颢、程颐：《二程集》，中华书局1981年版，第578页。

二月，程颢“召判武学，既而罢之”。

程颢设庠序、办书院，召游酢（定夫）执掌。

三月，程颐作《楔饮诗序》。①

六月，舅父去世，二程为母舅守孝，程颢撰《华阴侯先生墓志铭》，又作《郊行即事》《陈公廙园修禊事·席上赋》。②

十月，程颐作《上富郑公书》《答富公小简》《代富弼上神宗皇帝书》。③

宋神宗元丰三年（1080），程颢 49 岁，程颐 48 岁

一至八月，程颢知扶沟。

九月，改官制，除奉议郎。

冬，罢扶沟县。

程颐入关中讲学，作《雍行录》。④

程颐撰《上河东帅书》《答人示奏草书》。⑤

宋神宗元丰四年（1081），程颢 50 岁，程颐 49 岁

韩维知颍昌，邀二程偕程珦寓住于斯，相互谈学论道。

李端伯从学于二程，记述二程与韩维问答语录⑥。

经文彦博推荐，杨时以师礼于颖昌见程颢，游酢、谢良佐等从学。⑦

宋神宗元丰五年（1082），程颢 51 岁，程颐 50 岁

杨时致函程颢问《春秋》，明道函授之。

冬，刘绚（质夫）以师礼来见，记有《戌冬见伯淳先生洛中所闻》。

程颐上书太尉文彦博《上文潞公求龙门庵地小简》，请求拨地办学，文公将“小庄一址，粮地十顷”赠程颐兴办伊皋书院（后更名伊川书院）。⑧

---

①（宋）程颢、程颐：《二程集》，中华书局 1981 年版，第 584 页。

②（宋）程颢、程颐：《二程集》，中华书局 1981 年版，第 504、476、486 页。

③（宋）程颢、程颐：《二程集》，中华书局 1981 年版，第 597、第 532 页。

④（宋）程颢、程颐：《二程集》，中华书局 1981 年版，第 587 页。

⑤（宋）程颢、程颐：《二程集》，中华书局 1981 年版，第 599 页。

⑥（宋）程颢、程颐：《二程集》，中华书局 1981 年版，第 1—13 页。

⑦（宋）程颢、程颐：《二程外书》卷十二，《二程集》，中华书局 1981 年版，第 429 页。

⑧（宋）程颢、程颐：《二程集》，中华书局 1981 年版，第 601—602 页。

二程在伊皋书院讲学；赋诗《游嵩山》《谢王佺期寄丹诗》等，作《答朱长文书》。①

宋神宗元丰六年（1083），程颢52岁，程颐51岁

八月，程颢监汝州酒税，程颐随往。

刘绚再见明道于洛阳。

九月，刘绚、朱光庭到汝州以师礼见程颢。朱公掞（光庭）听明道讲学逾月而归，感慨道："光庭在春风中坐了一月。"②

十一月，程颢作《祭富韩公文》悼念富弼，并遣外甥张敷吊唁。

同年，杨时再致函程颢论《春秋》。

十二月，程颢委托新任黄陂县令的弟子李籲（字端伯）探视难中的苏轼。

宋神宗元丰七年（1084），程颢53岁，程颐52岁

程颢仍监汝州酒税。

程颢夫人彭氏卒。

司马光与二程论唐太宗李世民，意见相左。

宋神宗元丰八年（1085），程颢54岁，程颐53岁

三月，宋神宗崩，哲宗继位，太皇太后高氏临朝听政，明道改承议郎；程颢说服司马光临危受命。

六月，朝廷召明道为宗正寺丞，未行，于六月十五日暴病而卒；程颐上书韩维、孙叔曼《上韩持国资政书》《上孙叔曼侍郎书》，请求为明道作墓志铭；文彦博题墓碑"明道先生"。③

八月，程颐作《明道先生行状》并《明道先生门人朋友叙述序》附于后。④

十月二十四日，程颐作《明道先生墓表》，将明道葬于伊川先茔。⑤

十一月，经司马光、吕公著、韩绛、朱光庭举荐，授程颐汝州团练推官、

---

①（宋）程颢、程颐：《二程集》，中华书局1981年版，第590—600页。

②（宋）程颢、程颐：《传闻杂记》，《二程集》，中华书局1981年版，第429页。

③（宋）程颢、程颐：《二程集》，中华书局1981年版，第602—603页。

④（宋）程颢、程颐：《二程集》，中华书局1981年版，第639页。

⑤（宋）程颢、程颐：《二程集》，中华书局1981年版，第640页。

西京国子监教授，程颐力辞。①

秋冬之交，黄陂县令李端伯率先在黄陂捐建“清远亭”，纪念先师程颢。

宋哲宗元祐元年（1086），程颐54岁

二月，除程颐承奉郎。

三月，召程颐为秘书省校书郎，入见太皇太后高氏后，又擢为崇政殿说书(帝师)。就职前，程颐先后上奏《再辞免表》《辞免馆职状》《辞免崇政殿说书表》《再辞免状》谢辞，并提出君子应重视“涵养气质，熏陶德性”，注重道德修养，还要经常接近品行高尚，敢于当面规劝君主之过失的臣僚；要求给皇帝讲书的侍讲官坐着讲，以示尊儒重道。直至高氏答应其全部要求，他才赴任。②

四月，例以暑热罢讲，程颐奏《乞六参日上殿札子》。

五月，召程颐修立太学条例。

六月，上疏太皇太后辞兼职修国子监条例，专职辅导少皇，辅养上德。③

八月，程颐兼判登闻鼓院。

九月，程颐主持司马光葬礼，因固守古礼与苏轼遂成嫌隙，继而引发书生意气之“洛蜀党争”；代父书《为家君祭司马温公文》。④

十月、十一月，撰《修立孔氏条例》《论冬至称贺札子》。⑤

宋哲宗元祐二年（1087），程颐55岁

程颐上疏论廷和讲读垂帘事，且乞时召讲官至帘前，问上进学次第；奏迩英暑热，乞就崇政、延和殿，或宽凉处讲读。

给事中顾临以殿上讲读不可，有旨修展迩英阁。程颐复上疏，以为“今临之意，不过以尊君为说，而不知尊君之道。若以其言为是，则误主上知见。臣职当辅导，不得不辨”。

八月，程颐被罢崇政殿说书之职，差勾西京国子监，居洛讲学。

十一、十二月，上疏《乞归田里第一状》《第二状》，未准。⑥

---

①（宋）程颢、程颐：《二程集》，中华书局1981年版，第535页。

②（宋）程颢、程颐：《二程集》，中华书局1981年版，第553、554页。

③（宋）程颢、程颐：《二程集》，中华书局1981年版，第541—545页。

④（宋）程颢、程颐：《二程集》，中华书局1981年版，第641页。

⑤（宋）程颢、程颐：《二程集》，中华书局1981年版，第456、457页。

⑥（宋）程颢、程颐：《二程集》，中华书局1981年版，第548、549页。

宋哲宗元祐三年（1088），程颐 56 岁

上疏《乞归田里第三状》等，未果。[①]

宋哲宗元祐四年（1089），程颐 57 岁

判西京国子监。

二月，吕公著卒，代父撰《为家君祭吕申公文》。[②]

十一月，撰《为家君书家藏太宗皇帝宝字后》。[③]

宋哲宗元祐五年（1090），程颐 58 岁

正月十三日，程珦在西京国子监公舍寿终正寝，享年 85 岁，程颐丁忧；太师文彦博、西京留守韩缜、左丞苏颂等九人上呈《奏程珦葬事》，朝廷为表彰其清节，赐帛二百匹，命有司供其葬事[④]。

四月十日，程珦灵柩暂厝三个月后，程颐将父母合葬于伊川先茔[⑤]。

程颐撰《先公太中家传》。[⑥]

同年，尹焞(1071—1142）拜程颐为师；太学生周行己（1067—1125 年，字恭叔）受业于程颐，次年进士及第，后将理学南传永嘉（今温州），跻身“元丰九先生”；直传弟子郑伯熊（1124—1181）设书院、讲理学，刊行《二程全书》，二传弟子叶适为永嘉学派的集大成者。

宋哲宗元祐六年（1091），程颐 59 岁

入关，至醴泉，改葬高祖程羽。

尹焞向程颐学《易》。

宋哲宗元祐七年（1092），程颐 60 岁

丁忧期满，服除。授直秘阁判西京国子监，程颐上奏辞谢。

---

① （宋）程颢、程颐：《二程集》，中华书局 1981 年版，第 555 页。

② （宋）程颢、程颐：《二程集》，中华书局 1981 年版，第 642 页。

③ （宋）程颢、程颐：《二程集》，中华书局 1981 年版，第 581 页。

④ （宋）文彦博：《文潞公集》，山西人民出版社 2008 年版，第 309 页。

⑤ （宋）程颐：《先公太中家传》，《二程集》，中华书局 1981 年版，第 650 页。

⑥ （宋）程颢、程颐：《二程集》，中华书局 1981 年版，第 646—653 页。

四月，程颐极论儒者进退之道，再辞；监察御史董敦逸奏称“有怨望轻躁语”。

五月，改授管勾崇福宫，程颐再上《谢管勾崇福宫状》，以疾寻医。

宋哲宗元祐八年（1093），程颐 61 岁

杨时、游酢师从程颐于洛阳，谱写“程门立雪”佳话。①

九月，高太后去世，哲宗亲政，程颐及元祐党人遭打击。

宋哲宗绍圣元年（1094），程颐 62 岁

春，复拟任直秘阁判西京国子监，程颐再辞不就。

三月，撰《祭朱公掞文》追怀朱光庭；赞尹焞之母：贤哉母也！

宋哲宗绍圣二年（1095），程颐 63 岁

居洛讲学、著述，作《礼序》。②

宋哲宗绍圣三年（1096），程颐 64 岁

居洛讲学、著述；与杨时论《西铭》。③

宋哲宗绍圣四年（1097），程颐 65 岁

二月，党论起，被追毁出身以来文字，放归田里。

六月，叔父程琉卒。

十月，葬程琉于伊川先茔，并作《叔父朝奉墓志铭》。④

十一月，流放涪州编管，“点易洞”治《易》，为洛学“涪陵学派”启蒙人物。

宋哲宗元符元年（1098），程颐 66 岁

在涪州，著述《伊川易传》《春秋传》等；黄庭坚为程颐题“钩深堂”。

因程颢幼子被庸医致死，作《上谢帅师直书》，斥庸医害人。

---

①（宋）程颢、程颐：《二程集》，中华书局 1981 年版，第 429 页。

②（宋）程颢、程颐：《二程集》，中华书局 1981 年版，第 668 页。

③（宋）程颢、程颐：《二程集》，中华书局 1981 年版，第 609 页。

④（宋）程颢、程颐：《二程集》，中华书局 1981 年版，第 656 页。

宋哲宗元符二年（1099），程颐67岁

涪州治《易》。正月，《伊川易传》脱稿，并作《易传序》《易序》。①

宋哲宗元符三年（1100），程颐68岁

正月，徽宗即位，程颐移峡州。

四月，以赦复宣德郎，任便居住，还洛。

罗从彦鬻田自福建来向程颐问《易》；《涪陵纪善录》云："伊川归自涪州，气貌容色髭发皆胜平昔。门人问何以得此？先生曰：'学之力也。'"②

十月，复通直郎，权判西京国子监。

罗从彦、张绎、孟厚、周孚先、谢良佐来洛从学。

宋徽宗建中靖国元年（1101），程颐69岁

五月，官复原职。

弟子周孚先（字伯忱）记录《伊川先生语》。③

宋徽宗建中靖国二年、崇宁元年（1102），程颐70岁

五月，吕希哲之子吕舜从拜程颐为师。

九月，蔡京当权，撤销程颐官职；并将程颐与黄庭坚等48人列为"元祐奸党"之"余官"刻入"元祐党籍"碑④；广西现存南宋二"党籍"碑上亦有其名。

九月，撰《答杨时书》《答杨迪（杨时之子）书》《答门人书》《答鲍若雨书并答问》。⑤

论理气、论性命、论道心、论《易》。⑥

宋徽宗崇宁二年（1103），程颐71岁

二月，作《印铭》。

---

①（宋）程颢、程颐：《二程集》，中华书局1981年版，第689、690页。

②（宋）冯忠恕：《涪陵纪善录》，《二程集》，中华书局1981年版，第430页。

③（宋）程颢、程颐：《二程集》，中华书局1981年版，第266页。

④（宋）李焘：《续资治通鉴》卷八十八。

⑤（宋）程颢、程颐：《二程集》，中华书局1981年版，第615—617页。

⑥（宋）程颢、程颐：《二程集》，中华书局1981年版，第247—276页。

四月，作《春秋传序》。

程颐迁居龙门之南，劝阻各地学者自我保护说："尊所闻，行所知可矣，不必及吾门也。"

七月，马伸（字时中）从学程颐，程颐之子端彦因父"奸党"受牵连、被罢去鄢陵县尉。

九月，诏令：宗室不得与"奸党"子孙通婚。①

十一月，诏令，严禁元祐党人聚徒传授。但程颐不为所动，仍在伊川鸣皋讲学，尹焞、张绎、马伸依然师从之。

宋徽宗崇宁三年（1104），程颐72岁

六月，徽宗下诏将所谓"元符奸党"划归为"元祐奸党"。

尹焞、张绎随侍从学。

宋徽宗崇宁四年（1105），程颐73岁

离龙门山到伊皋书院讲学。

坚持笔耕，其《书解》《诗解》《春秋传》《论语解》《改正大学》《伊川易传》等，均在崇宁年间完成。②

宋徽宗崇宁五年（1106），程颐74岁

蔡京罢相，解除党禁，恢复自由。

三月，程颐官复通直郎并致仕。③

自伊川鸣皋迁居嵩县陆浑山（程村），始将《伊川易传》传授给尹焞、张绎。

宋徽宗大观元年（1107），程颐75岁

正月，蔡京任左丞相，恢复党禁。

九月十七日，程颐患风痹症卒于家，享年75岁；张绎作《祭文》④。

门生张绎、范域、孟厚、尹焞等四人草葬程颐于今伊川县城西白虎山下之

---

① （宋）李焘：《续资治通鉴》卷八十八。

② （宋）程颢、程颐：《二程集》，中华书局1981年版，第418、663页。

③ （宋）程颢、程颐：《二程集》，中华书局1981年版，第234页。

④ （宋）程颢、程颐：《二程集》，中华书局1981年版，第347页。

伊川先茔；唯一官方学者、邵雍之孙邵溥（字泽民）星夜自洛阳来送葬①。

北宋元丰五年（1082），黄陂始建清远亭纪念大程子，南宋取“双凤投怀”更名双凤亭；淳熙年间，黄州知府李诜于学宫设二程祠，② 绍熙三年（1192）秋九月，朱熹应邀作《黄州州学二程先生祠记》③。

嘉定十三年（1220），赐谥程颢为“纯公”，程颐为“正公”。

绍定六年（1233），宋理宗亲政，改元“端平”，端平更化使理学成为官方哲学，二程从祀孔庙；淳祐元年（1241），追封程颢为“河南伯”，程颐为“伊阳伯”，仍从祀孔庙，将程朱列为理学正宗④。

元至顺元年（1330），诏封程颢为“豫国公”，程颐为“洛国公”；明景泰六年（1455），诏令两程祠以颜渊例修建；清康熙二十五年（1686），二程进儒为贤，位列孔子及门下，汉唐诸儒之上，次年康熙又赐两程祠“学达性天”匾额。

---

①（宋）程颢、程颐：《二程集》，中华书局 1981 年版，第 347 页。

②（明）杨凤梧：《二程书院记》，《黄陂县志·艺文志》，嘉靖三十五年刻本，第 130 页。

③（宋）朱熹：《黄州州学二程先生祠记》，《晦庵集》，文渊阁《四库全书》本，上海古籍出版社 2002 年版，第 1145 册第 663 页。

④（元）脱脱：《宋史》，中华书局 1977 年版，第 12717、12722 页。

跋

二程夫子的祖父与父亲因在黄陂治县有惠政，而列为名宦载入史册；生长于黄陂、学于斯的二程夫子创立了"天理"学说后，黄陂相继修建双凤亭、二程书院等人文地标，擦亮二程精神标识，文风蔚起。

甲申（2004）早春，我与黎世炎公做客电视台话二程夫子，外景地就选在双凤亭前；春夏之交，我发起成立黄陂作协时，将拙作《理学双凤·程颢程颐》列入"双凤文丛"之中；岁末，河洛程颐直系二十九世孙、旅美学者程德祥伉俪来陂寻根谒祖，笔者首次同二程直系后裔交流。德祥公题赠其译著、英国汉学家葛瑞汉原著的《中国的两位哲学家：二程的新儒学》。我将草拟《理学双凤》样章交其审阅，受到首肯，随后他又寄来《二程遗书》《二程集》等史料。

程公告知，著名哲学家张岱年在首届"国际二程学术研讨会"上指出："二程确立道统论，具有重要意义！道统就是真理的传统，对中国思想文化的发展影响甚大。"随后，程公又发起筹备纪念程颐逝世900周年暨二程国际学术研讨会。笔者表示，愿联络黄陂与武汉大学联合参与此会。他觉得此意甚好。于是，我迅速征得武汉大学前校长陶德麟、哲学学院院长郭齐勇二公同意，并与黄陂文化局局长李书俊兄陪同程公伉俪访问武大。郭教授介绍，他们正在筹备第十五届国际中国哲学大会。三方达成意向，届时武汉大学与黄陂联手，共襄盛举。惜因故未果。

次年春，我参与发起成立黄陂二程文化研究会并忝列副会长，《理学双凤》列入出版计划。同年秋，笔者携《理学双凤》书稿参加武汉第五届长篇小说笔会，著名作家董宏猷与批评家涂怀章教授审读书稿后，提出了十分中肯的修改意见。

作为二程的首部传记小说，《理学双凤》的封面是著名哲学家张岱年生前珍藏的二程画像。著名诗人、翻译家绿原先生亲笔题词"穷理识仁"。图书出版后，笔者曾携书赴各种交流活动，并题赠给中国台湾著名作家司马中原，中美诗歌诗学协会副会长、美国艺术与科学院院士、美国宾夕法尼亚大学教授查尔斯·伯恩斯坦等中外名流。拙作还在京参加"中华炎黄文化优秀成果暨书画精品展"，并忝列优秀成果奖。

2012—2013年，笔者应邀参加在洛阳、开封等地举行的宋学国际论坛。与朱杰人、朱高正、程流锁、宋赞斌、李耀曾、吴建设等海内外方家及程朱后裔交流，颇有收获。随着一些新史料陆续发现，我又重新创作了第二个版本《程颢程颐传》，并经湖北教育出版社编审陆才坚、副编审刘书慧襄助出版。癸巳(2014)冬，在朱熹后裔、著名文献学家朱杰人的主持下，拙作在第三届宋学国际（南阳）论坛上首发与研讨，笔者作了“楚风豫韵育二程”的讲演，引起共鸣。2017年3月，拙作忝列武汉市第十五次社会科学优秀成果奖。

庚子战疫期间，拙作《中国私立大学开山陈时》在台北《传记文学》连载。而陈时父子又是在纪念二程的望鲁书院求学的。同时我又发现一批二程的原始史料，于是在纪念二程990周年诞辰之际，我从原始史料出发，再次重写非虚构文本《二程夫子》。著名史学家冯天瑜先生获悉后，在生命的最后时刻亲笔作序，并发表在《武汉文史资料》(2023.1)上，令人铭感五衷！

继而，笔者在《中华读书报》《书屋》与《长江丛刊》《读者空间》发表了《纪念二程夫子990周年诞辰》《郭沫若题名“双凤亭”》《道通天地，思入风云——与冯天瑜先生笔谈〈二程夫子〉》《千年科举第一榜》等文，又在二程书院、双凤亭及图书馆、电视台解读二程黄陂本事及其理学当代价值，受到多方关注。《二程夫子》先后被列为2023年武汉社科联年度课题与武汉作协长篇小说笔会选题。

著名文化史学家涂怀章、严昌洪及著名书法家李汉文、萧耀龙诸公，新加坡台胞程一恒博士等撰写序评与题字；河洛程颐三十一世孙程流锁老先生襄助考订二程世系，不遗余力；黄陂区农行程厚林行长、姚家集街八里畈的程仁利等程氏宗亲，以及英山县教育局冯廷权局长、卢世嘉学兄等，热心提供程氏谱牒史料；耄耋高龄的著名楹联学家涂光雍教授亲笔泼墨挥毫并为笔者撰嵌名联策励，令人动容！联云：“情系家乡，破万卷书，生花妙笔乘飞翼；志存高远，行千里路，禅世雕龙通变才。”

审校接近尾声时，笔者爬梳苏轼文集又发现，二程的高足、黄陂县令李端伯看望苏轼的趣闻以及苏轼大雪夜宿黄陂秉烛夜读等史料，遂将其融入拙作，奉献给读者诸君。

值得一提的是，此次拙作得以面世，承蒙武汉市委宣传部副部长、武汉社科联主席吴天勇，社科联副主席兼秘书长陈颖，副秘书长陈雪松等给予指导与立项！华中师大副校长彭南生、出版社社长付义朝等倾力支持，促成拙作出版；还有责任编辑郭志刚先生的辛勤付出等，所有这些，笔者在此一并谨表诚挚的谢忱！

作者壬寅深秋初稿，甲辰夏秋审校